KB232127

韓國 支石墓 研究 理論과 方法
- 階級社會의 發生 -

崔夢龍 · 金仙宇 編著

주류성
도/서/출/판

서　문

　　문화재청으로부터 의뢰받아 1999년 12월에 완성한『한국지석묘(고인돌)유적 종
합조사 · 연구』(최몽룡외 편저)라는 책은

　　1) 이제까지 전국에서 개별적으로 발굴 · 조사되어 문헌상에 나타난 지석묘들의
　　　분포, 형식, 기원, 전파 및 사회복원 등에 대한 종합조사연구이며,
　　2) 전국에 분포된 지석묘의 숫자파악과 아울러 이제까지 미조사된 지석묘도 이
　　　번 기회에 가능하면 조사해 포함하도록 하는 것이 그 목적이었다.

　　그 결과 이 책에 수록된 20여명의 지석묘관계 연구학자들의 글이 한국에서 지석
묘의 연구가 얼마나 중요한지를 잘 알려주고 있다. 현재까지 알려진 지석묘는 강원도
338, 경기도 502, 경상북도 2,800, 경상남도 1,238, 전라북도 1,597, 전라남도
19,068, 충청북도 189, 충청남도 478, 제주도 140, 북한 3,160의 모두 약 29,510기
나 된다.

　　그러나 이 책은 2권에 나누어져 있어서 내용도 방대하고 참고하기에도 매우 불편
하다. 그래서 그 중 한국지석묘의 연구방법과 이론들에 관한 글들만 따로 분리하고 유
태용과 송호종의 글 등 3편을 추가하여 한 권의 책에 수록하기로 하였다. 제목도『韓
國支石墓 硏究 理論과 方法』- 階級社會의 發生-(崔夢龍 · 金仙宇編著)으로 바꾸고 출
판사도 주류성으로 하였다.

　　필자가 고고학을 연구하기 시작한 지도 어느 새 30 여 년이 지났다. 지난 세월을
돌이켜 볼 때 필자의 학문 연구는 지석묘(고인돌) 연구와 함께 본격적으로 시작되었다
고 해도 과언이 아니다. 1975년『全南考古學地名表』(1975, 전남매일 신문사)라는
작은 책자에서 시작된 지석묘 연구는『A Study of the Yŏngsan River Valley
Culture』(1984, 동성사)를 거쳐『韓國古代國家形成論』(1997, 서울대출판부)으로 이
어지게 되었다. 필자는 고인돌의 형식, 분포와 축조 과정 등을 통해 고인돌을 축조하
던 이들의 사회를 복원해 보고자 하였다.

　　지석묘는 한반도 전역은 물론 만주지역(遼寧省과 吉林省)에도 분포하는데, 그 상
한은 기원전 15세기경까지 올라갈 수 있다. 우리 나라의 경우 지석묘는 청동기시대에
서 철기시대전기(초기철기시대: 기원전 300-1년)에 걸쳐 축조되었다. 우리 나라의

지석묘 사회는 전문직의 발생, 재분배경제, 조상숭배와 혈연을 기반으로 하는 계급사
회였다. 이 책은 이러한 연구결과의 배경이 되는 학문적인 성과를 현 단계에서 정리해
보는 것을 그 목적으로 하였다. 즉, 그들의 분포(기수 확인), 형식과 성격을 파악하고,
나아가 지석묘의 기원 및 변천, 그리고 그들을 축조한 사회의 성격을 복원해 보고자 하
였다.

필진은 이성주(경북대), 이영문(목포대), 지현병(강릉대), 홍형우(문화재연구
소), 김경택(미국 오래곤대 박사과정수료), 강봉원(경희대), 유태용(한양대), 송호종
(서울대)과 필자와 함께 편저자의 한 사람인 김선우(서울대 박사과정 수료)로 국한하
였다. 이 책의 출판을 흔쾌히 맡아준 崔秉植 주류성 출판사 사장님을 비롯한 필자들
모두에게 이 자리를 빌어 감사를 드린다.

그리고 이 책이 한국 지석묘에 대한 이해를 한 단계 높은 수준으로 이끄는 계기
가 된다면, 이는 필자 뿐 아니라 평소 지석묘 연구에 깊은 관심을 두고 있는 여러 학자
들에게 무한한 기쁨과 선물이 될 것이다.

2000년 1월 25일
필자들을 대표하여
서울대 교수 겸 문화재위원

崔　夢　龍씀

韓國 支石墓 硏究 理論과 方法
- 階級社會의 發生 -

제1장 한국지석묘의 기원과 전파
Origin and Diffusion of Korean Dolmens

한국 지석묘의 기원과 전파

최 몽 룡

혼히 고인돌이라 불리우기도 하는 지석묘(支石墓)는 선사시대 돌무덤의 한 유형이다. 거석문화에 속하는 지석묘는 무덤의 기능을 했던 것으로 인식되고 있다. 대표적인 집단무덤의 예로는 석실 속에서 성별 및 연령의 구분없이 약 3백개체의 뼈가 발견된 남부 프랑스 카르카송(Carcasonne) 근처에서 발견된 집단묘와 185구의 성인과 18개체분의 어린아이의 뼈가 나온 아베이롱(Aveyron)을 들 수 있다. 유럽의 경우는 프랑스남부·스웨덴·포르투칼·덴마크·네덜란드·영국 등지에 고인돌이 두루 분포하고 있는데, 그 연대는 대개 기원전 2500~2000년에 해당하는 것으로 알려져 왔다. 그러나 최근 영국의 고고학자인 렌프루(Renfrew, C.)가 기존의 방사선 탄소연대를 보정해 본 결과 유럽의 고인돌은 이집트 피라미드의 제작연대보다 약 1500년이 앞서는 서기전 4000년대까지 올라가는 것으로 밝혀졌다. 그리고 영국이나 프랑스의 경우 가장 오래된 고인돌의 연대는 서기전 4800년까지 나오고 있다. 따라서, 기원전 4000~3000년대에 이미 고인돌이 유럽 전역에서 축조되었다는 것이 인정되고 있다.

고인돌은 또한 미노르카(Minorca)·사르디니아(Sardinia)·불가리아·카프카스(Kavkaz)·다카(Dacca)·말타(Malta)〔지안 티자(Gian Tija)·하갈 퀴만드(Hagar Quimand)·타시엔(Tarxian)사원〕지방에서도 보이며, 에티오피아·수단 등 아프리카에도 분포하는 것으로 알려져 있다. 유럽의 경우 고인돌은 지중해 연안 지역을 중심으로 나타난다. 또 고인돌은 멀리 팔레스타인·이란·파키스탄·티베트와 남부 인도에까지도 분포하고 있다. 인도의 경우는 인도고고학 편년상 철기시대에 고인돌이 나타나는데, 실연대로는 기원전 8세기경에 해당한다. 그런데 기원후 2세기까지 내려오는 경우도 있다. 대체적으로 인도의 고인돌은 기원전 750~550년 사이에 드라비다족에 의해 축조된 것으로 알려져 있다. 인도네시아·보르네오·말레이시아에서도 고인돌이 보이는데, 그 연대에 대해서는 아직 정설이 없다. 그러나 피코크(Peacock, J. L.)는 농업단계, 즉 화전민식 농경(火田民式 農耕)에서 수전식 농경(水田式 農耕)

으로의 변천과정에 착안하여, 인도네시아 지역의 초기 고인돌은 기원전 2500~1500년경에 해당하는 것으로, 늦은 것은 동손문화(Dongson 文化)와 철기가 유입되는 기원전 5~4세기경으로 보고 있다. 고인돌은 일본에서도 나타나고 있는데, 우리나라에서 전파된 구주지방(九州地方)의 고인돌은 조몽시대(繩文時代) 말기 즉 기원전 5~4세기까지 올라가는 것도 있으나, 보편적으로 야요이시대(彌生時代)에 속한다.

〔형식 분류〕 우리나라 고인돌은 크게 세 가지 형식, 즉 북방식, 남방식, 그리고 개석식으로 나뉘어진다. 일반적으로 매장시설의 주요부분이 지하에 설치되어 있는 남방식 고인돌은 매장시설이 지상에 있는 북방식 고인돌과 외관상으로 쉽게 구분된다. 남방식 고인돌은 판석(板石), 할석(割石)이나 냇돌을 사용하여 지하에 돌방(石室)을 만들고 그 위에 거대한 뚜껑돌(蓋石)을 올려 놓은 것으로, 청동기시대에서 철기시대전기(초기철기시대:기원전 300-기원후 1년)초에 걸쳐 유행하였다. 남방식 고인돌은 크게 받침돌(支石)이 있는 것과 없는 것으로 나뉘어지는데, 앞의 것은 남방식(기반식/바둑판식)으로, 뒤의 것은 개석식(무지석식/변형고인돌)으로 세분된다. 남방식은 주로 전라도, 경상도 등 한강 이남지역에 분포되어 있고, 개석식은 한반도 전역에 분포되어 있다. 북방식(탁자식) 고인돌은 네 개의 판석을 세워서 평면이 장방형인 돌방을 구성하고 그 위에 거대한 뚜껑돌을 올려 놓은 것으로, 돌방이 지상에 노출되어 있는 것이 특징이다.

고인돌의 형식분류는 학자에 따라 다르고, 또 지하석실구조에 따라 다시 세분된다. 즉, 돌방 뚜껑의 유무와 돌널(石棺), 돌방, 덧널(土壙)등 돌방의 구조, 그리고 돌방의 수 또는 학자들의 분류기준에 따라 다양하게 분류된다.

〔기원, 변천 및 편년〕 우리나라 고인돌의 기원설로는, 시베리아의 카라스크 돌널무덤계통(石箱墳系統)의 거석문화의 영향을 받은 것으로 보는 북방설, 세골장과 함께 동남아시아에서 왔다고 보는 남방설, 한반도에서 독립적으로 발생했다고 보는 자생설 등이 있다. 고인돌의 변천이나 편년에 대해서도 아직 확실한 정설은 없다. 한반도 북부에서 북방식 고인돌이 먼저 나타나 그것이 점차로 남부로 퍼지고, 이어 개석식 고인돌이 파생되었다고 보는 것이 가장 전통적인 견해이다. 그러나 남부에만 있는 남방식 고인돌을 말기적 형식으로 보는 설도 있다. 또한 개석식 고인돌을 원초적인 것으로 보고 이를 기반으로 하여 북부에서는 북방식 고인돌로, 남부에서는 남방식 고인돌로 발전하였다고 하는 제 3의 설도 있다. 즉 북한에서 침촌형 (황해북도 황주군 침촌리에서 따옴, 변형 고인돌)과 오덕형(황해북도 연탄군 오덕리에서 따옴, 전형 고인돌)으로 나누고 변형 고인돌(남방식과 개석식)에서 전형고인돌(탁상식/북방식)로 발전해 나갔다고

10

보는 견해가 바로 그것이다.

〔북방식〕북방식 고인돌은 네 개의 판석을 세워서 장방형의 돌방을 구성하고 그 위에 거대하고 편평한 돌을 뚜껑돌로 올려 놓은 것으로, 유해가 매장되는 돌방을 지상에 노출시키고 있는 것이 특징이다. 돌방의 긴 변에 세운 두 개의 받침돌은 거대한 뚜껑돌의 무게를 직접 받고 있으므로 두꺼운 판석을 사용하고 있으며, 하부는 땅 속에 깊이 묻혀 돌방 내부 바닥보다 훨씬 뿌리가 깊다. 또한, 밑뿌리의 형태는 되도록 지하에 깊이 박을 수 있도록 삼각형이나 반달형을 이루고 있다. 돌방의 짧은 변에 세우는 받침돌은 긴 변 받침돌 내부에 들어와 'ㅍ'모양으로 세워진다. 이 짧은 받침돌들은 뚜껑돌의 중량을 직접 받고 있지 않기 때문에 입구를 여닫기가 비교적 용이하다. 그러나 북방식 고인돌 중에는 네 개의 받침돌 중 한두 개가 없어진 경우도 많다. 돌방 내부 바닥에는 자갈이나 판석을 깐 것도 있으나, 그냥 맨땅으로 된 것이 보통이다. 받침돌 하부에는 기초를 튼튼히 하기 위해 돌덩이로 보강하는 것이 보통이다. 그러나 돌방 바깥쪽에 돌을 깐 경우는 거의 없다. 뚜껑돌의 크기는 대개의 경우 2~4m 정도가 보통이나 황해도 은율 관산리나 오덕리에서처럼 8m 이상, 전체 높이가 2m 이상인 경우도 있다. 돌방은 대개 하나로 구성되어 있으나, 황주군 송신동의 예처럼 남북 장축의 돌방 안에 세 장의 판석을 동서방향으로 세워 네 개의 칸을 만들고, 각 칸에 시체를 동서방향으로 눕혔던 흔적이 있는 경우도 있다. 북방식 고인돌은 전라북도 고창읍 도산리(전라북도 기념물 49호), 전라남도 나주군 만봉리와 회진읍 회진성 내에서 발견되기도 하나 주로 한강 이북에 분포하고 있으며, 평안남도와 황해도 지방의 대동강, 재령강, 황주천 일대에 집중되어 있다. 평안남도 용강군 석천산 일대에는 동서 2Km, 남북 3Km의 면적 안에 무려 120여기가 밀집되어 있기도 하다. 그러나 평안북도와 함경도에는 고인돌의 분포가 드물다. 강원도 산악지대에는 고성과 춘천을 연결하는 북한강유역을 한계로 북방식 고인돌의 분포가 끝난다. 종전에 전라남도나 경상도에서도 발견된 북방식 고인돌들은 개석식 고인돌의 지하돌방이 노출된 것으로 오인되었다. 그러나 이제는 이러한 북방식 고인돌이 전국에서 발견될 수 있는 것으로 보아도 무방하다. 북방식 고인돌에서는 부장품이 거의 발견되지 않았는데, 이는 돌방이 지상에 노출되어 일찍이 도굴당했을 가능성이 크기 때문으로 여겨진다. 부장품은 대개 화살촉과 돌검(石劍)이 주이나 최근 옥(玉)류와 청동검도 나오고 있다. 황해도 연탄군 오덕리 두무동 4호에서는 9개의 화살촉이 나왔다. 이들은 대부분 화살촉 몸의 단면이 마름모꼴을 이룬 슴베형 화살촉(有莖石鏃)이다. 그밖에 반달형돌칼, 대팻날도끼, 둥근도끼, 대롱옥(관옥) 및 토기조각이 소량 출토되고 있다. 북방식 고

11

인돌의 편년 및 연대에 대해 일치된 의견은 없으나, 북한지역에 철기가 들어오기 전, 즉 늦어도 서기전 3세기 이전에는 소멸된 것으로 보고 있다.

〔남방식〕 남방식 고인돌은 '바둑판식'이라고도 불리는 것으로, 판석, 할석, 냇돌 등을 사용하여 지하에 돌방을 만들고 뚜껑돌과 돌방 사이에 3, 4매, 또는 그 이상의 받침돌이 있는 형식으로, 주로 전라도, 경상도 등 한강 이남지역에 분포되어 있다. 지하 널방은 여러 가지 방법으로 이루어지나 반드시 그 윗면을 덮는 뚜껑이 있다. 뚜껑으로는 판석을 이용하기도 하였으나 나무로 만든 뚜껑을 사용했을 가능성도 많다. 일부에서는 개석식 고인돌을 남방식 고인돌에 포함시키기도 하나 양자는 분포와 형식상 차이가 많아 구별하여야 한다고 생각된다. 남방식 고인돌은 평지나 구릉 위에 분포하나, 때로는 좁은 평지가 있는 계곡 사이나 산의 경사면 또는 산정상부에서도 발견되는데, 대개 일정한 정형은 보이지 않고 거대한 뚜껑돌을 구하기 쉽고 운반하기 용이한 곳을 택하고 있다. 그래서 고인돌은 그 당시 인구문제, 뚜껑돌의 채석이나 이동문제에 따른 사회적·경제적 및 정치적인 측면과 밀접한 관계가 있다.

〔개석식〕 개석식 고인돌은 뚜껑돌과 각종 지하 돌방 사이에 받침돌 없이 뚜껑돌이 직접 돌방을 덮고 있는 형식으로 '무지석식' 또는 '놓인형 고인돌'이라고 불리기도 하는데, 학자에 따라서는 이를 남방식 고인돌에 포함시키기도 한다. 개석식 고인돌의 또 하나의 일반적인 특징은 돌무지시설(積石施設)인데, 대개의 경우 돌방을 중심으로 주위 사면에 얇고 납작한 돌을 평탄하게 깔았다. 경상북도 월성군 경석리, 광주광역시 충효동과 무안읍 성동리의 경우는 원형의 형태를 보인다. 이러한 적석시설은 뚜껑돌의 무게에서 돌방을 보호하기 위한 보강책, 즉 돌방 상부 주위의 지면을 견고히 하려는 의도라고 생각되나, 한편으로는 묘역을 표시하는 역할을 수행했었는 지도 모른다. 대부분 돌무지는 돌방주위의 지면에 설치되고 있으나 대구광역시 대봉동이나 경상남도 창원군 곡안리의 고인돌에서는 돌방의 상부까지도 완전히 돌을 덮은 특수한 양식이 나타나는데, 이는 경상도지방에서만 보이는 지방적 특성으로 볼 수 있다. 개석식 고인돌은 광복 이후 한강 이북에서도 많이 발견되어, 한반도 전체에 분포되어 있는 것으로 알려지고 있다. 서북쪽으로는 청천강을 넘어 독로강 유역까지, 동북쪽으로는 동해안을 따라 고성지방과 마천령을 넘어 김책 덕인리에서도 발견되고 있다. 특히 황해도 황주와 봉산군의 서홍천유역, 평안남도 강서군 태성리, 개천군 묵방리에서는 많은 수가 무리를 지어 발견되었다. 전라남도에서 최근에 발견된 약 12,000기의 고인돌 중 대부분이 개석식으로 밝혀져, 개석식 고인돌은 분포상으로나 숫자상으로 미루어 보아 우리나라

고인돌의 대표적인 형식으로 볼 수 있겠다.

〔껴묻거리〕고인돌의 규모와 수에 비하여 껴묻거리(副葬品)가 나온 예는 비교적 적고, 그나마 출토된 유물의 수와 종류도 매우 한정되어 있다. 지금까지 조사된 바에 따르면 주로 화살촉과 돌검이 많이 출토되었다. 그밖에 돌도끼, 가락바퀴 등의 석기와 민무늬토기계통의 토기류, 옥으로 된 장식품과 소수의 청동기 등도 고인돌 하부에서 출토된 바 있다. 최근 전남 승주 우산리, 보성 덕치리, 여천 봉계동·적량동·평여동, 여수 오림동, 경남 창원군 동면 덕천리, 대전광역시 대덕구 비래동 등지에서 변형 비파형 동검이 나왔으며, 황해남도 은천군 은천읍 약사동 지석묘에서 청동활촉, 그리고 강원도 속초시 조양동(사적 376호)에서는 부채꼴의 청동도끼(扇形銅斧) 등의 출토례가 보고되어 청동유물의 수가 점차 증가하고 있는 추세이다. 이는 지석묘의 중심연대가 청동기시대임을 입증하는 증거이다. 그러나 고인돌의 껴묻거리를 대표할 수 있는 유물은 돌검과 화살촉으로 출토된 껴묻거리의 대부분을 차지하고 있다. 화살촉의 경우 '마름모꼴 슴베형'은 전국적인 분포를 보이고, '마름모 납작 슴베형'과 긴 마름모형은 중부 이남, 버들잎형은 황해도와 평안남도를 중심으로 한 서부지방, 슴베 없는 세모꼴촉은 중부지방에서 주로 출토되었다. 돌검은 자루달린 식과 슴베달린 식의 두 종류가 모두 나오고 있으며, 이들은 주거지에서도 차츰 발견되고 있다. 반달돌칼은 주로 개석식 고인돌에서, 양면날 돌도끼는 북방식에서, 대팻날 돌도끼는 남방식에서, 또 둥근도끼는 북방식에서 주로 나온다. 그밖에 별도끼, 홈자귀, 석창, 숫돌, 가락바퀴 등의 석기류도 나온다. 적갈색 민무늬토기의 조각들이 고인돌 주위에서 자주 발견되나 고인돌 내부에서는 매우 드물게 나타난다. 토기의 종류로는 팽이토기, 적갈색 민무늬토기, 붉은 간토기가 있고, 김해토기와 묵방리형 토기가 나온 곳도 있다. 장식품으로는 대롱구슬과 드리게구슬이 있는데 대부분 개석식에서 나오고 있다.

〔분 포〕고인돌은 거의 우리나라 전역에 걸쳐 나타나고 있다. 이제까지 보고되지 않은 함경북도지방 뿐만 아니라 사적으로 이미 지정된 강화도 하점 부근리 지석묘(사적 137호), 파주 덕은리(사적 148호), 부안 구암리(사적 103호), 고창 성송면과 대산면 일대(사적 391호)와 화순 춘양 대산리와 도곡 효산리 일대(사적 410호)를 포함하는 해안 도서나 또는 육지에서 멀리 떨어진 제주도와 흑산도에서도 발견되고 있다. 대체적으로 이들은 서해 및 남해의 연해지역과 큰 하천의 유역에 주로 분포되어 있으며, 특히 전라도와 황해도에 가장 밀집되어 있다. 그러나 동해지방으로 가면 그 분포가 희박해지며 산악지대에서 가끔 발견되는 경우도 있다. 이들의 위치는 서해로 흘러가는

강줄기 근처로 결국 우리나라 고인돌은 서해지역과 밀집한 관계를 가지고 있다. 고인돌은 무리를 지어 분포하는 것이 보통이다. 황해남도 개천군 묵방리, 황해남도 은율군 관산리, 배천군 용동리, 안악군 노암리, 평안남도 성천군 용산리 고인돌(순장묘)과 같은 서북지방의 경우를 보면, 1, 2기의 고인돌이 독립적으로 나타나는 경우도 더러 있으나 대부분은 5, 6기 내지 10여기를 중심으로, 한 지역에 1백~2백여기씩 무리를 지어 분포한다. 또한, 이 곳 고인돌의 방향은 보통 고인돌이 위치한 골짜기의 방향과 일치한다. 전라남도에서도 고인돌은 예외없이 무리를 지어 발견된다. 전국적인 분포를 가진 것으로 추정되는 북방식 고인돌이 서해안지대에서는 전라북도 고창지방(고창읍 도산리의 지석묘는 지방기념물 49호이며, 나머지 성송면 산수리와 대산면 상금리 일대의 지석묘는 사적 391호로 지정되어 있다), 황해남도 은천군 은천읍과 평안북도 남포시 용강군 용강읍에서 확인되었다. 그러나 고창 고인돌 대부분은 개석식으로 추정된다. 어떻든 한강 이남으로 내려가면 북방식 고인돌의 분포는 전라남도의 몇 예를 제외하고는 매우 희박해진다. 반도 중심부에서는 북한강 상류의 춘천을 한계로 하며, 동해안에서는 고성지방에서 남방식과 같이 발견되고 있다. 남방식 고인돌은 한강과 북한강 유역 아래에서부터 분포하기 시작하나 주로 경상도와 전라도의 남부지방으로 그 분포가 국한되고 있다. 개석식 고인돌은 한반도 전역에 걸쳐 분포하고 있으며 숫자상으로도 가장 많다. 또 북방식의 경우 중국의 요령성 요동반도지역, 즉 보란점 석붕구(普蘭店 石棚溝), 와방점 화동광(華銅壙), 대자(台子), 대석교 석붕치(大石橋 石棚峙), 수암 흥륭(岫岩 興隆), 해성 석목성(海城 昔牧城), 대련시(大連市) 금주구(金州區) 향응향 관가둔(向應鄕 關家屯)에서도 나오고 있어, 고인돌의 전체 분포 범위는 한반도와 중국의 동북부 지방까지 확대되고 있다.

〔축조방법〕 자연암석을 그대로, 또는 큰 바위에서 일부를 떼어내 뚜껑돌을 삼았는데, 실제로 여러 채석장이 서북지방에서 발견되고 있다. 돌을 떼내는 방법으로는 일반적으로 바위틈, 또는 인공적으로 뚫은 구멍에 나무쐐기를 박고 물로 불리어 떼내는 방법이 이용되었을 것이다. 운반은 지렛대와 밧줄을 이용하거나 수로를 이용했을 것이며, 뚜껑돌을 들어올릴 때에는 받침돌을 세우고 그것과 같은 높이의 봉토를 쌓아 경사면을 이용하여 끌어올린 다음 봉토를 제거하는 방법이 이용되었을 것이다. 최근 고인돌의 채석장이 강화도 하점 삼거리 천촌, 화순 춘양 대신리와 고흥 두원 운대리 등지에서 발견되고 있다.

〔기타〕 고인돌의 돌방은 길이가 1.5m이상 되는 것도 있지만 1m 미만의 돌방도

상당수가 있는데, 이들은 어린아이의 무덤으로도 보여진다. 그러나 어른의 시신을 일단 가매장하고 살이 썩으면 뼈만 추려 묻는 세골장(洗骨葬, 二次葬)도 있었던 것 같다. 고인돌에 관한 또 하나의 문제는 뚜껑돌에 파여진 원형이나 사각형의 구멍들이다. 이들은 생산의 풍요성을 비는 성혈(性穴, cupmark), 또는 돌을 떼어낼 때 나무를 박았던 구멍으로 보아지기도 한다.

　〔연대 및 성격〕고인돌에 대한 연대문제는 주로 출토 유물 중 돌검을 통해 연구되어 오고 있다. 종래 일본 학자들은 돌검이 세형동검을 모방하였다고 하여 소위 금석병용기시대를 설정하고, 고인돌이 이 시기에 속한다고 주장하였으나 현재고고학의 성과로 보아 돌검이 세형동검보다 앞선다는 것이 밝혀져, 이러한 주장은 입론의 근거를 잃었다. 즉, 방사선 탄소연대측정을 통해 옥석리(玉石里) 고인돌 밑에서 발견된 움집에서 나온 이단자루식 돌검이 기원전 640년경에 제작되었고, 또 황석리 고인돌 출토 돌검의 연대가 기원전 410년으로 밝혀져, 돌검의 연대가 세형동검보다 앞선다는 것이 밝혀졌다. 그 결과 고인돌은 금석병용기의 묘제가 아니라 청동기시대의 묘제로 밝혀졌다. 이는 최근 고인돌에서 비파형동검이 자주 출토되는 것으로도 입증된다. 그러나 그 상한연대와 하한연대에 관해서는 이론이 많다. 이러한 배경을 가진 고인돌은 고대국가발생 이전의 계급사회인 혈연, 조상숭배, 그리고 재분배경제를 기반으로 하는 족장사회 상류층의 공동묘지였다. 그리고 나주 판촌리(板村里)에서 나타나는 어린아이의 무덤은 고인돌사회에서 신분이 세습되었음을 보여주는 증거이다. 전라북도 진안 용담댐 내 여의곡에서 발굴된 지석묘(전북대)와 경상남도 사천시 이금동에서 발굴된 신전(경남 고고학연구소)은 지석묘가 조상숭배 및 제사의식과도 연관되었을 가능성을 시사해 주는 증거들이다. 고인돌은 미송리형단지, 거친무늬거울 및 비파형 동검과 같이 고조선의 강역과 문화를 연구하는데 중요한 표식적 자료이다. 북한에서도 고인돌 사회를 정치체와 연결시켜 무덤의 주인공이 군사령관 또는 추장(족장)이며 지석묘 축조자들의 후예가 고조선의 주민을 형성했다는 견해를 제시하고 있다. 한편 최근의 북한학자들은 1993년 평양시 강동구 대박산에서 단군릉을 발굴하고 이의 연대를 기원전 3000년으로 올려 그때부터 단군조선이 있어 왔다고 주장한다. 따라서 고인돌사회＝단군조선＝청동기시대의 시작＝노예순장제사회＝한국 최초의 국가성립이란 등식이라는 견해가 성립되어 앞으로의 연구과제가 된다. 고인돌의 연구는 앞에서 언급한 바와 같이 그 기원문제와 더불어 형식간의 선후관계, 편년, 출토 유물간의 관계 등에서 아직도 해결해야 할 몇몇 문제를 안고 있다.

참고문헌

金承玉, 1999,〈진안 용담댐 지석묘 발굴조사〉,《제42회 전국역사학대회 발표요지》.

金元龍, 1962,〈南方式支石墓의 發生〉,《考古美術》3-1.

金元龍, 1974,《韓國의 古墳》, 교양국사총서.

金載元·尹武炳, 1967,《韓國支石墓研究》, 국립박물관.

沈奉謹, 1979,〈日本支石墓의 一考察〉,《釜山史學》3.

李榮文, 1993,〈全南地方支石墓社會의 研究〉, 한국교원대학교 박사학위논문.

全南道廳, 1997,《全南의 古代墓制》.

崔夢龍, 1997,《도시·문명·국가》대학교양총서 70, 서울대 출판부.

崔夢龍, 1978,〈전남지방소재 지석묘의 형식과 분류〉,《역사학보》78.

崔夢龍, 1981,〈全南地方支石墓社會와 階級의 發生〉,《韓國史研究》35.

崔夢龍, 1993,《한국문화의 원류를 찾아서》, 학연문화사.

崔夢龍·崔盛洛, 1997,《韓國古代國家形成論》, 서울대출판부.

한창균·신숙정·장호수, 1995,《북한의 선사문화 연구》, 백산자료원.

韓興洙, 1935,〈朝鮮巨石文化研究〉,《震檀學報》3.

도유호, 1959,〈조선거석문화연구〉,《문화유산》59-2.

석광준, 1979,〈우리나라 서북지방 고인돌에 관한 연구〉,《고고민속논문집》7.

조선유적유물편찬위원회, 1990,《조선유적유물도감 1·2》, 동광.

甲元眞之, 1973,〈朝鮮支石墓의 編年〉,《朝鮮學報》66.

三上次男, 1961,《滿鮮原始墳墓의 研究》, 吉川弘文館.

在日本朝鮮 歷史 考古學會 編譯, 1995,《朝鮮民族と國家의 原流:考古學と神話學》, 雄山閣.

西谷正 外, 1997,《東アジアにおける支石墓의 綜合的 研究》.

有光敎一, 1969,〈朝鮮支石墓의 系譜에 關ける一考察〉,《古代學》16.

大貫靜夫, 1998,《東北アジアの 考古學》, 同成社.

遼寧省文物考古研究所(許玉林), 1994,《遼東半島石棚》, 遼寧科學技術出版社.

Christie, A.H. 1979, The Megalithic Problem in South East Asia, *In Early South East Asia:*

Essays in Archaeology, History and Historical Geography, edited by R. B. Smith and W. Watson, Oxford University Press, New York.

Daniel, G., 1963, *The Megalith Builders of Western Europe*, Hutchinson University Press, London.

Joussaume, R., 1998, *Dolmens for the Dead* : Megalith – Building throughout the World, translated by A. Chippindale and C. Chippindale, Cornell University Press, Ithaca.

Peacock, J. E., 1962, Pasema Megalithic Historical, Functional and Conceptual Interrelationship, *Bulletin of the Institute of Ethnology* 13.

Origin and Diffusion of Korean Dolmens[1]

Choi, Mong-Lyong

I. Introduction

Dolmens, constructed as a prehistoric stone grave structure, are an important part of the worldwide megalithic cultural tradition, which includes dolmens, menhirs (standing stones), tombs with multiple burials(chamber tombs, passage graves, collective tombs, and gallery graves), stone circles (cromlechs and stonehenges) and stone alignments. In Europe, megalithic struructures such as dolmens, stonehenges, and stone alignments, have been found in France, southern Sweden, Portugal, Denmark, and Netherlands. Until recently, European dolmens were considered to have been built ca. 2500-2000 B.C. Based on the recalibration of the old radiocarbon dates, however, Dr. Colin Renfrew, a noted English archaeologist, has concluded that the dolmens began to be built in Europe as early as in the 5th millenium B.C., that is, 1500 years prior to the building of the Egyptian pyramids. The earliest dolmens in England and France are now dated to 4800 B.C. It is now a scholarly consensus that dolmens appeared in Europe at the latest during the 4th millenium B.C.

Dolmens have also been identified in Minorca, Malta(Gian Tija, Hagar Quim and and TarXien), Sardinia, Bulgaria, Kavkaz, and Dacca. In Africa,

1) 이 글은 1988년 8월에 출간된 『한국민족문화대백과사전』2 (한국정신문화연구원, 593-6 쪽)에 실린 필자의 글 「고인돌」을 2001년 재판용으로 수정·보완한 것으로, 「세계 고인돌·선돌협회」 창립총회 국제학술대회 주제발표(1998년 12월 17일)를 위해 영역하였다.

dolmens have been reported in Ethiopia and Sudan. In these regions, dolmens are concentrated along the Mediterranean coast. Dolmens are also found in Palestine, Iran, Pakistan, Tibet, and southern India. In India, dolmens are attributed to the Iron Age of the 8th century B.C., but some dolmens have been dated as late as the 2nd century A.D. It is generally believed that Dravidians built dolmens during the period of 750-550 B.C. Also, scholars have found dolmens in Indonesia, Borneo, and Malaysia as well, but their dates are unknown. Believing that the dolmens of Indonesia were related to the region's agricultural transition from a slash-and-burn farming to a paddy-field farming, Dr. Peacock has suggested that the early dolmens of Indonesia were built during the period of 2500-1500 B.C., while the later ones were built during the 5th-4th century B.C. when the Dongson Culture and iron implements were introduced.

In Japan, dolmens are found in the northern part of Kyushu Island. Diffusing from the Korean Peninsula, dolmens began to appear in Japan during the Final Jomon Period, ca. 5th-4th century B.C. However, it was not until the subsequent Yayoi Period that the dolmens became a major burial type in Japan.

II. Dolmens of Korea

Presently, only two types of megalithic structure, namely, dolmens and menhirs are found in the Korean Peninsula. Korea has the largest number of dolmens in northeast Asia, and the dolmens are the most conspicuous feature of Korea's prehistoric cultural remains. Approximately more than 12,000 dolmens have been identified in South Chŏlla Province alone in recent years. Altogether, about 29,000 dolmens are believed to exist throughout the Korean Peninsula.

A. Typology of Korean Dolmens

Korean dolmens are broadly classified into three types: Northern Type, Southern Type, and Capstone Type. The fundamental difference between the Northern and the Southern Type dolmens is the location of their burial chamber. With the Northern Type, the burial chamber is placed on the ground, and it looks like a rectangular box, consisting of four upright slab-stones and a cover, also a slab-stone. With the Southern Type, the burial chamber is constructed underground; its walls are made of slab-stones or rows of piled stones. On the ground, above the underground burial chamber, are a number of roundish or rough-hewn stones supporting a large boulder which serves as a capstone. As for the Capstone Type, it is similar to the Southern Type in terms of the burial chamber. The main difference between the Southern Type and the Capstone Type is the absence of supporting (or propping) stones between capstone and the burial chamber.

Classification of Korean dolmens is an ongoing task among Korean archaeologists, and many differing models have been proposed on the basis of various formal features of the dolmens such as styles of capstone and kinds of burial chamber.

B. Origin and Development of Korean Dolmens

The origin of Korean dolmens is a subject of ongoing debates also. Currently, there are three main views: 1) Northern Origin Theory, 2) Southern Origin Theory, and 3) Indigenous Origin Theory. According to the Northern Origin Theory, Korean dolmens first appeared under the influence of the cist burial tradition of the Karasuk Culture(1,300-1,000 B.C.) of Siberia. According to the Southern Origin Theory, Korean dolmens were a part of a cultural diffusion from Southeast Asia, especially in association with the latter's so-called "secondary burial" practice. The Indigenous Origin Theory maintains that Korean dolmens originated independently within the Korean Peninsula itself.

In regard to their interrelationships, the traditional view holds that the Northern Type dolmens first appeared in the northern part and later spread to the South, giving birth to the Southern Type dolmens, which in turn gave birth to the Capstone Type. Some scholars, however, consider the Southern Type dolmens found only in southern Korea, to be the product of the final stage of the Korean dolmens. On the other hand, others, considering the Capstone Type (called "Transformed or Variant Type" by North Korean archaeologists) to be the earliest of Korean dolmens, hold that the Capstone Type evolved into the Northern Type (called "Classic Type" by North Korean archaeologists) in northern Korea and into the Southern Type in southern Korea, respectively. Essentially, that is the view of North Korean archaeologists, who classify the Korean dolmens into the so-called Ch'imch'on Type (the Southern Type and the Capstone Type of the traditional view) and Odŏk Type (the Northern Type) and consider the latter to have been derived from the former.

1. Northern Type Dolmens

The most distinctive feature of the Northern Type dolmens, found mainly in northern Korea, is their fully exposed burial chamber. As such, the Northern Type dolmens look like a large rectangular stone box consisting of four upright slab-stones and an oversized top. The oversized top also makes the Northern Type dolmens look like a table. Normally, two long side slabs, buried firmly underground, directly support the capstone; therefore, they are much thicker and sturdier than the short slabs placed at the front and the back side of the chamber. The latter were easily removable and served as the entrance of the burial chamber. Today, one or both of the entrance slabs are often found missing. In a few cases, pebbles or slabs were laid on the burial chamber floor, but usually it was a plain dirt floor.

The burial chambers are normally in the form of a single rectangular box.

In a dolmen found at Songshin-dong in Hwangju, however, the burial chamber was partitioned into four sections by three slab-stones, and a dead body appears to have been placed in each section.

The average length of the capstone is two to four meters; however, in some cases, such as Kwansan-ni and Od k-ni dolmens, the capstones are eight meters long or even longer. As for their height, the Northern Type dolmens are one to two meters high, even though a few have been reported to be more than two meters high.

While the majority of the Northern Type dolmens are in northern Korea, especially in South P'yŏngnan and Hwanghae Provinces, along the Taedong River, the Chaeryŏng River, and the Hwangju River, a few have been found in southern Korea, at Kangwha Island in Kyŏnggi Province (National Historical Site No. 137), Tosan-ni in Koch'ang (North Chŏlla Provincial Monument No. 49), at Manbong-ni and Whoejin in Naju in South Chŏlla Province, and elsewhere. Initially, they were erroneously interpreted as the Capstone Type dolmens, whose underground burial chamber had become exposed in time by wind and rain; but they are now regarded as the Northern Type dolmens constructed in the South. It is, therefore, reasonable to conclude that while northern Korea was the primary home of the Northern Type dolmens, a few of them were also constructed in the South.

2. Southern Type Dolmens

Southern Type dolmens, also called "Go-Table Type dolmens", are found mainly in southern Korea, that is south of the Han River, especially in Chŏlla and Kyŏngsang Provinces including such representative dolmens as Daesin-ni and Hyosan-ni in Hwasoon (Historical Site No. 410), Sanggap-ri and Chuknim-ni in Koch'ang in North Chŏlla (Historical Site No. 391), and Kuam-ni in Puan (Historical Site No. 103). A burial pit, consisting of slab-stones, rough-hewn rocks, or cobbles, is constructed underground, and a varying number of supporting (or propping) stones are placed between the burial pit and a capstone, which, unlike the flat top of the Northern Type dolmens, is usually a large roundish or elongated boulder. The underground burial pit appears in several forms, but without exception, it was covered with slab-stones or possibly wood in some cases.

The burial pits are normally about one meter long or even less, while in a few cases they may be longer up to one and half meters. One might assume that dolmens having such a small burial pit were constructed as graves of children or infants. It is more likely, however, that they were associated with the so-called "secondary burial practice", which involved the burying of only bones of the deceased, collected after excarnation, a practice still in vogue in certain regions in southern Korea. In a few cases, on the surface of the capstones are found pot marks, (usually called 'capmark'), circular or rectangular in shape. They have been considered by some to be associated with prehistoric fertility cult and by others to be holes associated with quarrying.

Some scholars consider the Capstone Type dolmens a variant form of the Southern Type dolmens, but the two types have distinctly different features and should be treated as separate types.

In general, the Southern type dolmens are found in open plains or on ridge tops, but they are also found in narrow valleys, on ridge slopes, or on hilltops. Also, normally, they were built where large boulders were easily obtainable.

3. Capstone Type Dolmens

Capstone Type dolmens are marked by the absence of upright stones propping the capstone, because the latter is placed directly over the underground burial pit. Another distinctive feature of the Capstone Type dolmens is a stone pavement surrounding the burial pit, as seen at Kyŏngsŏk-ni in Wŏlsŏng, Sŏngdong-ni in Muan, Mojŏng-ni in Chinan, and Ch'unghyo-dong in Kwangju. The stone pavement, built with small flat stones, strengthened the ground surrounding the burial chamber, and in turn protected the latter from the crushing weight of the heavy capstone. It might also have served as a grave boundary marker. Even though the surrounding stone pavement was normally built around the burial pit, in some cases, as seen in the dolmens discovered at Taebong-dong in Taegu and Kogan-ni in Ch'angwŏn, the stone pavement covered the entire burial chamber. This might be a regional characteristic appearing only in Kyŏngsang Province.

A number of the Capstone Type dolmens have been found in clusters in northern Korea, especially in Hwangju and Pongsan Counties, in the Sŏhong River Valley of Hwanghae Province, at Taesŏng-ni in Kangs, and at Mukpang-ni in Kaech'ŏn of South P'yŏngan Province. But, by far the largest number of Capstone Type dolmens are found in southern Korea. Most of the 12,000 dolmens recently identified in South Chŏlla Province, for example, are comprised of the Capstone Type dolmens. The peninsula-wide distribution of the Capstone Type dolmens, in an extraordinarily large number, suggests that they were the most typical and prevalent type during the later stage of the Korean dolmens.

C. Associated Artifacts

Considering the size and the number of dolmens, their associated artifacts (burial goods) are limited both in number and in kinds. The most common artifacts associated with the Korean dolmens are polished stone daggers and stone arrowheads. Other artifacts include polished stone axes, stone chisels, semi-lunar shaped stone knives, grooved stone adzes, stone spears, grinding stones, and spindle whorls as well as potteries and bronze implements.

As for the polished stone arrowheads, they include tanged and non-tanged types. In regard to the tanged types, those with a diamond-shaped cross-section of the blade are found throughout the Peninsula, while other types are regional. Those with a flat diamond-shaped cross-section of the blade and those with a long diamond-shaped cross-section of the blade are found mainly in the region south of the Han River. In regard to the non-tanged types, while those with a willow leaf-shaped blade are found in the western part of Korea around Hwanghae and South P'yŏngan Provinces, those with a triangular shaped blade are found in the central region.

As for the polished stone daggers, they include hafted types and tanged types. In addition to the dolmens, they are also found in dwelling sites, usually semi-subterranean pit houses. Semi-lunar stone knives are found in the Capstone Type dolmens, while bifacial axes and discoidal maces in the Northern Type dolmens. Stone chisels are often found in the Southern Type dolmens.

Recently, a number of dolmens have yielded bronze implements. They include a variant form of the Liaoning-type (Manchurian or lute-shaped type) bronze daggers, unearthed from Capstone Type dolmens at Wusan-ri in Sŭngju, Tŏkch'i-ri in Posŏng, Pongkye-dong, Chŏkryang-dong, P'yŏngy-dong in Yŏch'ŏn, and Orim-dong in Yŏsu, all in South Chŏlla Province. Similar bronze daggers have been found from the attached stone-cist to dolmens at Tŏkch'ŏn-ni in Ch'angwŏn and Pirae-dong in Taejŏn. In addition, a bronze arrowhead and a fan-shaped bronze ax have been found in dolmens at Yaksa-dong in Ŭnch'ŏn and Choyang-dong in Sokch'o(Historical Site No. 376), respectively. These new discoveries of the bronze implements from dolmens have led scholars to conclude that dolmens were built during Korean Bronze Age, ca. 1300-300 B.C. On the other hand, North Korean archaeologists maintain that the Capstone Type dolmen, which they call Transformed or Variant Type dolmens, began to be built as early as in the 15th century B.C. in Manchuria and evolved into the Northern or the Classic Type in the Korean Peninsula.

In a few cases, the dolmens have yielded potteries including top-shaped pottery, plain coarse pottery, red burnished pottery, and Misong-ni (Mukpang-ni) pottery as well as Kimhae pottery. Ornaments, found mainly in the Capstone Type dolmens, include tubular jade beads and ball-shaped beads for pendant.

25

D. Distribution of Korean Dolmens

Dolmens are found in all parts of the Korean Peninsula as well as on the off-shore islands such as Kanghwa, Cheju, and Hŭksan Islands, some of which are quite remote from the Peninsula itself. As a whole, dolmens are found mostly along the southern and western coastal regions and their river valleys, with their greatest concentration in Chŏlla and Hwanghae provinces. Along the east coast, dolmens are sparse even though a few have been reported in the eastern mountainous regions. Essentially, found mostly in western river valleys, dolmens were closely related to the west coast region.

Dolmens are often found in clusters. In the southern region, especially in Chŏlla Province, dolmens appear in clusters without exception. According to their distributional pattern in the northwest region (Mukpang-ni, Kwansan-ni, Yongdong-ni, Noam-ni in South Hwanghae Province and Yongsan-ri of South P'yŏngan Province), they appear as a group of 5, 6, or even 10 dolmens, totaling 100-200 dolmens in a single area, while in a few cases dolmens appear as a single or a pair of two dolmens. Also, they are almost always aligned in the direction of the valleys.

The Northern Type dolmens, with a few exception, are found mainly in the northwest, north of the Han River. In central Korea, especially, in the upper reaches of the North Han River, the Northern Type dolmens occur along with the Southern Type. The Southern Type dolmens are found primarily in southern Korea, south of the Han River, especially in Chŏlla and Kyŏngsang provinces. The Capstone Type dolmens are found in all parts of the peninsula and comprise the largest number of Korean dolmens. Northern Type dolmens are also found in the southeastern part of Manchuria, particularly in the east Liaoning region, adjacent to the Korean Peninsula. Thus northeast Asian dolmen zone includes southern and southwestern Manchuria, the Korean Peninsula, and northern Kyushu in Japan, with the greatest dolmen concentration being in the Korean Peninsula.

26

E. Dolmen Construction Method

While natural boulders were often used, Korean prehistoric dolmen builders also quarried the lithic materials they needed. A number of actual prehistoric quarries have been identified in the northwest region. In southern Korea, recent archeological surveys have revealed the quarrying sites at Daesin-ni in Hwasoon and at Ch'ŏnch'on village and Samgŏ-ri in Kanghwa Island.

In terms of quarrying method, we can only conjecture. Most likely, wooden wedges were hammered into existing natural cracks or man-made holes, which were in turn filled with water. As the wooden wedges expanded, soaked with water, huge chunks of rocks would split off from their base rock. They then would be transported to construction sites with the help of ropes planks and levers as well as waterways.

Likewise at this time, we can only hypothesize about the actual construction process. In regard to the Northern Type dolmens, after a burial chamber has been constructed on the ground with four upright slab-stones, a sloping earthen mound would be constructed next to a broad side, and a capstone would be pushed up the earthen mound. When the capstone is securely placed atop the rectangular burial box, the earthen mound would be removed. A similar method would have been used in regard to the Southern Type dolmens as far as the installation of their capstone was concerned. In the cases of the Capstone Type dolmens, the process would have been much simpler inasmuch as the top of their burial pit was at a ground level.

F. Dating of Dolmens

Dates of the Korean dolmens have been determined largely on the basis of their associated artifacts. In the past, the polished stone daggers were believed by some scholars to have been lithic copies of Korean-style (or slender) bronze daggers of the Former(Early) Iron Age (300-1 B.C.) Consequently, some, especially Japanese scholars of the Colonial Period thought that the Korean dolmens were later than the time of the Korean style bronze daggers. Archaeological researches of recent years, however, have clarified that the polished stone daggers had appeared long before the Korean style bronze daggers. Radio-carbon dating of a pit house, yielding a polished stone dagger, discovered under a dolmen in Oksŏk-ni, dated the house to ca. 640 B.C. Likewise, according to a radio-carbon dating, a dolmen yielding a polished stone dagger, in Hwangsŏk-ni, was constructed in ca. 410 B.C. Both dates are much earlier than those of the Korean style bronze daggers. Also, recent discoveries of the Liaoning-type bronze daggers from several Capstone Type dolmens in South Chŏlla province lend further support for an earlier date. However, the upper and the lower limit of dolmen chronology is not firmly determined yet.

G. Socio-political Significance of Dolmens

Dolmens were constructed as graves of high classes during the stratified/hierarchical chiefdom stage based upon clan and ancestor worship, craft specialization, inheritance, and redistributional economic system during the Korean prehistory. Presence of children's graves among P'anch'on-ri dolmens in Naju suggests an inherited social status within a stratified society. Also, in association with the Misong-ni type pottery, bronze mirrors with coarse decorations, and the Liaoning type bronze daggers, the Korean dolmens play an important role in the study of Ko Chosŏn's (Old Chosŏn) territory and culture.

North Korean scholars, according to their own socio-political perspectives, consider the Korean dolmens to be the graves of military commanders or chiefly leaders, and regard the dolmen builders as the people of Ko Chosŏn (Old Chosŏn). In 1993 they claimed to have discovered the grave of Tangun, Ko

28

Chosŏn's (Old Chosŏn) founding father, at Mt. Taebak in Kangdong-ku of P'y ŏngyang, and dated it to 3,000 B.C. Accordingly, they hold that Tangun or Ko Chosŏn was founded as early as 3,000 B.C. Thus North Korean scholars discuss the dolmen society in terms of Tangun or Ko Chosŏn, the beginning of Korea's Bronze Age, Korea's ancient Slavery Society, and Korea's early state formation. These are scholarly issues requiring further study.

III. Conclusion

Recently, Korean archaeologists have begun to pay more attention to the Indigenous Origin Theory regarding the origin of the Korean dolmens. As already mentioned, however, there remains a number of unresolved issues in regard to Korean dolmens. They include the question of their origin, the temporal sequence of different dolmen types, dating and chronology of dolmens, and the relationships between the dolmen chronology and their associated artifacts. We expect that more archaeological evidence from other regions such as Siberia, China, and Japan will help clarify these issues.

References

Arimitsu, K., 1969, A Study on the Genealogy of the Korean Dolmen, *Kodaikaku* 16(in Japanese).

Choi, M. L., 1978, Typology of the Dolmen in the South Chŏlla Province. *Yŏksa Hakpo* 78(in Korean).

_____, 1981, The Dolmen Society of the South Chŏlla Province and Occurrence of Rank, *Hanguksa Yŏngu* 35(in Korean).

_____, 1993, *The Origin of the Korean Culture*. Hakyŏn Munhwasa, Seoul(in Korean).

Choi, M. L. and S. R. Choi (editors), 1997, *Studies on the Formation of Ancient State in Korea.*, Seoul National University Press, Seoul(in Korean).

Chŏnnam Province, 1997, *Ancient Burials of the Chŏnnam Province* (in Korean).

Christie, A. H., 1979 The Megalithic Problem in South East Asia, *In Early Southeast Asia: Essays in Archaelogy, History and Historical Geography*, edited by R. B. Smith and W. Watson, Oxford University Press, New York.

Daniel, G., 1963, *The Megalith Builders of Western Europe*, Hutchinson University Press, London.

Han, C. K., S. J. Shin, and H. S. Chang, 1995, *A Study on the Prehistoric Culture of the North Korea*. Paeksan Charyowŏn, Seoul(in Korean).

Han, H. S., 1935, A Study on the Megalithic Culture in Korea. *Chindan Hakpo* 3(in Korean). Institute of the Archaeology and Culture of Liaoning District, 1994, Megaliths of the Liaodong Peninsula, *Liaoning Kexue Jishù Chubanshe*.(in Chinese).

Joussame, R., 1988, *Dolmens for the Dead: Megalith - Building throughout the World*, translated by A. Chippindale and C. Chippindale, Cornell University Press, Ithaca.

Kim, J. W. and M. B. Yun, 1967, *A Study on the Korean Dolmen*, Korean National Museum, Seoul(in Korean).

Kim, W. Y., 1962, The Origin of the Southern Type Dolmen, *Kogo Musul* 3(1)(in Korean).

_____, 1974, *Ancient Burials of Korea*, The Series Korean History For General Education vol. 2(in Korean).

Komoto, M., 1973, The Chronology of Korean Dolmen, *Chosen Gakuho* 66(in Japanese).

Lee, Y. M., 1993, *A Study on the Dolmen Society of the South Chŏlla Province* (in Korean).

Migami, T., 1961, *A Study on the Primitive Burials in Manchuria and Korea*. Yoshikawa Kobunkan, Tokyo(in Japanese).

Nishitani, T., et. al., 1997, *A Comprehensive Study on the Dolmen of East Asia* (in Japanese).

Peacock, J. E., 1962, Pasemah Megalith: Historical, Functional and Conceptual Interpretation, *Bulletin of the Institute of Ethnology* 13: 53-61.

Sŏk, K. C., 1979 A Study on the Dolmen in the Northwest Korea, *Kogo Minsok Nonmunjip* 7(in Korean).

To. Y. H., 1959, A Study of Megalthic Culture in Korea, *Munhwa Yusan* 59(2)(in Korean).

제2장 지석묘의 연구이론과 방법

가. 한국 지석묘 연구의 이론과 방법론

강 봉 원

I. 머리말

약간의 어의의 차이는 있지만 지석묘(支石墓)와 고인돌은 동일한 것이며, 이는 한국 선사시대의 가장 대표적인 묘제들 중의 하나이다. 지석묘는 모양과 구조가 다양하므로 이를 좀 더 큰 범주로 볼 수 있는 "큰돌 무덤"으로 부르자는 제안이 있기도 하였지만(임효택 외 1987), 일반적으로 한국 학계에서는 지석묘 혹은 고인돌로 통용이 되고 있다. 지석묘와 고인돌을 엄밀하게 검토하여 보면 각각의 용어가 가지고 있는 여러 가지 구조적 · 기술적인 측면에서의 차이가 있겠지만 그 차이는 이 논문에서 다루고자 하는 내용과 크게 관련이 없으므로 '지석묘'라는 용어의 사용을 원칙으로 한다. 필요한 경우 '고인돌'이라는 용어도 사용하겠지만 이 논문에서 두 용어는 어의의 차이가 없는 동일한 것으로 간주한다.

우리 나라 각급 학교의 사회 혹은 국사 교과서에는 대표적인 지석묘의 사진과 함께 그 축조 방법 등이 자세히 소개되어 있다. 그래서 정규 교육을 받은 우리 나라 사람들 대부분이 지석묘에 대하여 비교적 잘 알고 있으며, 또 관심을 가지고 있다. 선사시대에 축조된 한국의 지석묘는 오랜 세월이 지나는 동안 농경, 건설, 도굴, 그리고 자연적인 제 현상 등등의 요소에 의하여 많이 파괴 · 유실 되었으나 아직도 우리 주변에서 가끔씩 볼 수 있다. 더욱이 많은 지석묘의 덮개돌이 지상에 노출되어 있어서 눈에 잘 보이기 때문에 일반인들조차도 쉽게 인식할 수 있다.

한국에서 발견되는 지석묘는 시기에 따라 그리고 지역에 따라 그 형태가 현격하게 다르다. 그러나 보통 큰 바윗돌 하나를 덮개돌로 하고 그 밑에 석실이 지상 혹은 지하에 위치하는가에 따라 '북방식-탁자식', '남방식-바둑판식', 혹은 '개석식-변형식'으로 크게 나누어진다. 개석 아래에 놓여 있는 석실, 관, 혹은 곽은 판석이나 사람 머리 크기 만한 강돌 등으로 축조되었고 그 안에 시체와 때때로 부장품이 놓인 것이 보통이다. 일반적으로 한국에서 발굴된 지석묘 내부에서는 인골이 발견되는 일은 거의 없다. 이는 무덤을 축조한 이후 오랜 시간이 지난 탓이기도 하겠지만 한국 토양이 산성이 강한 탓일 수도 있다. 혹은 두 가지 요인이 동시에 작용한 탓이거나 눈에 현저하게 띄는 북방식 지석묘의 경우는 도굴의 가능성도 배제할 수 없다. 과거 한국 학계에서는 지석묘에서 인골이 출토되지 않았기 때문에 지석묘가 과연 무덤일 것인가에 회의를 품고 혹시 선사시대인들이 사용하였던 제단(祭壇)이 아니었나 추정하는 사람도 있었다. 그러나 1962년 국립박물관에서 발굴한 충청북도 제원군 청풍면 황석리 13호 지석묘 내부에서 인골이 출토된 이후 거의 모든 지석묘에서 비록 인골이 전혀 발견되지 않았지만 지석묘가 무덤이었다는 것이 일반적으로 수용되고 있다(김병모 1981:60-62; 김재원·윤무병 1967:108). 최근 지석묘의 발굴이 현저하게 늘어나면서 지석묘에서 인골이 발굴되는 예가 지속적으로 증가하고 있어 지석묘가 분묘라는 것은 확고해졌다.

　　과거 한국에서 지석묘의 발굴조사는 우선 지석묘가 있으니까 유적·유구의 파괴와 유실을 미연에 방지하고 유물을 수습하여 학술적인 자료를 수집하고자 하는 의도가 많았다. 그간에 한국 고고학의 양적인 팽창에 편승하여 지석묘의 발굴 수도 현격하게 증가하였으며 결과적으로 지석묘의 연대 문제, 형식 문제, 기원 문제 등의 측면에서 많은 논의가 있어 부수적으로 지석묘에서 주로 출토되는 부장품인 간 돌화살촉이나 간 돌칼, 그리고 청동검 등에 대한 연구에도 많은 진척이 있었다. 또 이제 학문의 경향도 달라져 지석묘 그 자체뿐만이 아니라 지석묘가 가지고 있는 고고학적 및 인류학적인 의미를 파악하고자 하는 방향으로 연구의 경향이 바뀌어져 가고 있다. 지석묘에서 출토되는 유물의 조합상을 보고 무덤의 주인공들을 여성 혹은 남성으로 분류한다든지(최몽룡 1987:48), 지석묘의 외형적인 실태와 지리적인 분포를 뛰어넘어 개석의 크기와 무게를 감안하고 지석묘 축조의 전 과정을 고려하면서 정치·사회적인 의미를 파악하여 본다든지 하는 시도들(김정배 1986:190; 이기백 1990; 이종욱 1982; 최몽룡 1981; 최정필 1997:92-99; Joussaume 1988:298; Kang 1990; Pearson 1979)이 그 좋은 예라고 할 수 있겠다.

　　하지만 아직도 현금의 한국 지석묘에 대한 전반적인 연구 경향이나 이론과 방법론을 고려하여 볼 때 개선되어야 할 문제점도 많이 있다. 이 글에서는 한국 지석묘 연구에 현존하고 있는 몇 가지 문제점들을 검토하여 보고 향후 그러한 문제점들을 해결하는 데 고려하여야 할 몇 가지 기초적인 방법과 이론에 대하여 검토하여 보기로 하겠다.

Ⅱ. 한국 지석묘 연구의 문제점

한국의 지석묘는 일제시대이래 현금까지 헤아릴 수 없이 많은 수가 발견되어 지표조사 혹은 발굴 조사되고 있는 대표적인 선사시대 무덤이다. 일제시대이래 많은 일본 혹은 한국 고고학자들이 여러 가지 호화로운 부장품을 염두에 두고 신라, 고구려, 백제의 분묘를 집중적으로 발굴하였다. 그리하여 한국고고학은 '삼국시대 분묘의 고고학'이라고 불려질 만큼 삼국시대의 분묘가 집중적으로 많이 발굴되었다. 그러나 현금까지 우리 나라에서 지표조사나 발굴을 통하여 가장 많이 학계에 보고되어 있고 많은 사람들이 학문적 관심을 가지고 연구를 실시한 유구는 단연 지석묘가 아닌가 생각된다. 그럼에도 불구하고 한국의 지석묘만큼 고고학적 성격 규명이 체계적으로 이루어지지 않은 것도 없다고 하겠다.

우선 가장 기본적인 사안이라고 할 수 있는 한국 지석묘의 연대와 기원, 그리고 계통 등이 아직 제대로 알려져 있지 않다. 한국 지석묘의 기원과 발생에 관해서는 한국 지석묘의 연대가 유럽의 그것에 비하여 상대적으로 늦다 보니 지석묘와 지석묘 사회의 문화 전반이 주민의 이동과 아울러 서남 아시아 또는 동남 아시아를 거쳐서 한반도로 전파되어 왔을 것이라는 설이 있다(김병모 1981:76; Kim 1982:182-187). 한편으로는 한국에는 인근의 중국이나 일본과는 비교가 안될 만큼 많은 수의 지석묘가 함경도 일부를 제외한 전역에 골고루 분포되어 있으므로 한국에서 지석묘가 자생하였을 가능성이 높다는 설을 제기하는 학자들도 있다(김원용 1974:54; 박순발 1997:13; Nelson 1993:147). 이처럼 한국 지석묘의 기원과 발생에 관해서 아직 확실한 것을 잘 알지 못하고 있는 실정이다.

지석묘의 절대연대(chronometric chronology)나 상대연대(relative chronology)도 아직 체계적으로 수립되어 있지 않은 실정이다. 지석묘 축조의 상한은 기원전 2000년에서부터 기원전 800년 사이로 추정되고 있어 보는 사람들에 따라서 견해 차가 크다. 지석묘 축조의 하한도 기원전 300년 정도까지가 일반적이나, 지역에 따라서 서력기원 전후까지 축조된 것으로 보기까지도 하는 등(김원용 1986:96; 지건길 1997:165), 하한 문제 역시 아직 의문의 여지가 많다. 지석묘의 유형에 따른 상대연대도 여전히 논쟁의 대상이 되고 있는 실정이다. 위에서 언급한 대로 한국의 지석묘는 그 외형적인 모습에 의거하여 보통 북방식 혹은 탁자식(오덕리형), 남방식 혹은 기반식(침촌리형), 그리고 지표식, 개석식, 혹은 변형식 등으로 분류되고 있다. 지석묘 각 형식의 발생 순서에 관하여 우선 북방식이 북한 지역에서 먼저 축조가 되다가 주민의 이동과 함께 남쪽으로 내려오면서 기반식 혹은 개석식으로 변형되었을 것으로 주장하는 사람들이 대부분이다(김재원·윤무병 1967; 심봉근 1990:118-119; 지건길 1997:165; 한병삼 1977:209; Choi 1983:110; 三上次男 1961:87). 반면에 침촌리형, 즉 남방식이 먼저 발생하고 시간이 지나면서 오덕리형, 즉 북방식으로 변형되어 갔다고 주장하는 사람도 있다(석광준 1979, 김병모 1981:73 재인용; 甲元眞之 1973, 최몽룡 1978:43 재인용). 한국의 지석묘에 관심이 있는 한국 및 일본의 고고학자들은 대체로 북방식이 남방식보다는 먼저 축조되었을 것이라는 학설을 일반적으로 수용하고 있지만 아직 상대연대의 문제가 완전히 해결되었다고는 볼 수 없다.

한편 김원용(1986:92)은 "...우리나라의 고인돌은 유럽이나 중국 해안 지대의 고인돌과 연결시키기는 어렵고, 시베리아 전래의 석상분이 우리나라 서북부에서 고인돌로 확대, 발전한 것이라고 보는 것이 합리적인 것 같다"고 하고, 또 "이 석상분에서 발전한 것이 고인돌이라는 점에서 청동기시대 묘제로는 가장 선두가 되는 존재라고 하겠다"(김원용 1986:93)고 주장하여 지석묘가 석상분 보다는 늦게 축조되었다고 하였다. 이 주장은 석상분 혹은 석관묘가 시기적으로 지석묘를 앞서는 것으로 파악하고 있는 三上次男(1961)의 설과 동일한 것이다. 반면 지석묘와 석상분이 동시대에 축조된 것으로 간주하며 일정 기간 두 가지의 묘제가 공존하였을 것이라는 설을 제기하는 사람도 있다(지건길 1997:166-171; 한병삼 1977:223). 이와는 대조적으로 한국에서의 석상분 혹은 석관묘는 지석묘가 시간이 지나면서 변하여 지하 구조물화된 것이라 해석되는 경우도 있다.

이와 같이 지석묘의 절대연대, 각 형식간의 상대연대, 그리고 지석묘와 일정 기간 공존하였을 가능성이 있는 석관묘와의 선후 관계 등이 체계적이고 명확하게 규명되어 있지 않은 실정이다. 유적지 발굴 보고서나 많은 학술 논문에서 연대를 결론으로 삼는 한국 고고학의 일반적인 경향에서 볼 때 아직도 한국 지석묘나 석관묘의 연대관 수립이 체계적으로 이루어지지 않았다는 사실은 아이러니가 아닐 수 없다. 사실 지석묘나 석관묘의 정확한 연대를 규명하는 것이 고고학의 궁극적인 목적이 되어서는 안된다. 그러나 더 중요한 고고학적 혹은 인류학적 과제를 규명하기 위한 전초 작업으로써 연대 결정은 절대적으로 중요한 비중을 차지함은 명심하여야 한다.

또 지석묘 사회 연구와 관련하여 최근 가장 활발하게 논의·연구되고 있는 주제는 사회 발전 단계의 설정 문제이다. 한국 지석묘 사회의 사회 발전 단계 문제에 대한 연구는 대체로 두 개의 그룹으로 나뉘어져 있다. 한 그룹의 학자들은 지석묘 사회의 발전 단계를 구미의 고고학자 혹은 인류학자들이 주로 사용하고 있는 chiefdom 단계인 계급사회로 간주하고 이를 '족장사회'(최몽룡 1981; 최정필 1997; 홍형우 1994; Choi 1983; Rhee 1984), 혹은 '추장사회'(이종욱 1982, 1999)로 각각 번역하여 사용하고 있다. 또 한국사의 특수성을 고려하여 지석묘 사회를 '성읍국가'로 명명하여 사용하고 있는 경우도 있다(이기동 1989:65; 이기백 1990:32-33). 이와는 다소 다른 견해를 가지고 있는 사람도 적지는 않은 바, 이들은 위의 견해와는 달리 한국의 지석묘 사회를 계급사회인 chiefdom으로 간주할 수 없으며 오히려 평등사회로 간주해야 할 것이라 주장해 오고 있다(노혁진 1997:271-274; 박순발 1997:20; 박양진 1998; 송화섭 1994:48; 이남석 1985; Kang 1990). 심지어는 한국 고고학을 연구하고 있는 외국의 학자들도 두 개의 그룹으로 나뉘어져 지석묘 사회의 발전 단계를 해석하고 있다. 예를 들어 Nelson(1993)은 한국의 지석묘 사회를 chiefdom으로 비정하지는 않았지만 계급사회로, Barnes(1993:167)와 Pearson(1979)은 평등사회로 각각 간주한다. 지석묘 사회의 사회 발전 단계가 어느 수준에 이르렀던가를 밝히는 것이 이 논문의 주요 과제는 아니지만 일단 '족장사회' 단계였다는 전제하에 그 결론에 도달하는 과정 즉 방법과 이론적인 문제와 관련하여 좀 더 자세하게 다루기로 하겠다. 이와 같이 현재까지 지석묘 사회의 발전 단계 문제도 해결의 실마리를 찾지 못하고 있음을 여실히 알 수 있다.

이상을 종합하여 본다면 한국에서 일제시대는 물론이고 해방 이후 지금까지 선사학자 혹은 고고학자들이 지석묘를 수없이 발굴하고 지속적으로 연구하여 오고 있음에도 불구하고 아직 지석묘에 대해서 아는 것보다 모르는 것이 더 많을 정도라는 것을 알 수 있다. 이것은 일제시대이래 계속되어 온 천편일률적인 고고학 발굴 조사 방법과 고고학 연구에 있어서 고식적인 이론과 방법의 단순 반복 때문이라고 생각한다. 이러한 것을 시정하고 좀더 발전적인 지석묘 연구를 위해서는 고고학 연구의 방향(research orientation)이 개별 연구자가 특별히 관심이 있는 문제점을 해결할 수 있도록 설정되어야 한다고 생각한다. 사실 외국에서 고고학 공부를 한 한국 고고학도들도 서구의 신고고학(New Archaeology) 혹은 후기과정주의 고고학(Post Processual Archaeology)의 이론과 방법론을 적용한 논문들을 고고학 잡지나 개별적인 저서를 통해 국내 학계에 소개하였다. 그러나 새로운 패러다임(paradigm)에 입각한 방법과 이론을 채택하여 이것을 실제로 적용해서 시작부터 끝까지 한국의 지석묘 혹은 여타 고고학 분야에서 당면하고 있는 문제를 밝혀 보고자 시도한 노력은 여전히 보기가 쉽지 않다.

한국 고고학은 1970년대이래 경제 발전에 수반된 국토 개발의 영향에 힘입어 양적인 그리고 질적인 팽창을 거듭하여 오고 있다. 그러나 양과 질을 상호 비교하여 보았을 때 질적인 수준이 양적 팽창 수준을 십분지 일도 채 못 따라가고 있는 느낌이다. 지석묘와 관련된 기초 고고학적 과제를 하나라도 해결하고자 하는 문제 의식이 결여되어 있고 연구 방향이 명료하게 설정되어 있지 않은 구태의연한 발굴조사나 연구로는 몇 백년이 지나도 한국 지석묘와 관련된 문제를 해결할 수 없다. 막연히 새롭고 결정적인 지석묘 자료가 출현하기를 손꼽아 기다리지만 이러한 자료를 기다린다는 것은 마치 감나무 아래에서 홍시가 입 속으로 떨어지기를 기대하는 것보다 더 못하다. 더 중요한 것은 그간에 실제로 결정적인 자료로 보이는 지석묘가 다수 발굴되었음에도 불구하고 지석묘 사회에 대한 학계의 인식은 별반 달라진 것이 없어 보인다는 점이다. 이러한 상황이 계속된다면 비록 좀 더 새로운 자료가 발굴된다고 하여도 지석묘 연구 결과는 크게 변하지 않을 것임을 능히 짐작할 수 있다.

아직도 많은 한국 고고학자들은 지석묘의 성격을 파악하기 위해서는 더 나은 자료와 그리고 더 많은 자료가 나오기를 희망하고 있지만 필자는 더 이상 획기적인 지석묘 자료는 나오기 어려울 것으로 예측한다. 더 많고 좋은 지석묘 자료가 발견될 가능성을 배제할 수는 없지만 그 자료들은 지금까지 학계에 알려져 있는 자료에 다소 부가적인 성격을 띤 것에 지나지 않을 것이다. 혹은 새로운 지석묘 자료의 기본적인 성격이 이미 학계에 알려져 있는 지석묘와는 조금 다른 변형적인 것이거나 예외적인 것일 뿐이지 그것이 한국 지석묘의 성격을 확실히 밝혀 줄 수 있는 자료는 결코 될 수 없는 것이다. 그러한 의미에서 한반도에서 설사 완벽한 지석묘의 자료가 많이 발굴된다고 하더라도 적절한 연구 과제를 설정하고 이 과제를 해결할 수 있는 방향으로 연구가 진행이 되지 않고 한국 고고학에서 관행적으로 실시하여 오고 있는 유적, 유구, 그리고 유물 중심의 단순 묘사 혹은 형식 분류를 실시하는 것으로 연구가 일관된다면 그것은 새로운 자료가 아니다. 그 자료들은 단지 기존의 자료에 지극히 단순하고 초보적인 자료 몇 가지를 더 보태는 것에 지나지 않으며 그 이상의 고고학적 성격이나 의의를 밝힐 수 없다.

이상에서 살펴 본 바와 같이 한국의 지석묘에 관한 많은 문제들이 제대로 규명되지 않은 채 남아 있다. 이러한 문제점이 해결되지 않은 채로 남아 있는 데는 여러 가지 이유들이 있겠지만 한국 고고학계에서 인습적으로 시도해 오고 있는 형식 분류가 그 중의 하나일 것이다. 한국의 고고학자들은 유구와 유물의 형식 분류가 여러 가지 고고학적 의문에 해답을 줄 수 있을 것으로 생각하고 지나치게 의존한다는 지적이 있다 (Nelson 1983:53-54). 유적, 유구, 그리고 유물의 형식 분류가 고고학의 기초로서 지극히 중요한 것은 사실이다. 그러나 그것 자체가 선사시대에 일어났던 여러 가지 고고학적 및 인류학적 의문에 자동적으로 해답을 주는 것이 아니다. 고고학 연구에 있어서 형식 분류는 과거 문화의 제 현상을 파악하기 위한 출발점으로써 수단이 되어야지 그것이 목적이 되어서는 안된다. 특히 서양의 고고학자들은 신고고학의 등장과 함께 집중적으로 거론되었던 '유물 이면(裏面)의 인간(people behind artifact)'을 파악하는 데 주력하였는 바 한국의 고고학자들도 유적, 유구, 및 유물 중심만의 고고학에서 벗어나 이제는 사람(people) 혹은 인간의 행위(human behavior) 쪽으로 연구의 초점을 맞추어야 한다.

다음으로 거론할 수 있는 것은 인류학적 고고학의 결여이다. 한국에서는 고고학이 인류학보다는 역사학과 더 밀접한 관계를 맺어오다 보니 선사시대 것조차도 역사시대의 사고방식을 가지고 규명하려고 하는 경향이 짙다. 다른 학문 분야와 마찬가지로 고고학을 제대로 연구하기 위해서는 역사학, 인류학 뿐만 아니라 지리학, 지질학, 사회학, 정치학, 그리고 통계학 등 여러 인접 학문들을 두루 망라하여야 한다. 또 한국에서는 고고학이 역사학의 일부분으로 치부되기도 하지만 이는 잘못된 생각이다. 왜냐하면 고고학의 입장에서 보면 역사학이 고고학의 한 분야로 보조 수단으로 사용되기 때문이다. 여기서 '고고학이 역사학의 보조 학문이다' 혹은 '역사학이 고고학의 보조 학문이다'고 논쟁하는 것은 아무 의미가 없다. 두 학문의 주종은 상황에 따라서 바뀔 수 있다는 것을 인식해야 한다. 또 특정 학문을 하는 사람들이 자기 학문에 더 많은 가치와 의미를 부여하고 그 이외의 다른 학문이나 또 다른 학문을 하는 사람들을 경시하는 풍조는 있을 수 없는 일이다. 중요한 것은 어떤 학문 분야에 몸을 담고 있든 그 분야에서 '어떻게' 학문을 진행하는가이다. 과거 한국의 고고학이 문자의 기록이 없는 선사시대를 연구하는 데에 역사학과 밀접한 관계를 유지하였다. 역사학이 한국 고고학의 발전에 적지 않은 영향을 미친 것은 사실이지만 어느 정도의 한계성이 노정되기도 하였다. 그 결과 한국 고고학의 발전을 위한 변신을 꾀하고자 인류학과의 접목도 시도되었다. 급기야 인류학의 고고학에의 원용에 있어서 남용 내지는 오용이라는 비판의 소리가 있을 만큼 한국의 고고학계에서 인류학을 많이 도입하기도 하였다(이기동 1989; 전경수 1994). 한국 고고학의 발전을 위해서 이러한 비판의 소리도 겸허하게 받아 들여야 한다. 그럼에도 불구하고 한국 고고학 연구에서 선사시대고고학은 물론이고 역사시대고고학에 있어서도 인류학의 도입이 여전히 절실하다고 생각한다. 그러나 인류학을 한국 고고학에 접목하는데 있어서 과거와 같이 맹목적, 피상적, 기계적이거나 혹은 인류학을 위한 인류학의 도입이 되어서는 안된다. 인류학을 '왜' 그리고 '무엇' 을 위하여 고고학에 접목시키려고 하는가가 명백하게 밝혀진 다음에야 가능한 것이다. 과거 한국의 고고학이 역사학의 한 분야 혹은 보조 학문으로 간주될 때 '한국의 고고학은 역사학 이외에 아무것도 아니다' 는 식의 사고에서 벗어나 '...고고학은 인류학 이외에 아무것도 아니다' (...archaeology is anthropology or it is nothing)(Willey and Phillips 1958:2)라는 것을 생각하면서 한국 고고학은 인류학과 친연관계를 맺어야 할 것이다.

이처럼 한국의 지석묘 연구와 일반적으로 한국 고고학에는 아직도 많은 문제가 해결되지 않은 채로 있다. 한국 고고학계에서 지석묘에 관심이 있는 사람들이 차제에 이러한 문제들을 어떻게 해결할 수 있을 것인가에 대하여 아래에서 몇 가지 검토하여 보기로 하겠다.

Ⅲ. 지석묘 연구의 진전을 위한 방법론: 사회 발전 단계와 관련하여

학계에서 한국의 지석묘 사회가 계급사회였는가 아니면 평등사회였는가를 밝히려고 하는 작업은 진지한 논쟁의 대상도 되지 않았다. 왜냐하면 한국의 지석묘 사회는 거의 일방적으로 계급사회로써 간주되어 왔기 때문이다. 이러한 현상은 현행 초등학교의 사회 교과서나 중·고등학교 국사 교과서에 그리고 대부분의 한국사 논저들이 처음부터 지석묘 사회가 불평등한 사회 혹은 적어도 계급사회라는 전제 하에 논리를 전개한 탓이 아닌가 생각이 된다. 그리하여 지석묘가 반드시 계급사회가 아니고 평등사회일 가능성도 있다는 식의 논지가 나오게 되면 대부분의 사람들이 의아하게 생각한다. 이처럼 한국 고고학 및 사학계의 전반적인 대세는 '족장사회' 라는 학설이 절대 다수를 차지하고 있거나 혹은 적어도 계급사회로 인식되어 오고 있다.

어느 특정한 원시시대 그리고 역사시대 사회의 조직체가 고고학 자료를 근거로 사회 진화적인 측면에서 어느 단계에 이르렀던가를 추정하여 보는 연구는 드물지 않다. 또 이 문제를 둘러싸고 서로 다른 견해를 지닌 학자들 간에 의견의 일치를 보지 못하고 있는 부분도 많이 있다. 이러한 현상은 한국 고고학계뿐만이 아니고 세계적으로 흔히 볼 수 있는 현상이다. 한국의 지석묘 사회가 복합사회로서 '족장사회'에 이르렀던가 아니면 평등사회로서 '부족사회'에 머물러 있었던가에 대한 다소의 논의가 있어 왔으며 앞으로도 이 논쟁은 계속될 여지가 많다. 이 과제의 해결을 위하여 '어떻게' 접근하는가에 대한 이론과 방법론에 관해서도 충분한 검토가 수반되어야 한다고 생각한다. 왜냐하면 한국 지석묘 사회의 발전 단계를 인류학적인 추정 하에 논리적으로 그리고 과학적인 방법을 이용하여 규명하고자 시도했던 몇몇의 경우를 제외한 대부분 시도들은 한국 지석묘 사회가 계급사회였다는 것을 당연시 해 왔기 때문이다.

그러나 한국의 지석묘 사회가 '족장사회(chiefdom)'였던가 혹은 '평등사회'로써 '부족사회(tribal society)'였던가를 좀더 신빙성 있게 밝히는 것은 한반도 내에 존재하고 있는 지석묘를 전부 다 발굴한다고 하더라도 한국 고고학계에서 현금까지 해 오던 인습적인 이론과 방법만으로는 거의 불가능하다. 여기에서는 한국 지석묘 사회가 '족장사회'였다는 가설을 잠정적으로 수용하기로 한다. 하지만 지석묘 사회가 족장사회였다는 결론에 '어떻게' 도달하였는가를 규명하는 과정에 대하여 초점을 맞춰 보기로 하겠다. 이현혜(1991:109)는 한국 지석묘 사회의 발전 단계에 대한 연구에서 결론에 도달하는 과정에 문제점이 있음을 지적하기 위하여 아래와 같은 관찰을 피력하였다.

[이종욱 교수는]...그리하여 신라 국가 형성 초기단계인 六村시기를 BC 7세기에서 BC 2 세기로 설정하고, 고고학적으로 지석묘를 축조하던 시기인 斯盧 六村의 정치 사회체제를 서비스의 치프톰(추장사회로 번역하고 있음)으로 보겠다는 대전제를 하고서 작업을 진행 하였다... 다시 말하면 六村의 정치·사회적 성격을 이해하는 방편으로 각종 자료에 대한 분석을 진행하고 그 결과 이를 치프톰으로 규정한 것이 아니라, 六村을 치프톰으로 보겠다는 기본 전제하에서 각 자료들을 해석함으로써 六村의 성격을 복원 서술해 나가는 방법을 취하고 있다.[이현혜 1991:109]

이현혜(1991:110)는 "방법론의 적용 과정에서 의문점이 발견된다"고 하면서 이종욱의 연구 결과에 대하여 회의를 표명하였는데 필자도 이현혜의 견해에 동감하는 바이다. 이현혜(1991)가 위에서 지적한 이종욱의 글 내용은 원래 1982년에 발표된 것이다. 이종욱(1982:29, 주 50)은 "이 책의 작성에 있어 이같은 연구에 힘입은 바 크다"하여 Richard Pearson(1976-1979)의 논문 내용을 구체적으로 지목하고 있다. 그

러나 그 사이에 여러 사람들이 이종욱이 Pearson(1976-1979)의 논지를 바르게 이해
하지 못했다는 지적이 있어 왔으며(이종욱 1998:117, 주 42 참고), 이종욱 본인도
"이는 타당한 지적이며 필자의 잘못을 바로 잡을 수 있게 한 비판들에 대하여 감사드
린다"(이종욱 1998:117, 주 42)라고 하며 "이에 Pearson의 견해를 잘못 파악한 것을
바로 잡는다"(이종욱 1998:117)라고 하였다. 그러나 다시 본문에서,

　　그런데 필자는 Pearson과는 달리 지석묘 사회를 추장사회로 보아 왔다. 그리고
Pearson이 chiefdom단계로 보는 청동기 유적들은 chiefdom단계의 유적이 아니라 오히려
소국형성 이후의 유적일 가능성이 있다고 본다. 따라서 필자의 견해대로 하면 Pearson
이 지석묘사회를 chiefdom 이전의 단계로 본 것이 문제가 된다. 이 경우 Pearson과는 달
리 지석묘 사회를 추장사회로 본 필자의 견해가 역사발전의 대세에 부합하는 것으로
생각한다. [이종욱 1998:117]

라고 주장하고 있어 앞뒤가 전혀 맞지 않는 논지를 내세우고 있다. 원래 Pearson이 한
국의 지석묘 사회를 chiefdom으로 간주하지 않고 평등사회로 보았던 것을 이종욱이 잘
못 파악하여 chiefdom으로 오해하고 '추장사회'로 번역하여 한국 학계에 보고하면서
1982년 저서의 논지를 전개시켰다. 그러나 그사이 여러 사람들이 이종욱이 잘못하였
다는 지적을 하였으며 이종욱 본인도 이에 승복하여 감사까지 드렸다. 그럼에도 불구하
고 위의 인용에서 보듯이 이종욱은 본인의 잘못을 바로 잡기는 커녕 오히려 Pearson에
게 문제가 있는 것으로 돌리고 있다. 처음부터 Pearson의 논지를 잘못 이해·수용하여
한국의 지석묘 사회를 chiefdom으로 간주하여 '추장사회'라는 용어까지 만들어서 사
용하여 오고 있었는데 그것이 잘못되었다는 것을 알게 되었으면 본인의 견해를 어떤 식
으로든 수정을 해야하는게 도리이다. 그러나 수정은 고사하고 반대로 Pearson의 원래
견해가 잘못되었고 잘못 해석한 부분을 근거로 전개했던 자기의 견해가 오히려 옳다고
주장하고 있으니 모순이 이만저만이 아니고 납득이 전혀 가지 않는다.
　　이러한 잘못된 견해나 논리적인 문제점을 검토하고 비판하려는 것이 이 글의 주
요 목적이 아니다. 이 글에서 강조하고자 하는 것은 비록 한국의 지석묘 사회가 '족장
사회'의 수준에 이르른 것이 맞다고 하더라도 결론에 도달하는데 있어서 위와 같은 문
제점이 노정되어 있다면 이를 수용할 수 없다는 것이다. 또 이와 같은 문제점이 있다면
이들을 체계적으로 검토하고 하루빨리 바로잡아 보자는 데 궁극적인 목적이 있다. 아

래에서 이들 문제점을 하나씩 고찰하여 보기로 하겠다.

1. 형식 분류의 문제

고고학에서 유구 혹은 유물의 형식분류는 가장 기본이다. 또 고고학뿐만이 아니고 모든 학문분야는 물론이고, 심지어는 평범한 사람들이 일상생활을 해 나가는 데에 있어서 접하는 거의 모든 것이 분류와 밀접하게 관련되어 있을 만큼 분류는 중요한 위치를 차지하고 있다. 한때 미국의 고고학에서는 분류가 자연적(natural)인 것인가 인위적(arbitrary)인 것인가 크게 논쟁이 된 적이 있었다. 즉 어떤 특정한 유물의 형식(type)이 원래 자연적으로 존재하는 것인가, 그렇지 않으면 원래 형식(type)이라는 것은 없는 것인데 고고학자가 유물을 정리하는 과정에서 원활한 연구 수행을 위하여 고안해 낸 것인가에 대한 논쟁이 그것이다. 이러한 내용의 일부는 이미 한국 고고학계에도 비교적 소상하게 소개가 된 적이 있다(손병헌 1982). 필자의 논문 중에도 이와 유사한 내용을 다룬 것이 있어서(강봉원 1995) 형식이 자연적인 것인가 인위적인 것인가에 관한 인식론인 문제에 대한 자세한 설명은 생략하기로 한다. 다만 몇 가지 유의해야 한 것들이 있는바 간단하게 언급하고자 한다.

우선 어떠한 유구나 유물에 대한 형식분류는 비록 동일한 것이라고 할지라도 개별 연구자의 연구 과제의 내용이나 방향에 따라서 달라질 수 있다. 즉, 똑같은 유적이나 유물이라고 하더라도 누가 분류를 하는가, 혹은 연구자가 개인적으로 관심이 있는 어떤 고고학적 의문을 해결하고자 연구 방향(research orientation)을 설정하는가에 따라 분류의 기준이 완전히 달라져 버린다. 예를 들어 필자와 같이 지석묘를 대상으로 공간분석에 관심이 있는 경우 광범위한 연구 영역 어디에 몇 기의 지석묘가 분포하고 있는 가를 중요시하게 된다. 그리하여 한 유적지에 있는 지석묘가 북방식인가 남방식인가 아니면 변형식인가 분류하는 것도 일차적으로 중요하지만 더 중요한 것은 지석묘가 있는 정확한 위치 그리고 지석묘가 한 곳에 몇 기가 있으며 얼마나 집중적으로 분포하고 있는가를 아는 것이다. 또 한 지역의 지석묘 유적지가 다른 지석묘 유적지와 얼마나 가까이 혹은 멀리 떨어져 있는가가 중요한 변수가 된다. 이런 경우 외형적인 모습보다는 지석묘의 수, 지석묘의 전반적인 분포 양상(pattern)이 중요하고 형식 분류도 지석묘 외양을 토대로 하는 것이 아니고 유적지 크기(site size)에 입각해서 이루어진다. 그러므로 고고학에서 일반적으로 형식 분류 그 자체를 위한 분류가 먼저 이루어져야 하지만 한 걸음 더 나아가서 무슨 연구를 수행하기 위하여 어떻게 형식 분류를 실시한다는 것이 명백하게 규명되어야 하는 것이다. 유구와 유물의 형식 분류를 하기 위하여 그것들이 가지고 있는 속성을 찾다 보면 무한하기 때문에 어느 정도의 한계선은 마련되어야 한다. 그렇지 않고 지나치게 형식 분류에 집착하다 보면 형식 분류를 위한 분류로 빠져 버릴 가능성이 아주 높고 형식 분류만을 하다가 일생을 마칠 수도 있다. 결국 분류가 고고학을 하는데 있어서 절대적으로 필요한 것은 사실이지만 만약 이러한 것들을 염두에 두지 않고 형식 분류를 했을 경우 고고학의 궁극적인 목적인 과거의 인간 행위(past human behavior)를 이해하는 것은 요원하다는 것을 인식해야 한다.

한국 고고학에서 일반적인 유구나 유물 나아가서 지석묘의 형식 분류는 오랫동안 시도되어져 왔고 지금도 계속되고 있다. 사실 이러한 형식 분류는 앞으로도 계속될 것이며 또 되어야 한다. 그러나 한국 고고학자들은 형식 분류가 과거 인간사의 많은 부분을 말해 줄 것으로 기대하고 지나치게 분류에 집착하는 경향이 있다는 지적을 받은 바 있음을 위에서 보았다(Nelson 1983:53). 한국 고고학계에서 기왕에 정리되어 있는 지석묘의 외형적인 모습에 의한 분류를 보면 북방식-남방식-변형식 등으로 나누어져 있다. 또 이러한 외형적인 모습을 하부구조와 연계시켜서 세분화하기도 한다. 북방식이나 남방식 등은 워낙 일반적으로 많이 알려져 있어 얼른 생각하기 쉽지만, 많은 연구자들이 지석묘들을 I-A-가, I-B-나, II-A-가, 혹은 II-B-나 식 등등으로 분류하는 경향이 있다. 이러한 한국 고고학계의 형식 분류 경향에 대해서 큰 이견을 가지고 있는 것은 아니지만 분류 그 자체를 두고 보면 아무런 의미도 없다. 그러한 형식 분류를 시도하는 연구 당사자는 아주 명료하게 잘 파악하는 것일지는 몰라도 대부분의 사람들은 그것이 무엇이고 어떻게 분류가 된 것인지 쉽게 알 수 없다. 그런 의미에서 한반도에서 발견되는 지석묘들을 대표적인 지석묘의 형식이 발견된 지명을 따서 침촌리식, 오덕리식, 황석리식, 혹은 적량동식 등으로 분류하고 지석묘에서 발굴된 여러 가지 유물들도 지명을 붙여서 형식을 분류하는 것이 더 의미가 있고 개념 파악이 쉬울 것으로 생각된다.

지석묘의 분류가 기본이기는 하지만 분류를 잘하였다고 하여 자동적으로 고고학적인 의문에 답을 주는 것은 결코 아니라는 것을 인식하여야 할 것이다. 그리고 형식 분류를 해서 밝힐 수 있는 것이 있고 밝힐 수 없는 것이 있다. 이를테면 한국에서 수많은 지석묘를 발굴하였음에도 불구하고 아직 남방식이 북방식보다 일찍 축조되어 한반도의 북쪽으로 확산되었는지, 아니면 반대로 북방식이 남방식 보다 먼저 축조되어 한반도 남부지방으로 확산되어 갔는지 아직 명확하게 밝혀져 있지 않다. 심지어는 지석묘가 퇴화해서 석관묘로 변형되어 갔는지 반대로 왜소한 석관묘의 구조가 시간이 지나면서 진화하여 지석묘로 발전하여 갔는지 조차 확실하게 밝혀져 있지 않았다. 한국 고고학에서 지석묘의 상대 편년을 위해서 형식 분류를 한다면 적어도 상대 편년이라도 확실하게 이루어져야 하는데 아직까지 학계에서 일반적으로 수용될 수 있는 지석묘의 편년 안이 마련되어 있지 않았다는 것은 한국 고고학에서의 형식 분류에 문제점이 있음을 여실히 보여 주는 하나의 예가 아닌가 생각된다.

고고학에서 형식 분류를 하는 데는 기본적으로 여러 가지 목적이 있다. 편년만을 위해서 형식 분류를 실시하는 것으로는 부족하며 좀 더 다양한 인간 사회의 문화사나 인간 사회가 진화하게 되는 과정을 밝혀 보는 것과 관련해서 분류가 시도되어져야 할 것이다. 또 구체적으로 이 논문과 관련해서 한국의 선사시대에서 지석묘 사회가 '평등사회'였던가, '계급사회'였다면 어느 정도의 계급사회였던가를 규명하는 연구는 지석묘의 외양, 내부 구조, 혹은 지석묘 내부에서 부장품으로 발굴되는 유물 중 석검이나 석촉들에 대한 형식 분류를 해서 해결할 수 있을 성질의 것이 아니다. 계급사회와 관련하여서 지석묘의 분류를 하기 위해서는 지석묘 개석의 크기 혹은 무게를 계량화하여 이것을 대·중·소 등으로 나누고 이들 개석의 크기나 무게에 따라 지석묘를 축조하는데 소요된 노동력을 추정하여 본다든지 또 지석묘 하부 구조의 크기와 부장품의 양과 질 등을 고찰하여 각 변수간에 상관관계가 있는지 없는지 등등이 통계학적으로 검토되어야 할 것이다. 아울러 주위에 혼재되어 있는 석관묘와 거기에서 나오는 유물 종류의 양과 질이 조사되어야 하고 이들을 지석묘 자료들과 비교 검토한 다음에야 계급사회에 대한 파악이 가능하여 진다.

2. 표본 추출의 문제

이는 한국의 지석묘 나아가서 한국 고고학 연구에 있어서 가장 중요한 문제점들 중의 하나이다. 근래 한국의 고고학계나 역사학계에서도 통계학적 분석에 대한 관심이 고조되어 가고 있고 실제로 통계학을 이용하여 논문을 작성하는 사례가 증가하고 있다. 한국의 경우 통계학적 연구는 서구에 비해 많이 늦었고 아직도 초보적인 수준에 머물고 있지만, 근래 이러한 경향에 발 맞추어 나가고자 하는 노력이 일부에서나마 시도되고 있다는 것은 한국 고고학의 발전을 위해서 다행스러운 일이다.

통계학적 방법론의 결여가 한국의 지석묘 사회 연구와 어떻게 관련되어 있는가? 연구 대상 지석묘를 결정하는 데 있어서 통계학의 가장 기본이라고 할 수 있는 표본 추출에 대해서 먼저 알아 볼 필요가 있다. 아래의 인용은 한국 지석묘 사회의 발전 단계를 계급사회로 파악하여 현금까지 한국 지석묘의 사회적 성격을 결정짓는데 결정적인 역할을 했다고 볼 수 있는 내용이다. 여기에 등장하는 지석묘 사회와 관련된 용어 및 개념을 정리한 다음 표본 추출의 문제에 관해서 세밀하게 검토하여 보기로 하겠다.

고인돌은 한 사람의 시체를 묻은 개인묘였다. 때로는 그 길이가 9미터, 무게가 70톤까지에 이르는 거대한 덮개돌을 얹은 고인돌이 개인을 위해서 만들어진 것이다. 그것도 수십 리의 먼 곳에서 운반해 온 것이었다. 이것은 그 속에 묻힌 사람이 상당한 수의 인간을 동원할 수 있는 힘의 소유자였음을 말하여 준다. 그의 권력은 또 그 당대에 그치는 것이 아니라, 대를 이어 세습이 된 듯하다. 그것은 고인돌이 한 곳에 적으면 3-4개, 많으면 수 십 개 혹은 수 백 개씩 무리를 이루고 있으며, 때로는 일직선으로 정연하게 나열되어 있기도 한데, 이들은 시대를 달리하여 만들어졌다고 추측되기 때문이다. 그러므로 이 고인돌에 묻힌 사람은 공동체의 대표자가 아니라 권력의 소유자였음을 알 수 있다. 그러면 청동기를 권위의 상징물로 소유하고 고인돌에 묻힐 수 있는 특권을 지닌 것은 어떤 사람들이었을까[이기백 1990:31-32].

이 글은 한국 지석묘의 특징적인 속성을 바탕으로 작성한 것이다. 여기에서 중요한 것은 지석묘 사회를 소위 '성읍국가' 라는 용어를 사용하여 부른다는 것이다(이기동 1989:65; 이기백 1990:32-33). 사실 영어의 chiefdom에 해당하는 것으로 보면서 적절한 용어를 찾지 못하고 고심하다가 궁여지책으로 내놓은 용어임이 역력하다. 그러나 어쨌든 한국의 지석묘 사회를 어떤 의미에서든지 '국가' 라고는 도저히 볼 수 없는 수준의 사회이지만 '국가' 라는 단어를 사용하여 많은 혼란을 야기하고 있다. 이것은 과거 한국 역사학계에서 '부족국가' 라는 용어를 사용함으로써 야기되었던 용어와 개념상의 혼란과 크게 다를 바가 없다. Service에 의하여 도출된 사회 진화 단계의 유형 중에 계급사회로 수용되고 있는 chiefdom과 state 사이에 양적인 차이만 있고 질적인 차이는 없다는 것을 들어 이기동(1989:64)은 "...chiefdom은 國 字를 써서 표기하는 것도 무방하리라고 생각한다. 현재 우리 학계에서는 이를 '君長社會'·'酋長社會'·'首長社會' 혹은 '酋邦社會' 등으로 번역하는 등 그 어떤 경우에도 애써 '國' 이라는 문

자의 사용을 기피하고 있으나, 이는 역시 '君長國 · 酋長國' 등으로 호칭하는 것이 옳지 않을까 하고 생각"하고 있지만 이것은 있을 수 없다는 것을 이미 지적하였다(강봉원 1992). 여기에서 'chiefdom'에는 '國' 자를 붙여서 사용할 수 없다는 점을 다시 한번 강조한다. 그리고 우리 학계에서는 왜 "애써" 'chiefdom'에 '國' 자의 사용을 "기피"하느냐고 반문하지만 이것은 Service가 사회 발전 단계의 유형을 창출할 때 'chiefdom'과 'state' 두 가지의 다른 용어를 각각 제시했기 때문이다. 그리고 지극히 단순하게 말해서 chiefdom의 영어 단어를 그대로 한국말로 옮긴다고 생각하면 거기에는 '國' 자가 들어가지 않는다. 그리고 그 두 가지 단계의 기본적인 개념과 정의를 원래 각각 다르게 내려놓았는데 이 두 가지를 한국사의 특수성을 강조하는 차원에서 어떤 식으로든지 합성해 버리면 본질적으로 오류가 발생하게 되는 것이다. 그렇기 때문에 우리 학계의 대부분의 사람들이 의도적으로 chiefdom에 '國' 자를 사용하지 않는 것이다. 또 chiefdom을 '족장사회', '군장사회', '추장사회', 혹은 심지어 '추방사회'라고 번역하여 여러 가지 다른 용어로 사용하여 견해가 다르지만 적어도 chiefdom에 '國' 자를 덧붙여서 사용하지 않고 있다는 점에서는 견해가 일치하고 있다는 사실을 잘 되새겨 볼 필요가 있다.

또 '성읍'이라는 용어는 삼국시대에 등장하는 것인데 이것을 선사시대까지 소급시켜서 적용하는 것은 용이한 일이 아니다. 이 '성읍국가'라는 용어를 창출할 당시까지만 하더라도 한국의 청동기시대에 해당하는 '성읍'은 전혀 고고학적으로 확인이 되지 않은 사항이다. 물질적인 증거 없이 학자의 오랜 경험과 직관을 바탕으로 청동기시대의 '성읍'이 한반도에 존재하였을 것으로 추정하고 나아가 지석묘를 축조하던 사회를 '성읍국가'로 명명하고 이것이 고고학적으로 증명이 되기를 예측하였다. 그런데 실제로 이와 같은 예측은 적중하여 이제 한반도 청동기시대에 축조되었던 것이 거의 확실한 집단 거주지인 소위 환호 취락지가 몇 군데 발굴이 되었다. 울산 검단리 유적, 부여 송국리 유적, 그리고 울산 중산리 유적을 그 대표적인 예로 들 수 있겠다. 그리고 이들 환호 취락지는 대체로 청동기시대의 것들로 편년되어 지석묘를 축조하던 사람들의 집단 거주지였을 개연성이 상당히 높다. 그러나 그렇다고 하여 이들 환호 취락지를 어떤 형태든지 간에 '국가'라는 단어를 붙여서 부를 단계의 사회로 간주할 수 있을 것인가에 대해서는 깊이 생각해 보아야 할 것이다. 청동기시대보다 시기적으로 훨씬 뒤의 삼한시대에 대소(大小) 정치 조직체들이 한반도에 많이 산재하고 있었는데 지금까지의 연구 결과를 종합해 보면 이들 사회들조차도 일괄적으로 국가단계 사회 수준에 이르렀을 것으로 판단할 수 없다. 그런데 청동기시대의 사회를 어떠한 형태의 수식어를 사용하더라도 '국가' 라고 간주하는 것은 설득력이 없다.

더욱 중요한 것은 위의 인용에서 예를 든 고인돌이 정확하게 어디에 있는 것인지 구체적으로 밝혀져 있지 않다. 그리고 그 고인돌 유구 내부에서 실제로 청동 유물이나 다른 어떤 유물이 출토되었는지 혹은 그 고인돌이 사전에 도굴이 되었는지 알 수 없다. 그리하여 일차적으로 정확한 고고학적 자료에 대한 언급이 전적으로 결여되어 있는 것에 문제가 있다. 하지만 표본 추출에 더 큰 문제가 있다. 한반도 전역에 엄청나게 많은 수의 지석묘가 분포하고 있음은 잘 알려져 있다. 그 중에는 크고 작은 수많은 지석묘들이 아울러 존재하고 있다고 추정하여도 큰 무리는 없을 것이다. 그런데 위의 인용에서 보는 바와 같이 규모가 작은 지석묘들을 전적으로 배제하고 유독 큰 것만을 자의로 선택하여 고려의 대상으로 삼고 있다. 과연 한국의 지석묘 중에서 규모가 큰 것들만 있는가. 큰 것들도 있지만 작은 것들은 더 많다. 즉, 여기에서는 대표성(representativeness)에 문제가 있는 것으로 표본 추출에 편견(sampling bias)이 개입되어 있다. 이것은 바꾸어 말하자면 한국 지석묘의 사회 발전의 수준을 결정하는데 지석묘 개석의 규모가 커서 눈에 두드러지게 띄는 것만을 표본으로 추출하여 연구의 대상으로 삼았기 때문에 지석묘 사회의 수준이 원래보다 더 높게 책정되었을 가능성을 배제할 수 없다.

지석묘는 무리를 이루고 있는 것이 있는 반면 아주 적은 수가 옹기종기 모여 있는 것도 있고 심지어 한 두 기가 고립되어 독립적으로 놓여 있는 것도 많이 있다. 지석묘가 청동기를 반출하는 것도 이제 그 예가 팔목할 만큼 많아진 것은 사실이지만 아직 간 돌 화살촉이나 간 돌칼을 반출하는 경우가 더 많다. 더욱이 도굴이 되지 않은 처녀분이지만 아무런 유물도 반출하지 않은 것은 더더욱 많다는 것을 인식하여야 할 것이다. 이런 것들을 통계학적으로 처리하여 분석한 다음 그 결과를 가지고 지석묘 사회에 대한 해석을 내려야 한다. 그렇지 않고 거대한 개석을 가진 지석묘에 청동기 유물을 반출한 피상적인 혹은 예외적이거나 극단적인 자료 한 두 가지의 지석묘 자료를 가지고 이를 침소봉대하여 일반화시킨 결론은 비록 그 결론이 맞다고 하더라도 신빙성이 없고 설득력도 없다. 학문의 세계에서는 '질러가나 돌아가나 어떤 식으로든 간에 서울로 가기만 하면 된다' 는 식의 논리가 적용되어서는 안된다. 왜냐하면 목적도 중요하지만 수단 즉 목적에 이르는 과정은 더 중요하기 때문이다.

한국 지석묘 사회의 발전 단계를 연구함에 있어서 표본 추출에서 나타난 문제점을 한국 청소년의 체격조건 연구와 비교하여 알아보기로 하겠다. 우선 조사 대상인 한국 청소년의 전체 수[母集團, population]는 엄청나다. 이들 전부의 체격 조건을 일일이 조사한다는 것은 시간과 경비가 많이 소요되므로 거의 불가능하다. 한반도에서 지표조사 혹은 발굴 조사된 전부의 지석묘를 조사하는 것이 거의 불가능한 것처럼. 그래서 이들 중에서 우선 적절한 수의 표본을 추출해야 한다. 수많은 자료들을 다루기 용이하게 그 수를 줄이는 것이 통계학의 중요한 역할들 중의 하나이다. 표본수의 다과(多寡)는 시간과 경비가 얼마나 여유가 있는가에 따라서 그리고 어느 정도의 오차의 범위를 설정하여 얼마만큼의 신뢰성이 있게 할 것인가에 따라서 결정된다. 표본을 추출하는 방법에도 여러 가지가 있지만 여기서 자세한 설명은 생략하기로 하겠다. 그러나 가장 중요한 것은 표본을 추출할 때 편견(偏見, bias)이 개입될 가능성을 배제하는 노력이다. 그리하여 보통 무작위 표본 추출(random sampling)을 사용하는 것이 무난하다. 그 다음 이들을 통계학적으로 분석한 다음 그 결과를 토대로 한국 청소년의 일반적인 체격 조건을 알아볼 수 있다. 마치 한국 지석묘 개석들의 규모가 다양한 것처럼 추출된 학생들의 체격 조건은 실로 다양하고 광범위하다. 그런데 체격 조건이 다양한 많은 학생들이 있는 데 이들 중에서 눈에 현저하게 띄는 아주 큰 청소년들 몇 명만을 표본으로 추출하여 통계 자료를 수집하여 분석하고 그 결과를 제시하였다고 가정하자. 그 통계 결과가 전혀 신빙성이 없는 것은 아니지만 잘못된 결과를 초래할 수 있다. 큰 학생들만을 추출한 통계 자료를 가지고 한국의 청소년의 체격 조건을 유럽 청소년들의 그것과 비교하여 본다면 한국의 청소년들의 체격 조건이 유럽 학생들보다 오히려 나을 가능성도 있다. 하지만 일반적으로 한국인의 체격은 유럽인들의 그것에 비해 다소 작다고 알려져 있는데 오히려 통계 결과는 큰 것으로 판명되었다. 이것은 사실과 다르므로 통계 절차에서 무엇인가가 잘못되었음을 쉽게 알 수 있다. 이들 큰 학생들이 한국 청소년을 대표하는 것이 아니기 때문이다. 즉 통계 절차 중에서 가장 기본적이라고 할 수 있는 적절한 무작위 표본 추출이 이루어지지 않은 것이다. 결국 표본 추출에 문제가 있어서 잘못된 결론에 도달하게 된 것이다. 또 반대로 체격이 작은 한국의 청소년들만을 임의로 표본 추출하였을 경우에는 그 반대의 현상이 일어난다. 즉, 한국의 청소년들은 모두 체격 조건이 유럽의 청소년에 비하여 절대적으로 왜소한 것으로 나타나게 된다. 실제로 한국 청소년들의 체격이 유럽 청소년들에 비해서 작은 것은 사실이겠지만 이것도 또한 잘못된 표본 추출 때문에 발생한 오류인 것이다.

　그러므로 한국 지석묘의 규모를 노동력과 관련시켜서 '족장사회' 혹은 '계급사회'의 존재를 주장하기 위하여 위의 인용에서 본 것과 같이 개석이 유난히 크고 청동

51

유물을 반출하는 것만을 표본으로 추출하였을 경우 오류를 범하게 되는 것이다. 이것은 지석묘 사회가 '평등사회'인 것을 주장하기 위하여 개석이 왜소하거나 부장품이 전혀 없는 지석묘만을 표본으로 추출하여서 분석한 결과가 신빙성이 없는 것과 똑같은 이치이다. 실제로 지석묘를 통계학적으로 분석한다면 예외적으로 개석의 규모가 큰 표본이 있을 수 있다. 그러나 이러한 자료들은 통계학에서 극단적인 자료(outliers)로 간주되며 주의를 요하는 부분이다. 일반적으로 통계학에서는 이러한 한 두 개의 예외적인 자료가 전체 통계의 결과에 심대한 영향을 미치고 결론을 오도(誤導, misleading)할 가능성이 높으므로 분석의 대상에서 제외시켜 버리기조차 한다는 것[data screening]을 알아야 할 것이다. 이렇듯 한국의 지석묘 사회를 연구함에 있어서 조사 대상을 설정하는 과정에서 표본 추출에 세심한 배려가 있어야 할 것임을 명심하여야 한다.

한국의 지석묘 사회를 올바로 평가하기 위해서는 통계학적으로 적절한 수만큼의 자료를 무작위로 추출하여 이를 통계학적으로 살펴보아야 한다. 개석의 규모가 제일 큰 것[maximum], 제일 작은 것[minimum], 평균(Mean), 중위수(中位數, median), 최빈수(最頻數, mode), 표준편차(standard deviation), 그리고 개석이 큰 지석묘의 하부 구조와 개석이 작은 지석묘의 하부 구조에서 나오는 부장품의 질과 수 등등을 아울러 검토해 보아야 한다. 나아가 위에서 언급한 모든 변수들이 시간이 지나면서 어떻게 변했는지 등도 아울러 고찰해 보아야 하는 것이다. 이와 같은 기본적인 통계 분석이 전혀 이루어지지 않은 것은 두 말할 것도 없고 지석묘의 개석이 유난히 큰 것 한 두 개만을 표본으로 추출하여 그와 같이 거대한 분묘에 묻힐 수 있는 사람들을 정치적 혹은 사회적으로 지도자로 간주하며 정치적 신분질서에 있어서 지배계급을 담당하였을 것이라고 주장하고, 이를 '성읍국가'로 비정하는 것(이기백 1990:31-33)은 불가능하다.

표본 추출의 문제와 관련하여 지석묘의 지표조사와 발굴방법도 검토하여 볼 필요가 있다. 지표조사를 실시하는데 있어서 유적지의 성격에 따라 여러 가지 방법이 있지만, 여기에서 자세한 것은 생략하기로 하겠다. 우선 한국 고고학에서 보이는 발굴 경향에 관해서 검토하여 보고, 뒤에서 지표조사를 실시하는 데 있어서 기술적인 측면 몇 가지를 검토하여 보기로 하겠다. 근래에 발달된 기계 장비의 이용으로 과거와는 달리 전반적으로 발굴 영역이 수평적으로 넓어졌고 수직적으로 깊어지기도 하였다. 그리고 과거와는 달리 발굴 범위도 점점 더 확대되어 가고 있는 경향이다. 그러나 "한국고고학이 단 한 번도 전면발굴을 해 본 적이 없었고..."라는 지적과 함께 "한 사회의 문화를 파악할 수 있도록 전면발굴을 시행해야 한다"고 주장하는 것이 눈에 보인다(전경수 1994:91, 122-123). 이러한 주장은 한국 고고학의 학문적인 수준이 아직도 저급하여 발전될 소지가 많이 있어서 하루빨리 성숙해지라는 충고와 격려의 말로써 고고학 종사자들이 한 번쯤 음미하고 넘어가야 할 부분이다. 하지만 전경수(1994)의 글에서 과연 '전면발굴'은 무엇을 의미하는지 구체적인 설명이 없어서 알 수 없다. 우선 글자 그대로의 '전면발굴'은 한반도를 전부 다 발굴한다는 의미이다. 물론 전경수가 말하는 '전면발굴'이라는 용어가 한반도를 전부 다 발굴하여야 한다는 의미로 보아서는 안되겠고 적어도 발굴 조사하도록 허가가 난 일정 지역을 전부 발굴해야 한다는 의미로 해석하는 것이 합리적일 것이라고 생각한다.

그러나 아무리 발굴 경비가 풍족하고 시간이 넉넉하고 최신의 굴삭기를 동원한다고 하더라고 한정된 조사지역에서조차 전면발굴은 쉬운 일이 아니다. 전면발굴은 우선 경제적인 측면에서 시간과 경비가 많이 든다. 또 전면발굴이 어느 정도 고고학 자료를 양적(量的)으로 축적하는 것은 가능하게 할 지 몰라도 전면발굴 그 자체가 전경수(1994)가 주장하는 것처럼 한 사회의 문화 파악을 자동적으로 가능하게 해 주는 것은 더더욱 아니다. 실제로 전면발굴을 해야 할 때가 있기는 있지만 이는 매우 드물다. 가령 구석기 혹은 신석기시대의 생활 공간으로써 전체 발굴 지역의 범위가 $200m^2$가 채 안되는 유적지 내 유물이 집중적으로 분포된 곳에서 구체적으로 어떤 인간의 행위가 일어났는가를 검토하여 보고 싶을 때 전면발굴을 한다. 근래에 한국에서 전면발굴에 가까울 정도로 대규모의 발굴을 실시하는 경향이 농후해져 가고 있는 것도 사실이다. 하지만 아무리 광범위한 지역을 대규모로 발굴한다고 하더라도 발굴된 지역에 존재했던 사회의 문화상을 파악하는 것은 여전히 어려운 일이다. 몇 가지 추가 고고학적 자료를 과대 평가하고 이를 확보하기 위하여 엄청난 예산을 투입해야 하는 점도 한 번은 짚고 넘어가야 할 대목이다.

전면발굴보다 더 중요한 것은 위에서 언급한 한정된 시간과 경비 범위 내에서 좀 더 객관적이고 균등한 개별 문화의 실체 파악을 위해서 무작위 표본 추출(random sampling)의 개념을 발굴에 도입해야 할 것이다. 필자가 애리조나 주립대학교 대학원생 시절인 1987년부터 1990년까지 매년 여름방학을 미국의 발굴 현장에서 지냈다. 필자는 이때 미국의 고고학자들이 굴삭기를 이용하여 실제로 체계적인 표본 추출의 개념을 바탕으로 발굴하는 것을 많이 보았다. 서구의 고고학이 우리 나라의 고고학과는 비교할 수 없을 만큼 발전하였음은 사실이지만, 이는 그들이 전면발굴을 실시하였기

때문이 아니다. 그들은 전면발굴을 실시하지도 않고도 고고학을 발전시켰으며 앞으로
도 위에서 언급한 예외적인 경우를 제외하고는 전면발굴을 시도할 의향이 없어 보인
다. 물론 고고학에서 무작위 표본 추출을 이용하는 것이 실제로 바람직한 것인가 그렇
지 않은가에 대한 논쟁도 적지 않았지만(Flannery 1976:132-135), 한국 지석묘의
체계적인 연구를 위해서는 이 방법에 대하여 깊이 연구하고 한 번 적용해 볼 수 있는
기회가 가능하면 빨리 오기를 기대하여 본다. 그 이유에 관해서는 지석묘와 석관묘와
의 관계와 관련해서 좀더 자세하게 설명하기로 하겠다.

더욱이 적절한 연구 방향(research orientation)이 설정되어 있지 않은 상황에서
는 한반도에 있는 모든 지석묘, 아니면 한정된 발굴지역에 있는 수 십기의 지석묘를 전
부 다 혹은 전면발굴을 해봐야 지석묘 사회의 문화상은 파악할 수 없다. 오히려 일정한
수의 지석묘 혹은 여타 유적지의 일정한 수와 양을 발굴하지 않고 좀 더 나은 고고학
기술, 분석 기술, 그리고 해석이 발달한 이후의 미래 고고학 세대를 위해서 남겨 두는
것이 훨씬 더 바람직하리라고 생각한다.

또 한 가지 전면발굴과 관련하여 언급하고 지나가야 할 것은 유적지 변형과정
(site formation processes)의 이해 문제이다. 고고학 유적지라는 것은 시간이 지남에
따라 자연적인 제 현상(비, 바람, 홍수, 식물·동물의 활동, 침식 활동, 혹은 지진 등)
과 인공적인 제 현상(예, 주민들의 지속적인 거주, 농경, 도굴, 도로·건물·저수지 건
설 혹은 아마츄어 고고학자 등)으로 말미암아 대부분 사라진다(Schiffer 1972, 1976,
1983). 완벽하게 남아 있는 고고학적 유적지는 기원후 79년 이탈리아의 베수비우스
(Vesuvius)산의 화산이 폭발하여 용암으로 덮여져 버린 폼페이(Pompeii)시와 같은
극단적인 경우를 제외하고는 거의 존재하지 않는다. 고고학 자료의 범위는 무한하지만
그 존재는 결코 완전하지 않다. 어떤 이유이던 간에 유적지가 위에서 언급한 유적지 변
형 과정을 거치지 않고 잘 남아 있다면, 이는 오히려 신기하고, 우연적이며 예외적인
경우에 국한한다. 결국 과거 사회의 문화를 연구한다는 것은 그 자체가 이미 한정된 수
의 표본을 가지고 조사를 하여 일반화를 시도하는 것이다. 그러한 맥락을 이해하지 못
하고 '전면발굴'을 하기만 하면 "한 사회의 문화를 파악할 수"있다고 주장하고 한국의
고고학자들이 전면발굴을 하지 않는다고 자꾸 나무라서는 안된다.

이와 유사한 상황과 관련하여 우리들에게 아주 익숙한 역사학자 E.H.
Carr(1965)는 다음과 같이 말하고 있다.

사실은 스스로 말한다고 해 오곤 하였다. 이것은 물론 맞는 말이 아니다. 사실은 역사가가 사실을 언급할 때에야 비로소 말한다. 즉, 어떤 사실이, 어떤 순서, 어떤 맥락으로 말 하게 하도록 결정하는 것은 바로 역사가이다.

It used to be said that facts speak for themselves. This is, of course, untrue. The facts speak only when the historian calls on them: it is he who decides to which facts to give the floor, and in what order or context.[E.H. Carr 1965:9]

한편 미국의 고고학자 Binford(1968)도 이와 유사한 주장을 고고학과 관련하여 다음과 같이 말하고 있다.

사실은 스스로 말하지 않는다. 심지어 우리가 홍적세 초기부터 대도시가 발생할 때까지의 완전한 생활 유구면을 가지고 있다고 하여도 우리가 적절한 질문을 던지지 않는다면 그 자료들은 문화 과정이나 과거 생활 양식에 관해서 아무것도 우리들에게 말해 주지 않는다.

Facts do not speak for themselves, and even if we had complete living floors from the beginning of the Pleistocene through the rise of urban centers, such data would tell us nothing about cultural process or past lifeways unless we asked the appropriate questions.[Binford 1968:13]

위에서 언급한 대로 대부분의 고고학적 유적지라는 것이 시간이 지남에 따라서 망실되어 없어지므로 결국 현재 남아 있는 선사시대 혹은 역사시대의 유적과 유물은 오히려 예외적인 존재이고 그것들은 어떤 의미에선 한 사회의 문화에 대한 표본 (sample)이다. 그러므로 비록 한국의 고고학자가 한반도에 있는 지석묘를 전부 다 발굴하여도 이미 많은 지석묘들이 유적지 변형 과정에 의하여 파괴되어 버렸기 때문에(얼마나 많은 수가 파괴되었는지는 정확하게 알 수 없지만) 남아 있는 것들은 지석묘 전체 모집단(母集團, population)의 일부에 지나지 않으므로 지석묘들의 표본에 불과하다는 사실을 인식하여야 한다. 이러한 고고학에서의 맥락을 제대로 인식하지도 못하면서, 즉 본인은 고고학에 대하여 모르고 있다는 사실도 모르며 더 불행하게는 고고학에 대해서 잘 알지 못하면서 알고 있다고 생각하면서 '전면발굴'의 타당성을 주장하며 한국의 고고학계에 '감 놓아라 대추 놓아라' 식의 주문은 삼가해야 한다.

또 "선사시대의 유물과 유적만을 대상으로 하는 발굴전문가들은 그들의 삽질 끝에서 인간의 행위와 신념이 칼날질당하고 있다는 인식을 깊이할 필요가 있다"(전경수 1994:123)며 한국 고고학에 대한 극단적인 표현을 서슴없이 사용하여 고고학을 공부하는 사람들의 마음을 불편하게 하고 사기를 저하시키는 식의 논지 전개를 중지하여야 한다.

또 지석묘 사회의 연구에 있어서 반드시 검토하고 넘어가야 할 중요한 것으로 석관묘와의 관계에서 표본 추출의 편견(sampling bias) 문제가 있다. 석관묘도 사실은 지석묘와 함께 한반도 전역에 골고루 분포되어 있으며, 지석묘 유구 옆에서 나란히 발견되는 경우도 드물지 않다. 다 아는 바와 같이 지석묘는 개석이 지표상에 노출되어 있기 때문에 비교적 쉽게 발견된다. 그러나 석관묘는 지표상에 아무런 표식이 없어서 발견될 가능성이 아주 희박하다. 그러다 보니 현금까지 학계에 알려져 있는 중요한 석관묘 유적지의 상당수는 계획적인 조사에 의해서가 아니고 우연하게 발굴되었다. 결국 한반도에 존재하고 있는 석관묘의 수는 지석묘의 수에 비교할 수 없을 만큼 적게 학계에 보고되어 있다. 이는 한반도에 있는 석관묘의 수가 지석묘의 수에 비해 상대적으로 원래 적은 탓도 있기는 하겠지만, 한국 고고학에서 표본 추출에 대한 인식의 부족으로 전체 석관묘 수의 실체가 정확하게 파악되지도 않았으며 전반적으로 그 수가 아주 적은 것으로 수용되고 있는 실정을 인식하는 것이 중요하다. 이러한 문제를 다소나마 해결하기 위해서는 반드시 무작위 표본 추출(random sampling)을 실제로 지석묘와 석관묘의 연구에 적용할 수 있어야 한다. 이 방법을 채택하여 지표조사를 실시할 때 심지어 지표상에 노출되어 있는 지석묘가 있어도 무작위 표본 추출의 대상에 해당되지 않으면 이것을 무시하고 지나쳐야 한다. 그렇게 했을 경우에야 비로소 눈에 보이지 않는 석관묘와 눈에 잘 보이는 지석묘의 상대적인 비율이 정확하게 계산될 수 있는 것이다. 한국의 고고학 구체적으로는 한국의 지석묘 사회의 문화를 제대로 연구하기 위해서는 통계학의 기초라고 할 수 있는 표본 추출의 개념의 도입이 절실히 필요하다.

다음으로 한국의 지석묘 사회를 연구하는 데 있어서 석관묘와 거기에서 반출되는 유물의 성격을 왜 아울러 연구하여야 하는가를 검토하여 보기로 하겠다. 석관묘는 지석묘와 일정 기간 공존하였을 가능성이 높아 석관묘 그 자체보다는 지석묘와의 관계를 검토하기 위해서 어느 정도의 고찰이 필요하다. 특히 중요한 것은 청동기시대의 사회 발전 단계를 논하는 데 있어서 지석묘 축조에 비해서 노동력이 절대적으로 적게 소요되지만 질적인 면에서 월등한 차이를 보이며 화려한 부장품을 반출하는 석관묘를 고려의 대상에서 제외한다면 큰 오류가 발생할 수 있다. 아래의 글은 청동기 시대 계급사회를 논하는 데 있어서 석관묘가 차지하고 있는 비중이 어느 정도인지 극명하게 보여주는 것이다.

석관묘의 수는 지석묘보다 비교가 안될 만큼 적지만 훨씬 더 많은 부와 사치를 시사하는 유물을 반출한다. 이들은 청동으로 제작된 검, 거울, 그리고 방패형 유물들로써 고도로 발달된 청동기 제작 기술뿐만 아니라 그러한 유물들이 부장된 무덤의 주인공들의 높은 사회적 지위를 말해 주는 것이다... 마지막으로 만약 석관묘 축조자들이 지석묘 축조자들과 동시대인들이라면, 그리고 만약에 그 양자들 사이에 모순이 없었다면, 명백하게 석관묘의 축조자들이 [정치적]영향면과 기술 진보의 측면에서 지석묘 축조자들 보다 우월하였을 것이라는 것을 지적할 수 있다. 그리고 석관묘 축조자들은 정치적 혹은 종교적인 지도자들로서 세습적인 지위를 향유하였을 것으로 추정될 수 있다.

...The stone cists are greatly outnumbered by dolmens but yield artifacts which indicate much greater wealth and luxury. These artifacts include items such as bronze daggers, mirrors and shield-shaped artifacts, and thus indicate a highly-developed bronze casting technology as well as the high social ranking of the individuals whose grave they were placed... Finally, we can note that if stone cist builders were contemporary with dolmen builders, and if there were no conflicts between them, then apparently the stone cist builders were superior to the dolmen builders in terms of prestige, and technical advancement, and they may have assumed hereditary status as political or religious leaders. [Choi 1983:98-99]

결국 지석묘가 계급사회로써 족장사회에 이르렀는지를 검토하기 위해서는 필수적으로 석관묘와의 관계를 정확하게 파악하여야 한다. 여기에서 지석묘와 석관묘의 절대 연대는 차치하고 상대 연대를 검토하여 보는 것도 여러 연구 과제들 중의 하나이다. 연대 그 자체를 밝히는 것도 중요하지만 연대를 정확하게 파악하게 된다면 지석묘와 석관묘 축조 사회와의 관계를 좀 더 명확하게 파악할 수 있기 때문이다.

또 다른 예를 하나 검토하여 보기로 하자. 1993년 경상남도 창원 덕천리에서 경남대학교 박물관(이상길 1993)이 발굴을 실시한 1호 지석묘의 경우 그 무덤의 내·외적인 규모가 엄청나다. 그리하여 여기에 묻힌 자의 신분이 상당한 지위에 이르렀을 것이라는 것은 쉽게 짐작할 수 있다. 나아가 그 지역의 지석묘 사회가 계층사회에 이르렀을 것이라는 가능성을 제시하는 좋은 본보기로 간주되고 있다(추연식 1994:349). 이 1호 지석묘 내부에서는 석촉 20점과 관옥 6점이 출토되어서(이상길 1993:108) 유물의 양과 질도 지석묘의 전체적인 규모와 좋은 조화를 이루기도 한다. 또 이 지석묘 주위에 있는 석축이 1호 지석묘와 관련되었을 가능성도 높아 이 지석묘에 족장 혹은 족장의 직계 가족이 묻혔을 가능성이 높으며 이 부근 어딘가에 족장사회의 중심지가 존재하였을 개연성도 높다. 하지만 여기에도 표본 추출의 문제가 여전히 내재되어 있음을 인지해야 한다. 또 문제는 창원 덕천리의 1호 지석묘의 규모와 거기에서 반출된 유물을 근거로 한반도 전역에 골고루 아주 광범위하게 분포되어 있는 지석묘를 chiefdom의 chief 혹은 그 직계가족의 무덤이라고 간주하고 지석묘 사회 전체를 일괄적으로 계급사회로서 족장사회에 이르렀다고 주장하는 것은 설득력이 나약하다(박순발 1997:20). 그런 경우 지석묘가 독립적으로 이곳 저곳에 산포되어 있는 경우에도 이것이 족장사회의 산물로써 지배계층의 무덤으로 보아야 하는 어려움이 있다.

이제 우리 나라에서도 청동기시대의 지석묘 사회에 족장사회가 존재하였다면 그것들이 '언제' '어디에' 그리고 얼마나 오랫동안 존속하였는지에 대한 기본적이고 구체적인 유적지가 거론될 수 있어야 한다. 예를 들어 가야제국의 경우 한국 고고학계나 사학계가 그 사회 발전의 수준을 논함에 있어서 6가야 모두가 고대국가로 발전하였는지 혹은 그 이하의 수준에 머물렀는지에 대하여 논쟁을 한다. 그러나 이 경우 우리는 적어도 그 6가야가 대략 '언제부터 언제까지', '어디'에 존재하고 있었으며 어떤 문화적인 특징을 가지고 있다는 것을 기본적으로 알고 있다. 그러나 지석묘의 경우 그러한 예가 드물다. 만약 지석묘 사회의 정치 발전 수준을 논할 때 강화도에 있는 지석묘, 경기도 파주 옥석리의 지석묘군, 전남의 여천 적량동의 지석묘군, 제원의 황석리 지석묘군 혹은 창원 덕천리의 지석묘군의 발굴 결과를 토대로 해서 그 구체적인 지석묘 사회들이 '족장사회'에 이르렀다고 주장하는 것은 적어도 객관적인 근거가 있다. 단지 사회 발전 단계에 대한 해석의 견해가 약간 다를 뿐이다. 그렇지 않고 위에서 언급한 대표적인 유적지들의 고고학적 증거를 바탕으로 한반도의 지석묘 사회를 일반적으로 족장사회에 이르렀다고 간주하는 것은 재고되어야 한다. 족장사회는 이미 어느 정도 정치적으로 중앙집권화 되어 있으므로 세계의 유명한 족장사회의 경우 그 구체적인 유적지가 반드시 거론된다(Flannery 1972:401, 표 1 참고).

또 지석묘 사회들이 일괄적으로 족장사회에 혹은 계급사회에 이르렀다고 결론을 내리는 것보다는 같은 지석묘 사회라고 하더라도 지역과 시기에 따라서 계급사회에 이르렀을 사회도 있고 또 평등사회에 머물러 있었을 사회도 있었을 것으로 상정해 볼 수 있다. 즉, 지석묘 사회의 발전 단계를 시기와 지역에 따라 차별화를 시도하여 보는 것도 하나의 방편이 될 수 있을 것으로 생각된다. 왜냐하면 지석묘가 지배계층들만을 위해서 축조된 것이라면 지역적으로 고립된 곳에서 간헐적으로 발견되는 지석묘의 성격 해석이 용이하지 않기 때문이다. 지석묘 사회의 선별적 계급사회 상정은 전혀 불가능한 것이 아니며 쉽게 해결이 될 수 있을 문제로 생각된다. 지석묘 사회 내에서 계급사회에 관하여 차별성을 부여하였을 경우 지석묘 사회가 족장사회였다는 주장이 한층 더 신빙성이 있고 설득력이 있게 될 것으로 사료된다. 중요한 것은 개별 고고학자의 연구 주제와 연구의 방향에 알맞은 방법의 선택과 적절한 운영이라고 생각한다. 그리고 이제는 막연히 지석묘 사회가 족장사회였다고 하는 것에만 만족할 것이 아니고 족장사회도 두 가지 혹은 세 가지의 유형으로 세분되므로 어느 정도의 족장사회 단계에 도달하였던가를 규명하기 위하여 좀더 구체적인 고고학 자료를 통해서 면밀하게 검토하는 방향이 모색되어야 할 것이다.

Ⅳ. 한국 지석묘 사회 연구를 위한 이론적 검토

한국의 지석묘 사회가 계급사회로써 족장사회에 이르렀음을 주장하는데 있어서 가장 중요한 증거들 중의 하나는 거대한 지석묘를 축조하는 데 소요되는 노동력이다. 우선 지석묘를 축조할 큰 바위를 채석해야 하고 채석된 바위를 무덤을 축조하고자 하는 장소까지 운반해야 하며, 그 다음으로 수십톤의 무게에 해당하는 개석을 석실 위에 올려놓아야 한다. 그리하여 이러한 전 과정을 원활하게 그리고 체계적으로 수행하기 위해서는 계급사회 나아가서 족장사회가 존재하였다고 주장하기에 충분하다. 이와 같은 추론의 객관적인 근거에 대하여 필자는 전적으로 동의한다. 그러나 이제 지석묘 사회가 '족장사회'였다면 '왜', 그리고 '어떻게' '족장사회'로 발전해 갔는가 하는 '과정'에 대하여도 고찰하여 볼 필요가 있다. 필자는 선사시대 한 사회 조직체의 사회발전단계를 밝히는 것이 체크-리스트 고고학(check-list archaeology)으로 천대를 받지만 그럼에도 불구하고 이것을 밝히는 작업은 대단히 중요한 기초 작업임을 강조하였다

(강봉원 1998:18). 여기에서는 한국의 지석묘 사회가 애당초 평등사회에서 계급사회인 '족장사회'로 발전하여 갔다는 전제하에 '왜' 그리고 '어떻게' 변형되어 갔을 것인가, 그리고 '족장사회'였음을 논증하는 것과 관련된 이론적인 측면에 대하여 검토를 하여 보기로 하겠다.

지석묘 사회에 계급사회의 속성이 내재되어 있다는 것은 부인할 수 없는 사실이다. 왜냐하면, 한반도에서 현재까지 발견된 지석묘를 일별하여 보면 전라남도에는 아주 집중적으로 분포되어 있고 강원도의 경우 약간은 드문드문 분포되어 있어 지역간에 약간의 편차가 있기는 하지만 대체로 한반도 전체에 아주 광범위하게 지석묘가 분포되어 있는 것을 알 수 있다. 이러한 지석묘 분포의 양상은 당시의 인구 밀도가 상당히 높았다는 것을 의미한다. 그런데 영장류 동물들인 침팬지, 고릴라, 오랑우탄, 기본 등은 두말할 것도 없고 심지어 벌이나 개미와 같은 곤충들의 사회도 계급사회인데 인구 밀도가 비교적 높은 지석묘 사회에서 사회 구성원들 간의 어느 정도 계급이 있었을 것이라는 추정은 능히 할 수 있다. 우선 지석묘 이전의 사회로써 인구 밀도가 현저히 낮은 구석기시대나 신석기시대의 사회에도 사회 구성원 사이에 어느 정도 서열 혹은 계급이 있었을 것이라는 것은 고고학에서 일반적으로 수용되고 있다. 구석기와 신석기시대의 경우에도 한 사회에서 나이 어린 사람에 대해서 나이가 든 연장자들[age](Bohannan 1965:149; Fried 1967:30-32), 여자들에 비해서 남자[sex/gender](참고 Lowie 1948:6), 평범한 사람들에 비해서 사냥 기술이 뛰어난 사람, 질병을 잘 고친다든지, 혹은 사람들을 잘 통솔할 수 있는 능력을 가진 사람들, 혹은 영적(靈的)인 능력 (supernatural power)을 가진 사람들은 그 조직내에서 비교적 높은 서열을 가졌을 것으로 수용이 된다. 그러나 이 당시의 계급은 일시적인 것(ephemeral)으로 본인에게 한정되며 후손에게 세습적으로 물려주는 '규정'(ascribed)된 지위가 아니고 당대로 끝이 나는 '성취(achieved)'에 의해서 이루어지는 것이다. 그럼에도 불구하고 사회 구성원간에 어느 정도의 계급이 존재하였다는 것은 널리 인정되고 있다(Fried 1967:82-83). 그러면 "어떻게" 비교적 평등한 사회에서 실질적인 계급사회로 변하여 갔는가에 대한 이론적인 측면에 대해서 알아보기로 하자.

한국의 역사학계, 인류학계, 그리고 고고학계에 국가단계 사회의 기원이나 형성을 연구하는데 있어서 서양의 이론이 여러 사람들에 의해 소개된 바 있다. 그 중에서 학자들의 입에서 가장 많이 오르내리기도 하고 학계에 빈번하게 소개가 된 것이 Service의 '통합이론(Integration theory)'과 Fried의 '갈등이론(Conflict theory)'이 아닌가 생각된다. 이 두 가지 이론의 상세한 내용은 여러 사람들에 의하여 논문으로 발표되기도 하였고(김광억 1985, 1987; 김정배 1986:168-192; 전경수 1988; 최광식 1987), 유사한 내용을 담고 있는 Haas(1982)의 저서가 한국어로 번역되기도 하였다(최몽룡 1989). 그러므로 '통합이론'과 '갈등이론'이 무엇인지에 대한 설명은 생략하기로 하겠다. 그런데 필자가 늘 아쉽게 생각하고 있는 것은 이 '통합이론'이나 '갈등이론'에 대한 서구의 이론을 단순히 반복한다거나 이론 그 자체를 우리 학계에 소개하는 데만 그치고 있는 경우가 너무 많다는 것이다. 우리가 서구의 학자들이 개발해 놓은 이론 그 자체를 학습하여 좋은 점 나쁜 점에 관하여 고찰하여 보는 것도 중요하다. 그러나 이러한 이론에 대하여 어느 것이 좋고 어느 것이 나쁘다고 왈가왈부한다고 해서 한국학 연구가 발전되는 것은 결코 아니다. 이제는 우리 자신들이 국가 형성이나 문화 변화 등에 관하여 한국사의 특수성을 반영할 수 있는 이론들을 자체적으로 만들도록 노력해야 한다. 만약 그런 여건이 안되다면 외국의 이론을 학습하여 단순히 정리, 소개하는데 그칠 것이 아니라 이것을 한국학 연구에 실제로 적용해 보는 것이 바람직하다. 또 이러한 이론들을 소개만 하면서 다른 사람들이 그 이론들을 한국학에 적용해서 연구할 것을 막연하게 기대하고 요구해서는 안된다. 이론을 소개한 당사자가 한국학 연구에 적용하여 이론 자체의 잘잘못이나 혹은 한국학 연구의 성과에 대한 본인의 견해를 피력하는 것이 바람직하다는 것은 두 말할 필요도 없다.

'통합이론'과 '갈등이론' 두 가지가 국가단계 사회의 형성 연구를 위해서 창출이 된 이론이라고는 하지만 그 보다 앞선 사회 발전 단계, 즉 족장사회 형성을 연구하는 데도 적용하여 볼 수도 있다고 생각한다. 우선 '통합이론'을 적용하여 지석묘 사회가 족장사회에 이르게 되었을 시나리오를 간단하게 생각하여 보기로 하겠다. 위에서 언급한 대로 지석묘의 축조 과정은 실로 복잡다단하다. 개석이 큰 지석묘 하나를 축조하기 위한 전 과정은 여러 사람들의 힘을 합치지 않고는 도저히 불가능하다. 실제로 한국의 지석묘 사회가 '족장사회'였다고 주장하는 사람들이 가장 중요하게 생각하는 것이 바로 이 부분이다. 통합이론을 주장하는 사람들의 입장에서 보면 지석묘 사회인들이 이와 같은 마을의 공동체적인 행사에 참여하여 함께 작업을 진행하는 과정에서 작업을 효과적으로 그리고 체계적으로 수행하기 위하여 궁리를 하는 과정에서 계급사회가 형성되었을 가능성도 있을 수 있다.

기능주의 입장에서 한국 사회에 뿌리 깊게 남아 있는 장례의식의 전 과정과 관련시켜 설명해 볼 수도 있다. 지금 많이 변하기는 했지만 아직도 한국에서는 마을에 누가 죽어 흉사가 났을 경우 죽은 사람의 가족들에게는 슬픈 일이어서 삼베옷으로 상복을 해 입고 머리를 풀고 곡을 하며 죽음을 애도한다. 하지만 죽은 사람이 무병(無病) 장수(長壽)한 호상(好喪)의 경우 마을 사람들에게 있어서는 하나의 축제로 간주되기도 한다. 일반적으로 상가집에는 밤새도록 불이 환하게 켜져 있으며 많은 사람들이 화투를 치고 술을 마시고 음식을 먹으며 얘기하면서 날을 지샌다. 문상객들이 되도록 많이 상가에 찾아와서 술 마시고 음식을 먹고 떠들고 놀다 가는 것을 당연하게 생각하고 심지어는 자랑스럽게 생각하기까지 한다. 사실 평소에 인심을 잃은 사람들의 상가는 썰렁하기 짝이 없는 경우도 있다. 그리하여 한 사람이 죽은 이후 3일, 5일, 7일 혹은 그 이상의 장을 치루어 행상을 떠나 장지에 시신을 안치하고 마지막으로 봉분 위에 잔디를 입히기까지 전 과정에 많은 마을 사람들이 참여하여 북새통을 이룬다. 그런데 바로 이러한 장례 의식의 전 과정 속에서 죽은 사람의 직계 가족과 친인척들과 마을 사람들과의 유대 관계가 증진되고 마을 사람들 사이에도 우의가 돈독해져서 마치 공동 운명체와 같은 것을 느끼게 하며 구성원간의 결속력을 다져 주기도 한다. 이러한 기능주의적 해석을 지석묘 사회에 적용한다면 '갈등' 보다는 '통합' 이 계급사회 형성에 중요한 역할을 담당하였을 것으로 생각해 볼 수도 있겠다.

다른 이론 즉 '갈등이론' 을 적용해서 '족장사회' 의 형성 과정의 시나리오를 검토하여 보기로 하자. 우선 한국의 지석묘에서는 그다지 많은 유물이 출토되지는 않지만 거의 대부분의 유물은 간 돌 화살촉과 간 돌칼[석검]과 같은 무기류이다. 석검의 기능을 손잡이 부분이 일단병식은 매장용, 이단병식은 실용적인 것으로 나누기도 하여 모든 석검이 일괄적으로 무기로만 사용이 되지 않았을 가능성이 있다는 지적도 있다(송화섭 1994:51; 최정필 1997:91). 그러나 우선 부장품이 다른 종류가 아닌 무기라는 점과 상당수의 석검이 혈구(血溝)를 가지고 있어 무기로 사용되었을 가능성도 높다. 제의(祭儀)적 성격을 띤 청동유물도 많이 출토되었지만 무기류도 상당한 부분을 차지하고 있다. 그러면 왜 선사시대의 분묘에서 이처럼 많은 량의 무기가 부장되어 있을 것인가에 대해서 고찰해 볼 필요가 있다. 지석묘에서 이와 같이 무기류가 많이 출토되는 이유는 첫째, 비록 청동기시대에 농경이 도입이 되어 농사를 짓기는 하였지만 식량의 일부분을 여전히 자연경제인 사냥에 의존했기 때문이라고 추정할 수 있다. 둘째, 인구 증가로 인하여 부족과 부족간에 전쟁이 빈번하게 발생하였다는 것을 시사할 수도 있다. 위에서 언급한 바와 같이 실제로 청동기시대에는 한반도 대부분의 지역에 농경이 실시되고 있었으므로 지석묘에서 상당한 량의 무기류가 출토되는 현상은 단순히 생업의 보조 수단으로 사냥을 위한 것 이상이었을 것으로 해석하는 것이 더 합리적일 것으로 생각된다. 이와 같은 추론이 맞다면 농경의 실시로 인하여 인구가 증가하였으며 증가한 인구에 대한 식량의 공급을 원활하게 하기 위해서 농경지의 확장과 중요 자원지의 확보를 위하여 부족과 부족간의 갈등이 심화되어 전쟁이 빈번하게 발생하였을 것으로 추정할 수 있다. 전쟁으로 표출된 부족간의 갈등에서 승리한 부족은 지배계급, 패배한 부족은 피지배계급으로 사회계급이 분화해 가면서 '족장사회' 가 형성되었을 가능성도 있다.

다른 한편으로 생각해 볼 수 있는 것이 지석묘 축조의 전 과정이 계급사회 즉 '족장사회' 의 형성을 가능하게 한 것인가. 혹은 청동기시대 한반도에서 농경이 일반화되어 인구증가를 초래하였고 원래 제도화되지 않은 느슨한 상태의 계급사회에서 다소 제도된 계급사회가 '먼저' 형성이 되고 그 '결과' 로써 집권적인 형태의 권력이 등장하여 행정력이나 군사력을 바탕으로 인력을 동원하여 지석묘를 축조하였는가에 대한 의문도 제기하여 볼 수 있다.

또 부족과 부족간의 경쟁심에서 한 부족의 단합된 모습을 인근의 다른 부족에게 과시하기 위한 하나의 수단으로 서로 경쟁적으로 큰 지석묘를 축조하였을 가능성도 있다. 한편 '통합' 과 '갈등' 의 두 변수가 특별한 선후 관계없이 작용하였거나 혹은 두 변수가 조합적으로 동시에 작용한 결과가 족장사회의 형성을 초래하였을 가능성도 배제할 수 없다. 이와 같이 '족장사회' 가 '왜' 그리고 '어떻게' 형성되었을 것인가를 밝혀 보는데 있어서 여러 가지의 추론이 있을 수 있다.

그러면 여러 사람들에 의하여 창출된 지석묘 사회의 발전에 관한 많은 '추론', '해석', 혹은 '가설' 중에서 누구의 것이 역사적인 사실에 가까워서 취하고 따라야 할 것인가. 이것을 결정하기 위해서는 어떤 이론과 방법론을 채택하여 얼마만큼 주도면밀하게 연구를 진행시켰는가를 검토하여 보아야 한다. 아울러 개별 연구자가 하나의 학설을 객관적이고 신빙성 있게 하기 위해서는 위에서 살펴보았던 방법론의 적용과 아래에서 볼 이론적인 채택은 필수적이다.

한국의 지석묘 사회 연구, 나아가서 한국 고고학에서 또 하나의 쟁점이 되고 있는 이론적인 측면인 '귀납법' 과 '연역법' 에 대하여 살펴보기로 하겠다. 이 논문은 '귀납법' 과 '연역법' 의 장·단점에 관해서 고찰하는 것이 아니므로 두 가지 중에 어느 것이 지석묘 연구에 혹은 한국 고고학 연구에 더 적합할 것인가에 대한 논의는 하지 않기로 한다. 다만 한국 지석묘 사회의 보다 정확한 연구를 위해서는 어떠한 것이 더 바람직 할 것인가를 알아본다는 의미에서, 그리고 기왕의 한국 학계에서 지석묘 사회를 연구하면서 실시해 놓았던 것을 두 가지 논리적인 측면에 비추어 검토하여 보기로 한다. 필자는 한국학 연구에 있어서 하나의 가설이나 해석을 좀 더 설득력 있고 신빙성이 있도록 하기 위해서는 두 가지 중에 한 가지를 선택하여 사용하는 것이 바람직하다는 것을 이미 말한 바 있다(강봉원 1992).

한국의 고고학계뿐만 아니라 한국학 대부분의 영역에서 거의 천편일률적으로 부지불식간에 귀납법을 사용해 오고 있으며 또 연역법도 적절한 단계를 거치지 않은 채 많이 사용되고 있다. 이 두 가지 이론은 고등학교 일반사회 과목에 등장하는 것이어서 거의 모든 사람들이 그 개념과 전개 방식 등에 관해서는 익히 잘 알고 있다. 그러나 한국학을 연구하는 대부분의 학자들이 귀납법인지 연역법인지의 명확한 구별이나, 나아가 어떻게 학문 연구에 적용하는지에 대해서는 크게 개의하지 않는 것처럼 보인다. 어떤 경우에는 기초적인 귀납법조차도 제대로 정당한 절차를 거치지 않고 결론에 도달하고 있는데 이것은 짚고 넘어가야 할 대목이다. 연역법이 더 낫다 혹은 귀납법이 더 적당하다는 식의 논쟁이 한국에서도 있었지만(김장석 1995:136-138; 전경수 1994), 두 가지 중에 어떤 것을 이용하는가는 전적으로 개개인 연구자의 취향에 달려 있다. 미국의 신고고학자들(New Archaeologists)에 의하여 중요성이 강조되었던 것이 바로 연역법이지만 귀납법이 근본적으로 잘못된 것이 없음을 알아야 한다. 1980년대 초부터 신고고학자들(Processual archaeologists)이 견지한 이론들의 취약점이 많이 노정되었는데 연역법도 그 중의 하나로 지목되어 비판을 받기도 하였다. 신고고학자들은 그 이외에도 인식론적인 문제 등 여러 군데에서 많은 비판을 받아 오면서 새로운 패러다임의 후기과정주의 고고학(Post-processual Archaeology)의 등장을 초래하기는 하였지만 신고고학자들이 연역법을 채택·사용하여 미국의 고고학과 세계의 고고학에 큰 공헌을 한 것만은 인정 해야 한다. 한국의 고고학에서 이미 미국의 신고고학이 후기과정주의 고고학에 의하여 취약점이 지적되었고 비판을 받았으니 신고고학을 건너뛰어서 바로 후기과정주의 고고학을 취하는 것이 바람직하지 않을까 생각할 수도 있지만 그렇게 해서는 안되고 여전히 신고고학으로부터 우리가 배워야 할 것이 많이 있다는 것을 알아야 한다. 연역법도 그 장점들 중의 하나라고 생각하면 된다. 그러므로 한국 고고학의 발전을 위해서 나아가 한국학 연구에 새로운 전기를 마련해 본다는 의미에서 한국학 연구자들도 천편일률적으로 귀납법만을 사용 할 것이 아니라 연역법도 채택하여 사용하기를 기대하여 본다. 그러나 우리는 막연히 연역적 이론을 취했다고 해서 한

학문 분야의 이론화가 자동적으로 이루어진다거나 혹은 한 개인 논문의 질이 수직 상
승하지는 않는다는 것을 명심해야 한다. 또 반대로 귀납법적 이론을 취하여 논지를 전
개시켰다고 하여 학문이 후진적이라거나 또 논문의 질이 하락하지도 않는다. 엄밀하게
따지고 보면 귀납법 없는 연역법 없고 연역법 없는 귀납법이 없다고 할만큼 두 이론은
상호 보완적이다. 이것과 관련하여 예를 하나 들어 보기로 하겠다.

　　살인 사건이 한 건 발생하였다고 가정하자. 현장에 도착한 형사는 사건 현장과
그 주위에 있을 법한 모든 증거들을 수집하고 사진 촬영 및 도면을 작성하는 한편 살해
된 사람의 이웃 주민, 친·인척, 그리고 친구들과 면담을 하여 사건을 해결할 수 있는
단서를 찾는다. 그리고 수집된 여러 가지 증거물, 예를 들면 범인이 남긴 지문, 머리카
락, 살점, 피, 살해할 때 사용했던 각종 흉기 등등을 모두 수거하여 과학적으로 분석한
다. 그 분석의 결과를 가지고 범인을 체포하여 사건의 전후 관계를 파악하는 한편 현장
검증까지도 하여 하나의 사건을 마무리 지을 수 있다. 이러한 전 과정을 대체로 귀납법
적 접근으로 간주할 수 있다. 또 이와는 달리 어떤 경우에 물질적인 증거가 별로 없을
수도 있다. 범인이 증거를 완전히 인멸(湮滅)하는 경우가 그러한 상황에 해당된다. 이
런 경우에는 사건 전후를 배경으로 사전에 유력한 용의자를 지목하여 놓고 수사를 진
행시켜야 한다(연역법). 그러나 이 가설을 궁극적으로 검증하기 위해서는 어떤 것이던
지 간에 구체적인 물질적인 증거를 수집하고 분석해야 한다. 그런데 충분한 물질적인
증거가 없어서 노련한 형사가 심증과 사건의 정황을 참작하여 그의 직관으로 용의자를
지목하여 수사를 진행시켰다고 가정하자. 그래서 그 용의자를 법정에 세웠을 때 과연
재판이 진행이 되기나 할지 의심스럽다. 왜냐하면 그 용의자가 범행을 저질렀음을 입
증하는 물증(物證)을 먼저 충분하게 확보한 다음에야 기소가 가능하고 재판도 진행되
는 것이다. 결정적인 물증 없이 노련한 형사의 풍부한 경험과 직관에 의한 심증(心證)
만으로는 용의자를 범인으로 간주할 수 없다. 또 물증이 아닌 심증에 지나치게 의존하
다 보면 원래의 살인 사건을 해결할 수 없는 것은 두 말할 것도 없고 일을 그르칠 수 있
다. 즉 살인 사건의 해결은 고사하고 자칫하면 생사람을 범인으로 몰아 억울한 옥살이
를 시킬 가능성이 높다는 것이다.

　　한국의 지석묘 사회를 연구함에 있어서 연역법이나 귀납법 중에서 무엇을 채택
하든지 간에 궁극적으로 필요한 것은 물증을 확보해야 하고 그것을 제대로 분석하여
그 결과를 가지고 결론을 내려야 하는 것이다. 물질적인 자료 즉 고고학적 자료의 수집
과 수집된 자료의 적절한 분석과 검토가 결여된 채 지석묘 사회가 평등사회였다 혹은

계급사회였다고 주장하는 것은 처음부터 있을 수 없는 일이다. 위에서 예증으로 제시한 몇 가지의 경우가 이러한 과정을 전적으로 생략하였기 때문에 우리는 그들이 내린 결론을 수용할 수 없다는 것이다.

대부분의 한국 고고학자들이 인습적으로 부지불식간에 귀납법을 채택하여 사용하고 있다. 이것이 근본적으로 잘못된 것은 아니지만 학문 연구 방법론의 다양화를 위해서 그리고 한국 고고학의 발전을 위해서 얼마간의 사람들은 연역법을 채택하여 연구에 적용하여 보는 것이 필요하다. 똑같은 이론을 단순히 반복한다면 아무리 좋은 귀납법이라도 식상하기 마련이다. 귀납법을 이용한다고 해서 학문의 발전이 없다고는 할 수 없다. 그러나 여태까지 한국에서 거의 무의식적으로 귀납법을 사용하였는 바 지석묘 연구에 만족스러운 발전은 별반 없고 여전히 문제점이 산적해 있어 궁극적으로는 학문의 발전이 지지부진하다는 것을 위에서 보았다. 이제 한국의 고고학도 양적 발전을 넘어서 질적인 발전을 지향할 시기가 왔다고 생각된다. 한국 고고학의 발전을 위해서, 구체적으로는 지석묘 연구의 획기적인 장을 마련하기 위해서 이제 연역적 접근의 채택도 필요하다고 생각한다.

V. 맺음말

지석묘 사회가 '계급사회' 였는가 혹은 '평등사회' 였는가를 밝히는 것은 여전히 중요한 연구과제 임에 틀림없다. 필자는 과거 지석묘 사회가 평등사회였다는 것을 주장하였다. 그러나 지금 필자의 입장은 한국의 지석묘 사회가 '족장사회' 라고 분류되는 것에 크게 반대하지 않는다. 왜냐하면 필자는 지석묘 사회의 발전 단계가 무엇이었든지 간에 무슨 이론과 방법론을 가지고 어떻게 결론에 도달하였는가의 과정을 더 중요하게 생각하기 때문이다. 이제 지석묘 사회가 단순히 계급사회로서 족장사회 였던가 혹은 평등사회로써 '부족사회' 였던가 혹은 'chiefdom' 의 용어를 한국어로 어떻게 번역하여 사용하여야 하는가에 대한 소모적인 논쟁을 지리하게 계속하기보다는 좀 더 실질적으로 한국의 고고학을 발전시킬 수 있을 이론과 방법론에 대한 심각한 노력이 경주되어야 할 것이라고 생각한다. 필자가 이 글에서 '왜' 혹은 '무엇' 을 근거로 우리가 지석묘 사회를 계급사회로 간주할 것인가에 관하여 충분한 고고학적 혹은 인류학적인 자료, 즉 객관적인 자료를 적절하게 수집하고 분석하는 선행작업이 이루어져야 한다는 것을 누차 강조하였다. 그런 연후에 연구의 결과를 토대로 지석묘 사회의 사회성에 관하여 결론을 내려야 한다는 것이었다. 그렇게 했을 때에야 비로소 지석묘 사회가 '평등사회' 든지 '족장사회' 든지 신빙성과 설득력이 있다.

그리고 지석묘 축조 이전인 신석기시대의 평등사회에서 청동기시대로 접어들어 지석묘가 축조되기 시작하면서 계급사회로 전환하여 갔다면 '왜' 그리고 '어떻게' 그렇게 되었는지 밝히는 것에도 주의와 관심을 기울여야 할 것이다. 또 한국 고고학의 진일보를 위하여 지석묘 사회가 단순히 '족장사회' (chiefdom)의 수준에 도달하였다고만 하고 끝을 내어서는 안된다. 왜냐하면 이미 한국 학계에도 널리 알려져 있다시피 '족장사회' 중에서도 '단순', '중간', 혹은 '복합' 족장사회로 세분되기 때문에 좀 더 면밀한 검토가 필요하다. 나아가 더욱 중요한 것은 지석묘의 축조가 '족장사회' 의 존재를 과시하는 한 방편이라고 가정하고, '왜' 어느 시점에 지석묘의 축조를 중지하고 다른 묘제로 바뀌어 갔는지; 혹은 신석기시대의 평등사회에서 족장사회로의 전환과정에 중요한 역할을 담당한 요인은 무엇이었던가; 지석묘가 족장계급 혹은 지배계층과 밀접한 관련이 있다고 추정하였으므로 지석묘의 분포로 보아 한반도 전역에는 상당수의 '족장사회' 가 있었을 것으로 추정되는바 이들 사회들 사이의 정치적 관계는 어떠했는지; 등등의 연구 과제에도 주의를 기울여야 할 것으로 생각된다. 이러한 연구 주제는 서구의 고고학에서 한참 거론이 된 적이 있는 과정주의 고고학과 후기과정주의 고고학이 기본적으로 지향하는 연구 과제이고 우리의 고고학도 궁극적으로 관심을 가져야 할 연구 방향이라고 생각한다.

학문을 하는 사람들의 막연한 염원은 자기가 이루어 놓은 연구 업적, 가설, 견해, 혹은 해석 등이 전적으로 심지어는 부분적으로라도 수정되지 않고 오래오래 지속되는 것일 것이다. 또 비록 한 연구자가 자기 분야의 학계에 내 놓은 견해나 학설이 수정 혹은 다른 것으로 대체된다고 하더라도 적어도 10년은 지속되기를 바라기도 한다. 실제로 하나의 가설이 법칙이 되어 영원토록 변하지 않는 진리가 되는 경우가 많이 있었고 분야에 따라 앞으로도 있을 수 있다. 그러나 일반적으로 학문의 세계, 특히 역사학이나 고고학과 같이 과거를 연구하는 학문 분야에서는 한 가지 이론 혹은 학설이 절대적일 수가 없다. 새로운 자료의 발견이나 해석으로 과거의 이론이 언제든지 그리고 얼마든지 바뀌어 지는 일이 비일비재하다. 그러므로 한 가지 이론이나 가설을 수립하여 놓고 그것이 영원토록 변하지 않는 진리가 되기를 기대하는 것은 학문을 하는 사람으로서 취할 자세가 아니다. 오히려 새로운 사실의 발견이나 비록 똑 같은 자료라고 하더라도 새로운 방법론에 입각한 분석이나 해석에 의하여 기존의 학설이나 견해가 언젠가 뒤집어 질 것이라는 마음의 준비를 단단히 하고 있는 것이 더 바람직한 학문적인 자세라고 생각한다.

예를 들어 김해패총을 발굴하고 난 이후 일본인 학자들이 '금속병용기'라는 용어를 한국 역사·고고학계에 오랫동안 통용시켰으나 해방 이후 전국 각지에서 많은 청동기가 발굴되고 난 이후 더 이상 금속병용기라는 용어를 사용하지 않고 청동기시대로 사용한다. 한국 지석묘의 출현도 기원 전 4-3세기 이전으로 소급될 수 없었던 것을 이제는 탄소연대측정에 힘입어 연대가 적어도 기원전 800년 정도까지 올라가게 되었다. 아울러 지석묘의 종말 연대도 다른 많은 유적지의 발굴로 과거에 생각했던 것보다는 더 이르다는 것이 판명되었다. 또 한국에서 발굴되는 석검은 중국 혹은 만주의 청동검을 모방한 것이라고 하였지만 현재 그러한 가설, 견해, 혹은 추정을 믿는 사람은 별로 없다. 한반도에 구석기 유적의 존재는 없는 것이며 있으면 큰일 나는 것으로 여겨졌으나 이제는 아무도 그렇게 생각하지 않는다.

이렇듯 한국의 지석묘 연구에도 정(thesis), 반(antithesis), 그리고 합(synthesis)의 변증법적 사고방식의 과정이 끊임없이 반복되어야 한다고 생각한다. 이러한 분위기에서만이 학문적 발전이 이루어지는 것이지 아집을 가지고 한 가지 견해만을 역사적인 진리로 생각하고 영원히 깨어지지 않기를 희망하며 고집을 피우는 것은 독선일 뿐이며 궁극적인 학문의 발전을 저해할 따름이다.

한국의 지석묘 연구의 발전을 위해서는 새로운 방법론의 채택과 적절한 이론의 실질적인 적용이 절대적으로 필요하다는 것을 강조하였다. 구태의연한 연구 과제, 연구 방법, 발굴 방식, 유구 및 유물 중심의 발굴 보고서로는 빠른 속도로 발전하고 있는 여타 학문과 보조를 맞추기는커녕 계속 뒤처지기만 할뿐이라고 생각한다. 이 글에서 서술한 이론과 방법론이 절대적이며 반드시 이들을 따라야 한다고는 말하지도 않았고 그렇게 주장하고 싶지도 않다. 하지만 한국의 지석묘 연구의 발전을 위해서는 앞으로 위에서 언급한 이론과 방법론들을 신중하게 검토하고 음미하고 넘어가야 할 것으로 생각한다.

참고문헌

강봉원, 1992, 〈 '성읍국가'에 대한 일 고찰 〉, ≪선사와 고대≫ 3:127-154.

_____, 1995, 〈 국가와 군장사회 사이의 중간 단계에 대한 고찰 〉, ≪한국고고학보≫ 33:7-28.

_____, 1998, 〈 한국 고대 복합사회 연구에 있어서 신진화론의 적용 문제 및 '국가' 단계 사회 파
악을 위한 고고학적 방법론 〉, ≪한국상고사학보≫ 28:7-39.

김광억, 1985, 〈 국가형성에 관한 인류학적 이론과 한국고대사 〉, ≪한국 문화인류학≫ 17:17-33.

_____, 1987, 〈 국가형성에 관한 인류학 이론과 모형 〉, ≪한국사시민강좌≫ 1:165-186.

김병모, 1981, 〈 한국 거석문화 원류에 관한 연구(I) 〉, ≪한국고고학보≫ 10·11:55-78.

김원룡, 1974, ≪한국의 고분≫, 세종대왕 기념사업회, 서울.

_____, 1986, ≪한국고고학개설≫ 3판, 일지사, 서울.

김장석, 1995, 〈 소금, 인류학, 그리고 고고학 〉, ≪한국고고학보≫ 32:131-148.

김정배, 1986, ≪한국고대의 국가 기원과 형성≫, 고려대학교 출판부, 서울.

김재원·윤무병, 1967, ≪한국지석묘연구≫ 국립박물관고적조사보고 제6책. 국립중앙박물관, 서울.

노혁진, 1997, 〈 청동기시대의 사회와 문화 〉, ≪한국사 3: 청동기문화와 철기문화≫, 국사편찬위
원회편, pp. 256-286. 탐구당, 서울.

박순발, 1997, 〈 한강유역지석묘 〉, ≪한국고고학보≫ 36:7-44.

박양진, 1998, 〈 서평: 최몽룡·최성락 편저, 『한국고대국가형성론-고고학상으로 본 국가 -』 〉
≪한국상고사학보≫ 27:259-262.

손병헌, 1982, 〈 고고학에 있어서 유물의 분류: 특히 미국 고고학자들 사이에 있어서 형식의 개념을
둘러싼 논쟁을 중심으로 〉, ≪한국고고학보≫ 13:135-144.

송화섭, 1994, 〈 선사시대 암각화에 나타난 석검·석촉의 양식과 상징 〉, ≪한국고고학보≫
31:45-74.

심봉근, 1990, ≪한국 청동기 시대 문화의 이해≫, 동아대학교출판부, 부산.

이기동, 1989, 〈 한국고대국가 형성사 연구의 현황과 과제: 신진화론의 원용문제를 중심으로 〉,
≪산운사학≫ 3:41-69.

이기백, 1990, ≪한국사신론≫ 신수판, 일조각, 서울.

이남석, 1985, 〈 청동기시대 한반도 사회발전단계문제 〉, ≪백제문화≫ 16:71-113.

이상길, 1993, 〈 창원 덕천리 유적 발굴조사 보고 〉, ≪삼한사회와 고고학≫, 제 17회 한국고고학
전국대회 발표요지, pp. 103-117.

이종욱, 1999, 〈 한국 초기국가 형성·발전 단계론의 인류학 이론 수용과 그에 대한 비판의 문제 〉, 《한국상고사학보》 29:109-141.

이현혜, 1991, 〈 신진화론의 적용 과정에서 나타난 몇 가지 문제 〉, 《현대 한국사학과 사관》 (노태돈 ·홍승기·이현혜·이기백·이기동 공저), pp. 84-120. 일조각, 서울.

임효택·곽동철·조현복, 1987, 《거창·합천 큰돌 무덤》, 동의대학교 박물관, 부산.

전경수, 1988, 〈 신진화론과 국가형성론 -인류학이론의 올바른 적용을 위하여- 〉, 《한국사론》 19:569-604.

_____, 1994, 《한국문화론-상고편-》, 일지사, 서울.

지건길, 1982, 〈 동북아시아 지석묘의 형식학적 고찰 〉, 《한국고고학보》 12:245-261.

_____, 1997, 〈 청동기시대의 유적과 유물: 무덤 〉, 《한국사 3-청동기문화와 철기문화》, 국사편찬위원회 편, pp. 161-180, 탐구당, 서울.

추연식, 1994, 〈 서평: 『China, Korea and Japan: The Rise of Civilization in East Asia』 〉 (Gina L. Barnes 저), 《한국고고학보》 31:341-354.

최광식, 1987, 〈 고대국가형성에 대한 이론적 검토 〉, 《신라문화》 3·4:73-86.

최몽룡, 1978, 〈 전남지방소재 지석묘의 형식과 분류 〉, 《역사학보》 78:1-50.

_____, 1981, 〈 전남지방 지석묘사회와 계급의 발생 〉, 《한국사연구》 31:1-14.

_____, 1987, 《한국고대사의 제문제》, 관악사, 서울.

최몽룡역, 1989, 《원시국가의 진화》, 민음사, 서울.

최몽룡·최성락, 1997, 《한국고대국가 형성론》, 서울대 출판부, 서울.

최정필, 1997, 〈 한국상고사와 족장사회 〉, 《선사와 고대》 8:81-103.

한병삼, 1977, 〈 묘제 〉, 《한국사 1: 고대-한국의 선사문화-》, 국사편찬위원회 편, pp. 207-239. 탐구당, 서울.

홍형우, 1994, 〈 한국고고학에서의 외국 이론의 수용-족장사회(chiefdom)에 대한 일고찰 〉, 《한국 상고사학보》 15:497-511.

三上次男, 1961, 《滿鮮原始墳墓の硏究》, 吉川弘文館, 東京.

Barnes, Gina, 1993, *China, Korea and Japan: The Rise of Civilization in East Asia*. Thames and Hudson, London.

Binford, Lewis R., 1968, Archaeological Perspectives. In *New Perspectives in*

Archaeology, edited by Sally R. Binford and Lewis R. Binford, pp. 5-32. Aldine Publishing, New York.

Bohannan, Paul, 1965, *Social Anthropology*. Holt, Rinehart and Winston, New York.

Carr, Edward H., 1965, *What is History?* Alfred A. Knopf, New York.

Choi, Mong-Lyong, 1983, Study of the Yŏngsan River Valley Culture: The Rise of Chiefdom Society and State in Ancient Korea. Ph.D. dissertation, Harvard University. University, Microfilms, Ann Arbor.

Flannery, Kent V., 1972, The Cultural Evolution of Civilizations. *Annual Review of Ecology and Systematics* 3:399-426.

_____, 1976, The Trouble with Regional Sampling. In The Early Mesoamerican Village, edited by Kent V. Flannery, pp. 129-160. Academic Press, New York.

Fried, Morton H., 1967, *The Evolution of Political Society: An Essay in Political Anthropology*. Random House, New York.

Haas, Jonathan, 1982, *The Evolution of the Prehistoric State*. Columbia University Press, New York.

Joussaume, Roger, 1988, *Dolmens for the Dead: Megalithic-Building throughout the World* . Translated by Anne Chippindale and Christopher Chippindale. Cornell University Press, New York.

Kang, Bong Won, 1990, A Megalithic Tomb Society in Korea: A Social Reconstruction. Unpublished M.A. Thesis, Department of Anthropology, Arizona State University, Tempe, Arizona.

Kim, Byung-mo, 1982, A New Interpretation of Megalithic Monuments in Korea. In *Megalithic Cultures in Asia*, edited by Byung-mo Kim, pp. 164-189. Hanyang University, Seoul.

Lowie, Robert H., 1948, *Social Organization*. Holt, Rinehart and Winston, New York.

Nelson, Sarah M., 1983, 〈 The Past Decade in Korean Archaeology: A View from Outside 〉, 《한국고고학연보》 10:52-55.

_____, 1993, *The Archaeology of Korea*. Cambridge University Press, New York.

Pearson, Richard, 1976-1979, Lolang and the Rise of Korean States and Chiefdoms. *Journal of the Hong Kong Archaeological Society* VII:77-90.

Oregon, Eugene, Oregon.

Schiffer, Michael B., 1972, Archaeological Context and Systemic Context. *American Antiquity* 37:156–165.

Schiffer, Michael B., 1976, *Behavioral Archaeology*. Academic Press, New York.

_____, 1983, Toward the Identification of Formation Precesses. *American Antiquity* 48:675–706.

Willey, Gordon R. and Philip Philips, 1958, *Method and Theory in American Archaeology*. University of Chicago Press, Chicago.

나. 한국 지석묘사회 연구의 이론적 배경
- 계급사회의 발생 및 성장을 중심으로 -

최 몽 룡 · 김 경 택

I. 머리말

많은 학자들이 나름대로의 기준을 가지고 複合社會(complex society)를 규정해 왔는데, 社會的 複合度(social complexity)가 일정 수준 이상에 다다른 사회를 複合社會라 지칭한다는 데는 별다른 이견이 없다. 사회 복합도는 특정 사회를 구성하는 각 단위들 사이에 이룩된 기능적 분화의 정도로 정의되기도 하는데, 기능적 분화는 수평적 분화와 수직적 문화로 대별된다. 수평적 분화는 사회 조직 내에서 동등한 위계를 점하고 있는 구성 단위들 사이의 기능적 전문화인 반면에, 수직적 분화는 기능적으로 다양한 구성단위들에 부여되는 위계상의 차이이다 (Blanton, Kowalewski, Feinman, and Appel 1981: 21). 기능적 분화는 정치적 · 경제적으로 혹은 양자가 복합되어 이루어지는데, 경우에 따라서는 수평적 분화로 시작되어 수직적 분화로 귀결되기도 한다 (Chapman 1990: 169).

이 같은 정의에 따른다면, 기능적 분화의 정도는 특정 사회의 복합도를 판단하는 척도가 되고, 더 나아가 기능적 분화의 정도에 따라 특정 사회를 사회발전 단계 상에 위치시킬 수도 있을 것이다. 그러나 사회 복합도를 단순히 구성 단위들 사이에 형성된 기능적 분화의 산물, 즉 정체된 결과로 간주하기보다는 지속적으로 진행되는 일련의 과정으로 인식하는 것이 보다 바람직하다. 다시 말해서 사회 복합도는 사회의 구성 단위들과 그 기능들이 점진적으로 전문화, 통합화, 그리고 집중화되어 가는 일련의 사회적 · 문화적 역학관계상에서 이해되어야 한다(Rhee and Choi 1992: 52).

複合度란 개념의 基底에는 社會 體系/制度(social systems)는 다른 생명체들과 마찬가지로 시간이 경과함에 따라 단순한 형태에서 복잡한 형태로 발전한다는 進化論的 思考가 깔려 있다. 그런데 여기서 單純 및 複雜은 절대적이 아닌 상대적 개념이다. 따라서 平等社會(egalitarian society) 또는 개인이나 집단간에 존재하는 사회적 불평등 (social inequality)이 미미한 사회를 단순 사회(simple society)라 할 때, 상대적으로 階級, 또는 階層에 따른, 아니면 또 다른 형태의 身分 區分에 따른 사회적 차별이 존재하는 사회를 複合社會(complex society)라 규정할 수 있을 것이다(Mingnon 1993: 91-92).

人類文化史의 時期區分, 다시 말해 人類가 걸어온 社會發展段階의 설정 및 구분은 근대적 의미의 人類學이 성립되기 훨씬 이전부터 많은 학자들의 주된 관심사였다. 19세기말 人類學者들은 당시 서구사회를 풍미하던 進化論的 觀點에 입각해 人類社會의 發展段階를 제시하였는데, 특히 야만-미개-문명으로 이루어진 3단계 發展過程을 제시한 타일러(E. Tylor)와 이를 세분해 7단계의 發展過程을 제시한 모건(H. Morgan)의 모델이 많은 호응을 얻었다. 그러나 20세기초 19세기 單線進化論에 대한 회의가 제기되면서 進化論에 입각한 發展段階說은 많은 공격을 받게 되었다. 20세기 중반 스튜어드(J. Steward)와 화이트(L. White)에 의해 單線進化論의 문제점을 보완한 文化進化論이 대두되면서 進化論的 입장은 다시 학계의 관심을 끌게 되었다(全京秀 1988:574-75).

한편 미국 인류학계에서는 1960년대에 이르러 서비스(E. Service)와 프리드(M. Fried)로 대표되는 소위 신진화론적(neoevolutionary) 사회발전단계 모델이 제시되어 학계의 주목을 받았다. 국가의 통합적인 기능을 강조하는 통합 이론에 입각한 서비스는 군집(band), 부족(tribe), 족장(chiefdom), 국가(state)로 이어지는 사회발전 모델을 제시한 반면에, 정치집단 상호간의 경쟁과 투쟁을 강조하는 갈등 이론을 지지하는 프리드는 평등(egalitarian), 계급(ranked), 계층(stratified), 국가(state) 사회로 이어지는 사회발전 모델을 제시하였다(Service 1962, 1975; Fried 1967). 두 모델은 가장 영향력 있는 신진화론적 사회발전도식으로 文化人類學 분야뿐 아니라 고고학 분야에도 심대한 영향을 미쳤다. 서비스는 민족지 자료를 통해 구체적인 문화현상의 특질을 설명하며 사회발전 단계를 설정한 반면에 프리드는 문화단계의 설정보다는 정치진화과정을 규명하기 위해 사회형태를 분류했다(崔盛洛 1997: 119-122).

統合論 對 葛藤論이라는 서로 상대적인 입장에 근거한 서비스와 프리드의 모델은 단계 설정의 의도도 서로 상이해 두 모델을 단순 비교하거나 두 모델의 각 단계를 일대일로 대응시키는 것은 문제가 있는데, 두 모델 중에서 어느 하나를 채택하는 것은 개개 연구자들의 입장이나 목적에 따라 다를 수 있다. 두 모델을 구체적으로 검토 비교하는 것이 본고의 주된 목적이 아니기에, 여기서는 단순히 인류가 거쳐온 사회발전단계 중에서 어떤 단계 이후를 복합사회로 볼 것인가 하는 문제를 생각해 보려 한다. 앞

에서 복합사회(complex society)와 단순사회(simple society)는 절대적인 아닌 상대적 개념이며, 평등 사회, 혹은 개인이나 집단간에 사회적 불평등(social inequality)이 미미한 사회를 단순 사회(simple society)라 할 때, 階級이나 階層에 따른 사회적 불평등이 존재하는 사회를 복합 사회(complex society)라 할 수 있음을 언급한 바 있다. 이러한 견지에서 본다면, 서비스의 모델에서는 族長社會와 國家社會를, 프리드의 모델의 경우는 階級社會, 階層社會, 그리고 國家社會를 複合社會의 범주에 포함시킬 수 있을 것이다.

필자는 古代 韓國의 사회·정치적 발전 과정, 다시 말해 초기 한국 사회에서 社會的 複合度(social complexity)가 성장해 온 과정에 많은 관심을 가지고 있는데, 본고는 그 준비 작업의 일환으로 지금까지 한국 학계에서 이루어진 複合社會에 관한 논의들을 비판적인 시각에서 검토하려 한다. 考古學을 포함한 韓國 古代史 分野에서 '國家의 起源 및 成長'이란 주제가 학계의 중요한 論題의 하나로 본격적으로 대두된 것은 지난 1971년 『新東亞』에서 주관한 기획 심포지엄 〈韓國 古代史의 爭點〉에서 문제 제기가 되면서이다. 이후 美國 人類學界에서 제시된 人類學的 모델과 이론, 특히 프리드와 서비스에 의해 대표되는 新進化論的 社會發展圖式을 통해 古代 韓國 社會를 설명하려는 시도들이 있었는데, 국내 학자들은 프리드보다는 서비스가 제시한 社會發展圖式에 보다 많은 관심을 보였다(Service 1962, 1975; Fried 1967). 이러한 人類學的 모델과 이론을 통한 접근에 대한 國內 歷史學界의 반응은 그리 호의적이지만은 않았다(李基東 1984, 1989; 李賢惠 1991, 1995). 특히 일부 학자들이 新進化論的 發展圖式을 韓國 古代史에 무분별하게 잘못 적용하는 경우가 적지 않다는 한 人類學者의 신랄한 비판이 있었는데, 이는 종종 新進化論的 發展圖式을 반대하는 理論的 根據로 이용되기도 했다(全京秀 1988).

II. 韓國 古代史에 있어 複合社會에 관한 論議

1. 複合社會에 관한 학계의 논의: 1960년대 이전

韓國史 연구에서 단편적으로, 또는 韓國史 時代區分의 일환으로나마 古代國家가 논의되기 시작한 것으로 대개 1940년대 후반, 즉 해방이후라 할 수 있다. 해방 직후

日帝時代에 연구되었던 성과들이 단행본으로 출간되었는데, 王朝史觀과 時間의 遠近에 입각하여 韓國史의 時代區分을 시도한 民族主義 史學은 古代國家의 槪念과 時期를 분명히 제시하지는 못했고, 實證主義 史學 역시 古代國家의 槪念 및 時期를 제시하지 않았다. 한편 社會經濟史學에 입각한 학자들은 마르크스와 엥겔스의 개념을 韓國史에 적용하여 古代國家의 성격을 규정하려 하였는데, 학자마다 노예제의 성격과 시기설정에 상당한 이견을 보였다. 그리고 新民族主義 史學은 한국사의 특수성을 고려하면서 모건과 마르크스, 엥겔스의 이론을 적용하여 씨족공동사회→ 부족사회→ 부족국가→ 부족연맹왕국→ 귀족국가로 이어지는 발전단계를 설정한 바 있다(崔光植 1990: 254-257).

1950년대에는 3년에 걸친 전쟁과 그 피해로 인해 모든 분야에서 학문 연구가 매우 어려운 실정이었다. 특히 역사학의 경우는 많은 유능한 학자들, 특히 民族主義史學者, 新民族主義史學者, 社會經濟史學者 들이 대거 월북 또는 납북되어, 이 분야의 학문적 업적은 찾아보기 어렵게 되었고, 實證主義 史學이 韓國史 연구의 주류를 이루게 되었다. 고대사회 및 고대국가에 대한 논의 역시 文獻을 최우선으로 하는 實證史學의 입장에서 이루어지게 되었다. 결과적으로 中央集權, 官制, 征服 및 外交關係가 고대국가의 성격을 규정하는 기준이 되었고, 19세기의 進化論에 기반을 둔 모건의 경우를 제외하고는 人類學 이론이나 모델에 별다른 관심이 주어지지 않았다(崔光植 1990: 257-258).

학술적으로 극히 초보적인 단계에 머물러 있던 당시의 韓國考古學은 韓國古代史研究에 별다른 기여를 할 수 없었고, 따라서 古代史 硏究는 三國時代 이전으로 거슬러 올라가기보다는 文獻記錄이 남아있는 三國時代 이후로 국한될 수밖에 없었다. 결과적으로 複合社會에 관한 論議 역시 三國時代로 한정되었다. 1960년대 이전까지 韓國史에 있어 古代國家는 氏族社會, 部族社會, 部族國家, 部族聯盟國家로 이어지는 일련의 발전단계를 거쳐 형성된 것으로 인식되어 왔다. 그런데 이러한 發展圖式에 대한 학술적인 논의는 그리 활발하지 못했고, 각 단계에 대한 定意나 年代가 명료하게 제시되었던 것 같지도 않다(崔光植 1990: 256-257). 더욱이 이러한 연구는 考古學者의 참여 없이 역사학자들에 의해 진행되었고, 각 단계를 설정하거나 설명하는데 고고학적 증거는 거의 고려되지 않았다.

2. 複合社會에 관한 학계의 논의: 1960년대

韓國史를 분류사적 입장에서 총괄적으로 서술한 『韓國文化史大系』(高麗大學校 民族文化硏究所 1964)는 1960년대 韓國史學界가 이룬 주목할만한 성과인데, 金哲埈 은 (民族·國家史)편에서 고대국가에 대한 종래의 입장을 정리하고 체계화하여 古代 國家의 발달을 논의하였다. 그는 국가제도의 기능과 그 제도를 성립시킨 사회경제적 기반을 이해하는데 많은 노력을 기울였는데, 종래의 부족국가→ 부족연맹→ 고대국가 로 이어지는 발전단계를 수용하며, 나름대로의 기준을 제시했다. 혈연문제를 설명하는 데 리니이지(Lineage) 개념을 도입한 면이 주목되는데, 고대국가의 성립은 삼국시대 에 이르러, 즉 고구려는 소수림왕대, 백제는 침류왕대, 그리고 신라의 경우는 법흥왕대 에 성립된 것으로 인식되었다(金哲埈 1964; 崔光植 1990:258-259).

고대국가에 관한 연구가 문헌을 위주로 하는 역사학자들에 의해 이루어지고, 고 고학적 측면은 거의 배제되었던 당시 상황에서 金元龍은 考古學的인 接近을 통해 古代 國家의 출현을 규명하려 시도했다(金元龍 1967a). 그는 三國의 건국 연대를 기원후 4 세기경까지 늦추어 보려는 역사학계의 경향에 대해 강한 의문을 제기하였다. 그에 따 르면 일제 강점기이래 대두된 이러한 경향은 중국 기록을 국내 기록보다 신뢰하고, 漢 四郡의 영향을 과대 평가하려는 입장의 소산이었다. 기원후 313년 멸망한 樂浪郡이 韓半島에서 古代國家의 발전 및 성장을 저해하였다는 기존의 입장을 거부한 金元龍은 『三國史記』초기 기록을 긍정적으로 받아들이고, 考古學的 資料를 적극적으로 이용할 것을 주장했다. 중국의 영향력을 반영하는 고고학적 유물들은 매우 한정적 지역에서만 확인되는 반면에, 초기 국가 단계의 사회들의 존재를 시사하는 고도로 발달된 철기를 반출하는 여러 유적들이 후일 三國이 건국되는 지역에서 확인되었음이 지적되었다. 그 는 기원전까지 올라가는 철기 반출 유적들의 존재를 근거로 『三國史記』에 보이는 三國 의 建國年代를 긍정적으로 받아들일 것을 주장했다.

한편 1964년 서울 風納洞에 위치한 百濟土城이 부분적으로 발굴 조사되었는데, 이 土城은 三國의 建國 年代에 대한 金元龍의 입장을 방증해 주는 考古學的 증거로 제 시되었다. 이 風納里土城은 李丙燾에 의해 『三國史記』에 보이는 蛇城으로 비정된 바 있는데, 발굴 조사에서는 風納里式 無文土器와 新羅土器를 포함하는 여러 시기에 걸친 토기가 확인된 바 있다. 『三國史記』에는 蛇城이 기원후 286년 대대적으로 보수되었다 는 기록이 있는데, 風納里 土城이 기록에 보이는 蛇城이라면, 토성의 처음 축조연대는 늦어도 기원후 286년 이전으로 올라간다. 考古學的 證據를 통해 風納里 土城이 기원후 1세기에서 5세기경까지 기능했던 것으로 보는 金元龍은 이 土城을『三國史記』에 보이는 百濟의 건국연대(기원전 18년)를 지지해 주는 고고학적 증거로 보았다(金元龍 1967b).

3. 複合社會에 관한 학계의 논의: 1970년대

1971년『新東亞』는 韓國 古代史의 懸案을 종합적으로 다룬 대규모 학술 심포지엄을 기획·주관한 바 있다. 토론에는 歷史學과 考古學은 물론 政治學, 人類學, 社會學, 言語學, 神話學 분야의 전문가들이 참여하였으며, 그 결과는『韓國古代史의 爭點(千寬宇 1975)』이란 題名하에 출간되었다. 모두 5회에 걸쳐 열린 심포지엄의 마지막 주제가「국가의 형성과 도시국가」였는데, 이 토론은 韓國史에 있어 "國家 또는 複合社會의 登場"에 관한 논의를 활성화시키는 계기가 되었다.

討論의 主要 論題의 하나로 三國의 形成過程이 논의되었는데, 政治學者 李用熙는 부족한 문헌자료 및 고고학 자료를 보완하는 방법으로 西歐의 모델을 한국사에 적용해 볼 것을 제안했다. 이는 그 동안 충분한 검토 없이 통용되어온 社會·政治的 發展圖式, 즉 部族國家에서 部族聯盟의 단계를 거쳐 古代國家가 형성되었다는 모델을 재고해 볼 기회를 제공했으며, 학자들은 그 동안 명확한 개념 정의 없이 불분명하게 통용되어온 용어들의 의미 및 타당성을 검토해 볼 필요가 있다는데 공감했다(千寬宇 1975:211-215).

千寬宇는 古代 韓國에서 국가의 등장을 설명하는데 都市國家 모델을 도입했다(千寬宇 1976). 그는『三國史記』에서 지방 행정구역을 지칭하는 용어로 '城邑'이란 표현이 사용된 것에 착안하여 古代 韓國에서 都市國家 段階를 지칭하는 표현으로 城邑國家란 용어를 만들었다. 城邑國家를 국가가 형성되는 과정의 중간단계로 인식하는 그는 城邑國家의 개념을 설정하는 것이 古代 韓國에서 국가형성 과정을 추적하는데 효과적이라 주장하며 古朝鮮과 三韓의 여러 小國들을 城邑國家의 예로 제시하였다. 또 영역의 확장과 관련된 초기 문헌 기록에 착안하여 영역의 확장을 그 특징으로 하는 領域國家를 城邑國家의 다음 단계로 설정하기도 했다. 그런데 각 단계에 이르는 과정이나 단계를 특징짓는 기준들에 대한 설명은 제공되지 않은 듯하다.

千寬宇에 의해 제시된 城邑國家 모델을 보다 적극적으로 수용하고 발전시킨 李

基白은 城邑國家는 韓國史에서 가장 먼저 등장한 국가의 형태이며, 城邑國家는 초기 階層社會의 특징을 매우 적절하게 표현해 주는 용어라고 주장했다. 李基白은 대부분의 城邑國家들이 鐵器時代에 등장하고 발전한 것으로 보았던 千寬宇와는 달리 城邑國家의 연대를 靑銅器時代(기원전 1000년 – 기원전 400년)로 올려 보았다. 그는 당시 청동기를 소유하고 지석묘에 묻히는 극히 제한된 수의 특권층에 초점을 맞추고, 이들 특권층을 권력을 다음 세대로 세습하는 정치적 통치자로 보았다. 城邑國家는 과거 部族國家라 통칭되던 정치적 단위체에 대한 새로운 표현인데, 城邑國家는 여러 城邑國家들의 연맹을 통해 형성된 聯盟王國으로 발전되었다(李基白 1976:25-26, 41-43). 李基白은 三國時代 以前 혹은 靑銅器時代에 축조된 수많은 토성들은 城邑國家들의 중심지로 인식했다(李基白 1985:83-90).

城邑國家 모델은 歷史學者들 사이에서 폭넓은 지지를 받았으나 이에 대한 반론도 있었다. 反論에 따르면, 李基白은 하나의 假說을 설정했을 뿐 그 가설을 검증하기 위한 시도를 하지 않았으며, 조사되지 않은 토성들을 자신의 모델을 지지하는 고고학적 증거로 제시했다. 또 이 모델을 처음 제기한 千寬宇를 포함하는 다른 학자들은 주로 城邑國家들이 三國時代前期 또는 三韓時代(기원후 1년 – 300년)에 존재했던 것으로 인식하는데 반해, 李基白은 이들이 靑銅器時代에 등장하기 시작하여 三國時代 初까지 지속된 것으로 보고 있다. 그러나 1000년이 넘는 시간대를 하나의 단계로 설정하는데는 무리가 따르며, 결정적으로 城邑國家 모델을 지지해 주는 고고학적 증거가 제시되지 않았다는 지적이 있었다(姜奉遠 1992:129-131). 城邑國家 모델이 이와 같은 지적에서 전적으로 자유로울 수는 없다 하더라도, 이 모델은 部族國家라는 부적절하고 애매모호한 槪念에서 탈피하여 複合社會의 등장을 체계적으로 설명하려 했던 시도로 이후 활발한 논의를 야기했다는 측면에서 그 의미가 적지 않다.

美國 人類學 理論과 모델을 국내학계에 소개하는데 많은 노력을 기울인 金貞培는 複合社會에 관한 논의를 활성화시키는데 상당한 기여를 했다. 그는 古朝鮮이나 三韓社會를 지칭하는데 사용되어온 部族國家란 용어가 平等의 개념을 내포하는 部族이란 하위 개념과 발달된 階層社會를 의미하는 國家라는 상위 개념이 결합된 극히 모순된 표현임을 지적하였다(金貞培 1973). 치프덤(Chiefdom) 사회를 國家社會 바로 이전의 社會·政治的 발전 단계로 인식한 그는 이를 『三國志』「東夷傳」에서 고대 한국의 정치 지도자를 지칭하는 표현으로 사용된 君長으로 번역하였으며, 문헌 기록을 통해 추정된 三韓社會의 平均人口와 고고학 자료에 기초하여 三韓 小國들을 군장사회로 인

식했다. 그의 주장에 따르면, 墳墓에서 출토되는 銅劍, 銅鏡, 玉 등은 군장의 신분을 상징하는 유물들이고, 신성한 장소로 알려진 蘇塗는 君長社會에서 공통적으로 나타나는 요소 중의 하나인 神政의 중요성을 보여주는 증거이다(金貞培 1978).

한편 그는 史學者들이 관료체제와 중국과의 외교관계에 초점을 맞추어 三國의 국가성립을 『三國史記』의 기록 보다 훨씬 늦은 시기로 보는 것은 학자들의 편견과 국가를 정의하는 명확한 기준이 결핍되었기 때문이라 지적하고, 한국에서 국가의 기원은 三國 보다 훨씬 이른 古朝鮮에서 찾을 수 있다고 주장했다(金貞培 1973: 70-82). 그의 주장에 따르면, 古朝鮮 사회는 기원전 4세기 혹은 3세기에 이미 원초적 국가(pristine state) 단계에 이르렀으며, 衛滿朝鮮은 전쟁을 통해 성립된 征服國家였다(金貞培 1977).

金貞培는 支石墓 社會를 치프덤 단계로 보는데 유보적인 입장을 취한데 반해, 支石墓 社會를 치프덤 사회로 보는 입장도 피력된 바 있다(金貞培 1986:192; 李隆助 1980). 무게가 4톤(ton) 이상에 달하는 거대한 支石墓의 덮개돌이 원래 위치에서 1km 이상 이동되었다는데 초점을 맞춘 李隆助는 支石墓 社會를 잉여 농산물에 기반한 族長社會로 인식했다. 또 族長社會의 平均人口가 1km² 당 1인이라는 설에 근거하여 한국 支石墓 社會의 總人口를 약 300,000 명으로 추정하고, 당시 인구를 고려할 때 支石墓의 운반 및 축조는 공동체 주민들이 기꺼이 자발적으로 참여하는 의례적인 행사였다고 해석하기도 했다(李隆助 1980:189-193; Deevy 1960: 196).

『新東亞』심포지엄 이후 활성화된 古代國家의 기원에 관한 논의는 1970년대 韓國學界에서 중요한 논제로 대두되고, 충분한 학술적 논의 및 명확한 개념 정의없이 통용되어오던 기존의 部族國家論은 새로이 등장한 城邑國家論 및 族長 또는 君長社會論으로 대체되었음은 1970년대 학계가 이룬 성과의 일부라 할 수 있다.

4. 複合社會에 관한 학계의 논의: 1980년대 이후

1970년대에 국내에 소개되기 시작한 人類學的 모델과 理論들은 國家起源에 대한 연구에 새로운 시각과 토대를 마련해 주었으나, 考古學 資料의 부족으로 인해 이들을 고대 한국사회에 적용하여 논의를 진행하기에는 상당한 무리가 있었던 것이 사실이다. 그러나 1970년대 이후 급속한 경제개발에 따라 유례없이 많은 수의 遺蹟 發掘과 調査가 이루어지게 되었고, 이에 힘입어 韓國考古學은 量的·質的으로 괄목할 만한 성장을 이루게 되었다. 1980년대에 이르러는 아직 충분하다고는 할 수 없지만 이용 가능한 考古學 資料가 상당한 수준으로 축적됨에 따라 전반적인 考古學 硏究의 발전과 함께 이 분야의 연구도 활기를 띠게 되었다. 특히 여러 연구자들은 1970년대 이후 소개되기 시작한 新進化論的 사회발전 모델에 많은 관심을 갖게 되었고, 국가의 기원을 연구하는 학자들은 자연스럽게 국가 이전 단계인 族長社會에 많은 관심을 표명하게 되었다.

지난 1970년대 美國 人類學 理論의 소개 및 韓國古代史에의 적용을 통해 複合社會의 起源 및 成長에 관한 논의에 理論的 背景을 제공하는데 기여했던 金貞培는 10여 년에 걸쳐 각종 學術雜誌에 발표된 글들은 모아『韓國古代의 國家起源과 形成』이란 단행본을 출판하였는데, 이 책은 지금까지 이 분야에 관심을 지닌 이들의 필독서가 되고 있다 (金貞培 1986). 그가 다른 史學者들과는 달리 考古學 資料의 중요성을 인식하고, 考古學 資料에도 상당한 관심을 보인 점은 인정되지만, 考古學 資料가 文獻資料의 부족한 부분을 보완하는 二次 資料로 전락된 듯한 면이 없지 않다.

한편 崔夢龍은 美國 學界의 최근 動向과 함께 考古學 理論 및 方法論을 국내에 소개하고, 그 활용을 통해 韓國 考古學의 이론적 기반을 구축하는데 많은 노력을 기울였다(崔夢龍 1981a, 1983a, 1983b, 1984, 1989, 1990, 1995). 4톤(ton) 이상에 달하는 蓋石을 채석하고 운반하는데 요구되는 노동력을 근거로 支石墓에 묻힌 사람들은 一般 平民이라기 보다는 族長들 또는 그에 상당하는 정치적·경제적 능력을 지닌 이들로 추론되었다. 돌을 다루는 전문가를 포함한 전문 장인들이 존재했고, 발달된 농경으로 식량생산에 직접 종사하지 않는 전문 장인들을 부양할 만한 잉여생산이 가능했던 支石墓 社會에는 노동력을 소집하고 통제하는 정치적 권위가 존재했던 것으로 해석되었다 (崔夢龍 1973). 여러 基의 支石墓들이 무리를 이루는 遺蹟에서 支石墓의 규모, 구조, 분포, 그리고 피장자의 身分, 年齡, 性別, 親族 關係 등에 관한 정보를 지니는 부장유물 등에 대한 면밀한 검토는 支石墓 社會의 社會構造를 파악하는데 매우 중요한 정보를 제공해 주었다(崔夢龍 1981b, 1984: 143-155). 몇몇 支石墓의 下部構造, 즉 石室은 成人을 伸展葬하기에는 너무 작았는데, 이들은 洗骨葬이나 屈身葬, 또는 어린아이의 매장을 위한 것으로 해석되었는데, 支石墓에 성인이 아닌 어린아이가 안치되었다는 것은 부모의 사회적 신분이 자식에게 상속되었음을 의미한다. 때로는 하나의 개석 하에 두 개의 石室이 잇대어 설치된 경우도 확인되었는데, 이는 夫婦, 또는 가까운 가족의 묘로 추정되었다. 考古學的 증거와 民族誌 資料를 통해 볼 때 支石墓群은 지배계급의 가족 공동묘지이며, 더 나아가 支石墓 社會는 동일 신분 계층 내에서 性別이나 年齡에 따른 차별이 없는 사회구조를 지니고 있었다는 가설이 제시되었다(崔夢龍 1981b).

이 假說에 따르면, 거대한 규모의 支石墓를 축조하는데 충분한 技術力과 勞動力을 보유한 支石墓 社會에는 지역간의 傳播와 交易을 담당하는 전문가 집단 및 이들을 통제하는 정치권력이 존재했다. 支石墓는 支配階層 또는 그에 상응하는 經濟的·政治的 능력을 지닌 자들의 공동묘지로, 지석묘의 밀집분포는 그들의 지배영역의 범위와 부합되는데, 支石墓 社會를 유지하는 社會·經濟的 背景은 農耕, 특히 벼농사에 바탕을 둔 잉여생산이었다. 따라서 支石墓 社會는 혈연을 기반으로 하는 階級社會였다고 할 수 있다. 이러한 支石墓 社會는 정치·사회적 진화 발전상으로는 서비스가 제시한 族長(Chiefdom) 사회 단계에 해당하는데, 이는 샌더스와 프라이스(Sanders and Price 1968: 42-44)가 고고학적으로 개념 정의를 내린 族長 단계와도 부합된다(崔夢龍 1981b).

그러나 이러한 假說 및 假說에 따른 支石墓 社會의 해석은 최종 결론이라기보다는 검증작업이 진행중인 일련의 가설로 인식되어야 하며, 가설 설정에 이용된 고고학 자료가 단편적이고 불충분한 관계로 적지 않은 문제점들이 해결되지 않은 채 남아 있음 역시 간과되어서는 안 된다. 古代 韓國社會에 등장했던 族長社會의 精髓에 보다 가까이 접근하기 위해서는 族長의 집무실, 거석기념물, 계급 및 신분을 표시하는 상징적 유물(威勢品), 交易을 통한 사치품, 피지배자의 무덤과 함께 지석묘 사회의 생활유적 등 보다 많은 새로운 고고학 자료들이 보완되어야 한다 (崔夢龍 1981b: 14).

최근 支石墓를 지배계층의 중심묘제로 채택했던 것으로 추정되는 대단위 마을 복합 유적이 濟州市 三陽洞에서 발굴 조사되고 있다. 1999년 5월 현재까지 228基의 주거지가 확인된 이 유적에서 族長社會 假說을 지지해 주는 여러 고고학적 증거들을 확인되고 있다. 직업의 專門化를 시사해 주는 工房이나 窯址와 같은 시설물들이 확인되었을 뿐만 아니라, 중앙에 위치한 집회용 爐址를 중심으로 작은 광장(plaza)이 위치하고, 그 주위로 여러 基의 원형주거지들이 둥그렇게 배치되는 단위주거군의 정형성이 확인되었다. 중심 주거구역과 주변구역으로 공간구획이 이루어졌음도 확인되었는데, 주요유물과 외래유물은 중심구역에서만 출토되었다. 특히 12~15기로 구성된 소형주거지군 내부에 대형토기, 環玉, 銅劍, 각종 구슬, 곡물 등이 출토된 6m 정도의 대형 주거지와, 마을 공간을 구획한 경계석축시설이 설치되었음이 확인되었는데, 이러한 시설, 공간배치 및 유물출토 양상이 신분상의 차이에 따라 거주 공간이 달랐음을 보여주는 증거로 추정된다. 주요 출토유물로는 粘土帶土器외에 磨製石劍, 細形銅劍 등의 威勢品(status symbol)과 中國 漢代의 것으로 추정되는 靑銅鏃과 環玉이 있는데, 특히 環玉의 경우는

82

확실한 중국제로 交易品이라 여겨진다. 濟州道 각지에서 확인되고 있는 각종 中國 貨幣는 중국과의 직접적인 교역에 대한 보다 적극적인 증거이다. 당시 중국 화폐는 상류층의 위세품 그 자체, 또는 威勢品을 구매하기 위한 교역수단으로 오늘날의 미국 달러(dollar) 이상의 가치를 지녔던 것으로 추정되고 있다. 보다 자세한 내용은 삼양동 유적에 대한 발굴조사가 종료되고 각종 분석 및 연구가 이루어져야 알 수 있겠지만, 지금까지의 고고학 자료로도 직업의 분화 및 전문화, 장거리/국제 교역 및 이를 통한 威勢品의 존재, 격담시설을 통한 階級間 주거 위치의 차별화 등이 확인된 만큼, 지석묘를 묘제 또는 기념물로 채택했던 당시 사회가 階級社會, 즉 族長社會에 도달했을 蓋然性은 충분하다고 볼 수 있다(崔夢龍 1999:15; 濟州大博物館 1999:22). 또 昌原 德川里에서는 聖域化된 支石墓가 확인되었고, 昌原 西常洞 南山에서는 三中環濠로 둘러싸인 青銅器時代 聚落址가 발견되는 등 支石墓 社會 또는 青銅器時代가 族長社會에 이르렀음을 보여주는 고고학적 증거들의 보고가 늘어가고 있다(崔夢龍 1997:200).

古朝鮮의 마지막 단계인 衛滿朝鮮에 초점을 맞춘 古代國家의 발생 및 성장에 대한 연구도 있었다. 기존까지 衛滿朝鮮은 여러 학자들에 의해 韓半島 최초의 國家로 인식되어 오기는 했으나, 단편적인 文獻 資料와 극히 제한된 考古學 資料로 말미암아 서로 여러 상이한 해석이 있어 왔다. 플레너리(Flannery)의 體系理論을 해석의 틀로 하여『漢書』와『史記』에서 보이는 古朝鮮 관계기사가 考古學 자료를 통해 검증되었는데, 그 결과 국가 단계의 사회들에서 보이는 공통된 특징들, 즉 인구의 증가, 직업의 전문화, 영역확장을 위한 전쟁, 왕권 및 사회계층화, 관료제도, 법률, 조세, 징병 등이 文獻分析에서 확인되었으며, 이중 많은 부분은 考古學 證據를 통해서도 확인되었다(崔夢龍 1983c).

한편 交易이 古代國家의 발전에 미친 영향을 파악하기 위해 램버그-칼롭스키의 中心地 理論(Lamberg-Karlovsky 1974:302-303)에 입각하여 衛滿朝鮮의 交易體系를 분석한 시도도 있었다. 분석에 따르면 衛滿朝鮮은 지리적 조건을 십분 활용하여 中國과 다른 韓半島 社會와의 交易網을 통제하며 이익을 챙겼는데, 특히 韓半島 지역에서 확인되는 中國 印綬와 貨幣, 특히 明刀錢은 中國과 韓半島 社會와의 國際交易을 뒷받침해 주는 결정적인 考古學的 證據이다. 中間貿易을 통한 막대한 경제적 이득 역시 衛滿朝鮮이 族長社會 단계에 머물러 있는 다른 韓半島 社會들에 앞서 古代國家로 성장하는데 상당한 기여를 했던 것으로 여겨지며, 衛滿朝鮮이 고대국가로 성립된 이후의 中繼貿易은 위만조선의 社會·政治的 發展에 상당한 역할을 담당했던 것으로 믿어진다(崔夢龍 1985).

三國의 建國을 포함한『三國史記』초기기록을 긍정적으로 수용한 李鍾旭은 新羅의 모체가 되는 慶州를 중심으로 하는 지역에서 확인된 考古學 資料를 적극적으로 활용하여 新羅의 國家形成過程을 연구한 바 있다(李鍾旭 1982). 체계적인 자료 정리를 위한 이론적 틀, 즉 분석의 시각 내지 관점으로 서비스가 제시한 사회발전단계설을 도입한다고 밝힌 그는 新羅의 社會·政治的 發展을 촌락사회 단계의 사로육촌, 촌락사회의 연맹단계, 사로소국단계, 진한소국연맹단계, 진한제소국 정복단계 등으로 세분했다. 그는 斯盧六村社會는 기원전 7세기에서 2세기경에 걸쳐 慶州 지역에 支石墓를 축조하던 社會로, 기원전 2세기경 발달된 청동기문화를 지닌 조선 유민들이 사로육촌으로 이주하여 세력을 성장시켜 나가면서 사로육촌이 6개의 치프덤 사회로 완성되었다고 주장했다.

그런데 崔光植은 古代史 硏究에 考古學 資料와 人類學 理論을 도입한 李鍾旭의 연구를 긍정적으로 평가하면서도 몇 가지 의문을 제기했다. 즉,『三國史記』초기기록을 이용하는데 따른 방법론상의 문제점과 함께 考古學 資料에 기반한 支石墓 社會와 文獻資料에 기반한 斯盧六村 社會를 연결시키는데 따른 의문이 제기되었다. 또 斯盧六村 단계에서 支石墓가 중심적인 묘제로 축조되었다는 증거가 제시되지 않았고, 치프덤의 개념과 해석에 대한 세밀한 설명이 누락되었으며, 李鍾旭이 사용한 '小國'이란 애매하고 추상적이라 역사적 술어로 적절하지 않다는 지적도 있었다 (崔光植 1982). 이외에도 자료의 이용 및 해석에 따른 문제점 등에 대한 지적이 있었지만(李賢惠 1991:109-112), 민족지 및 고고학 자료를 통한 촌락의 면적, 可耕 면적, 인구규모, 구조, 취락형태, 정치적 성격, 사회조직 등에 대한 접근은 매우 바람직한 시도로 앞으로 연구에도 시사하는 바가 크다고 하겠다.

支石墓 社會를 族長社會(chiefdom society)로 인식하는 입장과는 의견을 달리하는 견해도 개진되었다. 청동기사회를 전기와 후기로 분류한 李南奭은 지석묘가 중심인 전기 청동기사회는 사회계층의 분화가 미약한 공동사회 내지는 부족사회이고, 청동기가 본격적으로 사용되는 청동기시대 후기가 군장사회에 해당한다고 주장했다(李南奭 1985). 韓國古代史에서 군장사회는 三韓社會에 등장했다고 주장했던 金貞培는 이후 군장사회는 청동기시대 후기에 등장한 것으로 자신의 의견을 수정하였지만, 支石墓社會를 군장사회로 인식하지는 않았다(金貞培 1986). 한편 姜奉遠도 支石墓 社會는 계급사회인 族長社會라기 보다는 평등사회인 부족사회로 보는 것이 합당하다는 의견을 개진한 바 있다(姜奉遠 1990).

한편 치프덤을 우리말로 번역하는 과정에서도 몇 가지 의견이 제시되었다. 金貞

培는 치프덤을『三國志』「東夷傳」에서 三韓 小國의 지배자를 지칭하는 표현인 君長으로 번역하여 君長社會라는 표현을 사용한 반면, 李鍾旭은『三國遺事』에서 村長을 지칭하는 표현으로 사용된 酋長이란 표현에 착안하여 酋長 및 酋長社會란 표현을 사용하였다. 그런데 최근 姜奉遠은 서어비스가 치프덤(chiefdom)을 血緣(kinship)에 기반한 사회로 규정하고 있음을 고려할 때 君長社會나 酋長社會 보다는 血緣社會의 의미를 지니고 있는 族長社會라는 표현이 원래의 의미에 보다 근접한다는 의견을 제시하였다(李鍾旭 1982; 金貞培 1979; 崔夢龍 1981b; Service 1962: 171; 姜奉遠 1998:8-9).

人類學 理論 및 모델, 특히 서비스가 제시한 新進化論的 社會發展圖式을 韓國古代史에 적용하여 복합사회의 등장 및 성장을 논의한 연구들에서 노출된 문제점들에 대한 인류학자들의 지적도 있었다. 韓國古代國家의 形成에 관한 논의에 이용된 人類學 理論과 모델을 정리·검토한 金光億은 무리사회, 부족사회, 족장사회, 국가사회로 이어지는 신진화론적 발전도식에 지나치게 집착해 온 학자들이 범해온 두 가지 심각한 문제점을 지적했다. 그에 따르면, 한국학자들은 중남미 지역의 사례조사를 통해 설정된 서비스-샬린즈의 발전도식을 보편적으로 타당한 것으로 인식하는 경향과 함께, 특히 族長社會의 개념을 심각한 고려 없이 한국 상황에 적용하는 경향을 보이고 있다. 또 族長社會와 國家는 쉽게 구분될 수 있는 개념이 아님에도 불구하고, 너무 안이하게 이들을 구분해 왔는데, 이러한 문제점에 대한 代案으로 계층사회의 발생을 계급간의 갈등의 소산으로 인식하는 프리드의 모델에 주목할 것을 제안하기도 했다(Fried 1967). 그는 단지 4단계의 진화론적 발전도식에 집착하기보다는 지배자와 비지배자의 관계를 고려하는 것이 보다 효율적이며, 고대국가에서 지도자(leader)와 지배자 또는 통치자(ruler)의 구분, 지배권의 획득과 계승과정, 권력기반의 성격, 위계체계 등과 같은 관련 주제에 대한 심각한 논의가 문제해결에 도움을 줄 수 있다고 지적하기도 했다(金光億 1985, 1988).

한편 人類學 理論과 모델을 韓國古代史에 적용한 연구들을 記述的 수준에서 피상적으로 人類學 理論을 자료에 대입한 경우와 人類學 理論을 자료를 해석하는 도구로 이용한 경우로 양분한 全京秀는 두 가지 접근에 모두 회의적인 입장을 표명했다. 그의 주장에 따르면, 人類學的 方法論을 考古學이나 古代史 硏究에 적용하는 것은 자료의 한계를 극복하는 측면에서 바람직한 시도이긴 하지만, 그 적용과정에서 심각한 문제점들이 노출되었다. 新進化論, 多線進化, 特殊進化의 근본 개념들이 무시되거나 잘못 이해된 경우(尹乃鉉 1987), 서비스 스스로 先史時代의 사회에는 적용하기 어렵다고 한 분류체계를 선사시대의 한국사회에 적용한 경우(Service 1975:303; 崔夢龍 1981b), 전체적인 進化過程을 무시하고 특정 단계에 치중한 경우(金貞培 1986), 그리고 新進化論的 발전도식의 각 단계를 유동성이 없는 고정된 것으로 인식한 경우(李鍾旭 1982) 등 구체적인 사례가 지적되었다. 특히 그는 대부분의 한국학자들이 치프덤을 고정된 형태의 정형화된 사회 단계로 인식하고 있음을 비판하고, 치프덤은 진폭이 넓은 과정적 범주 속에 속한 하나의 모습으로 이해되어야 한다고 주장했다(全京秀 1988).

두 人類學者가 매우 비판적 입장을 표명한데 반해, 李松來는 일련의 人類學的 接近을 韓國 古代史 研究에 새로운 장을 여는 매우 바람직한 시도라 높이 평가했다. 그는 한국학계에서 '族長社會' 및 '國家'에 대한 통일된 개념 및 두 개념을 구분하는 기준에 대한 논의가 없었음을 지적하고, 미국학계에서 논의되는 族長社會와 국가의 성격 및 특징들을 제시했다. 또 考古學的 遺蹟 · 遺物의 연구만을 통해 사회계층화의 정도나 수준을 판단하는데는 필연적으로 한계가 따를 수밖에 없음을 지적하고, 이 한계를 극복할 수 있는 방법론의 하나로 취락 고고학(settlement archaeology)을 소개하고, 그 중요성 및 필요성을 역설했다(李松來 1989). 한편 그는 新石器時代부터 초기 歷史時代에 걸친 考古學的 資料를 바탕으로 한국 선사시대의 사회발전단계를 설명하기도 했다. 古代 韓國社會에서 일어났던 社會 複合化 過程에 대한 연구에서 그는 족장사회를 단순 족장사회, 복합 족장사회, 그리고 최상 복합사회로 세분하는 카네이로의 견해를 소개하고, 한국의 경우는 서력 기원을 전후로 한 시기에 복합 족장사회가 출현하였다고 주장했다(Rhee and Choi 1992). 한편 崔夢龍은 複合社會에 대한 이해를 돕기 위해 하스의 저서 *Evolution of the Prehistoric State* (Haas 1982)와 레드만의 저서 *The Rise of Civilization* (Redman 1978)을 번역하기도 했다(崔夢龍 1989, 1995).

1980년대 후반 이후 몇몇 역사학자들은 新進化論에 입각한 社會發展圖式을 한국고대사 연구에 적용한 글들에 대해 비판을 제기하였는데, 이들은 대개 서비스와 프리드의 국가형성 모델들을 검토하고, 이들을 古代 韓國社會에 적용하는 것이 타당한지에 대한 입장을 표명하였다. 李基東은 서비스는 국가사회와 족장사회를 뚜렷하게 구분하는 기준을 제시하지 않았으며, 한국학자들은 두 개념 사이에 중요한 차이가 있다고 주장하면서도 실제의 경우에 있어서는 '準國家'나 '小國' 등과 같은 모호한 표현을 사용하고 있다고 지적했다. 族長社會와 國家의 차이를 質的인 것이라기보다는 量的인 것으로 보는 하스(Haas)의 입장을 지지하는 그는 고대 한국사회에 등장했던 족장사회를 대부분의 학자들이 의식적으로 피하는 표현인 '國'이라 불러도 무관하다는 입장을 피력하기도 했다(李基東 1989; Haas 1982:75). 한편 李基東과 크게 다르지 않은 입장을 지닌 李賢惠는 한국사 연구에 등장한 신진화론적 접근들을 검토하고, 각 연구사례에서 노정된 문제점들을 지적한 바 있다(李賢惠 1991, 1995). 그런데 兩氏는 新進化論的 접근에 대한 全京秀의 비판을 그 이론적 근거로 하는 한계를 지니고 있다(全京秀 1988; 姜奉遠 1998).

한편 新進化論的 社會發展圖式에 회의적인 학자들에 대응하여 新進化論的 社會發展 모델을 옹호하는 입장을 표명한 崔楨苾은 新進化論과 관련된 국내의 연구를 세가지 유형으로 분류했다. 첫 번째는 人類學的 理論의 틀을 심도있게 이해하지 못한 歷史學者들의 연구로 제시된 진화도식에 따라 舊石器時代부터 衛滿朝鮮, 또는 鐵器時代前期(初期鐵器時代)까지의 사회형태를 통시적으로 분류하여 역사의 보편적 진화단계를 설정하려 한 시도들이다. 특히 분류학에 근거를 둔 일부 연구들은 新進化論者들이 제시한 족장사회와 고대국가의 개념을 명확하게 규정하지 않은 채 국가의 기원을 단일변인으로 설명하려 했다. 두 번째는 사회형태의 분류와 기원보다는 문화의 변천과정을 추구한 고고학자의 연구로, 고대국가의 형성과정을 과정주의 고고학의 입장에서 체계이론을 적용하여 설명하고, 고대사회를 변화시킨 핵심 문화요소가 무엇이고, 이들이 어떻게 다른 변인들과 상호 작용했는가를 제시하였다. 人類學者에 의해 제기된 세 번째 유형의 연구는 韓國上古史에 소개된 新進化論的 理論 및 모델을 부정하고, 이에 기반을 둔 첫 번째와 두 번째 유형의 연구들을 신랄하게 비판하였다(崔楨苾 1994). 崔楨苾은 韓國上古史에 소개된 新進化論的 社會發展 모델에서 보이는 문제점은 학계에서 통용되는 어떤 理論이나 모델들도 지니고 있는 사소한 수준에서 크게 벗어나지 않으며, 더욱이 理論이나 모델을 완전히 부정해야 할 수준이 아님을 분명히 지적하였다. 그는 人類學的 배경과 이론을 피상적으로 이해한 일부 사학자들이 인류학자의 지나친 비판에 편승하여 韓國上古史의 해석을 한 단계 높은 수준으로 이끌어 준 人類學的 접근을 전적으로 배격하는 바람직하지 못한 상황이 야기되었음이 보다 심각한 폐해라 지적하기도 했다(李基東 1989; 盧重國 1990; 崔楨苾 1994, 1997).

Ⅲ. 結言: 韓國上古史와 複合社會에 대한 理解

1970년대 초반 『新東亞』 심포지엄을 계기로 우리 학계에서는 複合社會 또는 古

代國家에 대한 논의가 활성화되었고, 몇몇 젊은 학자들, 특히 美國學界의 학문적 성과를 접한 이들은 新進化論的 社會發展 모델이나 過程主義 考古學의 方法論을 소개하고, 또 고대 한국사회의 연구에 적용하기 시작했다. 그러나 기존학계는 이러한 접근에 그리 호의적인 반응을 보이진 않았다. 특히 文獻資料의 절대적 우위를 주장하는 일부 역사학자들은 考古學的 證據와 人類學 理論을 통한 接近을 인정할 수 없다는 극단적인 입장을 표명하기도 했다. 新進化論的 모델을 통한 접근에 대한 人類學者의 신랄한 비판은 이러한 분위기를 한층 고조시켰는데(全京秀 1988, 1990), 이 같은 입장은 기존의 文獻資料와 상치되는 새로운 假定이나 假說이 제기되는 것을 원천적으로 봉쇄하려는 의도가 아닌가 하는 인상을 지우기 어렵다. "韓國古代史는 더 이상 人類學 理論의 실험용 모르모트가 되어서는 안 된다"는 극단적인 표현으로 대변되는 反新進化論的 입장은 1980년대 후반 이후 현재까지 지속되고 있다(李基東 1984, 1989; 盧重國 1990; 朱甫暾 1990; 李賢惠 1991, 1995)

　　최근 人類學 理論 및 方法論을 통한 韓國古代史 硏究, 특히 新進化論的 政治·社會 發展 모델의 適用을 신랄하게 비판한 일련의 학자들에 대한 反論이 한 考古學者와 歷史學者에 의해 제기되어 학계의 주목을 끌고 있다(姜奉遠 1998; 李鍾旭 1998). 두 反論은 모두 新進化論的 政治·社會 發展 모델을 거부하는 일련의 歷史學者들에게 理論의 토대를 제공했다고 할 수 있는 人類學者 全京秀의 입장을 검토하고 비판하는데 상당한 부분을 할애하고 있다. 全京秀는 서어비스의 사회진화도식을 '서구의 학문적 산업폐기물'이라 혹평하고, 이 도식을 사용하는 사람들의 학문적 수준을 문제삼았는데, 이는 新進化論에 토대를 둔 歐美 考古學界의 연구성과를 고려하지 않은 경솔한 판단이라는 지적이 있었다. 姜奉遠은 지난 십여 년간 한국 학계, 특히 역사학계에 新進化論과 관련하여 지대한 영향력을 행사해 온 全京秀가 족장사회(chiefdom society)의 기본적인 성격을 잘못 파악하고 지나치게 자의적인 해석을 많이 했다고 지적했다. 그는 一例로 全京秀는 족장사회를 '無頭社會'와 함께 '平等社會'의 범주에 넣었는데, 모델을 제시한 서어비스는 물론 다른 어떤 학자들도 결코 족장사회를 평등사회로 인식한 바 없음을 지적했다(全京秀 1988:596; Service 1962:150; Earle 1987:279; Johonson and Earle 1987:209; 姜奉遠 1998:11-12). 姜奉遠은 다각도에서 實例를 제시해 가며 全京秀가 歐美學界의 연구동향에 대한 진지한 고려없이 서어비스의 모델을 거의 무조건적으로 부정함으로써 국내 학자들의 연구들을 지나치게 평가절하했음을 비판했다(姜奉遠 1988). 최근 李鍾旭도 姜奉遠과 유사한 논지의 글을 발표했는데,

그는 人類學 및 考古學에 토대를 둔 社會·政治的 發展段階論, 특히 新進化論的 政治·社會 發展 모델을 이용한 자신의 연구에 대한 인류학계와 역사학계의 비판에 강력한 反論을 제기했다. 李鍾旭은 인류학자들의 비판에서 드러난 문제점으로 크게 세 가지 정도를 제시하고 있다. 먼저 인류학자들 자신이 국가형성·발전에 대한 인류학 이론들을 정확하게 이해하지 못하고 있으며, 그들은 한국의 국가형성·발전에 대한 충분한 이해없이 인류학 이론을 이용하는 연구자들을 비판하고 있다. 또 서어비스 스스로가 군집(bands), 부족(tribes), 추장(chiefdoms), 국가(states)로 이어지는 사회발전 모델을 포기했다는 全京秀의 왜곡된 주장을 일부 고대사 연구자들이 비판없이 받아들이고 있다. 그는 이러한 전제하에 金光億(1985, 1988)과 全京秀(1990) 두 인류학자가 제기한 비판의 문제점들을 하나하나 예를 들어가며 반박하였다. 특히 그는 全京秀의 경우 歐美 學界의 成果 및 動向을 제대로 파악하지 못하고, 또 자신의 입장 및 한국고대사의 연구성과를 이해하지 못한 상태에서 근거가 부족한 비판으로 일관했다고 주장했다(李鍾旭 1998).

극단적인 부정 내지는 반대에도 불구하고, 新進化論的 接近이 韓國 古代社會의 연구에 상당한 기여를 하였음이 인정되는 분위기가 우세한 것으로 보여진다. 즉 "族長社會(chiefdom society)"란 용어가 고등학교 과정 국정 國史 敎科書에서 靑銅器時代의 韓國社會를 설명하는 표현으로 사용되고 있으며, 考古學者들은 靑銅器時代 및 鐵器時代의 유적들이 社會發展段階上 族長社會의 산물이라 해석하는데 주저하지 않고 있다. 더욱이 이 분야의 연구는 개인적인 수준에서 뿐 아니라 全國的 규모의 學會 次元에서도 활발하게 이루어지고 있는데, 특히 韓國上古史學會에서는 〈고고학과 이론-고고학상으로 본 국가〉, 〈고고학상으로 본 국가-백제지역을 중심으로〉, 〈고대국가의 형성과정〉 등의 공동주제를 가지고 모두 3차에 걸쳐 심도있는 논의를 벌이기도 했다(韓國上古史學會 1996a, 1996b, 1997). 한편 複合社會 연구에 있어 뜻을 같이하는 考古學 전공자들의 글을 모은『韓國古代國家形成論』이란 단행본이 출간되기도 했는데, 이는 複合社會의 研究가 우리 학계에서 중요한 논제중의 하나로 자리잡았음을 시사해준다(崔夢龍·崔盛洛 1997).

우리는 古代 韓國社會에 대한 人類學的 接近, 특히 新進化論的 社會發展 모델에 대해 일부 역사학자들이 적대적인 입장을 표명하게 된 요인들을 여러 각도에서 분석해볼 수 있는데, 이러한 接近을 시도한 학자들 역시 그 책임으로부터 전적으로 자유롭지는 못하다. 무엇보다도, 人類學的 背景, 考古學的 증거의 타당성 및 古代 韓國社會의 특수성에 대한 충분한 이해와 고려없이 특정 文化를 新進化論的 社會發展 모델의 각 단계에 무리하게 끼워 맞춘 사례가 있었음을 부정할 수 없다. 한편, 보다 본질적이고 중요한 논제는 배제된 채 대부분의 논의가 치프덤(Chiefdom)에만 집중됨으로써, 투자된 노력에 비해 별다른 성과를 얻지 못하고, 오히려 전체적인 맥락을 조감할 기회를 잃어버렸음도 부인할 수 없겠다. 考古學 資料에 社會·政治的 의미를 부여하기 어려운 形式分類와 編年이 중심이 되는 考古學의 연구경향도 문제가 된다. 마지막으로, 기존의 접근방식만을 고수하며, 새로운 이론적 틀을 개발하거나 도입하는 것을 거부하는 태도가 가장 심각한 문제이다.

역사학자들은 많은 경우 人類學的 方法論에 익숙하지 않으며, 굳이 그럴 필요성도 느끼지 않는 듯하다. 이러한 상황에서 제기된 人類學者의 비판은 역사학자들이 자신들의 입장을 더욱 공고히 하는데 상당한 기여를 했으며, 특히 人類學的 用語로 위장된 일부 피상적인 연구는 상황을 더욱 악화시켰다. 그러나 韓國上古史에 대한 인류학적 접근을 저해하는 가장 심각한 장애물은 무엇보다도 역사학계의 보수적인 태도가 아닐까 싶다. 文獻 史料의 우월성이 지나치게 강조되면서 考古學과 考古學的 資料는 史料를 보완하는 二次的 내지는 副次的 學問分野 및 자료로 전락시켰으며, 考古學의 임무 역시 문헌 사료의 정확성을 물질 자료로 확인해 주는 것으로 한정되었다.

본고에서 제시된 일부 입장에 대한 비판 내지 지적은 결코 그들의 견해나 성과를 무시하거나 平價切下하려는 의도에서 이루어진 것은 아니며, 人類學的 接近에 대한 역사학자 및 인류학자들의 비판 역시 그러할 것이라 믿어진다. 경우에 따라서는 극단적으로 대립되는 입장의 차이는 考古學, 人類學, 歷史學이라는 서로 다른 학문적 오리엔테이션 및 이에 따른 각각의 초점 및 관점의 차이에서 기인한 것이다. 그리고 서로의 입장에 대한 비판은 오히려 인접 또는 연관 분야에 대해 지니고 있는 관심과 애정의 표현이었을 것이다. 각 학문 분야간의 경계가 사라지고 연관 분야가 같이 모여 공동으로 연구를 진행하는 學際的 硏究가 일반화되고 있음을 인식할 때, 韓國上古史에 등장하는 '複合社會'의 연구 역시 그 주제의 성격상 考古學, 歷史學, 人類學 등 세 분야의 공동 연구가 불가피한 실정이다. 따라서 자신의 입장만을 고집하며, 서로의 성과를 폄하 또는 무시하는 성과없는 소모전을 계속하기보다는 서로의 배경 및 입장을 이해하려고 노력하는 가운데 서로의 강점 및 약점을 인식하여 부족한 부분을 보완해 나갈 때 비로소 보다 진전된 해석이 가능하리라 믿어진다.

참고문헌

姜奉遠, 1990, 〈 A Megalithic Tomb Society in Korea: A Social Reconstruction 〉, 《韓國上古史學報》7: 135-222.

_____, 1992, 〈'성읍국가'에 대한 일고찰〉, 《先史와 古代》 3: 127-154.

_____, 1998, 〈한국 고대 복합사회 연구에 있어서 신진화론 적용문제 및 '국가' 단계 사회 파악을 위한 고고학 방법론〉, 《韓國上古史學報》 28: 7-39.

高麗大學校 民族文化硏究所, 1964, 《韓國文化史大系》高麗大學校 出版部, 서울.

金光億, 1985, 〈國家形成에 관한 人類學的 理論과 韓國古代史〉, 《韓國文化人類學》17: 17-33.

_____, 1988, 〈國家形成에 관한 人類學 이론과 모형〉, 《韓國史 市民講座》 2: 165-186. 一潮閣, 서울.

金元龍, 1967a, 〈三國時代의 開始에 關한 一考察〉, 《東亞文化》第七輯, pp. 1-33.

_____, 1967b, 《風納里包含層調査報告》서울大學校 考古人類學叢刊 第三冊, 서울大學校 考古人類學科, 서울.

金貞培, 1973, 〈韓國古代國家의 起源論〉, 《白山學報》14: 59-83.

_____, 1977, 〈衛滿朝鮮의 國家的 性格〉, 《史叢》20·21: 57-74.

_____, 1978, 〈蘇塗의 政治史的 意味〉, 《歷史學報》79: 1-28.

_____, 1986, 《韓國古代의 國家起源과 形成》, 高麗大學校 出版部, 서울.

金哲埈, 1964, 〈韓國古代國家發達史〉, 《韓國文化史大系》Ⅰ (高麗大學校 民族文化硏究所編) 所收, pp. 455-546. 高麗大學校 出版部, 서울.

盧重國, 1990, 〈總論: 韓國 古代의 國家形成의 諸問題와 관련하여〉, 《韓國 古代國家의 形成》(韓國古代史硏究會編) 所收, pp. 11-38. 民音社, 서울.

尹乃鉉, 1987, 〈韓國 上古史 體系의 復元〉, 《東洋學》17: 199-233.

李基東, 1984, 〈回顧와 展望-古代〉, 《歷史學報》104: 163-179.

_____, 1989, 〈韓國 古代國家形成史 硏究의 現況과 課題〉, 《汕耘史學》 3: 41-69.

李基白, 1976, 《韓國史 新論》(改訂版), 一潮閣, 서울

_____, 1985, 〈高句麗의 國家形成問題〉, 《韓國古代의 國家와 社會》(歷史學會 編) 所收, pp. 77-91. 一潮閣, 서울.

李南奭, 1985, 〈靑銅器時代 韓半島 社會發展段階〉, 《百濟文化》 16: 71-113.

李松來, 1989, 〈국가의 정의와 고고학적 판단기준〉, 《韓國上古史》(韓國上古史學會編) 所收, pp.

103-116. 民音社, 서울.

李隆助, 1980,〈양평 앙덕리 고인돌 문화〉,《한국 선사 문화의 연구》(李隆助著) 所收, 평민사, 서울.

李鍾旭, 1982,《新羅國家形成史研究》一潮閣, 서울.

_____, 1998,〈韓國 初期國家 形成·發展 段階論의 인류학 이론수용과 그에 따른 비판의 문제〉,
《韓國上古史學報》29: 109-141

李賢惠, 1991,〈韓國史研究상에 나타난 進化論的 視角〉,《現代韓國史學과 史觀》(盧泰敦 外 共著) 所
收, pp.84-120. 一潮閣, 서울.

_____, 1995,〈新進化論의 이해와 적용을 둘러싼 몇 가지 문제〉,《歷史學報》146: 271-283.

全京秀, 1988,〈신진화론과 국가형성론―인류학이론의 올바른 적용을 위하여―〉,《韓國史論》19,
pp. 569-604.

_____, 1990,〈대략 짐작의 고고학적 경향을 駁함〉,《韓國支石墓의 諸問題》第 14回 韓國考古學 全
國大會 發表要旨. pp. 61-75. 韓國考古學會, 서울.

濟州大博物館, 1999,《濟州三陽洞遺蹟》

朱甫暾, 1990,〈韓國 古代國家 形成에 대한 연구사적 검토〉,《韓國 古代國家의 形成》(韓國古代史研
究會編) 所收, pp. 221-246, 民音社, 서울.

千寬宇, 1975,《討論: 韓國上古史의 爭點》新東亞 심포지엄, 一潮閣, 서울.

_____, 1976,〈三韓의 國家形成(上)〉,《韓國學報》2: 2-46

崔光植, 1982,〈韓國古代史의 人類學的 接近〉,《현상과 인식》1982 여름호. pp. 221-224.

_____, 1990,〈고대국가 형성에 대한 연구사 검토〉,《역사비평》1990 봄(8호), pp.253-279.

崔夢龍, 1973,〈原始 採石問題에 대한 小考〉,《考古美術》119: 18-21.

_____, 1981a,〈都市·文明·國家〉,《歷史學報》92: 175-184.

_____, 1981b,〈全南地方 支石墓社會와 階級의 發生〉,《韓國史研究》31: 1-14.

_____, 1983a,《人類文明의 發生과 展開》東星社, 서울

_____, 1983b,《復元》《韓國史論》12 (國史編纂委員會 編) 所收, pp. 20-39. 國史編纂委員會, 서울.

_____, 1983c,〈韓國古代國家形成에 대한 一考察〉,《金哲埈博士 華甲紀念論叢》所收 pp. 61-77.
知識産業社, 서울.

_____, 1984, *A Study of the Yŏngsan River Valley Culture: The Rise of Chiefdom Society
and State in Ancient Korea.* 東星社, 서울

_____, 1985,〈古代國家의 成長과 貿易〉,《韓國古代의 國家와 社會》(歷史學會編) 所收.
pp. 57-76. 一潮閣, 서울.

_____, 1989,《原始國家의 進化》(J. Hass 著 *The Evolution of the Prehistoric State*), 民音社, 서울.

崔夢龍, 1990,《考古學에의 接近: 文明의 成長과 滅亡》, 新書苑, 서울.

_____, 1995,《文明의 發生》(C. L. Redman 著 *The Rise of Civilization*), 民音社, 서울.

_____, 1997,〈湖南地方의 支石墓社會〉,《韓國古代國家形成論: 考古學上으로 본 國家》(崔夢龍·崔盛洛 編著) 所收, pp.189-201. 서울大學校 出版部, 서울.

_____, 1999,〈제주도 철기시대전기에 있어서 계급사회의 발생〉,《탐라국의 여명을 찾아서》제 2회 제주사정립 학술대회, pp.13-23.

崔盛洛, 1997,〈全南地方에서 複合社會의 出現〉《韓國古代國家形成論》所收 (崔夢龍·崔盛洛編著), pp.117-154. 서울大學校出版部, 서울.

崔夢龍·崔盛洛, 1997,《韓國古代國家形成論: 考古學上으로 본 國家》, 서울大學校 出版部, 서울.

崔槇莑, 1994,〈新進化論과 韓國上古史 解說의 批判에 대한 再檢討〉,《韓國上古史學報》16: 7-37.

_____, 1997,〈韓國上古史와 族長社會〉《先史와 古代》8: 81-103.

韓國上古史學會, 1996a,《고고학과 이론-고고학상으로 본 국가》제 15회 한국상고사학회 학술발표회 발표요지.

_____, 1996b,《고고학상으로 본 국가-백제지역을 중심으로》제 16회 한국상고사학회 학술발표회 발표요지.

_____, 1997,《고대국가의 형성과정》제 17회 한국상고사학회 학술발표회 발표요지.

Blanton, R. E., S. A. Kowalewski, G. Feinman, and J. Appel, 1981, *Ancient Mesoamerica: A Comparison of Change in Three Regions.* Cambridge University Press, Cambridge

Chapman, R., 1990, *Emerging Complexity: The Later Prehistory of South-east Spain, Iberia and the West Mediterranean.* Cambridge University Press, Cambridge

Deevey, E. S., 1960, The Human Population. *Scientific American* 203(3):195-204.

Earle, T., 1987, Chiefdoms in Archaeological and Ethnohistorical Perspective. *Annual Review of Anthropology* 16: 279-308.

Fried, M. H., 1967, *The Evolution of Political Society: An Essay in Political Anthropology.* Random House, New York.

Haas, J., 1982,*The Evolution of the Prehistoric State.* Columbia University Press, New York.

Johnson, A. W., and T. Earle, 1987, *The Evolution of Human Societies: From Foraging*

Group to Agrarian State. Stanford University Press, Stanford

Lamberg-Karlovsky, C. C., 1974, Trade Mechanisms in Indus-Mesopotamian Interrelations. In *The Rise and Fall of Civilizations*, edited by J. A. Sabloff and C. C. Lamberg-Karlovsky, pp. 302-313. Cummings Publishing Company, Menlo Park.

Mingnon, M. R., 1993, *Dictionary of Concepts in Archaeology*. Greenwood Press, Westport.

Redman, C. L., 1978, *The Rise of Civilization*. W. H. Freeman, San Francisco.

Rhee, S. N. and M. L. Choi, 1992, Emergence of Complex Society in Prehistoric Korea. *Journal of World Prehistory* 6(1):51-95.

Sanders, W. T. and B. J. Price, 1968, *Mesoamerica: The Evolution of a Civilization*. Random House. New York.

Service, E. R., 1962, *Primitive Social Organization: An Evolutionary Perspective*. Random House, New York.

Service, E. R., 1971, *Primitive Social Organization: An Evolutionary Perspective*. 2nd edition, Random House, New York.

Service, E. R., 1975, *Origins of the State and Civilization: The Process of Cultural Evolution*. W. W. Norton, New York.

다. 전남지방소재 지석묘의 형식과 분류[1]

최 몽 룡

I. 머리말

우리 나라 靑銅器時代의 대표적인 墓制 중의 하나인 支石墓는 韓半島 全域에 걸쳐 分布한다. 일찌기 高麗末의 大學者 李奎報는 全北 益山郡 金馬面을 여행하면서 〈 ...明日將向金馬郡 求所謂支石者觀之 支石者 俗傳古聖人所支 果有奇逆之異常者...〉라는 記錄을 남겼는데, 이는 支石墓에 대한 최초의 기록으로 알려져 있다(李奎報 1241). 이후 19世紀末에 이르러 몇몇 서양인들이 우리 나라 지석묘에 대한 기록을 남긴 바 있지만(Carles 1883:55-65; Gowland 1895:316-330; 孫晉泰 1975:13-15, 40-44), 支石墓에 대한 본격적인 연구는 日帝 强占期에 日人學者들이 우리 나라의 支石墓들을 發掘·調査하면서 시작되었다 (朝鮮總督府 1916; 朝鮮古蹟研究會 1936, 1938). 解放前 韓興洙(1935)와 孫晉泰(1975)등이 支石墓 연구에 先驗的인 역할을 한 이래 오늘날까지 南韓과 北韓에서 많은 支石墓 發掘·調査 報告書와 研究論文들이 나온 바 있다. 支石墓에 대한 研究가 많이 이루어졌음에도 불구하고 支石墓의 名稱, 型式分類 및 型式間의 先後關係, 編年, 出土遺物과의 關係 등 많은 문제들이 아직 해결되지 않은 채 남아 있다.

전남지방의 先史時代 土着農耕集團들은 일찍부터 많은 支石墓를 축조했다. 1970년대 중반경 島嶼地域을 포함한 全南地方에서만 약 5,500-6,000基(崔夢龍 1975a)의 支石墓가 확인된 바 있으며, 현재 전남지방에서만 1991個群에서 약 19,000餘基가(李榮文 1993:i), 전국적으로는 29,000여기의 支石墓가 확인되었다. 세계적으로 그 유례를 찾을 수 없을 정도로 지석묘가 집중적으로 분포하는 전남지방

---

1) 이 글은 원래 『歷史學報』78집(1978) pp. 1-50에서 실린 글인데, 원문에서 사진을 빼고 약간의 수정을 가하였다.

에서는 전남을 제외한 우리 나라 全域에서 조사된 支石墓의 總數 보다 훨씬 많은 基數의 支石墓들이 확인되었으며, 매년 새로 발견된 支石墓들에 대한 보고가 끊이지 않고 있다.

지금까지 전남지방에서는 많은 支石墓 發掘調査가 있었는데, 그 중 대표적인 것으로는 日帝時 이루어진 高興 雲垈里(小泉顯夫 1986; 三上次男 1961a)와 羅州 蘆洞里(梅原末治 1940), 解放後에 이루어진 谷城·昇州·靈岩·康津 (金載元·尹武炳 1967), 그리고 榮山江 水沒地域 (全羅南道 1976), 羅州 寶山里(崔夢龍 1977a) 및 光州 忠孝洞 (崔夢龍 1978a), 靈巖 靑龍里·長川里(崔盛洛 1984), 麗川 鳳溪洞(李榮文 1990), 麗水 五林洞(李榮文·鄭基鎭 1992) 支石墓 發掘調査 등을 들 수 있다. 한편 西海 島嶼地域(金載元·尹武炳 1957:34-38), 南海 島嶼地域(金元龍·任孝宰 1968), 順天(任孝宰 1967), 珍島(崔夢龍 1977b), 和順(李榮文 1985), 羅州(李榮文·崔仁善 1985), 靈岩(崔夢龍 1975b), 高興(金學輝 1977; 崔夢龍 1977c:32-33) 등지에서 지표조사를 통해 많은 支石墓가 확인되었으며, 또 筆者에 의해서도 상당수의 支石墓들이 확인되었다(崔夢龍 1975a, 1980).

이러한 많은 發掘調査가 이루어졌음에도 불구하고 全南地方의 支石墓의 具體的인 型式이나 內容은 아직 명확히 밝혀져 있지 않다. 이를 解決하기 위해서는 基礎的인 地表調査와 함께 정확한 發掘調査가 수반되어야 할 것이다. 支石墓를 發掘해 보면 이전까지 생각해 오던 槪念이 틀리는 경우가 적지 않은데, 앞으로 보다 많은 정밀한 調査를 통해 이러한 問題點을 풀어나가야 할 것이다.

본고에서는 지금까지 全南地方에서 發掘調査나 地表調査를 통해 확인된 支石墓 資料를 중심으로 全南地方 所在 支石墓의 型式을 設定해 보고, 더 나아가 全南地方에서 확인된 支石墓群들의 分布狀態와 出土遺物을 通해서 全南地方 支石墓의 年代問題를 간략하게 살펴보고자 한다. 筆者는 이 글에서 이제까지 筆者가 調査해 왔던 全南地方 支石墓의 型式分類를 통해 韓半島 支石墓의 一端을 밝혀보려 하는데, 筆者의 主觀的인 생각이 많이 强調되었음과, 대상 범위를 全南地方 所在 支石墓로 局限하게 되면서 他地方과의 比較는 하지 못하였음을 사전에 밝히는 바이다. 그러나 앞으로 기회가 있는 대로 型式分類를 補完하고, 또 信仰이나 社會組織 등 支石墓社會의 社會·歷史·宗敎的 背景을 다루어 보고자 한다(여기에 대해서는 崔夢龍·崔盛洛 1997을 참조할 것).

II. 지석묘의 형식

지금까지 여러 학자들이 우리 나라 支石墓에 대한 型式分類를 시도해 왔는데(表 1. 支石墓의 型式分類表 참조), 학자들마다 서로 다른 견해를 제시하면서, 현재 學界에서는 支石墓 型式에 따른 用語의 통일조차 제대로 이루어지지 않았다. 筆者 역시 支石墓의 型式을 나름대로 設定한다면 더욱 혼란이 가중될 것이기에 일단 支石墓를 北方式, 南方式, 그리고 蓋石式으로 구분하는 金元龍의 型式分類를(金元龍 1974:54-60, 1977:110-113) 따른 후, 이를 다시 筆者 나름대로 細分化하는 형식을 취했다.

全南地方에도 北方式 支石墓가 존재한다는 주장이 있긴 하지만(三上次男 1961a:53; 林炳泰 1964:100), 이들 支石墓는 蓋石式 支石墓중 地下石室形(後述할 蓋石II式)에 속하며, 全南地方에 분포하는 支石墓는 南方式과 蓋石式의 두 가지 型式으로 大別될 수 있다. 두 型式의 支石墓들은 대부분 混在해 분포하는데, 數的으로는 蓋石式이 절대적으로 우세하다.

1970년대 후반까지 全南地方에서 發掘·調査된 支石墓들을(表 2. 全南地方에서 發掘·調査된 支石墓) 중심으로 型式分類를 試圖해 보면, 支石墓는 支石의 有無에 따라 南方式과 蓋石式으로 大別되는데, 이를 地下石室構造에 따라 細分하면 다음과 같은 圖式을 제시할 수 있겠다.

- 北方式 —— 全南地方에서 調査된 것은 없음.
- 南方式
  - I식 : 支石이 3-4개이며 石室과 支石이 獨立된 型式
  - II식 : 支石이 7-8개 또는 그 이상이며, 이중 一部가 石室을 이루고 있는 型式
  - III식 : II식과 같으나, 한 蓋石下에 2개의 石室이 있는 型式.
- 蓋石式
  - I식 : 石室을 割石이나 川石으로 築造하고 있는 型式
  - II식 : 石室을 板石으로 築造하고 있는 型式
  - III식 : 二重의 蓋石이 있는 型式
  - IV식 : 地下石室에 아무런 시설이 없는 土壙의 型式
  - V식 : 支石이 蓋石의 주위를 돌아가며 一定한 形態가 없는 石室을 가진 型式

위의 支石墓 型式 圖式에 따라 實例를 들어 간단히 說明해 보기로 하겠다.

1. 南方式 支石墓

南方式 支石墓는 碁盤式, 바둑판식, 變形支石墓 등으로도 불려진다(표1 참조). 北方式 支石墓가 대개 中部 以北地方에 분포하는데 비해 南方式 支石墓는 주로 湖南과 嶺南地方을 中心으로 分布하고 있다.

全南地方에 분포하는 南方式 支石墓는 外觀上 支石의 갯수에 따라, 즉 支石이 3~4개인 것, 7~8개 또는 그 이상인 것, 그리고 한 蓋石의 下部에 2개의 石室이 축조된 것 등의 3가지 型式으로 分類된다(便宜上 南方式중 支石이 3~4개인 것을 南方 I 式이라 하고, 順序대로 II式 및 III式으로 표기함).

〈표 1〉 支石墓의 型式 分類表

一連 番號	分類年度	分類者	支石墓 型式 分類 圖式				出 典
1	1935	韓興洙	巨石文化	┌ 선돌 ├ 고인돌 ─┬ 北方式 │　　　　└ 南方式 ├ 칠성바위 └ 돌무덤			韓興洙, 1935
2	1948	孫晉泰	支石墓 巨石蓋墳墓				孫晉泰, 1975
3	1959	도유호	전형고인돌 변형고인돌				도유호, 1959
4	1964	林炳泰	I. 卓子式	A. 地上單石室形 B. 地下單石室形 C. 地下多石室形 D. 變形石室形			林炳泰, 1964
			II. 碁盤式	A. 地下石室形	1. 單石室形 2. 多石室形		
				B. 地下土壙形			
			III. 無支石式	A. 地下石室形	1. 上石垂直下石室 築造形 2. 上石周圍地下 石室築造形	a. 單石室形 b. 多石室形	
				B. 地下土壙形			

〈表 1〉 支石墓의 型式 分類表(계속)

一連番號	分類年度	分類者	支石墓 型式 分類 圖式	出典
5	1965	황기덕	第 I 類型(北方式) 第 II 類型(地下에 墓室이 있는 것) 第 III 類型(한 墓域 안에 여러 墓室이 있는 것)	황기덕, 1965
6	1967	金載元 尹武炳	北方式 南方式 ─ 支石이 없는 南方式 ─ 第 I 類 ┬ a. 支石無·뚜껑無·積石無 └ b. 支石無·뚜껑無·積石有 ─ 第 II 類 ┬ a. 支石無·뚜껑有·積石無 └ b. 支石無·뚜껑有·積石有 支石이 있는 南方式 ─ 第 III 類 ┬ a. 支石有·뚜껑有·積石無 └ b. 支石有·뚜껑有·積石有	金載元·尹武炳, 1967
7	1973	韓炳三	支石墓 變形支石墓 ┬ ㄱ. 支石이 없는 變形支石墓 └ ㄴ. 支石이 있는 變形支石墓	韓炳三, 1973
8	1974	金元龍	北方式支石墓 南方式支石墓 蓋石式支石墓	金元龍, 1974
9	1976	任世權	地上形 ┬ 地上 A형 ├ 地上 B형 ├ 地上 C형 └ 地上 D형 地下形 ┬ 들린형 ┬ 들린 B형 │ ├ 들린 D형 │ └ 들린 E형 └ 놓인형 ┬ 놓인 A형 ├ 놓인 B형 ├ 놓인 C형 ├ 놓인 D형 └ 놓인 E형	任世權, 1976
10	1976	崔夢龍	北方式 南方式 - 支石有·石室有 無支石式 ┬ I : 石室 ├ II : 土壙 └ III : 土壙이나 간단한 圍石을 가미한 式 → 百濟圍石墓	崔夢龍, 1976a
11	其 他 日本人의 分 類	藤田亮策	卓子式 碁盤式	
12	〃	鳥居龍藏	第 一 式 : 南部地方의 碁盤形狀 第 二 式 : 平安道 등 北韓地方의 卓子形狀	鳥居龍藏, 1942
13	〃	三上次男	北方式 南方式 ┬ A : 上石下 무슨 특별한 시설이 없는 것. ├ B : 扁平한 넓은 上石을 써서 4개의 小支石으로 고이고 그 밑에 積石을 한 것. ├ C : 扁平한 上石을 積石上에 놓은 것. └ D : 塊狀의 上石을 積石上에 놓은 것.	三上次男, 1961b (A·C·D는 蓋石式)

가. 南方 I 式

南方 I式은 蓋石下에 3-4개의 支石이 고여 있는 다른 형식의 支石墓들보다 정제된 형식으로, 外觀上 巨大化된 典型的인 南方式 支石墓이다. 支石은 柱形과 塊石形으로 나누어 볼 수 있는데, 柱形 支石은 板石狀에 가까운 蓋石과 塊石形 支石은 圓形이나 方形의 거대한 塊石같은 蓋石과 결합된 점이 주목된다.

이러한 支石塊의 대표적인 예로는 靈光 白岫面 天定里, 大田里 支石墓와 和順 南面 碧松里의 지석묘를 들 수 있다. 평지상에 위치한 天定里 支石墓는 長 5.2m, 幅 3.3m, 두께 1.3m에 이르는 板石形 蓋石下에 3개의 지석이 놓인 전형적인 南方式 支石墓이다. 天定里를 중심으로 한 支石墓群의 지석묘들은 여타 지역의 지석묘들보다 큰데, 대부분 이러한 南方式 支石墓들이다. 이들 支石墓들은 全北 扶安 下西面 白蓮里나 保安面 牛洞里 萬化部落, 聊川里 등지에서 확인된 支石墓들과(崔夢龍 1967a:8-11, 1967b:7-10) 같은 型式으로 海岸을 타고 가장 먼저 全南地方에 전파되어 온, 즉 全南에서 가장 年代가 앞서는 支石墓들이다.

支石墓가 내륙지방으로 전파되면서 塊石形 支石을 갖춘 蓋石이 나타나는데, 이러한 형식은 咸平 月也面 一帶와 光山 西倉面 龍頭里(崔夢龍 1975c) 등지에서 보인다. 和順 南面 碧松里 支石墓를 보면, 長 3.2m, 幅 3.2m, 두께 1.98m에 이르는 거대한 원형 蓋石下에 0.9×0.85×0.45m 크기의 塊石形 支石 4개가 괴여 있다. 이와 같은 支石墓는 축조당시 被葬者의 身分과 勸力 등을 상징하기 위해 여타 蓋石式 支石墓와는 구분되도록 성의껏 축조된 것으로 보이는데, 규모가 매우 크고 採石도 매우 정제되어 있다(崔夢龍 1973a).

또 日帝時 發掘된 羅州 南平面 蘆洞里 지석묘의 경우는 3개의 支石이 길이가 12尺(1尺을 30.3cm로 환산하면 약 3.6m)에 달하는 蓋石을 받치고 있는데, 石室의 크기는 6尺 8寸×5尺 5寸(약 2×1.7m)에 달한다. 板石狀의 割石을 結合하여 석실의 네 벽을 구성했으며, 石室 바닥은 板石을 利用하였다(梅原末治 1940).

全南地方에 所在하는 南方式 支石墓는 대부분 割石이나 川石으로 石室의 벽을 築造했으며, 바닥에는 잔자갈을 깔았는데, 드물게는 板石을 利用하기도 하였다.

나. 南方 II 式

外觀上으로 보면, 蓋石式 支石墓의 地下石室의 一部가 지상에 노출된 것으로 오인하기 쉬우나, 南方式에서 보이는 3~4개의 支石 대신에 蓋石下에 7~8개 또는 그

〈表 2〉 全南地方에서 發掘·調查된 支石墓

連番號	地名	發掘·調查年度	群集配列	蓋石의 規模와 形態	支石	石室의 크기	積石形態	石室形態	바닥形態	무덤	石室의 長軸方向	支石墓의 型式	出典
1	高興郡 豆原面 雲垈里	1926		12尺		6尺×5尺5寸		板石이 중첩	平鋪石				三上次男, 1961a
2	羅州郡 南平面 蓮洞里	1926	圓形	12尺	3개							南方I式	梅原末治 1940
3	新安郡 黑山面 竹陵부락	1954	圓形	2×1.6×0.5 마름모꼴	4개	약0.6	圓形	割石	礫石		南-北	〃	金載元·尹武炳, 1957
4	潭陽郡 大德面 文學里	1961	二列	2.96×1.7×0.3 三角形	1개		有		否		南-北	蓋石I式	金元龍, 1961a
5	谷城郡 木寺洞里 拱北里 A號	1965		2.05×1.15×0.3 方形							北西-南東東		
6	谷城郡 木寺洞里 拱北里 B號	〃	一列	現存1.45×0.81×0.4 長方形		1.7×0.55×0.5	圓形	割石	平鋪石	有(三角錐狀)	東北-西南	蓋石I式	
7	谷城郡 木寺洞里 拱北里 B'B號, 및 小形石室	〃	〃			1.5×0.55		板石	礫石		北北東-南南西		
8	谷城郡 木寺洞里 拱北里 C號	〃	〃	1.85×1.25×0.4 楕圓形		1.3×0.4×0.3	圓形	川石			西北-東南	I式	
9	谷城郡 木寺洞里 拱北里 D號	〃	二列	2.2×1.3×0.35 楕圓形		1.5×0.45	圓形	割石	兩端에 平鋪石		北北東-南南西	〃	金載元·尹武炳, 1967
10	谷城郡 木寺洞里 拱北里 E號	〃	〃	2.3×1.8×0.35 楕圓形		1.2×0.9×0.45	圓形	川石	否		北北東-南南西	〃	
11	昇州郡 住岩面 廣川里 A號	〃	群集	2.15×1.5×0.85		1.85×0.4×0.35		割石	礫石	有 4개	東-西	蓋石I式	
12	昇州郡 住岩面 廣川里 B號	〃	〃	2.1×1.25×1							南-北	I式	
13	鹽岩郡 新北面 長山里	〃	三列	2.8×1.6×0.8 長方形		1.55×0.7		板石			南-北	蓋石I式	
14	康津郡 道岩面 支石里	1967		有				板石	平鋪石		南-北	I式	
15	莞島郡 靑山面 邑里	1968		3.7×2.0×0.7		1.7×0.58		板石		有 1개	南-北	蓋石I式	金元龍·任世權, 1968
16	鹽光郡 白岫面 大田里	1973	三列	5.2×3.1×2.3 長楕圓形	3개						南-北	南方I式	崔夢龍,1973c
17	長興郡 安良面 水䃍里 2반	1974	二列	3.1×1.1×1.0 長楕圓形						2개(1.2×0.9)(1.1×0.7)	南-北	蓋石I式	
18	長興郡 安良面 水䃍里 2반	〃		7×5.4×3.6 長方形	5개						東-西		
19	長興郡 安良面 水䃍里 2반	〃	〃	2.3×1.9×0.8						1개(1.3×0.9×0.4)	南-北	蓋石I式	宋正炫,1975
20	長興郡 安良面 水䃍里 2반	〃	〃	2.8×2.9×1.2						1개(1.7×12×0.4)		〃	
21	長興郡 冠山面 今屯부락 및 바부락	〃	三列	2.5×2.6×0.6		0.9×0.75×0.5		板石		1개(1.9×0.6)	南-北	〃	
22	長興郡 冠山面 今屯부락	〃	〃	2.2×1.2×0.7		1.7×0.5		板石		1개(1.2×0.7×0.2)	南-北	〃	
23	長興郡 冠山面 今屯부락	〃	〃									〃	

〈表 2〉 全南地方에서 發掘 · 調査된 支石墓

連番號	地名	發掘·調査年度	群集配列	蓋石의 規模와 形態	支石	石室의 크기	橫斷形態	石室形態	바닥形態	墓葬	石室의 長軸方向	支石支石墓의 型式	出典
24	和順郡 道岩面 大草里 大草부락 2	1975	圓形	2.5×1.45×0.5 長楕圓形							東-西	蓋石Ⅱ式	
25	和順郡 道岩面 大草里 大草부락 3	"		2.5×1.6×0.6		0.94×0.6	方形	割石	平割石		北東-南西	蓋石Ⅰ式	
26	和順郡 道岩面 大草里 大草부락 5	"		4.0×2.0×0.65 長楕圓形	5개			川石	礫石		南-北	南方Ⅰ式	
27	和順郡 道岩面 大草里 鳥峰부락 1	"		1.5×1.1		1.8×0.75		川石	礫石		北東-南西	蓋石Ⅰ式	
28	和順郡 道岩面 大草里 鳥峰부락 2	"		1.5×1.1×0.25 圓形		0.94		川石	礫石		南東-北西	蓋石Ⅴ式	
29	和順郡 道岩面 大草里 鳥峰부락 3	"		1.1×0.89				川石	礫石		東-南	蓋石Ⅰ式	
30	和順郡 道岩面 大草里 大草부락 4	"		2×1.4×0.4 楕形		0.8×0.2	方形	川石	礫石		南-北	蓋石Ⅰ式	
31	和順郡 道岩面 大草里 鳥峰부락 5	"		2.3×2.1×0.3 楕圓形				川石	礫石		北東-南西	蓋石Ⅳ式	
32	和順郡 道岩面 大草里 鳥峰부락 6	"		2.1×1.35×0.9 楕圓形		1.08×0.73	楕圓形	川石	礫石			蓋石Ⅰ式	
33	和順郡 道岩面 大草里 鳥峰부락 8	"		1.85×1.75×0.45 楕形				川石	礫石				崔夢龍, 1976a
34	羅州郡 茶道面 大草里 南大부락 4	"		2.5×1.9×0.9 楕形	0.25×0.3×0.2	약0.9		川石	礫石		北西-南東	南方Ⅰ式	
35	羅州郡 茶道面 大草里 南大부락 5	"		1.7×1.4×0.9 楕圓形	0.4×0.2×0.15			川石	礫石		東-西	"	
36	羅州郡 茶道面 大草里 南大부락 6	"		2.4×2.2×1.7 楕圓形	4개	1.3	有	割石	平割石		北西-南東	蓋石Ⅰ式	
37	羅州郡 茶道面 大草里 南大부락 7	"		2.1×1.5×0.4 長方形	0.3×0.4×0.2	1.5	有	川石	礫石	有	北東-南西	蓋石Ⅰ式	
38	羅州郡 茶道面 大草里 南大부락 8	"		2.5×2.1×1.2 楕圓形	石		有	川石	礫石		北東-南西		
39	羅州郡 茶道面 大草里 南大부락 9	"		2.4×1.9×0.5 三角形		2.3		割石	平割石				
40	羅州郡 茶道面 大草里 南大부락 10	"		1.2×0.9×0.5 方形				割石	礫石				
41	羅州郡 茶道面 大草里 南大부락 11	"		2.4×2.4×1 楕圓形				割石	礫石		北東-南西	蓋石Ⅰ式	
42	羅州郡 茶道面 大草里 南大부락 12	"		2.5×2.1×0.86 楕圓形	0.6×0.3×0.35		有	割石	礫石				
43	羅州郡 茶道面 大草里 南大부락 13	"		1.6×1.5×0.45 楕圓形									
44	羅州郡 茶道面 大草里 南大부락 14	"	一列						割石				
45	羅州郡 茶道面 馬山里 장끄마리 1	"		2.8×2.5×1.3 長方形	有	1.7×0.83	圓形		平割石		北西-南東	南方Ⅰ式	
46	羅州郡 茶道面 馬山里 장끄마리 2	"		1.6×1.5×0.45 楕圓形					平割石				
47	羅州郡 茶道面 馬山里 장끄마리 3	"		3.2×2.6×0.4 圓形		0.95×0.65	圓形	板石	平割石		南-北	蓋石Ⅰ式	

〈表 2〉 全南地方에서 發掘·調査된 支石墓

一連番號	地名	發掘·調査年度	群集配列	支石	蓋石의 規模와 形態	石室의 크기	下部構造 積石形態	石室形態	바닥形態	무경	石室의 長軸方向	支石支石墓의 型式	出典
48	羅州郡 來道面 馬山里 2구 쟁기머리 5	1975	一列			1.4	圓形	割石	平割石		北西-南東		
49	羅州郡 來道面 馬山里 2구 쟁기머리 6	〃	〃			1.3	圓形	割石	平割石		北東-南西		
50	羅州郡 來道面 馬山里 2구 쟁기머리7		〃				圓形	割石	平割石				
51	羅州郡 來道面 板村里 2		二列		2.9×1.6×0.75 楕圓形	1.4×0.5×0.55	長方形	板石	平割石		東-西	蓋石II式	崔夢龍, 1976a
52	羅州郡 來道面 板村里 3		〃		2.8×2.2×0.5 圓形	1.1×0.5×0.5	圓形	割石	平割石		〃	蓋石I式	
53	羅州郡 來道面 板村里 4		〃		1.7	1.1×0.7	長方形	割石	平割石		〃		
54	羅州郡 來道面 板村里 5		〃		2.8×2.1×0.55 三角形	1.2×0.8×0.4	圓形	板石	平割石		〃	蓋石I式	
55	羅州郡 來道面 板村里 6		〃		1.5×1.1 方形	1.1×1.0×0.45	長方形	割石	平割石		〃	蓋石I式	
56	羅州郡 來道面 板村里 7		〃		1.6×1.0×0.4 長方形	1.2×0.6		割石	平割石		〃		
57	羅州郡 來道面 板村里 8		〃		1.2×0.7×0.15 楕圓形			割石	平割石		〃		
58	羅州郡 來道面 板村里 9		〃		2.3×2.3×0.6 三角形	0.82×0.3×0.3		列石	平割石		〃		
59	羅州郡 來道面 板村里 10		〃		2.6×1.8×0.95 梯形	1.58		割石	平割石		〃		
60	羅州郡 來道面 板村里 11		〃			1.3×0.8	長方形	板石	平割石		〃		
61	羅州郡 來道面 板村里 12		〃			1.8×0.7	長方形	割石	平割石		〃		
62	羅州郡 來道面 板村里 13		〃			0.8×0.3×0.2	長方形		平割石	有	〃		
63	羅州郡 來道面 板村里 14		〃			1.1×0.5×0.2	長方形		平割石		〃		
64	潭陽郡 福面 山城里 1		〃	有	2.8×1.8×0.45 楕圓形	1.2×0.4×0.25	圓形	川石	礫石		南-北	南方II式	
65	潭陽郡 福面 山城里 2		〃			1.1×0.7×0.25	圓形	川石	凸突		東-西		
66	潭陽郡 福面 山城里 3		〃			0.8×0.4×0.3	圓形	川石	礫石		南-北		
67	潭陽郡 福面 山城里 4		〃			0.75×0.4×0.2	圓形	川石	礫石				
68	長城郡 北上面 德在里 남바위부락 A-1		二列		1.2×1.1×0.4 마름모꼴	1.74×0.4	楕圓形	板石	平割石	有 3개	南東-北東	蓋石II式	李浩官·安春培, 1976
69	長城郡 北上面 德在里 남바위부락 A-2		〃	2개	3.5×2.5×0.6 長楕圓形								
70	長城郡 北上面 德在里 남바위부락 A-3		〃		3.2×1.8×0.45 長楕圓形								
71	長城郡 北上面 德在里 남바위부락 A-4		〃		2.0×1.2×1.0						東-西		
72	長城郡 北上面 德在里 남바위부락 A-5		〃		1.8×1.0×0.4 三角形	1.6×0.45	長方形	板石	平割石	有 4개	南東-北西	蓋石II式	

〈表 2〉 全南地方에서 發掘・調査된 支石墓

連番號	地名	發掘・調査年度	群集・配列	蓋石의 規模와 形態	支石	石室의 크기	積石形態	石室形態	바닥形態	무덤	石室의 長軸方向	支石支石墓의 型式	出典
73	長城郡 北上面 德在里 넙바위부락 B1	1975	楕圓形(二列)	1.25×0.84×0.5 長方形							南東-北西		李清圭・安春培・趙由典, 1976
74	長城郡 北上面 德在里 넙바위부락 B1-1	〃	〃			1.2×0.4	有	板石	平瀾石		〃		
75	長城郡 北上面 德在里 넙바위부락 B1-2	〃	〃			1.22×0.32	有	板石	平瀾石				
76	長城郡 北上面 德在里 넙바위부락 B2	〃	〃	1.2×0.8×0.3									
77	長城郡 北上面 德在里 넙바위부락 B3	〃	〃	2×1.6×1.51			有						
78	長城郡 北上面 德在里 넙바위부락 B4	〃	〃	3.2×1.32×1.3		1.77×0.5		割石	平瀾石		東西	蓋石Ⅰ式	
79	長城郡 北上面 德在里 넙바위부락 B5	〃	〃	5.36×1.26×0.55 長楕圓形			有						
80	長城郡 北上面 德在里 넙바위부락 B6	〃	〃	4.5×2.2×1.2	4개								
81	長城郡 北上面 德在里 넙바위부락 B7	〃	〃			1.78×0.4	圓形	板石	平瀾石	三重	南東-北西		
82	長城郡 北上面 德在里 넙바위부락 B8	〃	〃	1.1×0.8×0.5		1.2×0.26		板石	平瀾石	有			
83	長城郡 北上面 德在里 넙바위부락 B9	〃	〃										
84	長城郡 北上面 雙巖里 C1	〃	〃	2.5 不整四角形	5개	2.0×0.5	方形	板石	平瀾石		東西		
85	長城郡 北上面 雙巖里 C2	〃	〃	1.5×1.0	有			板石	平瀾石				
86	長城郡 北上面 雙巖里 C3	〃	楕圓形	有				割石					
87	榮岩郡 蓮和洞 大足里	1976	楕圓形	2.4×1.53×0.47		1.52×0.6		板石	平瀾石		南北	蓋石Ⅰ式	崔夢龍, 1977d
88	潭陽郡 大田面 大綱里	〃	二列			1.54×0.45		板石	平瀾石	5列	〃	蓋石Ⅰ式	
89	高興郡 鎭山面 大綱里	〃	圓形	4.0×3.6×0.7				板石	雜石	有	南北	蓋石Ⅰ式	全榮來, 1977
90	高興郡 道北面 鳳德里 黄山부락	〃											
91	高興郡 道北面 鳳德里 黄山부락	1977		2.8×1.85×1.45 長方形	5개	약 1.5×0.6			雜石	有	南北	蓋石Ⅰ式	
92	珍島郡 智山面 仁智里	1977			5개	약 1.4×0.6		川石	雜石		南北	南方式	崔夢龍, 1977b
93	珍島郡 義新面 枚溪里		一列		6개 (8개?)			川石	雜石		〃	南方式	
94	羅州郡 羅州邑 黄山里			4.0×2.5×1.0 長楕圓形	6개	2.2×0.7 1.0×0.4 석실 2개		川石	雜石		南北 東西	南方式	崔夢龍, 1977a
95	和順郡 南面 碧松里	1978	圓形	2.5×1.9×0.7 楕圓形				割石	有		西北-南東	蓋石Ⅰ式	李榮文, 1985

104

〈表 2〉 全南地方에서 發掘・調査된 支石墓

一連番號	地名	發掘・調査年度	群集・配列	蓋石의 機模와 形態	支石	下部 構造						支石支石墓의 型式	出典
						石室의 크기	積石形態	石室形態	바닥形態	무경	石室의 長軸方向		
96	和順郡 南面 碧松里	1978	圓形	3.77×1.8×0.5 楕形					板石		南-北	蓋石Ⅱ式	李榮文.1985
97	和順郡 南面 碧松里	〃	〃	3.4×2×1.98 圓形	4개						東-西	南方Ⅰ式	
98	和順郡 南面 碧松里	〃	〃	有				板石			南-北	蓋石Ⅰ式	
99	和順郡 南面 碧松里	〃	舟形	4.7×2.4×0.9		現存 石室을 이룬 平幅石의 3개가 蓋石의 주위를 둘이가며 構築되고, 나머지는 매몰 상태에서 확인할 수 없다.							蓋石Ⅴ式	
100	羅州郡 鳳凰面 萬峰里	〃	一列	2.8×2.4×0.8		1.5×0.4		板石	平幅石		南東-北西	蓋石Ⅱ式	李榮文・崔仁善.1985
101	羅州郡 鳳凰面 萬峰里	〃	一列	3.9×2.7×1.2	7개	0.8×0.7		割石	雄石		南東-北西	南方Ⅰ式	
102	谷城郡 三岐面 堤所里	〃	圓形		3개	1.45×0.5		割石	平幅石(잡석)		南-北	南方Ⅰ式	全南大 博物館.1989
103	光州市 忠孝洞 2號	〃	一列	3.27×2.88×1.5 楕圓形	5개	0.5×0.5	圓形	割石	雄石		北西-南東	南方Ⅰ式	
104	光州市 忠孝洞 3號	〃	〃	3.05×1.7×1.27 2.0×1.4×0.8 楕圓形	現存 3개	1.01×0.56	方形	割石	私土器		東-西	南方Ⅰ式	崔夢龍.1978a
105	光州市 忠孝洞 4號	〃	〃	2.8×2.1×0.7 楕圓形	現存 3개	1.1×0.95	有	割石	雄石		北西-南東	南方Ⅰ式	
106	光州市 忠孝洞 5號	〃	〃	3.3×1.7×0.9 方形	6개	1.7×1.0	有	割石	雄石		東-西	南方Ⅰ式	
107	光州市 忠孝洞 6號	〃	〃	3.6×3×1.7 楕形	4개	1.23×0.48	有	割石	雄石		北東-南西	南方Ⅰ式	
108	光州市 忠孝洞 7號	〃	〃	4.1×3.2×1.2 楕圓形	7개	1.5×1.0 1.6×0.5	方形	割石	검은 부석층 雄石		〃	南方Ⅱ式	
109	新安郡 任子島 大機里	1976	〃	直徑 1.6 圓形								蓋石Ⅰ式	崔夢龍.1980

外部에서 支石같이 보이는 石室 一部가 蓋石 주위를 둘이기면서 나타나고 있다.

105

이상의 支石들을 놓은 형식이다. 支石의 一部가 石室을 構成하거나, 石室을 보호하는 護石의 역할을 하기도 한다. 이러한 型式이 地下로 들어가면, 支石이 蓋石 주위를 돌아가면서 받치며, 동시에 地下石室을 구성하는 蓋石 V式이 된다.

이 型式의 代表的인 例로는 羅州 鳳凰面 萬峰里와 光州 忠孝洞 6號 支石墓 등이 있다. 萬峰里 支石墓를 보면, 長 3.9m, 幅 2.7m, 두께 1.2m에 달하는 長楕圓形의 蓋石下에 0.8×0.7m 크기의 塊石形 支石 7개가 밀집되어 괴여 있는데, 石室 內部는 흙과 잔자갈 등으로 메워져 있다. 또 忠孝洞 6號 支石墓는 3.6×3.1×1.7m 크기의 龜形의 蓋石下에 現存 4개의 支石이 괴여 있는데, 支石의 一部가 石室의 東壁을 이루고 있다. 石室의 길이는 1.23m로 側臥半屈葬의 葬法에 적합하다.

李弘稙이 調査한 全北 扶安 龜岩里(李弘稙 1960) 1號 支石墓의 경우는 長 6.4m, 幅 5.1m 두께 0.69m의 楕圓形 蓋石下에 8개의 支石이 괴여 있는데, 이는 南方 Ⅱ式에 속하는 것으로 볼 수 있다.

다. 南方 Ⅲ式

南方 Ⅲ式은 南方式 支石墓의 地下石室에서 나타나는 構造를 따로 한 型式으로 分類한 것이다. 蓋石을 괴고 있는 수 개의 支石들 내부에 石室을 만들고, 석실 내부에 또 다른 석실을 만든 경우와 한 蓋石下에 나란히 2개의 석실을 조성한 경우가 있다. 즉, 하나의 支石墓에 2개의 지하석실이 조성된 特異한 構造의 支石墓인데, 대표적인 예는 羅州 寶山里와 光州 忠孝洞 7號 支石墓, 羅州 茶道面 板村里 支石墓에서 찾을 수 있다.

羅州 寶山里 지석묘를 보면 4×2.5×1m 규모인 直六面體꼴을 한 長方形 蓋石下에 現存 6개의 支石이 괴여 있다. 2개의 石室이 확인되었는데, 하나는 支石墓의 長軸과 平行하는 2.2×0.8~0.9m 규모의 南北長軸 石室이다. 이 石室 내부에서 東西를 長軸으로 하는 1×0.3~0.4m 규모의 小形石室이 확인되었다. 두 石室중 前者는 仰臥伸展葬이 가능한 규모이고, 後者는 전자의 石室 바닥보다 6㎝ 아래에 조성된 後代의 것임을 알 수 있다. 後者의 경우는 시체를 肉脫시킨 후에 뼈만 추려 다시 埋葬하는 洗骨葬을 했던 것으로 보인다(李杜鉉 1974). 하나의 支石墓에 先後關係가 뚜렷하게 드러나는 두 개의 石室이 조성된 것으로 미루어 보아 당시 주된 葬法이었던 仰臥伸展葬에서 洗骨葬으로 넘어가는 과도기적인 시기의 支石墓가 아니었나 추정된다(崔夢龍 1977a, 1981, 1997). 그런데 二次葬의 일종인 洗骨葬은 시체처리를 위해 平地葬·樹

葬·假埋葬을 거치는 유골 처리 방법으로, 시체가 肉脫되어 뼈만 남은 뒤에 이를 다시 埋葬하는 葬法이다. 地域에 따라서 草殯·外墳·고름장·掃骨葬·구토롱 등 20여 가지의 다른 명칭으로 불리기도 하며, 이를 複葬制라고도 한다.

한편 光州 忠孝洞 7號 支石墓의 경우는 4.1×3.2×1.2m 규모의 楕圓形 蓋石 아래에 7개의 支石이 괴여 있는데, 규모가 각각 1.5×1.0m와 1.6×0.5m인 2개의 石室이 나란히 배치되어 있다. 이는 피장자가 合葬된 夫婦, 또는 가까운 血緣關係에 있는 두 사람임을 시사해 준다(崔夢龍 1978a). 羅州 板村里에서도 이와 같은 下部構造를 가진 蓋石式 支石墓가 확인된 바 있는데, 이를 통해 볼 때, 南方式과 蓋石式은 그 先後 關係가 뚜렷하지 않은, 同時代에 混在하는 支石墓로 그 型式만을 달리하는 것으로 여겨진다.

2. 蓋石式 支石墓

蓋石式은 無支石式 또는 變形支石墓라 불리기도 하는데, 이를 南方式에 포함시키는 학자들도 있다(表1 참조). 흔히 北方式이나 南方式 支石墓들과 混在되어 확인되는 蓋石式 支石墓는 地城的으로는 韓半島 전역에서 가장 광범위한 分布를 보이며, 그 基數에 있어서도 가장 많다. 이 型式은 蓋石이 별도의 支石없이 地下에 조성된 石室과 밀착된, 즉 蓋石이 石室의 뚜껑 역할을 하는 型式과 따로 뚜껑을 덮은 후에 그 위에 다시 蓋石을 올려놓은 二重蓋石의 型式으로 大別된다. 蓋石式 支石墓에서는 北方式이나 南方式 支石墓에 비해 훨씬 복잡하고 다양한 형태의 地下石室 構造들이 확인되고 있다. 蓋石式 支石墓는 地下石室 構造에 따라 割石이나 川石으로 石室을 조성한 형식, 4枚 또는 그 이상의 板石으로 석실을 축조한 형식, 특별한 石室 構造없이 土壙을 사용한 형식, 蓋石下를 돌아가면서 석실이 축조된 형식, 그리고 二重蓋石의 형식 등의 5가지로 세분된다.

가. 蓋石 1式

蓋石 1式은 수 개의 不定形 割石이나 川石으로 지하에 석실을 축조하고 그 위에 蓋石을 놓아 개석이 석실의 뚜껑 역할을 하는 형식이다. 第2期 石棺墓의 構造(韓炳三 1973:230-232)를 지닌 支石墓 형식으로, 전남지방에서 發掘 調査된 支石墓중에서 가장 많이 보인다.

和順 道岩面 大草里 大草부락 3號 支石墓를 보면, 地下石室은 割石으로 축조하였으며, 바닥 전면에는 3枚의 平扁石을 깔았다. 谷城 木寺洞面 拱北里 D호 支石墓의 경우처럼 석실 바닥의 양쪽에 扁平한 川石을 1枚씩 옆으로 나란히 깔은 예도 있다. 그리고 拱北里 C호 支石墓처럼 川石을 이용하여 지하석실을 축조하고 바닥에는 아무런 시설을 하지 않은 경우와 大草댐 水沒地區에서 발굴된 지석묘의 경우처럼 川石을 이용하여 축조한 석실 바닥의 대부분에 잔자갈 등을 깔은 경우도 있는데, 後者의 경우가 全南地方에서 發掘·調査된 支石墓에서 가장 흔히 보이는 형식이다.

한편 大草댐 水沒地區인 羅州 茶道面 板村里 支石墓群의 6호 11호, 4호와 12호, 13호와 14호의 경우는 地下石室이 서로 잇대어 축조된 특이한 구조를 보여주는데(崔夢龍 1976a), 이는 먼저 築造된 石室에만 蓋石을 설치하고 後代에 축조된 석실에는 시간상의 제약이나 당시의 유행에 따라 개석을 설치하지 않은, 결과적으로 하나의 개석에 2개의 석실을 잇대어 축조한 것이라 볼 수 있겠다.

이는 지석묘사회가 적어도 夫婦나 血緣關係를 근간으로 하여 형성된 血緣集團이었으며, 支石墓는 集團成員의 共同墓地이었음을 시사해 준다 하겠다. 그런데 夫婦合葬 支石墓의 경우 형식상의 先後關係를 뚜렷이 찾을 수는 있지만, 한 蓋石에 두 개의 석실이 축조된 경우 그 時間的인 차이는 歷史時代의 賓殿葬이나 複葬에서와 같이 길어야 3년, 또는 거의 同時代로 볼 수 있으며, 全體的인 지석묘 형식도 시간적인 差가 거의 없이 동시대에 혼용되어 사용되었던 것으로 여겨진다.

나. 蓋石 Ⅱ式

이는 北方式 支石墓의 地上石室이 地下로 들어간 형태로 4매 내지 수매의 板石으로 석실을 축조한 형식인데, 石室이 지상에 노출되면 외관상 北方式과 같은 형태가 되어 北方式으로 오인되는 경우가 왕왕 있었다. 이 형식의 實例로 靈岩 長山里 支石墓와 康津 支石里의 支石墓가 일찍이 『韓國 支石墓 硏究』에 報告된 바 있다(金載元·尹武炳 1967:168-172). 또 長城 水沒地區內의 支石墓, 大草댐 水沒地區內의 馬山里 2區 쟁기머리 3호 支石墓, 板村里 2호 支石墓, 莞島 蘆花島 大堂里 支石墓(崔夢龍 1977d:1-10), 羅州 鳳凰面 萬蜂里 支石墓, 多侍面 新楓里 所在 支石墓 등도 蓋石 Ⅱ式에 속한다.

靈岩 新北面 長山里 지석묘의 경우는 2.8×1.6×1.5∼0.4m에 이르는 蓋石下에 판석으로 石棺形 石室을 축조하였는데, 石室의 東壁은 缺矢되었고, 西壁은 2개의 판석

으로, 短邊은 각각 1枚의 판석으로 축조되었다. 이러한 석실이 지상에 노출되었을 때 北方式으로 誤認되기 쉽다.

蘆花島 大堂里 第1號 지석묘는 개석의 크기가 2.4×1.53×0.47m에 이르는데, 석실의 西壁은 平板狀의 長臺石으로, 다른 壁은 不定型 割石으로 축조하였다. 바닥의 남쪽에는 平板石 1枚를 깔고 나머지 여백에는 잔자갈을 깔았다. 이런 형식은 地城的인 特殊性때문에 蓋石 I 식과 蓋石 II 식이 結合되어 나타난 것으로 생각된다.

長城댐 水沒地區內에서 조사된 지석묘와 그 주위에서 發掘된 지석묘들의 경우는 잘 다듬어진 판석 6매를 이용하여 석실을 축조하고 있다(李浩官 · 趙由典 · 安春培 1976). 또 羅州 萬峰里 支石墓의 경우는 조사 당시 2매의 長邊 壁石만이 확인되었지만, 원래는 4매의 板石으로 석실을 축조하였던 것 같다. 羅州 新楓里 회진부락에 있는 支石墓도 이와 같은 형식으로 3壁만이 남아 있지만 本來는 4枚의 판석으로 석실을 축조했던 것 같다.

蓋石式 지석묘 중에서 板石으로 地下石室을 축조한 경우 대부분 바닥에 平扁石을 깔고 있는데, 蘆花島 大堂里의 경우처럼 한 쪽에만 平扁石을 간 경우도 있다.

다. 蓋石 III式

이 형식은 地下石室에 1매 또는 수매의 板石을 마치 뚜껑처럼 덮고, 그 위에 거대한 蓋石을 덮은 즉 二重蓋石의 型態를 한 支石墓로 일찍이『韓國 支石墓 研究』(金載元 · 尹武炳 1967)에서 그 존재가 알려진 바 있다. 이처럼 特異한 구조를 가진 支石墓가 전남지방에서 다수 발견되고 있어, 蓋石式 支石墓의 한 형식으로 設定해 보았다. 이러한 형식의 지석묘는 莞島 靑山島(金元龍 · 任孝宰 1968:126-127), 寶城 筏橋, 高興 錦山面, 長興 등지 등 주로 해안이나 해안에 가까운 지역에서 많이 보이는데, 내륙에서는 昇州 廣川里, 潭陽 大田面 大峙里(崔夢龍 1977d), 長城 水沒地區 등에서 발굴 · 조사된 바 있다.

莞島 靑山島 邑里 제2호 支石墓의 蓋石은 그 크기가 3.7×2×0.7m에 이르는데, 개석과 거의 크기가 같은 1매의 판석으로 석실을 덮었다. 이와 같이 1매의 판석이 지하석실의 뚜껑 역할을 하는 支石墓는 長興 安良面, 冠山面(宋丞容 1975:16-36)이나 高興 錦山面 大興里(金學輝 1977:90), 또 日本 九洲 風觀岳에서도 확인된 바 있다. 한편 廣川里 A호 지석묘의 경우는 4매의 판석으로 石室을 덮었으며, 羅州 板村里 13호 지석묘의 경우는 3매의 판석이 지하석실을 덮고 있다.

長城 德在里 남바위부락 A 5호 지석묘의 구조를 보면 개석하에 礫石과 板石片들이 무질서하게 놓여 있는데, 이를 제거하면 2.4×1.4m의 장방형으로 된 석실이 드러난다. 바닥에는 4매의 평편석을 깔았다. 그런데 바닥을 이루고 있는 4매의 판석은 6매의 판석으로 축조된 지하석실을 덮은 일종의 二重蓋石의 뚜껑으로 사용되었다. 이러한 構造에서 蓋石이 없다면 石棺墓와 같은 構造가 되는데, 이는 앞으로 支石墓와 石棺墓(石槨墓)와의 관계를 연구하는데 중요한 자료가 될 것이다. 또 長城댐 水沒地區內의 지석묘 주위에서는 提川 黃石里 2호 지석묘(金載元·尹武炳 1967:103)나 春城 垈谷里 1호 支石墓(韓炳三 外 1974:444)의 경우처럼 석관이 발견되었는데, 앞으로 보다 많은 연구를 통해 이들의 성격이 밝혀져야 할 것이다.

라. 蓋石 Ⅳ 式

이 型式은 支石墓 蓋石下에 아무런 시설 없이 土壙만이 있는 형태인데, 아직까지 확실한 遺構가 발견된 것은 몇 例에 지나지 않는다. 日帝時 發掘·調査된 高興 雲垈里 지석묘 중 4基의 경우 지하에 板狀의 割石이 평면으로 重積되었을 뿐 아무런 棺槨시설이 없었다고 보고된 바 있다(三上次男 1961a). 金元龍은 忠北 永同 梅谷面 楡田里의 지석묘를 이와 같은 형식, 즉 地下土壙으로 보았다(金元龍 1960:124-128).

大草댐 水沒地區인 和順 道岩面 大草里 鳥峙부락 제 6호 지석묘의 경우 크기가 2.1×1.35×0.9m에 달하는 長方形 蓋石下에 깊이 15cm 內外의 간단한 土壙이 설치되어 있고, 그 주위에 不定形 割石 몇 개가 놓여 있는데, 이들은 支石처럼 보이지만 사실은 지석이 아니라 楕圓形狀의 토광 주위를 區劃하는 墓室의 일부이다. 潭陽 文學里 支石墓의 경우도(金元龍 1961a:10-12) 남방식 지석묘에서 보이는 支石이라기 보다는 토광 주위를 區劃한 것이 아닌가 생각된다.

그리고 一段柄式 石劍이 나온 忠南 扶餘 碑堂里 지석묘의 下部에는 1.39×0.41×0.51m에 달하는 長方形 墓室이 설치되어 있는데, 그 벽면은 거의 수직이고 바닥은 扁平한 土壙으로 밝혀졌다(李揆山 1977:75-80). 日本 九州 風觀岳에서도 토광을 지닌 개석식 지석묘가 發見되어 報告된 바 있다.

土壙이 설치된 支石墓는 中國에서 전래된 土壙墓가 初期 鐵器時代에 접어들어 이제까지 사용되어 오던 支石墓와 結合되어 나타난 것으로 後期 樣式의 支石墓라 할 수 있겠다. 따라서 그 上限年代는 철기시대 전기의 중심연대인 기원전 4~3세기를 오르지 못할 것으로 생각된다.

마. 蓋石 V式

이 型式은 支石墓의 蓋石 주위를 돌아가면서 石室을 築造한 것으로, 地下石室의 형태는 대개 蓋石의 形態와 一致하고 있다. 이러한 형식의 지석묘는 大草댐 水沒地區 內의 和順 道岩面 大草里 鳥峙부락 2호 지석묘와 和順 碧松里, 荏子島 大機里 등지에서 확인된 바 있다.

碧松里의 경우 舟形으로 石室을 築造한 石材가 蓋石의 주위를 돌아가는데, 現在 扁平狀의 석재 3매만 보이고 나머지는 매몰되어 확인 할 수 없지만, 石室의 형태는 蓋石처럼 長楕圓形을 이루고 있다. 大機里의 경우는 개석이 둥글게 精製되어 있고, 外部에는 支石같이 보이는 石室의 일부가 개석의 주위를 돌아가면서 圓形에 가까운 장방형 석실을 만들고 있다.

이와 같은 예는 濟州島 吾羅里·龍潭里 支石墓에서도 보이는데(金哲埈 1959:67-85), 吾羅里 第 4號 支石墓를 보면 楕圓形에 가까운 蓋石의 끝 부분을 따라 12枚의 板石이 楕圓形 石室을 구성하고, 蓋石은 석실 위에 뚜껑으로 덮여 있다. 이러한 형식의 支石墓들은 수 枚의 板石이나 塊石·割石으로 地下石室을 築造하는데, 蓋石의 形態에 따라 地下石室은 매우 다양한 形態를 보인다.

또 大草里 鳥峙부락 2호 支石墓의 경우 蓋石 아래에 土壙을 파고 주위에 간단한 돌을 놓은 지하석실이 확인되었는데, 돌들은 蓋石의 주위를 돌아가면서 놓여 있다. 이는 支石墓와 土壙이 結合되면서 나타난 型式이라고 보아도 무방하며, 또 이는 大草댐 水沒地區內 馬山里 2區 쟁기머리 支石墓 주위에서 나타나는 百濟初期의 圍石式 古墳 (崔夢龍 1976a:57-59, 1976b:131-136)에 連結되는 것으로 全南地方 支石墓 中 年代가 가장 떨어지는 형식이라 할 수 있겠다.

III. 지석묘의 분포

1970년대 말까지 全南地方에서 發見·調査된 지석묘의 分布圖를 作成해 보면 〈表 3〉에 보이는 것처럼 11개의 地域群이 형성됨을 알 수 있다(표 3. 支石墓群 分布 表).

앞으로 韓半島에 分布하고 있는 支石墓에 대한 자세한 地表調査가 이루어지면, 支石墓의 傳播經路, 群과 群 사이의 先後關係 등을 포함한 여러 問題點들이 파악될 수

111

있을 것이다. 全南地方에 分布하는 支石墓群들은 海岸을 따라 위치한 경우와 江을 낀 平野 부근의 內陸地方에 위치한 경우로 大別할 수 있다. 內陸地方의 경우 支石墓群들은 대부분 榮山江 流域을 중심으로 분포하는데, 支石墓는 榮山江 流域의 비옥한

平野地帶를 中心으로 土着農耕生活을 營爲해 나가던 하나의 氏族集團의 族長級 (혈연을 기반으로 하는 계급사회), 또는 支石墓를 構築할 수 있을 정도의 經濟的인 富를 지닌 이들의 墓制였다고 여겨진다(金元龍 外 1977; 崔夢龍 1997:189-202). 또 海岸가에도 西海岸에서부터 南海岸에 이르기까지 支石墓群들이 계속 나타나는데, 특정 地域에서 集中的인 分布를 보이는 점이 주목된다. 해안가에는 주로 平野가 있는 지역에, 內陸에는 江에 인접한 平野地帶에 支石墓가 散在하는데, 이는 支石墓社會에서 漁撈나 狩獵生活도 중요한 경제 기반의 일부였지만, 農耕이 특히 중요했음을 시사해 준다.

全南地方 支石墓들은 型式에 따른 뚜렷한 지역적 차이를 보이지 않고, 南方式과 蓋石式이 混在하고 있는데, 數字上으론 蓋石式이 가장 많다. 全南地方 全地域에 지석묘가 散在되어 있지만, 형식에 따른 群을 設定할 수는 없고, 특히 支石墓가 집중적으로 분포된 지역을 중심으로 支石墓群을 設定해 보았다(表 3 참조). 支石墓群을 便宜上 3개 지역, 즉 西海岸地域, 南海岸地域, 內陸地域으로 나누어 설명해 보고자 한다.

1. 西海岸地域

西海岸 一帶에 분포하는 支石墓群으로는 靈光 白岫面 一帶, 咸平 月也面 一帶, 靈岩 月出山 西部 一帶, 珍島 등을 들 수 있는데, 海岸가나 海岸에서 가까운 平野地帶에 한 地域을 中心으로 支石墓가 集中的으로 分布하고 있다.

靈光 白岫面 一帶는 全南地方에서 가장 먼저 지석묘가 傳播된 지역이라 생각되는데, 이 지역에는 他地域과는 달리 典型的인 南方式 支石墓가 主로 분포하고 있다. 咸平 月也面 一帶에도 典型的인 南方式 지석묘가 보이나 그 규모와 크기가 적어지고 있다. 즉 南方式 支石墓는 內陸으로 이동하면서 크기나 규모가 적어지고, 또 비율적으로도 蓋石式 支石墓로 바뀌고 있다.

靈岩 月出山 地區로 오면 南方式보다 蓋石式이 훨씬 많아지는데, 특히 鎔范 一括이 부근의 郡西面 東鳩林里로 추정되는 곳에서 出土되어 현재 崇實大 博物館에 所藏되어 있다. 이는 先史時代에 이 일대가 中心地域이었으며, 또 鐵器時代 前期에 韓半島에

〈表 3〉 支石墓群分布表

一連番號	分布地域(郡)	中心群(面)	分布數	近處의 先史遺蹟址	備考 (李丙燾의 馬韓 54國 比定地)
1	靈光郡一帶	白岫面	65		
2	咸平郡一帶	月也面	75		
3	靈岩郡 月出山 西郡一帶	郡西面 三湖面 郡內面	389	始終面 月松里 遺物散布地 郡西面 東鳩林里 靑銅器 製作地	
4	珍島郡一帶	智山面 臨淮面	284		
5	長興郡一帶	長興邑 安良面 冠山面	539	康津郡 郡東面 琶山里 遺物 散布地	「拘奚國」: 康津郡
6	高興郡一帶	豆原面 錦山面	632		
7	羅州郡一帶	多侍面 細枝面	189		「不彌(不彌支)國」: 羅州郡
8	光山郡一帶	大村面	205	光州市 松岩洞 先史住居址	
9	和順郡一帶	和順邑 道谷面	120	道岩面 天臺里 遺物散布地	
10	谷城郡一帶	木寺洞面	163		
11	潭陽郡一帶	大田面 武貞面	167	鳳山面 齊月里 遺物散布地 光州市 牛峙洞 遺物散布地	「臼斯烏旦國」 長城郡 珍原面

* 支石墓의 總數는 2828基인데, 이들은 11개의 地域群內에 集中的으로 分布되어 있다.

서 靑銅器를 직접 製作 및 鑄造하였음을 입증해 준다(金廷鶴 1972:101-146). 또한 이들은 採鑛·冶金技術과 靑銅器 製作方法을 알던 特殊한 集團으로 생각된다. 여기서 그리 멀지 않은 始終面 月松里에서 遺物分布地가 發見된(金元龍 1968) 것으로 미루어 볼 때 月出山 부근에도 先史時代의 住居址나 遺物分布地가 확인될 것으로 믿어진다.

西海岸의 島嶼 地域인 珍島에도 支石墓가 集中的으로 分布하고 있는데, 이 지역의 支石墓는 크게 陸地와 가까운 郡內面과 古郡面, 그리고 珍島의 西南部 地域인 智山面과 臨淮面 등 2개 群으로 나누어 볼 수 있다. 이 지역은 인접한 陸地의 大陸文化와 南方文化를 受用·傳承한 兩面的인 특징을 지닌 地域이라 할 수 있다. 특히 오늘날에도 珍島 竹林里에서 "구토롱"(李杜鉉 1974; 金元龍 外 1977)이라 하여 행하여지고 있는 洗骨葬 風習은 環太平洋地域의 文化要素중의 하나로 南方的인 要素를 보여주고 있다(崔夢龍 1977b; 國分一 1975:158).

環太平洋地區의 일원인 臺灣에서는 支石墓가 石棚(shin peng)이라 불려지며, 최

근까지도 土地公(god of earth), 有應公(ancestors)의 信仰과 聯關되고 있으며, 무덤으로도 使用되기도 한다(凌純聲 1967:135). 이들과 全南地方 支石墓들 사이에는 年代 差異가 너무 현격하지만, 中國, 臺灣, 日本, 印度, 자바, 그리고 수마트라까지 지석묘가 널리 分布하고 있음을(凌純聲, 1967, 江坂輝彌, 1974:172) 고려할 때, 앞으로 傳播經路 등을 比較·硏究해 볼 여지를 충분하다고 할 수 있다..

2. 南海岸地域

南海岸 地域에서는 長興 冠山面 億佛山 近處, 高興 豆原面 一帶에서 支石墓群을 볼 수 있다. 이 일대에는 海岸線을 따라 支石墓가 分布되어 있는데, 특히 長興 冠山面 榜村里에는 支石墓 103基가 한 群을 이루고 있어 支石墓 硏究에 중요한 資料를 제공해 준다.

長興 一帶, 즉 海岸가에 위치한 冠山面·蓉山面, 安良面과 長興邑 億佛山下 일대에는 他地域에서 볼 수 없는 巨大한 蓋石을 지닌 支石墓들이 野山과 平野 地帶에 一列 혹은 圓形으로 分布하고 있다. 특히 이 지역에는 二重蓋石 型式의 支石墓들이 많이 보이는데, 이들은 高興 錦山面, 寶城 筏橋, 莞島, 靑山島(金元龍·任孝宰, 1968:126-127) 등지에서 發見된 支石墓들과 함께 중요한 硏究資料가 되고 있다.

高興地方에서는 島嶼인 錦山面을 비롯하여 해안가를 따라 支石墓가 계속 나타난다. 日帝時 高興 豆原面 雲垈里 支石墓에서 滿州式 銅劍片이 發見된 바 있으며(梅原末治 1930:308; 有光敎一 1962), 小鹿島의 更生院 자리에서 銅鏡, 磨製石斧, 磨製石鏃 등의 一括遺物이 出土된 바 있어(梅原末治 1935; 梅原末治·藤田亮策 1947:60), 이 일대가 先史時代에 매우 중요했던 지역이었음을 알 수 있다.

豆原面 雲垈里의 경우처럼 支石墓에서 靑銅器가 發見되는 것은 支石墓가 細形銅劍을 標識遺物로 하는 鐵器時代 前期까지도 그 命脈을 이어오고 있었으며, 全南地方의 경우 光山 飛雅面 新昌里에서 發掘된 甕棺墓(金元龍 1968b)와 함께 混用되던 代表的인 墓制였음을 보여주는 증거이다.

3. 內陸地域

內陸地域에서는 羅州 多侍面과 細枝面, 和順 道谷面과 和順邑, 谷城 木寺洞面,

潭陽 大田面과 武貞面, 光山 大村面 등지에서 支石墓群들을 볼 수 있는데, 이들은 대부분 江을 낀 平野地帶에 위치한다. 支石墓는 비옥한 토지를 기반으로 하여 農耕生活을 營爲한 先史集團의 墓制로 볼 수 있다. 支石墓들은 대부분 巨大한 蓋石을 구하기 쉽고, 또 蓋石을 운반하기 용이한 採石場 近處 즉 山과 인접한 地域에 圓形 또는 一列로 群을 이루며 분포하고 있다.

谷城 木寺洞面 拱北里를 中心으로 寶城江을 따라 163基의 支石墓가 몇 개의 群을 이루면서 集中的으로 分布하는데, 특히 拱北里의 경우는 支石墓가 半月形의 沖積平野에 江流와 거의 竝行하여 群을 이루고 있다. 支石墓 주변에서 無文土器片들이 發見되고 있어, 당시 支石墓 築造後 동원된 사람들, 또는 死者의 靈魂을 위해 祭宴을 베풀었을 가능성(李光奎 1969:141-152)을 생각해 볼 수도 있는데, 특히 無文土器片들이 石室 內部가 아닌 外部에서 出土된 光州 忠孝洞 支石墓의 경우는 이러한 가능성을 다시 한 번 생각해 보게 한다.

榮山江 流域에 分布한 支石墓群 중 羅州 一帶를 제외한 內陸地方에 위치한 支石墓群 즉 光山 大村面, 潭陽 大田面, 和順 道谷面 등의 近處인 光州 松岩洞 임정부락(崔夢龍 1974a:25-42), 潭陽 鳳山面 齊月里(崔夢龍 1973b:1-24)나 光州 牛峙洞 용강부락(崔夢龍 1973c:69-75), 和順 道岩面 天臺里(崔夢龍, 1975d:21-34) 등지에서는 地表調査를 통해 遺物散布地(住居址)가 확인된 바 있다. 특히 光山 大村面과 경계를 이룬 光州 松岩洞 임정부락에서는 기원전 3~1세기 경의 圓形 및 末角方形 竪穴住居址가 확인되었는데(崔夢龍 1977e, 1978b), 이 住居址들은 부근에 위치한 孝德洞과 光山 大村面 西倉里(崔夢龍 1975c) 支石墓를 築造한 사람들이 살던 곳이라 여겨진다. 이를 통해 支石墓가 集中的으로 分布하고 地域 부근에 그들의 생활근거지가 있었음을 알 수 있는데, 앞으로 더 많은 地域에서 遺物散布地가 發見되리라 믿어진다.

한편 潭陽 大田面은 馬韓 54國 중 臼斯烏旦國으로 비정된 長城郡 珍原面(李丙燾・金載元 1959: 283-289)과 인접해 있다. 넓은 平野가 있고, 그 주위에서 潭陽 鳳山面 齊月里나 光州 牛峙洞 용강부락 등 先史聚落址가 확인된 大田面 一帶는 先史時代부터 매우 중요한 地域으로 여겨지는데, 특히 大田面 一帶의 支石墓 社會는 《三國誌》〈東夷傳〉에 나오는 馬韓 54國중의 하나인 臼斯烏旦國이 있었던 곳으로 추정되고 있어 더욱 주목된다.

아직 資料의 해석 및 考古學 자료의 미비로 인해 古代史와 考古學의 공동연구가 활발하게 이루어지고 있지는 않지만, 全南地方의 경우 支石墓의 下限과 이들 支石墓社

會를 기반으로 하여 형성된 馬韓社會와의 關聯性을 설정할 수 있으며, 앞으로 考古學的인 觀點에서 古代史를 考察해 볼 필요성이 요청된다. 만약 일찍이 筆者가 제시한 의견이 수용된다면(崔夢龍1973c:81), 이제까지 추정되어 오던 馬韓 54國의 位置를 支石墓의 集中的인 分布 地域을 중심으로 추정하는 것이 가능하고, 또 이들 지역들이 후일 馬韓 54國의 一部를 이루는 中心地로 보아도 무방하다고 생각한다. 이러한 가설의 試案으로〈表3〉支石墓群 分布表를 作成하여 보았다.

Ⅳ. 출토유물

全南地方에서 조사된 支石墓의 下部構造, 즉 石室內部 또는 支石墓 주위에서 出土된 遺物들을 정리하면〈表4〉支石墓下 出土遺物表와 같다. 출토유물은 크게 石器類·土器類·靑銅器類 등으로 區分할 수 있는데, 지석묘에서 출토된 유물들은 지석묘 각 형식 사이의 編年問題 등을 연구하는데 귀중한 자료가 될 수 있다. 그러나 아직 石鏃(任世權 1977:3-34)이나 기타 다른 遺物에 대한 編年設定이 이루어지지 않아 출토유물을 통해 支石墓의 型式을 뚜렷하게 구분할 수는 없다.

支石墓에서 細形銅劍이 出土된 例가 있음을 고려할 때 全南地方에서 보이는 南方式 및 蓋石式 支石墓의 上限年代는 日本 支石墓에서 출토된 夜臼式 土器의 연대인 기원전 5世紀 頃(甲元眞之 1978:145, 森貞次郎 1969:901)으로 잡을 수 있으며, 그 하한은 粗質無文土器를 근거로 기원전 1世紀 頃으로 볼 수 있겠다. 그러나 潭陽 文學里의 경우처럼 金海土器片이 출토되는 경우도 있어(金元龍 1961a:10-12) 지석묘의 하한이 西曆紀元 前後까지도 내려갈 가능성이 있는데, 潭陽 齊月里, 光州 牛峙洞·松岩洞 등 지석묘 축조인들이 살았던 주거지의 연대는 대개 無文土器 末期나 鐵器時代 前期로 볼 수 있다.

1. 石器類

가. 石鏃

全南地方 支石墓에서 가장 많이 出土된 石器는 石鏃인데, 그 대부분은 有莖式 石鏃이다. 寶城 강골부락 지석묘에서는 血溝가 있는 二段柄式 石劍과 함께 無莖逆刺式

116

石鏃이 출토되었는데, 이는 櫛文土器 遺蹟에서 많이 출토되는 오랜 전통을 가진 古式 石族이다. 대부분의 石族은 유경식 석촉으로, 鏃身 斷面이 菱形이고, 莖部는 八角形이나 四角形이 보통인데, 이들은 筆者의 石鏃 分類에 따르면 B2 式(崔夢龍 1973b:17-18)으로 분류된다.

羅州 馬山里 2區 쟁기머리 支石墓에서는 꼬다리(莖)가 있고 촉신이 細長한 石族이 출토되었는데, 이는 필자의 형식분류상 B1식에 속하는 有莖式 石族이다. 한편 谷城郡 立面 棲峰里에서 출토된 석촉은 촉신에서 이어지는 경부의 단면이 육각형으로 逆刺式을 하고 있는데, 촉신이 약간 배가 부른 柳葉形이다.

나. 石斧

全南地方 支石墓 下部나 주위에서 출토된 石斧는 蛤刃石斧와 有溝石斧로 大別된다. 海南 앙동리에서 出土된 蛤刃石斧는 斧頭가 圓筒形으로 나무에 홈을 파서 삽입할 수 있도록 제작되었는데, 이러한 형태의 石斧는 羅州 潘南面 德山里에서도 出土된 바 있다. 이 石斧는 斧頭에 上下 구획선이 나 있고 상단은 圓筒形으로 된 가장 발달된 형식이다(崔夢龍 1976c:17-18). 전남지방에서 출토된 석부의 着裝法에는 2가지가 있는데, 보다 기본적이고 보편적인 다른 한 방식은 扁平한 斧身을 나무 자루에 附着시키고 칡넝쿨 등으로 묶는 방법이다. 전남지방에서 출토된 석부는 대부분 후자의 방식을 따르는데, 이는 전자의 경우보다 이른 형식이다.

有溝石斧로는 長興邑 牛目里 支石墓 下部에서 출토된 것과 羅州 多侍面 伏岩里 시랑골 支石墓 주위에서 表面採集된 것이 있다. 이 두 例는 모두 斧身과 斧頭를 정교하게 磨研하였는데, 溝部는 그리 깊지 못하나, 그 위치는 모두 全體 길이의 1/3 정도 斧頭쪽에 두고 있다. 이러한 형식의 有溝石斧는 東南 Asia와 Polynesia 등지에서 폭 넓게 출토되고 있어, 남방문화의 영향을 받은 것임을 알 수 있다(金貞培 1970:15-16). 南方 Polynesia인들은 이를 木工具로 사용했으나, 우리 나라의 경우는 刃部의 使用痕으로 보아 農耕, 또는 住居址를 構築할 때 쓰는 掘地具 또는 까뀌 등의 木工具, 또는 기타 일상생활에 사용하는 萬能石器로 이용되었던 것 같다(金元龍 1970:527-545).

다. 石劍

全南地方 支石墓에서는 寶城 강골부락에서 無莖式 石鏃·有柄式 石劍과 共件되어 有桶 二段柄式 磨製石劍이 출토된 바 있는데, 有光敎一은 血溝가 있는 磨製石劍은

〈표 4〉 支石墓下 出土遺物表(*는 支石墓 주위에서 表面採集된 것임)

一連番號	出土地	支石墓型式	土器	石鏃	石斧	石劍	半月形石刀	其他	青銅器	備考
1	高興郡 豆原面 雲垈里	南方I式				BII形 (有柄式) 石劍(長15.11cm)			滿州式銅劍	
2	谷城郡 木寺洞面 拱北里B	蓋石II式	無文土器片*							土製劍把頭飾*
3	谷城郡 木寺洞面 拱北里C	蓋石I式	〃	有莖鏃 (現長5.3cm)						破壞된 蓋石下에서 有柄式磨製石劍 2點, 磨製蛤刃石斧 2點
4	谷城郡 木寺洞面 拱北里D	蓋石I式	〃	有莖鏃 (現長5.7cm)						
5	昇州郡 住岩面 廣川里	蓋石II式	無文土器片* (二重口緣)					砥石*		
6	長城郡 西三面 籠頭里 태암부락	未詳					異形半月形石刀* (現存長8cm)			
7	羅州郡 南平面	〃		有莖鏃 (現長7.5cm)			半月形石刀 (長7.2cm)			傳 支石墓下
8	羅州郡 鍋枝面 內亭里	〃		有莖鏃 (長6.1cm)						
9	海南郡 海南邑 잉동리	〃			蛤刃石斧 (長14.6cm)					
10	和順郡 同北水源池옆	〃				磨製石劍(有柄式) (長29.9cm)				
11	寶城郡 得糧面 강골부락	〃		無莖鏃 (長7cm)		有柄式石劍 (長22.1cm) 有稱二段柄式石劍 (長17.50cm)				
12	和順郡 南面 節山里	〃							細形銅劍 (現長13.2cm)	
13	寶城郡 熊峙面	〃							細形銅劍 (現長31cm)	
14	靈岩郡 西面 東鳩林里	〃					石槍(長14.4cm)			
15	光州市 柳德洞	〃							細形銅劍片	
16	羅州郡 多侍面 伏岩里 시랑골	〃			有溝石斧* (長10.1cm)					
17	谷城郡 立面 槐鳳里	〃		有蓋式鏃 (長6.5cm)		有柄式石劍 (長33.3cm)				
18	羅州郡 羅州邑 寶山里	南方III式	無文土器片 (二重口緣)							
19	和順郡 道岩面 大草里 대초부락3	蓋石I式	無文土器片							
20	和順郡 道岩面 大草里 조치부락5	〃						紡錘車		
21	和順郡 道岩面 大草里 조치부락6	〃						環石		
22	羅州郡 茶道面 馬山里 쟁기머리	蓋石I式	無文土器片	有莖鏃6개				砥石		鰓齒
23	羅州郡 茶道面 板村里	蓋石I·II式		有莖石鏃						
24	高興郡 過驛面 過驛里	未詳					異形半月形石刀 (長23.5cm)			
25	高興郡 蓄山面 차동부락	〃					石槍 (長19.8cm)			
26	長興郡 長平面 楊村里	〃		石鏃				石槍		紛失
27	長興郡 冠山面 柳村里	〃	無文土器片 紅陶片							
28	潭陽郡 大德面 文學里	蓋石IV式	金海土器片	有式石鏃 (現長7.8cm)		石劍片				
29	羅州郡 南平面 蘆洞里	未詳	紅陶片		石斧 (長15.2cm)					
30	光州市 忠孝洞	南方I·II·III式	無文土器片 紅陶片	石鏃片				砥石		
31	長興郡 長興邑 牛日里	未詳			有溝石斧 (20.2cm)					

細形銅劍을 모방한 것으로 그 實年代는 기원전 4~3세기경이라 추정하고 있다(有光敎 一 1962). 그러나 石劍의 祖型問題에 대해서는 아직도 많은 異論이 제기되고 있으며, 그 중 오르도스 銅劍의 영향을 받아 처음으로 나타난 것이 有柄式 石劍이라는 주장이 있고(金元龍 1971:25), 또 遼寧式 銅劍과 함께 伴出되고 있어 有柄式 石劍의 上限은 기원전 7세기경으로 추정되고 있다.

그런데 高興 雲岱里 支石墓 下部에서 遼寧式(滿州式) 銅劍片이 출토되어 支石墓 와 有柄式 石劍의 上限연대가 기존에 생각하던 것보다 올라갈 가능성이 제기되기도 했 지만, 이 銅劍片의 性格에 대해서는 아직 이론의 여지가 있다. 설사 年代가 올라간다 하더라도 이는 일부 유적에 국한되며, 전남지방의 지역적 특수성을 감안할 때 支石墓 下部에서 출토되는 有柄式 石劍이나 血溝있는 石劍의 연대는 대개 기원전 4~3세기를 오르지 못할 것이다.

라. 半月形 石刀

羅州 南平과 長城 용두리에서 출토된 半月形石刀는 兩孔이 있는 短舟形 石刀이 다. 刃斧는 弧形으로 중심에 각이 져 거의 삼각형의 두 변처럼 보는데, 이는 중간보다 는 양측 날을 사용한 결과로 여겨진다. 한편 靈岩 月松里(金元龍 1968a)와 忠南 人卦 里(崔夢龍 1968)에서 출토된 三角形石刀의 경우도 마찬가지로 양쪽 날이 사용되면서 변형된 것이 아닌가 생각된다.

그리고 異形 半月形石刀와 高興郡 過驛에 소재하는 支石墓 근처에서 表面採集된 大型石刀가 있는데, 이는 사다리꼴을 하고 있어 마치 오늘날 농가에서 마소에게 먹일 여물을 써는데 사용하는 작두(斫刀)와 흡사한 형태를 하고 있다. 이 石刀도 調理具, 또 는 이와 비슷한 用途로 사용되지 않았나 추측된다. 이러한 石刀는 영산강유역에서 발 견되는 여타 異形 半月形石刀보다 시대가 떨어지는 새로운 形態의 石刀로 해석된다.

마. 石槍

石槍은 全南地方 支石墓 下部나 支石墓 주위에서 발견되고 있다. 石槍을 石劍의 한 형식으로 보는 견해가 있으나(有光敎一 1962), 필자는 石劍과 다른 점을 들어 용도 의 구별을 시도해 본 적이 있다(崔夢龍 1975b). 즉 身部는 石劍과 별 차이가 없지만 把部가 石鏃처럼 긴 자루에 부착하여 끈으로 단단하게 묶을 수 있도록 莖部의 構造가 복잡하며, 身部에서 莖部로 이어지는 部가 좌우로 突出되지 않은 점을 그 특징으로 들 수 있다.

全南地方에서 발견된 石槍의 길이는 대개 15~20 cm 內外인데, 武器用이나 狩獵用으로 石劍보다 이용가치가 높다고 할 수 있는데, 筆者는 先史人들의 주요한 武器의 하나로 이용된 石槍에 대해서 復元을 시도해 본 바 있다(崔夢龍, 1975b).

石槍은 先士人의 弓矢나 劍과 함께 東沃沮條에 보이는 步戰用의 무기의 기능과 함께 짐승을 잡는 狩獵用 기능도 지녔을 것이다. 그런데 地域에 따라서는 獨木舟를 타고 近海에서 고기를 잡는 오늘날의 작살과 비슷한 기능도 있었을 것으로 여겨진다. 이를 뒷받침해 주는 예로 新安 飛島 앞바다에서 그물에 걸려 出土된 石槍 1點이 現在 光州 錦湖高等學敎 鄕土館에 所藏되어 있다. 이처럼 石槍은 石劍과는 처음부터 다른 用途로 제작되었으며, 따라서 石槍과 石劍은 用語上 區分되어야 할 것이다. 그 밖의 石器類로는 砥石, 石環, 紡錘車 등이 출토되었다.

2. 靑銅器

全南地方 支石墓에서 출토된 靑銅器는 銅劍뿐이다.

和順 南面 節山里와 高興 雲垈里에서는 破損된 銅劍이 출토되었는데, 이들은 節帶에까지 날이 나 있는 尹武炳의 II式 銅劍(尹武炳 1966:43-50)에 해당하는데, 특히 雲垈里에서는 오르도스式 銅劍의 영향을 받아 출현했다고 하는 有柄式 石劍과 함께 출토되었다.

한편 寶城 熊峙나 光州 柳德洞에서는 날이 節帶를 지나 稜帶에까지 나 있는 가장 發達한 型式인 III式 銅劍이 출토되었는데, 全南地方에 출토된 III式 銅劍은 이 二點뿐이다. 가장 發達된 III式 銅劍은 鐵器의 영향하에서 제작되었을 가능성이 큰데, 이들이 支石墓에서 출토되었음은 全南地方 支石墓의 年代가 他地域에 비해 떨어질 수 있는 가능성을 보여주는 것이라 할 수 있다.

3. 土器類

全南地方 支石墓 下部나 주위에서 발견된 土器片의 대부분은 末期 型式의 無文土器인데, 紅陶片과 支石墓의 下限을 말해주는 金海土器片도 출토된 바 있다.

谷城 拱北里의 支石墓 주위에서는 다양한 적갈색 無文土器片들이 表面採集되었

는데, 그 형태를 보면 바닥이 平底인 것과 손가락 등으로 눌러 굽을 이룬 것이 있으며, 口緣部는 垂直인 것과 外反한 것 등이 있다. 또 口緣部 文樣은 擦過한 흔적이 있는 것, 沈線文, 押點文 등이 있는데, 全體的인 文樣을 알 수 있는 것은 발견되지 않았다. 이러한 문양들은 櫛文土器 계통의 것이지만 胎土를 보면 砂粒이 섞인 적갈색 無文土器片들이다. 특히 無文土器 低部에 나뭇잎에 눌린 자국이 發見된 바 있는데, 이는 土器 製作時 나뭇잎을 사용하였음을 알려 준다.

그리고 二重口緣 토기가 昇州 廣川里와 羅州 寶山里 支石墓에서 출토된 바 있는데, 寶山里(南方Ⅲ式) 출토토기는 다소 外反된 二重口緣 토기인데, 그 表面에서 變形角形土器에서 보이는 斜線列이나 손가락으로 눌러 만든 押點列은 확인되지 않았다. 깨진 단면을 통해 口緣部를 일단 成形한 후에 아래로 내려 접어 붙였음이 확인되었는데, 이는 尹武炳이 分類한 二重口緣土器(變形角形土器)중 아무런 文樣이 없는 土器에 해당된다(尹武炳 1975:13-14).

谷城 三枝面 塊素里와 光州 忠孝洞 支石墓(南方式)에서도 末期 粗質無文土器片과 紅陶片이 發見되기는 했으나, 遺物을 통해 支石墓 型式사이의 先後關係를 이야기하기는 어려운 실정인데, 이는 각 支石墓 型式들이 특별한 區別없이 混在·混用되어 축조되었음을 보여주는 증거라 할 수 있다.

V. 지석묘의 상한과 하한

지금까지 우리 나라에 分布하고 있는 支石墓 型式들 사이의 先後關係를 밝히려는 시도가 여러 각도에서 있어 왔다. 鳥居龍臟은 支石墓의 규모 등을 근거로 原始的이고 小形인 南方式(蓋石式 포함)이 北方式보다 앞선 先行樣式으로 보았으나(鳥居龍藏 1942:126), 三上次男은 出土遺物 등을 근거로 北方式 支石墓가 南方式 支石墓보다 先行한 것으로 파악했다(三上次男 1961a:87). 한편 有光教一(有光教一 1973:13-20)와 甲元眞之(甲元眞之 1973:21-28)는 이를 부정했다. 즉 有光教一는 半島北部에서 築造된 北方式이 南下하여 蓋石式 支石墓로 발전하였으며, 半島 南端部에서 보이는 南方式이 가장 늦게 축조되었다는 종래의 학설에 異論을 제기하고, 北方式과 南方式 支石墓는 각각 三國時代 古墳으로 그 계통이 이어졌다는 견해를 제시한 바 있다.

支石墓의 分布상태를 근거로 蓋石式이 南方式 보다 先行한 樣式이라는 입장도 있으며(金載元·尹武炳 1967), 金元龍은 蓋石式 支石墓를 "北方式을 크게 간략화한 石棺墓와 같은 새로운 墓制의 영향하에서 만들어지며......나중에 三國時代의 小形 石槨墓로 옮아간다......"라고 하며 암암리에 南方式보다 후대의 양식임을 시사하였다(金元龍 1974:59-60). 또 任世權은 蓋石式(놓인 E형) 支石墓 下部에 土壙이 있는 형태에서 北方式과 蓋石式으로 나누어지고, 蓋石式은 다시 南方式 支石墓로 發展해 나간 것으로 보고 있다(任世權 1976:69-120).

이처럼 支石墓 型式 사이의 先後關係에 대해서는 일반적으로 인정되는 정설이 없는 실정이다. 필자의 경험을 통해 볼 때, 全南地方의 경우 한 支石墓群內에 南方式과 蓋石式 支石墓가 混在되어 있는 경우가 많긴 하지만, 支石墓의 分布 頻度, 傳播經路로 미루어 보아 南方式에서 蓋石式으로 發展해 나간 것이 아닌가 하는 생각을 갖고 있는데, 아직 뚜렷한 證據를 제시할 수는 없다.

우리 나라에서 支石墓가 分布되어 있는 地域을 보면, 西海岸을 따라 계속적으로 나타나며, 內陸地方에서는 春川, 大邱, 慶州, 谷城 등 주로 江을 끼고 있는 平野가 위치한 上流地域에 集中的으로 分布하고 있다. 支石墓의 전파가 海岸을 따라 내려오다가 江을 따라 內陸으로 들어가면서 江의 上流지역에서도 流行했던 것으로 생각된다. 이를 염두에 둘 때, 全南地方의 경우는 靈光 白岫面 一帶에 가장 먼저 支石墓가 傳播되었던 것이라 생각되는데, 이 일대에는 典型的인 南方式 支石墓가 分布하고 있으므로, 南方式이 全南地方에 제일 먼저 들어온 支石墓 樣式이라 여겨진다. 따라서 西海岸을 따라 南方式 支石墓가 全南地方에 傳播되었고, 점차 內陸地方으로 傳播되어감에 따라 簡略化하고 人力이 적게 드는 樣式인 蓋石式 支石墓가 流行하게 되었다고 볼 수 있겠다. 즉 全南地方의 支石墓群에서 南方式과 蓋石式 支石墓가 混在하고 있으나, 型式上으로 볼 때 先行樣式은 南方式이고, 이후 蓋石式으로 바뀌어 나갔다고 이야기할 수 있겠다. 그러나 두 型式이 共存하고 있으므로, 時代가 내려 갈수록 細分化시킨 型式의 編年은 오직 型式의 分類로서만 의미를 지니며, 現存라는 資料로 이들을 年代順으로 設定하는 것은 不可能하다.

支石墓의 上限 및 下限 문제는 아직 논란이 되고 있는데, 앞으로 더 많은 發掘·調査가 이루어지고, 방사선탄소 연대측정을 통한 支石墓의 年代設定이 이루어지면, 型式上의 先後關係도 밝혀지리라 믿는다. 林炳泰는 金海·態川貝塚을 근거로 支石墓의 下限을 기원후 1世紀로 잡고 있는데(林炳泰 1964), 南方式 支石墓의 上限을 기원전 7세기, 下限을 기원전 2세기로 추정하는 견해도(金載元·尹武炳 1967) 있으므로, 南方

式 支石墓의 소멸시기는 대개 기원전 2세기 以後로 볼 수 있겠다.

그런데 방사선탄소연대측정을 통해 양평군 양수리 지석묘 3,900±200B.P(이융조 1975:53-72), 玉石里 支石墓 下部에서 조사된 竪穴住居址 2,590±105B.P(金載元·尹武炳 1967:48), 黃石里 13호 支石墓 2,360±370B.P(金載元·尹武炳 1967:108-110), 상자포리 4호 支石墓 2,170±60B.P (秦弘燮·崔淑卿 1974:49) 등의 絶代年代가 산출된 바 있다. 이러한 연대를 근거로 支石墓의 築造期間을 산정한다면, 기원전 1950년에서 기원전 220년에 이르는 약 17세기 걸쳐 지석묘가 축조된 셈이 되는데, 그 上限年代에 대해서는 아직 많은 논란이 있다. 玉石里 支石墓 下部에서 확인된 竪穴住居址의 絶代年代가 기원전 640년이라는 것은 玉石里 支石墓의 上限이 기원전 7세기 중엽 이상으로 올라갈 수 없음을 의미하며, 細形銅劍이 출토된 金海 內洞里 支石墓의 年代는 기원전 4~3세기로 추정되고 있다(金廷鶴 1976:2-3, 1977:71). 全南地方의 支石墓에서도 細形銅劍이 出土된 예가 있고, 全南地方의 地域的 특수성을 감안해 볼 때 전남지방 지석묘의 上限은 기껏해야 기원전 5~4세기를 오르지 못한다고 할 수 있다.

한편 日本 九州 風觀岳에서 發掘된 南方式 支石墓나 二重蓋石을 가진 蓋石式 支石墓, 그리고 地下土壙을 가진 支石墓들의 一括 年代가 繩文晩期終末, 또는 彌生初期, 즉 板村 I式·夜臼式 土器의 存在를 근거로 기원전 5세기경으로 편년되고 있다(甲元眞之 1978; 森貞次郎 1969). 그러나 이는 南方式 支石墓에 근거를 둔 것이며, 蓋石式 지석묘의 연대와는 分離해서 생각해야 할 필요가 있을 것 같다. 日本에 流入된 南方式 支石墓의 上限이 기원전 5세기경이라는 것이 韓半島에서 보이는 南方式 支石墓 年代의 一端을 보여주는 것인지는 모르겠지만, 全南地方에 분포하는 南方式 支石墓를 포함한 蓋石式 支石墓의 築造年代는 이보다 떨어지는 기원전 3~2세기경이며, 어떤 것들은 西曆 紀元 前後까지도 내려온다고 볼 수 있다. 방사성탄소연대측정을 통한 支石墓의 절대연대 중 가장 늦은 양평 상자포리 1호 支石墓의 절대연대가 기원전 220년으로 추정되었음을 고려할 때, 蓋石式 支石墓의 築造年代의 一端을 기원전 3~2세기경으로 잡아도 무리는 아닐 것 같다.

蓋石式 支石墓에서 가장 늦은 형식인 地下土壙形은 鐵器時代前期(初期鐵器時代)에 流入된 土壙墓와 支石墓가 결합된 양식인데, 全南地方의 경우는 그 연대가 기원전 3~2세기 이후로 떨어질 가능성이 많다. 潭陽 文學里 支石墓 下部에서 出土된 金海土器의 연대는 馬山 城山貝塚(崔夢龍 1976d:118) 등에서 金海土器와 共伴된 遺物을 고

려할 때 대개 西曆 紀元前後로 볼 수 있다. 따라서 全南地方 支石墓의 下限 역시 기원전 3~2세기보다 더 떨어지는 西曆紀元 前後까지 내려올 수 있는데, 이는 支石墓 下部에서 出土된 粗質無文土器나 金海土器를 통해 뒷받침된다.

그리고 支石墓社會 말기에 즈음하여 史書에서 보이는 馬韓 社會는 支石墓가 集中的으로 分布되어 있던 地域을 中心으로 형성되었던 것이다. 따라서 支石墓社會의 下限과 馬韓의 上限年代가 일부 겹치는 것으로 보아도 무리는 아닐 것 같다.

Ⅵ. 맺음말

全南地方에서 發掘·調査된 支石墓를 기초로 하여 전남지방 支石墓의 型式을 南方式과 蓋石式으로 대별하고, 이를 다시 細分하여 南方式은 3가지로, 蓋石式은 5가지로 分類해 보았지만, 全南地方 所在 支石墓의 型式分流가 완전한 것으로 볼 수는 없다. 이는 筆者가 지금까지 調査한 것을 정리해 본 것에 불과하며, 앞으로 더 많은 發掘·調査가 이루어지면, 支石墓의 型式 뿐만 아니라 그들 사이의 相互 先後關係가 더 자세하게 파악될 수 있을 것이다

全南地方에서 支石墓는 西海岸을 따라 靈光 白岫面 一帶에 제일 먼저 傳播된 것으로 보여진다. 全南地方의 경우, 支石墓는 先行樣式인 南方式에서 蓋石式으로 發展되었으며, 支石墓가 內陸地方으로 傳播되면서 두 型式이 混在하게 되었는데, 그 時間的 차이는 뚜렷하지 않다. 全南地方의 경우 南方式 支石墓의 上限은 기원전 7세기까지 올라갈 수 있으나, 地域的인 特殊性을 감안하면 기껏해야 기원전 5~4세기가 그 上限이 될 것이며, 下限 즉 蓋石式 支石墓중 地下土壙을 가진 型式의 연대는 西曆紀元 前後가 되겠다. 특히 金海土器片이 出土된 潭陽 文學里 支石墓는 全南地方 支石墓의 最下限 年代를 시사해 준다.

支石墓가 集中的으로 分布되어 있는 地域을 염두에 둘 때, 전남지방에서 지석묘는 靈光 白岫面 一帶에서 西海岸을 따라 南海岸으로 傳播되었고, 한편으로는 榮山江을 따라 內陸으로 傳播되었음을 알 수 있으며, 이 分布를 통해 馬韓 54國을 이루던 몇몇 中心地域도 파악될 수 있다.

全南地方의 支石墓社會는 羅州 板村里나 光州 忠孝洞 支石墓에서 보이는 夫婦合葬墓를 통해 볼 때, 적어도 血緣을 기반으로 하는 社會였으며, 支石墓가 平野나 平野와

인접된 地域에 分布하는 것으로 보아 主된 生業經濟는 土着農耕이었던 것 같다. 驪州 欣岩里 先士住居址에서 보이듯이 우리 나라에 쌀이 傳播된 것이 기원전 5세기 이전으로 올라감을(任孝宰 1977) 고려할 때, 支石墓社會에서도 충분히 栽稻가 가능했을 것이다. 支石墓 社會가 후일 馬韓 五十四國의 일부로 發展해 나간 것으로 추정되는데, 全南地方의 경우는 아직 遺蹟 및 遺溝의 파괴가 심하게 이루어지지 않고 잘 남아 있어 이러한 中心地를 비교적 쉽게 파악할 수 있다. 支石墓 築造時 필요한 採石, 인구의 增價, 統率力, 잉여생산 등 支石墓 사회에서 축적된 社會·經濟的 기반은 馬韓社會로의 발전에 원동력이 되었다(崔夢龍 1973a, 1974b:177-182).

支石墓들은 대개 平野가 바라보이는 얕은 丘陵이나 平野 地帶에 圓을 이루거나 列을 지어 支石墓群을 形成하고 있는데, 이는 支石墓 社會가 血緣을 기반으로 하는 土着農耕社會였음을 시사해 준다. 支石墓가 全南地方에 존속했던 기간은 약 400~500년간이며, 西曆紀元을 前後로 해서 支石墓가 소멸된 이후에는 土壙墓, 또는 潭陽이나 羅州 水沒地區 등지에서 보이는 土壙을 파서 그 주위에 돌을 간단히 돌려 區劃하는 圍石墓(崔夢龍 1976a, 1976b)로 發展되었을 것으로 짐작된다. 또 支石墓 社會 末期에는 光山 飛雅面 新昌里에서 조사된 것과 같은 甕棺墓도 병행되었을 것이다. 甕棺墓는 早死한 어린애의 무덤으로 사용되기도 했겠지만, 全南 珍島·草島 등에서 보이듯이 南方계통에서 들어온 二重葬의 墓制를 포함하는 洗骨葬 風習 등과 결합되어 비교적 복잡한 양상을 보이기도 한다. 이러한 風習은 支石墓와도 結付되어 洗骨葬이 베풀어지면서 石室이 1~1.5m 內外로 축소되기도 한다. 支石墓의 石室이 1.5m 미만인 경우는 成人의 死體를 肉脫시킨 후 뼈만 추려 埋葬하는 二次葬, 즉 洗骨葬의 가능성을 상정할 수 있다. 先史時代의 二次葬의 경우나 伸殿葬은 歷史時代가 되면서 羅州郡 潘南面 德山里·新村里 등지의 甕棺에서(有光敎一 1938: 20-35; 穴澤口禾光 1973: 15-30) 보이듯이 封土를 지닌 仰臥伸展葬으로 바뀌게 된다.

全南地方에는 他道에 비해 훨씬 많은 수의 지석묘가 分布하지만, 支石墓에 대한 地表調査 및 發掘調査는 아직 만족할 만한 수준에 이르지 못했다. 예니세이강 유역에서 성행했던 카라스크 文化에서 보이는 巨石文化, 즉, 北方系統의 요소로부터(金元龍 1976) 이웃한 日本의 支石墓 發掘 및 調査에 이르기까지 보다 광범위한 比較硏究가 이루어진다면 보다 나은 결과를 기대할 수 있을 것이다.

일단 韓半島로 傳播된 支石墓는 全南地方에서 獨自的인 발전을 거쳐 크게 流行하였고, 이 지역에서 農耕을 주된 생업경제로 하여 생활하던 土着 社會의 주민들은 支

石墓를 자신들의 代表的인 墓制로 채택하였다. 전남지방에서 支石墓는 기원전 5~4세기경부터 西曆紀元을 前後로 하는 시기까지 약 4~500年間 축조되었는데, 이 기간은 韓國 考古學의 編年上으로는 靑銅器時代 후기에서 철기시대 전기(초기 철기시대, 기원전 300~1년)에 해당된다.

참고문헌

金元龍, 1960, 〈永同楡田里 支石墓의 特異構造와 葬品〉, ≪歷史學報≫ 20.

金元龍, 1961a, 〈金海土器片을 내는 潭陽 文學里의 一支石墓〉, ≪美術資料≫ 3.

金元龍, 1961b, 〈求禮 金內里의 立石·支石墓〉, ≪考古美術≫ 2卷 3號.

金元龍, 1968a, 〈靈岩 月松里의 石器文化-三角形石刀를 中心으로 하여-〉, ≪震檀學報≫24.

金元龍, 1968b, ≪新昌里 甕棺墓地≫

金元龍, 1970, 〈文化財管理局所藏 有溝石斧類〉, ≪李弘稙博士 回甲紀念 韓國學論叢≫, 新丘文化社.

金元龍, 1971, 〈韓國磨製石劍 起源에 관한 一考察〉, ≪白山學報≫ 10.

金元龍, 1974, ≪한국의 고분≫ 교양국사총서.

金元龍, 1976, ≪韓國文化의 起源≫, 探求新書 201.

金元龍, 1977, ≪韓國考古學槪說≫, 一志社.

金元龍·任孝宰 1968, ≪南海島嶼考古學≫.

金元龍 外, 1977, 〈青銅器時代와 그 文化〉, ≪韓國史大討論≫ 2, 三星文化文庫 89.

金載元·尹武炳, 1957, ≪韓國西海島嶼≫ 第1部.

金載元·尹武炳, 1967, ≪韓國 支石墓 研究≫, 國立博物館.

金貞培, 1970, 〈韓國에 있어서의 南方文化論〉, ≪白山學報≫ 9.

金廷鶴 編, 1972, ≪韓國の考古學≫, 河出書房新社.

金廷鶴, 1976, 〈金海內洞 支石墓 調査豫報〉, ≪考古學ジャーナル≫ No. 128.

金廷鶴, 1977, 〈任那と日本〉, ≪日本の歷史≫ 別卷 1.

金哲埈, 1959, 〈濟州島支石墓調査報告〉, ≪서울大人文社會科學論文集≫ 9, 서울大學校.

金學輝, 1977, 〈高興地方의 先史遺蹟〉, ≪文理大≫ 9, 全南大學校.

도유호, 1959, 〈조선거석문화연구〉, ≪문화유산≫ 1959-2.

孫晉泰, 1975, 〈朝鮮 Dolmen에 관한 調査研究〉, ≪民俗學論攷≫, 民學社.

宋丞容, 1975, 〈長興郡 一帶의 支石墓群 報告〉, ≪錦湖高 教師論文集≫ 1.

尹武炳, 1966, 〈韓國青銅短劍의 型式分類〉, ≪震檀學報≫ 29·30合倂號.

尹武炳, 1975, 〈舞文土器 型式分類 試攷〉, ≪震檀學報≫ 39.

李光奎譯, 1969, 〈메가릿트 問題〉, ≪文化財≫ 4.

李奎報, 1241, ≪東國李相國集≫ 卷 23.

李揆山, 1977, 〈先史墳墓〉,《考古學》4, 韓國考古學會.

李丙燾 · 金載元 1959《韓國史》古代編(震檀學會), 乙酉文化社.

李杜鉉, 1974, 〈葬制와 關係된 巫俗研究〉,《文化人類學》6(1973 · 4合併號).

李榮文, 1985, 〈和順地方의 先史遺蹟〉,《和順郡 文化遺蹟 地表調査報告》(和順郡編) 所收.

李榮文, 1990,《麗川市 鳳溪洞 支石墓》, 全南大學校 博物館.

李榮文, 1993,《全南地方 支石墓 社會의 研究》, 韓國教員大學校 大學院 博士學位 請求論文.

李榮文 · 鄭基鎭, 1992,《麗水 五林洞 支石墓》, 全南大學校 博物館.

李榮文 · 崔仁善, 1985, 〈羅州郡의 先史遺蹟〉,《羅州郡 文化遺蹟 地表調査 報告書》(羅州郡編)
          所收.

이융조, 1975, 〈방사성탄소연대측정과 한국의 선사시대 편년문제〉,《歷史學報》68.

李浩官 · 趙由典 · 安春培, 1976,《長城댐 水沒地區 遺蹟發掘調査報告》, 全南道廳.

李弘稙, 1960, 〈湖南地方의 고인돌〉,《讀史餘滴》, 一潮閣.

林炳泰, 1964, 〈韓國支石墓의 形式과 年代問題〉,《史叢》9.

任世權, 1976, 〈韓半島 고인돌의 綜合的 檢討〉,《白山學報》20.

任世權, 1977, 〈우리나라 磨製石鏃의 研究〉,《韓國史研究》17.

任孝宰, 1967, 〈順天地區의 支石墓群〉,《韓國考古》2.

全南大博物館, 1989,《百濟古都文化圈 遺蹟地表調查-谷城郡》.

全羅南道, 1976,《榮山江 水沒地區 遺蹟發掘調查 報告書》.

秦弘燮 · 崔淑卿, 1974, 〈楊平郡 上紫浦里 支石墓 發掘調查〉,《八堂 · 昭陽댐 水沒地區 遺蹟發掘
          綜合 調查報告》(文化財管理局編) 所收.

崔夢龍, 1967a, 〈全羅北道 海岸一帶의 先史遺蹟〉,《考古美術》8-4.

崔夢龍, 1967b, 〈全羅北道 海岸一帶의 先史遺蹟〉,《考古美術》8-6.

崔夢龍, 1968, 〈洪城郡 八卦里出土 磨製石器類〉,《考古美術》9卷 1號.

崔夢龍, 1973a, 〈採石問題에 대한 一小考〉,《考古美術》119.

崔夢龍, 1973b, 〈潭陽 齊月里의 石器文化〉,《湖南文化研究》5.

崔夢龍, 1973c, 〈榮山江 流域의 先史遺蹟遺物〉,《歷史學報》59.

崔夢龍, 1974a, 〈光州 松岩洞의 石器文化〉,《歷史學研究》V.

崔夢龍, 1974b, 〈韓國先史考古學에 있어서 機能的 復元問題〉,《嶺大文化》6.

崔夢龍, 1975a,《全南考古學地名表》, 全南每日出版局.

崔夢龍, 1975b, 〈月出山地區의 先史遺蹟〉,《文化人類學》7.

崔夢龍, 1975c, 〈石器時代의 光州〉, 《全南大學報》 1975年 5月 8日.

崔夢龍, 1975d, 〈和順 天台里의 先史遺蹟〉, 《歷史學研究》Ⅵ.

崔夢龍, 1976a, 〈大草·潭陽댐 水沒地區 遺蹟發掘調査報告〉, 《榮山江 水沒地區 遺蹟發掘調査 報告書》, 全羅南道.

崔夢龍, 1976b, 〈潭陽 齋月里 百濟古墳과 그 出土遺物〉, 《文化財》 10.

崔夢龍, 1976c, 〈榮山江流域에서 새로이 發見된 先史遺物〉, 《湖南文化研究》 8.

崔夢龍, 1976d, 〈西南區貝塚 發掘調査報告〉, 《馬山外洞城山貝塚發掘調査報告》 (文化財管理局 編) 所收. .

崔夢龍, 1977a, 《羅州 寶山里 支石墓 發掘調査 報告書》 羅州郡廳.

崔夢龍, 1977b, 〈珍島地方의 先史遺蹟〉, 《湖南文化研究》 10. 全南大學校 湖南文化研究所.

崔夢龍, 1977c, 《高興 鉢浦鎭城 發掘調査 報告書》.

崔夢龍, 1977d, 〈蘆花·甫吉島의 先史遺蹟〉, 《湖南文化研究》 9.

崔夢龍, 1977e, 《光州 松岩洞 住居址 發掘調査 報告書》, 全南大學校 博物館.

崔夢龍, 1978a, 〈光州 忠孝洞 支石墓 發掘·調査 報告書》, 全南大博物館.

崔夢龍, 1978b, 〈光州 松岩洞 住居址 發掘調査 報告書〉, 《韓國考古學報》 4.

崔夢龍, 1980, 〈荏子島의 先史遺蹟〉, 《古文化》 20.

崔夢龍, 1981, 〈全南地方 支石墓 社會와 階級의 發生〉, 《韓國史研究》 35

崔夢龍, 1997, 〈湖南地方의 支石墓社會〉, 《韓國古代國家 形成論》, 서울大學校 出版部

崔夢龍·崔盛洛, 1997, 《韓國古代國家 形成論》, 서울大學校 出版部.

崔盛洛, 1984 《靈巖 靑龍里·長川里 支石墓群》, 木浦大學 博物館.

韓炳三, 1973 〈墓制〉, 《한국사》 1, 한국의 선사문화(국사편찬위원회편) 所收.

韓炳三 外, 1974, 〈昭陽江 水沒地區 遺蹟 發掘調査〉, 《八堂·昭陽댐 水沒地區 遺蹟發掘綜合 調 查報告》 (文化財管理局編) 所收.

韓興洙, 1935, 〈朝鮮의 巨石文化 研究〉, 《震壇學報》 3.

황기덕, 1965, 〈무덤을 통하여 본 청동기시대의 사회관계〉, 《고고민속》 1965-4.

(日本·中國)

甲元眞之, 1973, 〈朝鮮支石墓の編年〉, 《朝鮮學報》 66.

甲元眞之, 1978, 〈西北九州支石墓の一考察〉, 《法文論業》 41, 熊本大學法文學會.

江坂輝彌, 1974, ≪日本文化の起源≫ 現代新書 108, 講談社.

國分一, 1975, 〈ジナ海諸地域 複葬〉, ≪とるめん≫ 1975-6.

松尾禎作, 1957 ≪北九州 支石墓の 研究≫, 松尾禎作 先生 還曆 記念事業會.

凌純聲, 1967, 〈臺灣與東亞及西南太平洋的石棚文化〉, ≪中央研究院民族學研究所專刊≫ 10.

梅原末治, 1930, 〈朝鮮に於いて新發見の銅劍・銅 に關係の遺物〉, ≪人類學雜誌≫ 45卷 8號.

梅原末治, 1935, 〈古鏡の新資料二例〉, ≪人類學雜誌≫ 50卷 3號.

梅原末治, 1940, 〈日鮮滿史前末期の墓制に就いて〉, ≪東洋史研究≫ 5-5.

梅原末治・藤田亮策, 1947, ≪朝鮮古文化縱覽≫ 第 1卷, 養德社.

三上次男, 1961a, 〈滿鮮地方における支石墓の研究〉, ≪滿鮮原始墳墓の研究≫ 第 1編.

三上次男, 1961b, 〈朝鮮半島における支石墓〉, ≪滿鮮原始墳墓の研究≫ 第 1編.

森貞次郎, 1969, 〈日本における初期の支石墓〉, ≪金載元博士回甲紀念論業≫, 乙酉文化史.

小泉顯夫, 1986, ≪朝鮮古代遺蹟の遍歷≫, 大興出版.

有光教一, 1917, 〈羅州 潘南面古墳の發掘調査〉, ≪大正六年度古蹟調査報告≫ (朝鮮總督府) 所收.

有光教一, 1938, 〈羅州潘南面古墳の發調査〉, ≪昭和十三年度古蹟調査報告〉 (朝鮮古蹟研究會) 所收.

有光教一, 1962, ≪朝鮮磨製石劍の研究≫, 京都大學文學部考古學業書 第 2冊.

有光教一, 1973, 〈韓半島の支石墓〉, ≪東洋學≫ 3, 第2回 東洋學學術講演會抄.

鳥居龍藏, 1942, 〈中國石棚之研究〉, ≪燕京學報≫ 31期.

朝鮮古蹟研究會, 1936, ≪昭和十一年度古蹟調査報告≫.

朝鮮古蹟研究會, 1938, ≪昭和十三年度古蹟調査報告≫.

朝鮮總督府, 1916, ≪大正五年度古蹟調査報告≫

穴澤口禾光・馬目順一, 1973, 〈羅州潘南面古墳群〉, ≪古代學研究≫ 70.

(歐美)

Carles, W. R. 1883, *Life in Korea*, London.

Gowland, W. 1895, Notes on the Dolmens and Other Antiquities of Korea, *The Journal of the Anthropological Institute of Great Britain and Ireland*, vol .xxiv.

라. 전남지방의 고인돌:개요

최 몽 룡

I. 고인돌의 성격

고인돌이란 선사시대 돌무덤의 하나로 지석묘(支石墓)와 같은 뜻이며 거석문화에 속한다. 그 성격은 무덤으로서의 구실이 크다. 우리나라에 있어 고인돌은 크게 세가지 형식, 즉 북방식(北方式) · 남방식(南方式) · 개석식(蓋石式)으로 나누어진다. 일반적으로 남방식 고인돌은 매장시설의 주요부분이 지하에 설치되어 있는 것으로, 우선 매장시설이 지상에 있는 북방식 고인돌과 형태상으로 구분된다. 남방식 고인돌은 판석(板石), 할석(割石)이나 냇돌을 사용하여 지하에 돌방을 만들고 그 위에 거대한 뚜껑돌(蓋石)을 올려놓은 것으로, 청동기시대에서 철기시대전기(초기철기시대)에 걸쳐 유행한 거석분묘이다. 남방식 고인돌은 크게 받침돌(支石)이 있는 것과 없는 것으로 나누어지는데, 앞의 것은 남방식(基盤式 · 바둑판식)으로, 뒤의 것은 개석식(無支石式 · 변형고인돌)으로 재분류된다. 남방식은 주로 전라도 · 경상도 등 한강 이남지역에 분포되어 있고, 개석식은 한반도전역에 분포되어 있다. 북방식(탁자식) 고인돌은 네 개의 판석을 세워서 평면이 장방형인 돌방을 구성하고 그 위에 거대한 돌뚜껑을 올려놓은 것으로, 돌방이 지상에 노출되어 있다.

고인돌의 형식분류는 학자에 따라 다르고, 또 지하석실구조에 따라 다시 세분된다. 즉 돌방 뚜껑의 유무와 돌널(石棺) · 돌방(石室) · 덧널(土壙) 등 돌방의 구조, 그리고 돌방의 수 또는 학자들의 분류기준에 따라 다양하게 분류된다.

우리나라 고인돌의 기원에 대해서는 시베리아의 카라수크 돌널무덤계통(石箱墳系統)의 거석문화의 영향을 받은 것이라고 보는 북방설, 세골장과 함께 동남아시아에서 왔다고 보는 남방설 등이 있다. 고인돌의 변천이나 편년에 대해서도 아직 확실한 정설은 없다. 그러나 한반도 북부에서 북방식 고인돌이 먼저 나타나서 그것이 점차 남부로 퍼지고, 이어 개석식 고인돌이 파생하였고, 또 남부에만 있는 남방식 고인돌은 말기적 형식으로 보는 설도 있다. 그러나 개석식 고인돌을 원초적인 것으로 보고 이를 기반으로 하여 북부에서는 북방식 고인돌로, 남부에서는 남방식 고인돌로 발전하였다고 하는 다른 설도 있다.

Ⅱ. 고인돌의 전파

고인돌이 대표적인 집단무덤으로 사용된 예로는 석실 속에서 성별·연령의 구별 없이 약 3백개체의 뼈가 발견된 프랑스남부 카르카송(Carcasonne)근처에서 발견된 집단묘와 185구의 성인과 18개체분의 어린아이의 뼈가 나온 아베이롱(Aveyron)을 들 수 있다. 유럽의 고인돌은 프랑스·스웨덴남부·포루투갈·덴마크·네덜란드·영국 등지에 두루 분포하고 있는데, 그 연대가 지금까지는 대개 기원전 2500~2000년에 속하는 것으로 알려져 왔다. 그러나 최근 영국의 고고학자인 콜린 렌프류(Collin Renfrew)가 보정탄소연대를 적용해 본 결과, 유럽의 고인돌은 이집트 피라미드의 제작연대보다 약 1500년이 앞서는 기원전 4000년대까지 올라가며, 또 영국이나 프랑스의 경우, 가장 오래된 고인돌의 연대는 기원전 4800년 전까지 나오고 있다. 따라서, 기원전 4000~3000년대에 이미 고인돌이 유럽 전역에서 축조되었다는 것이 정설로 되었다.

고인돌은 또한 미노르카(Minorca)·말타(Malta)·사르디니아(Sardinia)·불가리아·까프까즈(Kavkaz)·다카(Dacca)지방에서도 보이며, 에디오피아·수단 등 아프리카에서도 나타난다. 이들은 지중해 연안을 끼고 있는 지역일대에 중점을 두어 나타나고 있는 것이 특징이며, 멀리 팔레스타인·이란·파키스탄·티베트와 인도남부에까지도 분포하고 있다. 인도의 경우, 일반적으로 인도 고고학 편년상 철기시대에 나타나고, 실연대는 기원전 8세기 경인데 어떤 것은 기원후 2세기까지 내려오는 것도 있다. 대체적으로 인도의 고인돌은 기원전 750~550년 사이에 드라비다족에 의해 만들어진 것으로 알려져 있다. 또한 고인돌은 인도네시아의 숨바섬·보르네오·말레이시아에서도 계속 나타나는데, 그 연대에 있어서는 아직 정설이 없다. 그러나 피코크(Peacock, J. L.)는 농업의 단계, 즉 화전민식 농경(火田民式 農耕)에서 수전식 농경(水田式 農耕)에로의 변천과정에 착안하여, 인도네시아지역의 오래된 고인돌은 기원전 2500~1500년 경으로 보고, 늦은 것은 동손문화(Dongson文化)와 철기가 유입된 기원전 5~4세기 경으로 보고 있다.[1] 고인돌은 일본에서도 나타나고 있는데, 우리나라에서 전파된 구주지방(九州地方)의 고인돌은 죠몽시대(繩文時代) 말기, 즉 기원전 5, 4세기까지 올라가는 것도 있으나, 보편적으로 야요이시대(彌生時代)에 속한다. 한국의 지석묘 경우 전파론에 의한 것 이라기보다 독자적인 발생의 결과로 보는 쪽으로 해석을 해나가고 있다.[2]

Ⅲ. 전남지방의 고인돌

전남지방에서는 1971년부터 본격적인 지표조사가 이루어지기 시작하여[3] 현재까지 조사된 고인돌은 3만여기 중 3분의2에 해당하는 19,068기에 이르는데[4], 이들 고인돌들의 집중분포지들은 마한 54소국들의 중심지들과 연관시켜 생각해 볼 수도 있다.[5] 전남지방의 경우, 고인돌이 기원전 6~5세기경부터 기원전후까지 약 500~600년간 존재했다고 가정할 때, 고인돌에 매장된 피장자는 혈연과 조상숭배를 기반으로 했던 계급사회(hierarchical society)의 구성원들 중 족장(chief)이나, 권력과 경제력이 족장에 버금가는 당시 상류사회에 속했던 족장의 친인척들이었을 것으로 추정된다.

1. 형식

위에서 살펴본 바와 같이 지석묘의 형식은 북방식, 남방식, 그리고 개석식으로 나눌 수 있는데, 전남지방에서 발견되는 형식은 남방식과 개석식이다. 남방식 고인돌은 '바둑판식'이라고 불리는 것으로, 판석 · 할석 · 냇돌 등을 사용하여 지하에 돌방을 만들고 뚜껑돌과 돌방사이에 3, 4매 또는 그 이상의 받침돌이 있는 형식으로서, 주로 전라도 · 경상도 등 한강 이남지역에 분포되어 있다. 지하 널방의 구성은 여러가지 방

1) 崔夢龍, 1990, 〈湖南地方의 支石墓社會〉, 《韓國 支石墓의 諸問題》, 第 14回 韓國考古學大會 發表要旨, pp. 61~62.
2) 최몽룡 외, 1999, 《한국지석묘유적종합조사연구》 문화재청 · 서울대학교박물관, p. 29.
3) 崔夢龍, 1974, 《全南考古學地名表》, 全南每日出版社.
4) 최몽룡 외 1999, 전게문(주 2), p. 2.
5) 李榮文, 1993, 《全南地方 支石墓社會의 研究》, 韓國敎員大學校 大學院 博士學位 論文

법이 사용되어 왔으나, 이들은 반드시 그 윗면을 덮는 자신의 뚜껑을 가지고 있다. 뚜껑으로는 판석을 이용하기도 하였으나 나무로 만든 뚜껑을 덮었을 가능성도 많다. 일부에서는 개석식 고인돌을 남방식 고인돌에 포함시키기도 하나, 양자는 분포와 형식상 차이가 많아 구별하여야 한다고 생각된다. 남방식 고인돌은 평지나 구릉 위에 분포하고 있으나, 때로는 좁은 평지가 있는 계곡 사이나 산의 경사면 또는 산정상부에서도 발견되고 있는데, 대게 일정한 형식이 없이 거대한 뚜껑돌을 구하기 쉽고 운반하기 용이한 곳을 택하고 있다.

개석식 고인돌은 뚜껑돌과 각종 지하 돌방 사이에 받침돌이 없이 뚜껑돌로 직접 돌방을 덮고 있는 형식으로 '무지석식' 또는 '놓인형 고인돌'이라고 불리기도 하는데, 이를 남방식 고인돌에 포함시키기도 한다. 개석식 고인돌의 또 하나의 일반적인 특징은 돌무지시설(積石施設)인데, 대게의 경우 돌방을 중심으로 주위 사면에 얇고 납작한 돌을 평탄하게 깔았다. 이러한 돌깔이는 뚜껑돌의 무게에서 돌방을 보호하기 위한 보강책으로서, 돌방 상부주위의 지면을 견고히 하려는 의도라고 생각되나, 또 한편으로는 묘역을 나타내는 것으로 여겨진다. 대부분의 돌무지는 돌방주위의 지면에 설치되고 있으나 대구직할시 대봉동이나 경상남도 창원군 곡안리의 고인돌에서는 돌방의 상부까지도 완전히 돌을 덮은 특수한 양식이 나타나는데, 이는 경상도 지방에서만 보이는 지방적 특성으로 볼 수 있다. 개석식 고인돌은 광복 이후 한강 이북에서도 많이 발견되어, 한반도에 전면적으로 분포되어 있는 것으로 알려지고 있다. 특히 황해도 황주와 봉산군의 서흥천유역, 평안남도 강서군 태성리, 개천군 묵방리에서는 무리를 지어 많은 수가 발견되었으며, 전라남도에서 발견된 약 5천여기의 고인돌 중 대부분이 개석식으로 밝혀져, 개석식 고인돌은 분포상으로나 숫자상으로 미루어보아 우리나라 고인돌의 대표적 형식으로 볼 수 있겠다.

2. 분포

우리나라의 고인돌은 거의 국토 전역에 걸쳐 나타나고 있다. 이제까지 보고되지 않은 함경북도지방(김책군 덕인리)에서 뿐만 아니라, 해안 도서나 또는 육지에서 멀리 떨어진 제주도와 흑산도에서도 발견되고 있다. 대체로 이들은 서해 및 남해의 연해지역과 큰 하천의 유역에 주로 분포되어 있으며, 특히 전라도·황해도에 가장 밀집되어 있다. 그러나 동해지방으로 가면 그 분포가 희박해지며 산악지대에서 가끔 발견되는 경우도 있다. 이들의 위치는 서해로 흘러가는 강줄기 근처로 결국 우리나라 고인돌은 서해지역과 밀접한 관계를 가지고 있다. 고인돌들이 분포하고 있는 상황은 무리를 지어 있는 것이 보통이다. 서북지방의 경우를 보면, 1,2기의 고인돌이 독립적으로 나타나는 경우도 더러 있으나 대부분은 5, 6기 내지 10여기를 중심으로, 한 지역에 1백~2백여기씩 무리를 지어 있다. 또한 이곳의 고인돌의 방향은 보통 고인돌이 있는 골짜기의 방향과 일치한다. 전라남도에서도 고인돌은 예외없이 무리를 지어 발견된다. 북방식 고인돌의 분포는 서해안지대에서는 전라북도 고창지방을 최남단으로 하고 있다. 일부 학자는 고창의 것도 개석식으로 보고 있다. 어떻든 한강 이남으로 내려가면 그 분포는 매우 회박해진다. 반도 중심부에서는 북한강 상류의 춘천을 한계로 하며, 동해안에서는 고성지방에서 남방식과 같이 발견되고 있다. 결국 한강과 북한강유역을 경계로 북방식 고인돌의 분포는 끝난다고 할 수 있다. 남방식 고인돌은 이 아래에서부터 분포하기 시작하나 주로 경상도와 특히 전라도의 남부지방에 그 분포가 국한되고 있다. 그러나 개석식 고인돌은 국토전역에 걸쳐 분포하고 있으며, 숫자상으로도 가장 많다.

전남지역의 고인돌에 대한 발굴은 기존에 영산강 유역을 중심으로 이루어져 오던 것에서 벗어나 최근 보성강 유역과 남해안 여수반도의 고인돌들이 발굴되어 지역적인 한계를 벗어나 전남지역의 전역을 포괄할 수 있게 되었다. 보성강 유역과 여천반도 고인돌에 대한 발굴 결과, 전남지역내의 고인돌에도 지역적인 차이가 존재하고 있는 것이 밝혀지고 있다. 즉, 보성강 유역과 여천의 고인돌에서는 마제석검을 비롯한 다양한 석기류와 청동기시대의 유물이 발견되고 있는데 반하여 영산강 유역의 고인돌에서는 이러한 유물들이 출토되지 않았다는 점은 이들간에 어느 정도 문화적인 차이가 있음을 보여주고 있는 것이다. 특히 승주 우산리, 보성 덕치리, 여천 봉계동, 적량동, 평여동, 여수 오림동과 여천 화장동 지석묘에서는 비파형동검을 비롯한 청동기시대 유물이 집중적으로 출토되고 있어 주목된다.

3. 출토유물

고인돌의 규모와 수에 비하여 껴묻거리가 나온 것은 극히 적고, 그나마 출토된 유물의 수와 종류도 극히 한정되어 있다. 지금까지 조사된 껴묻거리에는 주로 화살촉과 돌검이 중심을 이루고 있으며, 그밖에 돌도끼 · 가락바퀴 등의 석기와 민무늬토기계통의 토기류, 옥으로 된 장식품과 극소수의 청동기 등도 있다. 고인돌의 껴묻거리를 대표할 수 있는 유물은 돌검과 화살촉으로서 출토된 껴묻거리의 대부분을 차지하고 있다. 화살촉의 분포를 보면 '마름모꼴 슴베형'은 전국적인 분포를 보이고 있으며, '마름모 납작 슴베형'과 긴 마름모형은 중부 이남, '버들잎형'은 황해도 · 평안남도를 중심으로 한 서부지방, 슴베없는 세모꼴촉은 중부지방에 분포되어 있다. 돌검은 자루달린 식과 슴베달린 식의 두 종류가 모두 나오고 있으며, 이들은 주거지에서도 차츰 발견되고 있다. 반달돌칼은 주로 개석식 고인돌에서, 양면날 돌도끼는 북방식에서, 대팻날 돌도끼는 남방식에서, 또 둥근도끼는 북방식에서 주로 나온다. 그밖에 별도끼 · 홈자귀 · 석창 · 숫돌 · 가락바퀴 등의 석기류도 나온다. 적갈색 민무늬토기의 조각들이 고인돌 주위에서 자주 발견되나 고인돌 내부에서는 매우 드물게 나타난다. 토기의 종류로는 팽이토기 · 적갈색민무늬토기 · 붉은 간토기가 있고, 김해토기와 묵방리형 토기가 나온 곳도 있다. 고인돌에서 나온 청동기는 매우 드물며, 그나마 확실한 껴묻거리는 한 둘에 지나지 않는다. 요녕식 동검 · 세형동검 · 동촉의 조각이 출토되었다. 장식품으로는 대롱구슬과 드리개구슬이 있는데 대부분 개석식에서 나오고 있다.

비파형 동검(요녕식동검, 만주식동검, 고조선식동검)이 출토된 지역은 승주 우산리 내우(2점), 보성 덕치리(1점), 고흥 운대리(1점), 여천시 적량동(7점), 여천시 평여동(1점), 여천시 화장동(1점), 여수시 오림동(2점) 등 16점이 전남 남해안과 보성강유역에서만 발견되고 있고, 여수반도지역에 가장 밀집되어 있다. 고인돌에서 출토되는 비파형동검들은 여천시 적량동 7호 고인돌을 제외하고 모두 파손품이거나 재가공용품으로 대부분 경부가 짧고, 끝에 홈이 파여져 있는 것이 특징이다.[6] 고인돌의 연대와 축조는 그 안에서 나오는 비파형동검이 대부분 재가공품이라는 점으로 보아 그 연대가 아무리 올라가도 기원전 4~6세기 이전까지로는 올라갈 수가 없을 것으로 생각된다. 또한 영산강 유역의 고인돌에서는 점토대토기를 비롯한 철기시대전기의 유물들도 발견되고 있다는 점에서 고인돌의 시기가 철기시대 I기 또는 전기(종래의 초기철기시대)까지 지속되고, 이들을 토대로 한 토착사회가 다음의 마한시대에 곧바로 이어진다고 생각된다.

이러한 고인돌 사회는 토기를 공동제작하는 기술을 가지고, 지역간에 토기의 제

---

6) 李榮文, 1990, 〈遺物相으로 본 湖南地方의 支石墓〉《韓國 支石墓의 諸問題》 제14회 韓國考 古學大會 발표요지, 韓國 考古學會, p. 41.

작 및 전파를 담당했던 전문장인이 출현하여 지역간의 전파 및 교역을 촉진하던 사회로서 정치사회적 진화발전상으로 볼 때 혈연과 조상숭배를 기반으로 하는 계급사회로서의 족장사회(Chiefdom Society)단계에 해당되는데, 이러한 고인돌이 축조될 수 있었던 사회경제적 배경은 농경을 바탕으로 한 잉여생산에 있었던 것으로 보여진다. 이러한 사회의 발전은 이후 마한의 각 소국들로 계속 발전되어 나갔을 것으로 보인다.

Ⅳ. 고인돌 연구의 문제점과 앞으로의 연구방향

잘 알고 있으리라 생각되는 고인돌에 관해 접근하면 할수록 많은 문제점이 나타난다. 첫째로 우리의 고인돌의 경우, 한반도를 중심으로 해서 중국의 절강성, 요녕성과 길림성, 일본의 큐슈지방 등지에 퍼져 있다는 사실 외에는 어디에서부터 기원했는지, 또는 독자적으로 발생했는지 조차도 모르고 있다. 또 이와 관련해 고조선 문화를 나타낼 때 비파형동검, 거친무늬거울, 미송리식 단지와 함께 고인돌을 대표적인 유물로 드는데, 이 때 고인돌의 성격을 어떻게 규정지을 것인가도 깊이 고려되어야 할 문제점이다.

두번째로, 우리나라의 고고학 편년을 청동기시대, 철기시대 전기(기원전 300~1년: 종래의 초기철기시대에 해당), 철기시대 후기(1~기원후 300년: 또는 삼국시대 전기, 종래의 원삼국시대에 해당)로 구분할 경우, 전남지방의 고인돌은 청동기시대에서 철기시대 전기에 해당한다. 독무덤(甕棺墓)이 다음시기인 마한의 특징적인 유물이라는 사실처럼 고인돌은 전남지방 선사문화의 특징을 이룬다. 고인돌과 옹관묘가 전남지방의 토착문화인지, 마한문화의 독무덤과는 어떠한 관계가 있는 지도 밝혀져야할 문제점이다.

그리고 마지막으로 고인돌과 계급사회를 들 수 있다. 유물 역시 신분상의 차이없이 그대로 같은 비중을 지닌 중요부장품으로 간주될 수 있는데, 이러한 것들은 당시 사회에서 지석묘 축조에 있어 일반 부락민과 지배층이라는 두 계층의 차이는 존재하나 실제로 지석묘를 축조할 수 있는 지배자나 경쟁력이 있는 계급내에서는 성별, 신분의 구별없이 공동의 일가족 성원, 또는 그에 상응하는 혈족들은 한 지역내에서 시대를 달리하여 매장되었던 것으로 여겨진다. 따라서 전남지방 지석묘 중 나주 마산리 쟁기머리, 판촌리, 화순 창랑리, 월산리, 장학리 등의 공동무덤은 그들이 가지고 있는 통치

가능지역의 한계도 아울러 보여주고 있다 할 수 있겠다. 이들 유적에서 볼 수 있듯이 고인돌사회가 고대국가 발생 이전에 혈연을 기반으로 하는 계급사회였음을 알 수 있다. 또한 나주 판촌리(板村里)에서 나타나는 어린아이의 무덤은 세습신분제의 사회까지도 반영하고 있다고 볼 수 있다. 그러나 고인돌의 연구는 그 기원문제와 더불어 형식간의 선후관계, 편년과 출토유물간의 관계 등 아직 해결되지 않은 여러 문제를 안고 있다.

참고문헌

金元龍, 1962,〈 南方式支石墓의 發生 〉,《考古美術》3-1.

金元龍, 1974,《 韓國의 古墳》, 교양국사총서.

李榮文, 1990,〈遺物相으로 본 湖南地方의 支石墓〉《韓國 支石墓의 諸問題》제14회 韓國考古學大會 발표요지, 韓國考古學會.

李榮文, 1993,《全南地方 支石墓社會의 研究》, 韓國敎員大學校 大學院 博士學位 論文

崔夢龍, 1974,《全南考古學地名表》, 全南每日出版社.

崔夢龍, 1978,〈 전남지방소재 지석묘의 형식과 분류 〉,《역사학보》78.

崔夢龍, 1981,〈 全南地方支石墓社會와 階級의 發生 〉,《韓國史研究》35.

崔夢龍, 1990,〈 湖南地方의 支石墓社會 〉,《韓國 支石墓의 諸問題》第 14回 韓國考古學大會 發表要旨.

최몽룡 외, 1999,《한국지석묘유적종합조사연구》, 문화재청·서울대학교박물관.

Joussaume, R., 1998, *Dolmens for the Dead* : Megalith – Building throughout the World, translated by A. Chippindale and C. Chippindale, Cornell University Press, Ithaca.

Peacock, J. E., 1962, Pasema Megalithic Historical, Functional and Conceptual Interrelationship, *Bulletin of the Institute of Ethnology* 13.

Renfrew, C.(ed.), 1973, *Before Civilization: The Radiocarbon Revolution and Prehistoric Europe*, Penguin Books, Harmondsworth,Middlesex, England.

마. 제주도 철기시대전기 지석묘사회와 계급의 발생

최 몽 룡

I. 머리말

제주도의 선사시대와 그 문화는 고고학 연구상 매우 중요하다. 왜냐하면 제주도는 지리적으로 섬이라는 고립된 지역이기 때문에 섬 고유의 문화를 간직하고 있을 뿐만 아니라 외부에서부터 들어오는 문화의 수용에도 민감해 그러한 요소들이 고고학적으로 확인될 수 있기 때문이다. 이는 선사시대의 죠몽(繩文)시대부터 상(尚)씨 왕조가 들어서는 류구왕국시대까지를 다루는 이웃 오끼나와(沖繩) 섬의 고고학 연구와 유사하다(Pearson 1969; 최몽룡 1997:183-189). 제주도는 앞으로 고고학 자료가 증가한다면 여러가지 고고학 이론과 방법의 틀을 적용해 볼 수 있는 곳으로 고고학자들의 꾸준한 관심과 연구대상으로 떠오르고 있는 지역이기도 하다. 이 글에서는 제주도의 선사시대에 있어서 계급의 발생을 고고학적으로 살펴보고 이를 사회발전단계에 관한 연구가 이루어진 중남미 지역과 비교해 보고자 한다.

II. 제주도의 선사시대와 계급의 발생

제주도의 선사시대는 구석기시대부터 시작된다. 그 예는 애월읍 빌레못동굴, 서귀포 천지연유적(정영화 1977)과 한경면 고산리유적(북제주군 · 제주대학교박물관 1998; 최몽룡 1993:130)[1]에서 확인된다. 신석기시대의 경우 한경면 고산리유적을 포함하여 북제주군 조천읍 북촌리 바위그늘 집자리(도지정 기념물 42호)를 들 수 있다(이청규 1995; 제주사정립추진위원회 1998:21-25). 그리고 청동기시대(기원전 1000-300년)와 철기시대전기(기원전 300-1년:종래의 청동기시대후기 또는 초기철기시대) (최몽룡 1997:3, 5)[2]의 유적으로는 대정읍 상모리, 제주시 용담동 무덤유적 (도지정 기념물 40호), 북제주군 애월면 곽지패총((도지정 기념물 41호), 한림읍 동 명리 유적과 최근 발굴중인 제주시 삼양동 집자리 유적 등이 대표된다(제주도사정립 추진위원회 1998:26-27). 이들 유적들에서 출토한 유물들은 발굴조사자들이 여러 고고학 자료들을 토대로 언급하고 있듯이 각 시대에 해당하는 육지의 문화에 비해 약 간 변형되거나 같은 유물이라도 시기적으로 늦은 경우가 많은데, 이는 문화전파상 늦 거나(belated) 변방적인(marginal)요소를 고려해야 하기 때문이다(Willey & Phillips 1958:75). 따라서 육지의 보편적인 고고학 편년과 약간 다르고 연대가 틀 리더라도 현지에 맞는 지역적 편년의 설정이 필요하다(이청규 1995:348).[3]

제주도에는 청동기시대 혹은 철기시대전기의 묘제로 고인돌이 있는데, 변방적인 요소로 보아 이들 고인돌은 청동기시대 보다는 철기시대전기(기원전 300-1년)에서 철기시대후기 또는 삼국시대전기(1-서기 300년:종래의 원삼국시대)사이에 속할 가능 성이 많다. 이 시대는 이청규의 편년에 의하면 제주도의 고고학 편년상 '탐라이전' 의 말기에서 '탐라전기' 의 초기에 해당한다. 고인돌의 분포는 제주시 용담동(도지정 기념 물의 2의 1-6호), 오라2동(2의 7호), 도련동(2의 8-9호), 삼양동(2의 10호), 외도1동 (2의 11-15호)과 북제주군 애월면 곽지리, 광령리(2의 16-21호)와 하귀리(2의 22-23호), 그리고 남제주군 안덕면 창천리(2의 24호)를 비롯해 거의 제주도 전역에 걸쳐 있으며(김철준 1959; 최몽룡 1967; 이청규 1995: 256-278; 제주도 1996),[4] 현재까 지의 조사연구로는 이들 고인돌은 제주도의 고고학상 탐라전기(삼국시대전기 또는 원 삼국시대)인 곽지 I식(0-서기 300년, 이청규는 0년으로 표기하고 있으나 앞으로는 1 년으로 하는 것이 더 나을 것 같다)단계에 속하고 있다(이청규 1995). 이청규는 제주 도 고인돌을 고임상태와 매장시설을 기준으로 하여 6형식으로 분류하였는데, 제1형식 은 전형적인 개석식이며, 6형식은 개석하의 석실을 구성하는 5-13매의 판석으로 이루 어진 위석식(圍石式)에 해당한다. 여기에서 1형식의 개석식은 앞으로의 고고학적 성 과에 따라 철기시대전기로 올라갈 가능성이 많다.

1997년 이후 1999년 5월 8일 현재로 3차 발굴이 진행되어 약 228기의 집자리 가 확인되고 있는 제주시 삼양동 집자리 유적에서 바로 이러한 가능성을 찾아볼 수 있 다(제주대학교박물관 1999). 약 2만평에 이르는 발굴 구역 내에 있는 3기의 지석묘로 보아 이 집자리들의 주인공들은 묘제로서 고인돌을 채택하였던 것으로 생각된다. 고인 돌은 당시 그 사회의 엘리트에 해당하는 상류층이나 그들의 친인척 또는 그들에 버금

가는 경제적 능력있는 자들의 무덤으로 여겨진다(최몽룡·최성락 1997:189-201).
이곳 집자리는 출토유물과 집자리들의 중복상태로 보아 점유기간이 상당히 길었던 것
으로 여겨지는데, 중심연대를 기준으로 할 때 나타나는 양상은 현재 8개의 단위로 구
획되고 각 구획안에는 직업의 분화나 전문화를 시사해주는 공방(工房)이나 요지(窯
址)와 같은 전문 작업시설이 마련되고 있었던 것 같다. 각 구획안에서도 한가운데 집
회용 노지(爐址)를 중심으로 프라자(plaza)와 같은 광장을 가지며, 그 주위에 집자리
들이 둥그렇게 배치되고 있다. 그리고 또 II-1지구에서와 같이 격담시설을 하여 신분
상의 상하계급의 집자리 배치도 달리하고 있음이 드러나고 있다(도면 참조).

　이러한 사실은 집자리의 규모나 그곳에서 출토되는 위세품의 존재로 확인될 수
있다. 출토유물로는 점토대토기, 마제석검편, 세형동검편(일본 야요이시대 후기에 보
이는 동검의 검신편으로 추정), 중국 한(漢)대의 것으로 추정되는 청동촉과 환옥(環
玉)편 등이 있다. 옥환은 분명히 중국제로 교역에 의한 것이다. 중국과의 직접적인 교
역의 증거로는 중국의 화폐를 들 수 있는데, 제주도에서는 제주시 산지항, 애월면 금성
리와 제주도 민속자연사박물관 소장품 등의 중국화폐가 발견된 바 있다(이청규·강창
화 1994:581-589; 제주사정립사업추진회 1998:134-143; 고창석 1995). 이들은 오
늘날의 달라(dollar)처럼 상류층의 위세품(status symbol) 그 자체이거나 그들을 얻
기 위한 교역의 수단이었을 것이다. 이들 교역품과 화폐들의 연대는 대개 기원전 2세
기경에서 서기 1세기경에 속하는 것들로 보여진다.

　삼양동 집자리와 초기의 개석식 고인돌을 비롯한 중국 화폐와 환옥 등은 고고
학 편년상 철기시대전기에서 후기(삼국시대전기, 여기에서는 탐라이전말-탐라전기
초 또는 상모리식토기말-곽지 I식초)에 속하고 있다. 삼양동 집자리의 발굴과 출토
유물의 분석이 더 이루어져야 알겠지만, 지금까지의 고고학적 자료만으로도 직업의

---

1) 필자는 이 유적을 세 시기로 나눌 수 있다고 보고 있다. 즉 1. 세석기와 석핵이 나오는 후기구석기시대, 2. 융기문토기와
　무경삼각촉이 나오는 신석기 I기와, 3. 유경석촉이 나오는 신석기 II기로 나누어지며, 신석기 I기의 경우 아무르강유
　역의 오시포프카 등의 유적과 비교해 볼 때 기원전 10,000년 전후가 그 중심연대가 될 것이다.
2) 이 글의 주제 중 철기시대전기란 표현은 종래의 고고학상 청동기시대후기나 초기철기시대에 해당하는 것으로 그 연대는
　기원전 300-1년으로 잡고 있다. 그리고 다음단계인 철기시대후기(삼국시대전기)는 종래의 원삼국시대로 그 연대는 서
　기 1-300년에 해 당한다.
3) 이 경우 최근 발굴조사된 고고학 자료를 토대로 만들어진 이청규의 제주도 고고학편년을 들 수 있다. 철기시대전기(기원
　전 300-1년)에 해당하는 제주도의 편년은 '탐라이전기'로 그 연대는 기원전 500-0년이며, 철기시대후기인 삼국시대전
　기(서기1-300년)에 해당하는 것은 '탐라전기'로 그 연대는 0-서기 300년으로 잡고 있다.
4) 이제까지 발견된 지석묘 100여기의 분포현황이 자세히 나와 있다.

분화, 전문화, 교역과 위세품의 존재, 격담시설을 통한 상하계층의 구분, 그리고 묘제나 기념물로서의 고인돌의 채택 등 이 시기에 이미 계급사회가 형성되었음을 추정할 수 있다.

철기시대전기(기원전 300-1년)에 북쪽에서는 우리나라 최초의 국가인 위만조선(기원 194-108년)이 성립되었고, 북부여(기원전 59년), 신라(기원전 57년), 고구려(기원전 37년)과 백제(기원전18년)가 그 뒤를 이어 형성되었다. 가야의 경우 이들보다 늦은 기원후 42년에 나라가 세워졌다. 이 시기는 고고학상 삼국시대전기(철기시대후기, 기원후1-300년)에 해당한다. 제주도에는 철기시대전기에 있었을 것으로 추정되는 주호(州胡)가 ≪三國志≫ 魏志 東夷傳 韓條에 보인다. 언제인지 확실하지 않지만 ≪高麗史≫ 地理志에 의하면 제주도 3성 시조신의 하나인 고을나의 15세 후손 고후,고청과 그 아우의 삼형제가 배를 타고 탐진에 다녀온 후 신라에 조공하여 받은 국호인 탐라라는 명칭을 사용함으로서 탐라국이 되었는데, 그 연대는 신라 문무왕대로 여겨진다고 한다.

그러나 실제 탐라국(耽羅國 또는 耽牟羅國)에 관한 기록은 ≪三國史記≫ 百濟 文周王 2년조(서기 476년)과 東城王 20년조(서기 498년)기사에 보인다. 이후 탐라국은 新羅 文武王 2년(서기 662년)신라에 복속될 때까지 존속하였다(고창석 1995;제주사정립사업추진협의회 1998). ≪삼국지≫에 보이는 주호는 고대국가형성 이전단계이면서 계급사회인 족장사회(chiefdom society)로 보인다. 이는 신라 智證王 13년(서기 512년)에 파견된 이사부에 의해 신라에 복속된 우산국(于山國)의 경우와 비슷하다고 여겨진다. 최근 울릉도에 대한 조사에 의하면 신라에 복속될 때 신라의 지증왕으로부터 하사받은 것으로 추정되는 금동관과 마구일괄 등이 발견되었다(최몽룡 · 신숙정외 1998). 울릉도의 경우 신라에 복속되는 6세기초까지 아직 국가를 형성하지 못하고 족장단계에 머물러 있었던 것이다. 제주도의 경우 '주호' 단계[6] 때부터 족장단계가 시작되어 신라에 복속되는 문무왕때까지 명칭만 '탐라국' 으로 달리한 채 그대로 지속된 것으로 여겨진다. 위만조선과 같은 국가(ancient state)단계에는 여러 가지 문헌기록과 고고학적 증거가 필요하다. 그러나 현재까지는 제주시 용담동의 석곽묘와 제사유적 그리고 곽지리 패총 등이 조사되었을 뿐이다(제주시정립사업추진위원회 1998:60). 탐라국을 국가단계로 확정짓기에는 제주시 삼양동유적이 속하는 철기시대전기부터 백제 문주왕대인 5세기에 이르는 시기의 유적과 유물의 조사가 좀더 이루어져야 가능할 것이다.

Ⅲ.중남미지역의 사회발전단계설

　　문명이나 국가의 형성에 관한 이론은 인류학의 입장을 수용해, 전파론-수정전파론(보아스의 역사적 특수주의와 병행)-신진화론(생태학과 체계이론의 포함)-기능과정고고학 · 인지과정고고학-후기과정고고학의 순으로 발전하였다(최몽룡 1996:62-70). 사회발전단계설은 신진화론에 의한 사회발전과정을 말한다. 신진화론이란 19세기의 모건(Morgan)이나 타일러(Tylor)와 같이 모든 문화는 야만-미개-문명의 순으로 진화한다는 초기의 단선진화론(unilineal evolutionism)에서 벗어나 1940년대부터 생태학과 체계이론을 받아들여 문명의 발전에 관한 새로운 견해를 만들어 낸 스튜어드(Steward)와 화이트(White) 등의 다선진화론(multilineal evolutionism) 또는 문화진화론(cultural evolutionism)을 이야기한다. 여기에는 특정사회의 문화사에 나타난 변동의 순서와 환경의 변수를 강조하는 특수진화와 보편진화가 있다. 이들의 연구방법은 문화생태학(cultural ecology)과 상통한다(한국상고사학회 1998:43, 60-61). 레슬리 화이트는 문화를 "적응과 체계"로 그리고 진화를 "환경과의 접촉으로 인한 유기적 조직 집단의 형태나 구조의 변화 과정"으로 보고 문화의 일반적인 발전을 에너지의 사용에 두어 인력(人力)-축력(蓄力)-연료(땔감)의 발달 순서와 같은 보편 진화론을 언급하였다.

　　그러나 또다른 신진화론자인 쥬리안 스튜어드는 문화의 개념을 생태적 적응으로 보고 환경에 대한 비슷한 생태적인 적응은 비슷한 문명을 발생시킨다고 하여 수메르, 이집트, 인더스와 상(商)과 같은 관개문명의 발생을 그 예로 들었다. 이것이 초기 진화론자들의 단선(單線) 진화론에 대한 다선(多線)또는 다원(多元) 진화론이며 신진화론의 발생근거가 된다. 이들의 생각은 그들의 제자와 동료들인 샬린스(Shalins), 서비스(Service) 등에 이어져 사회발전단계설을 만들어 내게 되어 고대문명의 형성과정을 연구하는데 도움을 주게 된다. 여기에는 경제나 기술이 아닌 사회조직이나 구조에 기반을 두어 좀더 크고 복잡한 문화단계로 발전하는 서비스(Service)의 통합론(integrative theories)과, 기본자원에 대한 불평등한 접근과 그에 파생되는 갈등에 기반을 둔 프리드(Fried)의 갈등론(conflict theories)이 대표되며 각자의 정치사회발전 도식이 나타나게 된다. 즉 서비스의 군집(band)-부족(tribe)-족장(chiefdom)-국가(state)와 프리드의 평등사회(egalitarian society)-계급(서열)사회(ranked society)-계층사회(stratified society)-국가(state)의 발전 모델이 만들어지게 된다[Redman

1978(최몽룡역 1995)]. 갈등론은 룻소, 모건, 엥겔스, 차일드, 화이트와 프리드 등에, 그리고 통합론은 스펜서, 슘너, 뒤르껭과 서비스 등에 의해 주장되어 오고 있다. 신진화론자들은 생태학과 체계이론을 받아들여 문명의 발전에 관한 새로운 견해를 만들어내고 있으며, 이러한 경향은 인류학에서 보다 고고학에서 폭넓은 지지를 얻어 신대륙의 고고학 특히 국가의 발생과 사회·정치의 진화(사회발전단계설을 포함)를 밝혀 내는데 많은 공헌을 하고 있다. 그리고 이들 이론은 최근에 좀더 세분화되고 구체화되어 윌리암 샌더스, 켄트 후레너리, 콜린 랜프류와 같은 신진학자들이 신진화론에 생태학과 체계이론을 폭넓게 접목시켜, 문명의 발달을 환경, 사회조직, 인구, 무역, 전쟁, 기술의 발달 그리고 종교의식 등 모든 정신적, 물질적 요소들의 상호작용의 결과로 보고 있다. 다시 말해 생태학과 체계이론의 등장으로 문명의 형성과 멸망에 대한 연구에 있어 문명에 대한 환경의 영향과 다원적이고 복합적인 문화요소의 결합이라는 접근방식이 시도되고 있다. 최근에는 하스(Haas)처럼 권력·힘(power), 이념적기반(ideological)과 경제적기반(economic base)을 바탕으로 한 절충론도 나오고 있다 [Haas 1982(최몽룡역 1989)]. 그리고 티모시 얼(Timothy Earle)은 하스의 절충론과 규모, 재정과 구조에 기반을 두고 족장사회를 단순 대 복합 족장사회(simple vs. complex chiefdoms), 주생산/주식 대 부의 족장사회(staple vs. wealth chiefdoms)와 집단지향 대 개인지향 족장사회(group-oriented vs. individualizing chiefdoms)로 양분하기도 한다(Earle 1991; 최몽룡 1997:56-68).

　기념물이나 종교예술과 같은 특징적인 고고학적 자료와 같이 양식(樣式)과 질(質)로 표현되는 것이 문명이며, 또 단순하고 보편적인 앞선 문화의 단계에서 양(量)적, 질(質)적으로 발전하는 다음 단계가 문명이다. 그런데 이 문명의 정의에는 도시와 문자가 꼭 수반된다. 도시에는 5,000명 이상의 인구와 마을의 공동성원이 긴밀한 문화체계 안에서 유기적인 연관을 갖으며, 그들 사이에서 뚜렷한 노동의 분화, 복잡한 계급제도와 사회계층의 분화, 그리고 이를 뒷받침하는 공공건물의 존재가 있어야 한다. 그리고 고대국가에는 종래의 영토, 주민과 주권의 세 가지 근대적인 국가형성의 요소보다는 오히려 무력을 합법적으로 사용할 수 있는 힘과 중앙관료체제의 확립이 되어 있어야

---

6) 이 시기는 엄밀히 말해 선사시대(prehistory)라기 보다는 원사시대(protohistory)에 속한다. 선사시대와 역사시대는 문자의 有無로 구분한다. 그러나 원사시대는 비록 해당지역에서 문자가 사용되지 않았다 하더라도 주변지역에서는 이미 문자를 알고 있었던 시기이다. 그래서 이들 해당지역은 진한과 변한처럼 ≪三國志≫ 魏志 東夷傳의 기록에도 보이고 실제 주변 지역의 문자가 표시된 화폐도 유통되고 있었다.

한다. 그래서 국가는 "중앙집권화되고 전문화된 정부체제를 지닌 사회"로 정의 되기도 한다. 따라서 국가의 중요한 배경으로 물리적인 힘, 이념적 기반과 경제적인 기반을 들기도 한다. 정의 그 자체만 놓고 본다면, 도시, 문명과 국가는 상호보완적이며 그 중 어느 하나라도 없으면 안되는 필수 불가결의 요소이다. 고고학적인 자료에 의하면 도시, 문명과 국가의 발생은 선후가 없으며 거의 동시에 일어나는 것으로 파악된다.

그래서 우리가 말하는 고대문명에는 큰 강가에서 관개농업을 기반으로 나타난 수메르, 이집트, 인더스, 그리고 상과 같은 4대 "관개문명"을 포함해 7개가 있다. 이들은 시간과 공간에 관계없이 전세계적으로 발생하였는데, 수메르(기원전 3,100-2,900년), 이집트(기원전 3,100년 :상하 이집트의 통일은 기원전 2993년이라는 설도 있음), 인더스(기원전 2,500년-1,800년), 상(기원전 1,750-1,100년), 마야(신대륙 고고학의 편년으로 고전기에 속함: 기원후 300-700년), 아즈텍(후기고전기: 기원후 1,325-1,521년)과 잉카(후기고전기: 기원후 1,438-1,532년)가 바로 그들이다. 이들 문명은 앞서 이야기 한 바와 같이 인류 역사상 문화발전의 한 단계로, 도시와 문자를 필수적으로 갖추고, 그 외의 고고학상 특징적인 문화요소인 왕의 집무소와 공공건물, 시장, 장거리 무역과 청동기 기술과 같은 발전된 야금술을 보여준다.

도시와 문자에 기반을 둔 문명의 발생은 국가의 형성과 일치한다. 현재 미국에서 고고학자들은 통합론의 마지막 주자인 엘만 서비스의 도식을 바탕으로 하여 여기에 생태학과 체계이론을 곁들여 중남미(中南美)에서 나타난 올멕, 마야, 떼오띠우아칸, 톨떽, 아즈떽과 잉카제국들의 국가형성과 멸망에 대해 연구하고 있다.

엘만 서비스의 군집-부족-족장-고대국가라는 다원적 신진화론의 도식은 신대륙 고고학 연구에 많은 영향을 주었다. 기술과 경제행위에 의해 구석기-신석기-청동기-철기시대라는 편년의 설정이 가능한 구라파지역과는 달리, 신대륙에는 리식(석기:기원전 20,000~7,000년)-아케익(고기:기원전 7,000~2,000년)-포마티브(형성기:기원전 2,000~1년)-크라식(고전기:1~기원후 800년)-포스트크라식(후기고전기:800~1,500년)이라는 독자적인 편년이 설정되어 있다. 그리고 오늘날에도 마야, 아즈텍과 잉카의 후손들이 남아 있어 고고학적 자료와 민족지 자료를 결부시켜 "직접 역사적접근"(direct historical approach)이라는 연구가 가능하다. 고고학과 민족지학은 신대륙의 문화사 연구에 있어 매우 중요하다. 그래서 신대륙의 많은 고고학자들은 중남미에서 발굴된 자료를 가지고 엘만 서비스를 비롯한 여러 인류학자들의 국가형성에 관한 이론을 검증해 보게 되었다. 그 결과 신대륙의 경우 신진화론이 이 지역 국가형성의 연구에 매우 도움을 주는 것을 알게 되었고 1970년대 이후 많은 고고학자들이 이 틀을 이용하고 있다. 그 중 대표적인 한 예가 샌더스의 신대륙의 고고학에 대한 연구이다 (Sanders & Marino 1970; 최몽룡 1990:149-171). 신대륙 고고학적 자료의 바탕에서 본 엘만 서비스의 통합론 중심의 사회발전단계론에 대한 그의 견해는 아래와 같이 정리된다.

군집(bands) 사회는 인구 100명 미만으로 공동의 지역을 함께 소유한다. 군집은 지연과 족외혼의 특징을 갖고 있으며, 혼인관계로 확대된 친족관계의 인식으로 통합된 가장 단순한 사회이다. 그들의 경제는 수렵과 채집경제에 의존한다. 공식적인 지도자가 없는 군집 사회는 혈연에 의한 의무와 유대로 통합되어 있으며, 또 연령과 성별에 의해 신분의 차이가 정해지지만 아직은 평등사회(egalitarian society)를 형성하고 있다. 고고학상 구석기시대에 해당한다.

부족(tribes) 사회는 군집보다 크기는 하지만 인구가 수천명을 넘지 못한다. 이들은 촌락 또는 마을이라 부르는 정착된 영구취락지인 농경사회를 형성한다. 그리고 이웃이라는 개념에 적합한 다른 촌락이 주위에 존재한다. 부족은 복수 공동체 사회로 각각의 공동체는 전사클럽, 종교결사, 연령계급, 연령그룹과 같은 자발적인 협동체나 단계원리에 기반을 둔 관념적 출자집단이나 씨족에 의해 통합된다. 이 사회는 군집과 같은 평등사회로 지도자나 계급을 형성하고 있지 못하다. 고고학상 신석기시대가 이에 해당한다.

족장(chiefdoms) 사회는 혈연을 기반으로 한 복합공동체 사회로 사회내에 계급이 존재한다. 혈족도 단계(위계)화 되며, 조상숭배의 원칙에 따라 순서가 매겨진다. 족장 자신의 신분도 세습화 된다. 족장은 신성 불가침하며 종교의 우두머리인 사제역할도 한다. 그리고 그는 한 무리의 인척과 가신에 의해 둘러 싸여 그와의 접촉은 복잡한 의전에 따라 제약을 받고 유형화 된다. 족장사회는 재분배 경제로 이루어지며 전문화된 직업으로서의 장인과 기술자가 존재한다. 또 족장은 자신의 숙소나 집무소인 사원 또는 공공건물을 짓는데 노동력을 동원하며, 계급에 따른 사회(계급상징 또는 위세품으로 구분)를 구성하고, 잉여재화와 농산물의 재분배에 있어 권력을 행사한다. 그는 인척, 가신이나 직업장인들과 함께 부락이나 촌락보다 규모가 큰 중심지에서 거주하는데, 그 사회의 전체인구는 5,000-20,000명 정도이다.

국가(고대국가: ancient states)는 앞선 족장사회와 같이 계급사회이나 혈연을 기반으로 하고 있지 않은 것이 다르다. 그리고 한 사람의 왕이나 지도자의 손에 권력이 집중됨과 동시에 중앙집권화 체제가 이루어진다. 지배자인 왕은 법을 제정하고 이를 지켜나가기 위해 징병을 통해 군대와 경찰력을 유지하고, 재판을 이용한다. 또 이들을 유지하기 위해 토지도 국가의 지배로 하고 행정관리를 통해 사용료나 세금을 징수한다. 직업적인 상인이나 시장도 존재한다. 왕을 비롯한 왕족, 행정관료, 사제, 기술자와 군인이 사는 중심지는 행정과 의례중심지로, 그 안에는 공공건물을 비롯해 사원과 시장 들이 들어서 시(city)가 형성된다. 인구는 수만에서 수백만명에 이른다. 이 시기는 고고학상 청동기시대에 해당한다. 그리고 국가 다음으로 발전하는 단계는 국가의 연합체인 제국이나 연방국가이다.

신대륙에서 중미와 남미를 대표하는 문명은 마야, 아즈텍과 잉카이다. 그러나 이들은 멀리 수렵-채집인에 의한 군집과, 호박, 고추, 옥수수와 콩의 식량재배에 기반을 둔 초기농경 및 정착단계의 부족사회에서 점차 발전해 온 것이다. 우선 현 멕시코, 과테말라, 엘살바도르, 온두라스와 니카라과를 중심으로 하는 중미의 문명은 올멕(기원전 1,200-600년), 마야(기원전 200-서기 900년을 언급하나 신대륙의 고고학 편년상 고전기 마야는 서기 300-700년임), 떼오띠우아칸(기원전 2세기-서기 900년), 톨떽(서기 10세기-1,168년)과 아즈떽(서기 1,325-1,521년)의 순으로 발전해 오고 있다. 그래서 이들 각각을 독립적인 것으로 보기 보다는 우리나라의 고구려 백제와 신라의 삼국시대-통일 신라-고려-조선의 순서와 같은 통시(通時)적이고 진화론적 발전으로 이해해야 한다.

다시 말해 올멕문명이 시작하는 기원전 1,200년에서 스페인의 에르난 코르떼스에 의해 아즈텍이 멸망하는 서기 1,521년 까지의 멕시코 중심의 중미문명 체계는 각 문명에서 나타나는 공통의 문화요소로 인해 시차만 존재하는 연속적이고 단일한 것으로 이해되고 있다. 공통의 문화요소로 고양이 모습을 한 표범(재규어)의 예술양식, 천문학, 비슷한 상형문자 체계, 비의 신, 흑요석(黑耀石)의 사용과 무역, 그리고 엉덩이와 허벅지를 이용하여 벽에 부착된 원형의 고리에 고무공을 넣는 공놀이 등을 들 수 있다. 그리고 진화론적 문화 발전에 대한 요소로서 점차 규모가 커지고 복잡해진 도시나 의례중심지, 중앙집권화, 장거리 무역, 포치테카와 같은 직업상인 집단, 군국주의와 세속왕권의 대두, 그리고 점진적인 사회조직의 복잡화 등을 들 수 있다. 그외에 자원이 풍부한 고지대와 그렇지 못한 열대 저지대와의 공생관계와 공통의 믿음은 중미문명의 단일 체계에 기여하고 있다.

페루와 볼리비아를 중심으로 하는 남미의 문명도 중미의 경우와 같이 수렵과 채집의 리식(石器)과 아케익(古期), 초기농경단계의 포마티브(形成期)를 거쳐 챠빈(기원전750-400년), 모체, 나즈카, 띠아우아나코와 와리(이상 모두 서기 1-1,432년에 속함), 그리고 마지막의 스페인의 프란시스코 피자로에 의해 멸망당하는 잉카(서기 1,438-1,532년)의 순으로 이루어져 있다.

챠빈에서 잉카에 이르는 여러 문명의 발달도 중미에서의 경우처럼 통시적이고 진화적이다. 마지막의 잉카제국에서 보여주는 남미문화의 요소는 군국주의와 세속왕권의 등장, "미티메"라는 정복한 지역의 인구 강제분산 정책, "미타"라고 하는 세금 대신의 강제 노동방식, "아이유"라는 결승문자인 뀌푸를 이용한 호구조사, "쿠리어"라 하는 하루 150마일을 갈 수 있는 신속한 연락망과 도로체계, 계단식의 집약농경과 돌을 다루는 기술 등에 잘 나타나 있다.

중남미의 문명들은 세계 최초의 문명인 수메르에 비해 적어도 2,000년 정도 늦지만, 그 후예들이 아직도 중남미 곳곳에 토착민으로 남아 있어 민족지적인 연구 뿐만 아니라, 도시-문명-국가의 기원과 발생에 관한 여러가지 설을 만들어 내고 검증할 수 있는 지구상 마지막 자료의 보고이다. 따라서 이들은 세계문명발달사 연구에 있어 매우 중요한 자리를 차지하고 있다.

Ⅳ. 맺음말

이상 제주도의 선사시대중 철기시대전기(기원전 300-1년)에 속하는 제주시 삼양동유적에서 계급이 발생하였을 가능성을 살펴 보았다. 여기에서 보이는 고고학적 요소는 사회발전단계상 계급사회인 족장사회(chiefdom society)에 해당한다. 족장사회는 국가단계와 달리 혈연과 재분배 경제를 기반으로 하고 있다. 족장사회가 제주도내에서 제주시 삼양동 한 곳 뿐인지 아니면 애월면 곽지리 등지를 포함한 적어도 3-4개의 족장사회가 동시대에 존재하였는지는 앞으로의 연구과제이다. 이와 아울러 족장사회의 존속기간, 가장 중심되는 곳의 확인, 족장사회간의 상하 계급, 규모와 생계의 바탕 등도 밝혀야 할 과제이다. 가설이긴 하지만 현재의 고고학 자료로 미루어 보아, 제주도에서의 족장사회는 삼양동 집자리 유적에 근거를 둔 규모가 가장 큰 족장사회를 중심으로 동시기에 제주도 전역에 3-4개의 하부 족장사회와 아울러 균형있는 정치발전(복합사회)을 이루었으나 아직 국가단계에 이르지 못한 채 신라에 복속된 것으로 보인다. 제주도내의 족장사회 존속기간은 수백년에 이를 것이다. 제주도에서의 족장사회 다음 단계인 국가단계의 성립을 입증하기 위해서는 더욱더 많은 자료가 필요하다.

이러한 추정의 이론적 근거로서 중남미의 연구결과를 살펴 보았다. 이들 연구를 통해 제주도의 사회발전단계가 어느 수준에 이르렀는지 비교해 볼 수 있기 때문이다. 이는 시공(時空)을 달리해도 다원적인 문화발생이 가능하다는 이야기가 된다. 그러나 앞으로 이의 뒷받침을 위해 좀더 많은 고고학 자료가 필요한데, 이들이 제주도의 사회 발전단계를 연구하는 일차적인 사료이기 때문이다.

참고문헌

고창석, 1995, ≪탐라국사료집≫, 신아문화사.

김철준, 1959, 〈제주도 지석묘 조사보고〉, ≪서울대논문집-인문사회≫ 9.

북제주군·제주대학교박물관, 1998, ≪제주고산리유적:도판≫.

이청규, 1995, ≪제주도 고고학 연구≫, 학연문화사.

이청규·강창화, 1994, 〈제주도출토 한대 화폐유물의 한예〉, ≪한국상고사학보≫ 17.

정영화, 1977, 〈제주도의 고고학조사-신발견 유적을 중심으로〉, ≪한국문화인류학≫ 9.

제주대학교박물관, 1999, ≪濟州三陽洞遺蹟≫.

제주도, 1996, ≪제주도문화유적지도≫.

제주사정립사업추진협의회, 1998, ≪탐라사 연구자료집 1≫ 역사 1.

제주사정립사업추진회, 1998, ≪탐라:역사와 문화≫.

최몽룡, 1967, 〈곽지리 지석묘 답사보고〉, ≪서울대문리대논문집≫ 13.

최몽룡, 1993, ≪한국문화의 원류를 찾아서≫, 학연문화사.

최몽룡, 1996, 〈고고학〉, ≪학문의 길라잡이≫, 청림.

최몽룡, 1997, 〈청동기문화와 철기문화: 개요〉, ≪한국사≫ 3, 국사편찬위원회.

최몽룡, 1997, 〈티모시 얼의 족장사회의 진화〉, ≪도시·문명·국가≫, 서울대출판부.

최몽룡, 1997, 〈오끼나와〉, ≪도시·문명·국가≫, 서울대출판부.

최몽룡·신숙정외, 1998, ≪울릉도-고고학적 조사연구≫, 서울대학교 박물관.

최몽룡·최성락, 1997, ≪한국고대국가형성론≫, 서울대출판부.

한국상고사학회, 1998, ≪사전:고고학일반≫.

Redman, C. 1978, *The Rise of Civilization* · W.H. Freeman. (최몽룡 역, 1995, ≪문명의 발생≫, 민음사)

Willey, G. and P. Phillips, 1958, *Method and Theory in American Archaeology*. University of Chicago Press.

Haas, J., 1982, *The Evolution of the Prehistoric State*. Columbia University Press(최몽룡역, 1989, ≪원시국가의 진화≫, 민음사)

Pearson, J., 1969, *Archaeology of the Ryukyu Islands*,. University of Hawaii Press.

Earle, T. (ed.), 1991, *Chiefdoms:Power,Economy and Ideology*. Cambridge University

Press.

Sanders, W. and J. Marino, 1970, *New World Prehistory -Archaeology of American Indians*, Prentice-Hall Englewood Cliffs.(최몽룡, 1990, 〈 신대륙의 선사학 〉, ≪고고학에의 접근≫, 신서원)

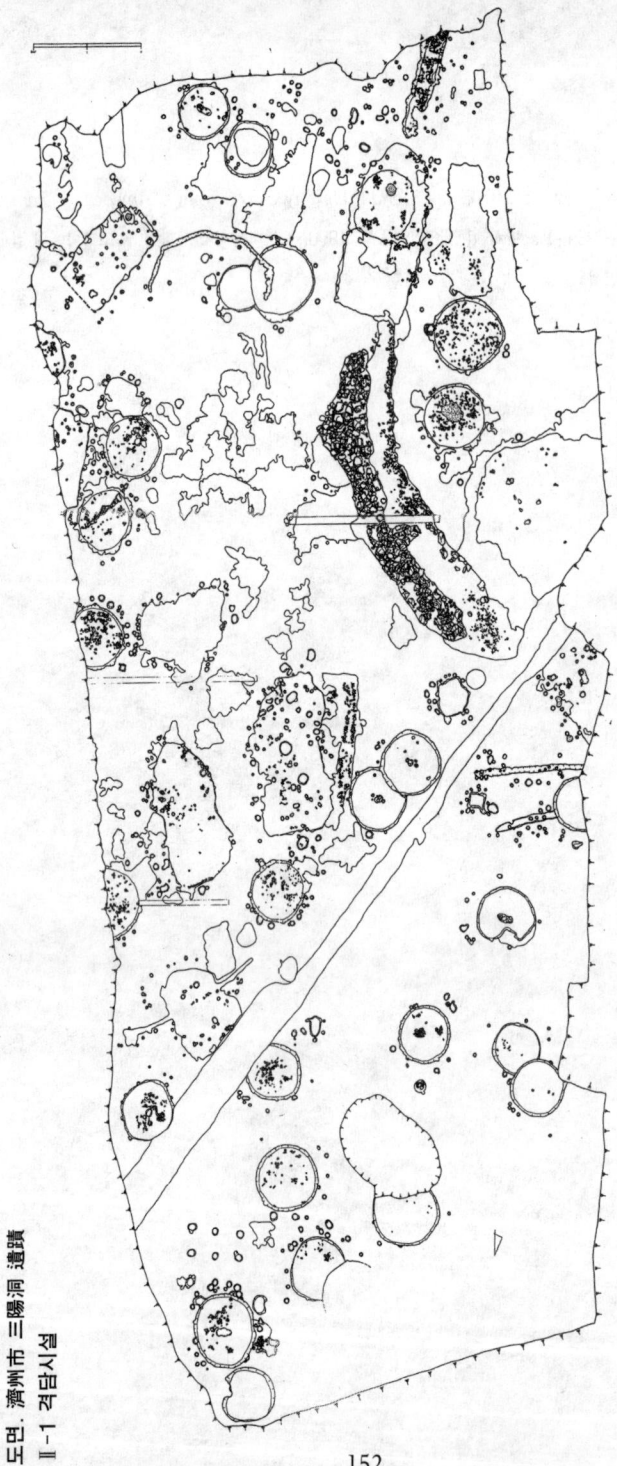

도면. 濟州市 三陽洞 遺蹟
Ⅱ-1 적담시설

152

바. 지석묘 : 농경사회의 기념물

이 성 주

I. 머리말

지금까지 지석묘에 대한 연구에서 주된 관심사는 두가지로 요약될 수 있을 것 같다. 첫째로는 형식분류와 편년, 그리고 지석묘 제 형식간의 계통적인 관련에 대한 관심이다. 지석묘에 대한 초보적인 조사와 연구로부터 최근에 이르기까지 형식분류와 계통론은 지석묘 연구의 출발점으로 간주되어 왔으며 또한 수많은 설이 제기되어 있다. 그러나 아직 연구자들간에 견해의 차이는 큰 편인데, 이는 물론 신뢰할만한 절대연대측정치가 거의 없고 동반유물에 대한 형식편년이 적절히 이루어지기 어려운 사정 때문이다. 하지만 궁극적인 문제는 지석묘를 하나의 분묘형식으로만 간주하고 하나의 형식이 일정기간 유행하여 축조되다 다른 형식으로 변형되어 간다고 믿어 왔던데 있다. 다시 말해서 지석묘가 시신 매납을 위해 일회적으로 축조된 매장유구 이상은 아니라고 생각하고 시간과 관련된 지석묘의 본질적인 특징을 지나쳐 보는 것이다.

지석묘라는 것이 일정공간에 축조되어 오랜 세월동안 현저한 건축물로서 남아 그 일대 주민들에게 기억되고 사용 · 지속 · 변형되어 왔다는 사실이 거의 고려되지 않았던 것이다. 그래서 지석묘는 발굴조사를 통해 관찰된 개별유구의 속성에 기초하여 형식을 정의하고 규칙적인 형식변천을 말하기 어렵다. 그 보다는 지석묘(군)이 당시에는 어떤 외관으로 보였을 것인지, 그리고 그곳에서 장기간에 걸쳐 어떤 행위들이 반복적으로든, 일회적으로든 베풀어졌는지에 대한 복원적인 이해가 선행되지 않는다면 지석묘의 유형과 그 변천에 대한 설명은 불가능할 것 같다.

두번째 주된 연구 관심은 지석묘의 여러 속성들을 관찰하여 당시 사회진화단계를 진단해 보려는 시도들에 표현되어 있다. 단적으로 말하자면 지석묘를 통해 당시 사회를 복원하고자 하는 의도라 할 수 있는데 특히 서비스의 사회진화 분류도식에 따라 지석묘사회를 족장사회로 전제하고(崔夢龍 1981, 1990) 지석묘를 포함한 고고학자료에서 족장사회의 특징을 발견하려는 꾸준한 노력이 있어 왔다(崔夢龍 1984, 1987). 그래서 지석묘사회가 전업화된 생산, 교역, 혈연적 신분세습, 재분배경제 등등 족장사회의 사회·경제적 속성들을 지니고 있다고 추론한 바 있다(崔夢龍 1981, 1990).

지석묘의 축조를 위해서는 채석과 운반, 건축에 많은 노동력이 들 것이라는 전제는 오래 전부터 통용되어 왔다. 그래서 그러한 노동력을 징발할 수 있는 권력자가 있었을 것이라는 단순한 논리가 받아들여져 왔고 지석묘는 지배자 계급의 무덤이었을 것이라는 생각이 상식화되어 온 것이다. 이렇게 아주 단순한 논법으로부터 꽤 복잡한 논증 과정을 거친 연구에 이르기까지 기본 사고의 틀은 유사하다. 즉 지석묘는 지배자 계급을 매장하기 위해 축조된 것이고 그것을 일정한 기간동안 축조한 하나의 집단이 존재하였다고 보는 것이다.

한반도 지석묘에 대한 두가지 관심사, 즉 형태와 그 변천에 대한 기술, 그리고 당시 사회적 속성에 대한 추론을 위한 연구에서는 지석묘를 과거에 존재했던 하나의 집단이 특정인을 매장하기 위해 일시적으로 축조한 분묘유구로만 간주하는 입장을 견지해 왔다. 이와 같이 단순한 전제를 맹목적으로 따르게 되면 특정 지석묘(군)이 차지하는 시간-공간적 의미, 그 지석묘군이 축조되는 당시의 사회적 이념적인 맥락에 대한 보다 깊이 있는 이해가 불가능하게 되고 지석묘의 범주나 형식변화에 대해서는 타당한 설명에 도달하기 어렵게 된다. 여기에서 필자는 지석묘와 그 사회에 대한 적절한 이해를 위해서는 다음과 같은 기본적인 전제를 검토해 볼 필요가 있음을 제안하고자 한다.

지석묘가 축조되었던 세계의 대부분 지역과 마찬가지로 한반도에서도 성숙한 농경단계에 이르러서 지석묘군이 축조되었다는 사실은 중요하게 받아들여야 할 것이다. 단순히 과거에 우리가 상식화 했던 전제처럼 집약적인 방식의 농경에 의존하였던 사회에서는 계급이 분화되고 상위계급의 지배자들이 노동력을 동원하여 지석묘를 축조했다는 설명이 반복되어야 한다는 뜻은 아니다. 우리가 지석묘를 적절히 이해하기 위해서는 농경에 의존하였던 사회의 정치·경제적, 이념적 맥락에 대한 보다 깊이 있는 이해가 선행되지 않으면 안된다는 것이다. 지석묘를 포함한 환호취락 등과 같이 한반도 청동기시대에 축조된 기념물들은 이전에는 결코 볼 수 없었던 것이며 그것을 축조하였다는 것은 당시인들이 주변환경을 해석하고 또 그것을 변경시켰다는 것이다. 다시 말하면 농경사회의 진전에 따라 청동기시대인들은 시간과 공간 그리고 경관에 대하여 새로운 이해의 방식에 도달하게 되었으며 그에 대한 실천의 능력도 가지게 되었음을 의미한다. 채집으로부터 벗어나 농경에 대한 의존도가 보다 높아지면서 성숙한 농경단계에 도달한 청동기시대인들은 주변환경을 변경시키고 정착생활방식에 몰입하게 되었다. 결국 이러한 진전이 공간과 그를 이용하는 방식 뿐만 아니라 시간과 역사에 대한 인식의 변화를 가져왔으며 이 변화가 지석묘군을 축조하게 된 배경이 되었을 것이다.

II. 시간·공간·경관

그 동안의 지석묘에 대한 연구에서 형식분류와 변천을 기술하는 것은 가장 기초적인 작업이라고 생각해 왔다. 물론 지석묘의 형식변천을 명확히 해두는 것이 필요한 작업인 것만은 분명하다. 하지만 그러한 작업이 지석묘의 형태와 그 변화 자체만으로는 다소 의미가 있을지 몰라도 지석묘(군)가 지니는 시간적인 과정에 대한 이해에는 별 도움이 되지 않을 듯 싶다.

지석묘(군)는 지상에 건축물이 노출되어 있는 고고학 자료이지만 얇게 흙으로 덮여 있으므로 당시의 외관을 보려면 피복토가 제거되어야 한다. 피복토를 제거하여 대개 묘역과 상석으로 드러나는 당시의 외관은 지금보다 훨씬 크고 뚜렷했음에 분명하다. 고인돌과 돌간무덤으로 구분하는 입장에서는(하문식 1990) 보령 평라리유적의 대규모 연결묘역과 같은 유구를 지석묘에서 배제하지만(이융조 외 1996), 필자는 묘표식 상석이 제거되었을 가능성이 크다고 생각한다. 층서관계에 대한 기술이 명확하지 않아 자세히 알 수는 없어도 매장시설과 묘광 위에 적석묘역을 조성하고 성토를 한 뒤, 다시 판석으로 장방형 묘역을 구획하였던 것으로 파악된다. 매우 흥미로운 점은 구획된 묘역이 서로 연접되면서 여러 기의 매장시설이 결합된 거대한 공동묘역을 만든 것이다. 이미 이러한 지석묘군은 황주 침촌리형 지석묘에서 발견된 바 있지만(황기덕 1961, 1963) 가장 대규모로 확인된 것은 사천 이금동유적이다. 적어도 이금동유적에서 노출된 이 지석묘(군)의 연결묘역은 당시에 10m 폭에 100m가 넘는 길이로 축조된 거대한 적석축조물이었을 것이다.

이금동유적의 보고자는 이 유적의 해발 50m 전후의 등고선을 따라서 거대한 공동묘역과 함께 일정한 방향으로 축조해 나간 분묘벨트가 형성되어 있다고 말한다(윤호필 1999). 또한 호남지방에서 가장 흔히 볼 수 있는 고고학적 현상이지만 5·10기, 혹은 20여기 이상까지 군집된 지석묘군이 하천변에 형성된 자연제방이나 충적대지를 따라 일정한 방향으로 무리지어 축조되어간 모습이 뚜렷이 확인된다. 앞서 말한 것 같은 공동묘역으로서 규모가 큰 것이 아니라 단독묘역으로서 대규모 묘역을 가진 창원 덕천리 1호지석묘(李相吉 1993)나 대구 진천동 입석유구(朴天秀 1998)는 평면상의 규모도 클 뿐만 아니라 정연한 석축으로 보아 주변이 말끔히 정리만 된다면 이 유구들은 매우 거대한 규모로, 그리고 아주 뚜렷한 외관으로 드러나게 될 것이다.

이러한 거대한 공동묘역이나 단독묘역 혹은 지석묘군 벨트는 일시적으로 축조되고 축조된 이후 잊혀져 버리는 것이 결코 아닐 것이다. 사천 이금동 지석묘군이 매우 장기간에 걸쳐 형성되었으리라는 점은 쉽게 짐작된다. 그리고 덕천리 지석묘도 묘역 주변에서 산발적으로 발견되는 석관묘들을 보면 알 수 있듯이 오랜 세월에 걸쳐 매장시설이 추가되면서 매장의례를 포함한 다양한 의례가 반복적으로 수행되었을 것임이 분명하다.

지형적으로 볼 때 지석묘가 가장 흔하게 군집을 이루고 있는 곳은 대소 하천변의 충적평야지대이다. 상석 몇개가 지상에 노출된 외관을 보이지만 그 아래 깔려 있는 매장시설은 훨씬 많은 수가 군집을 이루고 있는 경우가 대부분이다. 이러한 입지와는 조금 다르게 구릉이나 미고지 위에 입지한 지석묘군이 있다. 이중에는 물론 상석의 규모나 매장시설의 규모가 그리 크지 않아서 외관이 현저하지 못한 지석묘군도 있다. 이러한 지석묘군과는 달리 전형적인 남방식이나 북방식 지석묘로서 거대한 규모를 가지며 구릉이나 미고지 위에 축조되는 지석묘가 있다. 이러한 외관과 입지를 가진 유적에서는 여러기의 지석묘가 군을 이루는 경우가 거의 없고 단독으로 입지하는 것이 보통이다. 하지만 군을 이루는 경우가 간혹 있더라도 보통 하나의 상석에 하나의 매장시설이 결합된 상태로 2-3기 이상이 군집하지는 않는다.

지석묘(군)는 지형적인 입지에서나 공간적인 분포에서 비교적 다양한 양상들이 관찰된다. 이들을 취락이나 경작지와 관련시켜서 본다면 훨씬 복잡한 양상이 예측된다. 이와 같은 다양성은 물론 한반도 제지역의 지형적·환경적 여건, 재배작물의 종류나 농업경영 방식, 취락의 규모와 취락들 사이의 관계 등의 차이에 기인되었을 것이라 일차적으로 생각할 수 있다. 하안대지에 대규모 취락·분묘 및 의례장소·경작지가 공존하는 대평리 유적의 경우 규모가 큰 지석묘들은 중심취락 가까이의 한 구역에 밀집되어 있고 소형지석묘나 분묘들은 소규모 군집을 이루며 취락들과 약간의 거리를 두고 분포한다. 예외적으로 소형묘 중에는 경작지와 취락의 연변에 특별한 군을 이루지 않고 분포한다. 대평리유적에서 지석묘 및 석관묘들이 취락 및 경작지와 관련되면서 분포하는 세가지 양상은 일단 한반도 제지역의 지석묘군의 분포상을 대체로 대변하여 준다.

지석묘의 구조적인 변천 방향에 대해서 그 세가지 핵심 요소인 상석·묘역·매장시설이 서로 분리될 수 없을 정도로 결합되어 있는 형식에서 이들 각 요소가 독립적으로 발전하여 대규모화되는 형식으로 변천되었지 않았나 생각된다. 그러하다면 상석과 매장시설이 분리되지는 않았지만 지상화되고 거대화된 전형적인 북방식 지석묘, 묘역이 다른 시설에서 분리되어 두드러지게 확장되고 매장시설은 지하로 대규모화된 창원 덕천리 1호와 같은 남방식 지석묘 등이 구조적으로 보아 늦은 형식이 된다. 대개 거대한 외관을 지닌 지석묘는 규모 자체에 있어서도 그러하거니와 공간을 점유하는데 있어서도 가장 현저하고도 지배적인 입지를 차지하게 되는 것이다. 앞서 대평리유적에서 세가지 방식의 분묘군 입지유형에 추가시켜 늦은 단계의 대형지석묘의 현저하고도 지배적인 입지방식을 추가시킬 수 있다고 본다.

지석묘(군)는 지형적인 입지·공간적인 분포·지석묘 자체의 규모·군의 밀집도와 규모 등에 따라서 일정한 유형으로 구분될 수 있다. 우선 이러한 유형은 제 지역의 환경적 맥락을 비롯한 사회적·이념적인 여건들에 따라서 달라질 것이며, 아직 이에 대해 적절한 설명을 할 수 있을 만큼 검토되어 있지는 않으며, 시기에 따라서도 지석묘군의 입지조성·분포양상의 변화가 예상되지만 잘 알 수 없다. 분명한 사실은 지석묘의 입지와 분포가 임의적인 것은 아니라는 것이다. 다시 말하면 하나의 지석묘 축조 집단은 환경적·사회적 여건에 따라 주변의 지형과 공간을 이해하고 그 이해 방식에 따라 일정한 유형의 지석묘군이 지형적으로 입지하고 공간적으로 분포하는 것이다.

한반도에서 지석묘군은 이전 신석기시대에는 볼 수 없었던 건축물이다. 필자는 성숙한 농경사회로 진전되어 있었던 한반도의 제지역에 하나의 기념물로서 축조되기 시작한 것 중의 하나가 바로 이 지석묘군이라고 생각한다. 이 지석묘군은 공간적으로 볼 때 특정한 장소가 배려되고, 매우 현저한 지형적인 입지를 차지하기도 한다. 이러한 공간은 당시 농경사회에서 경작지와 취락지의 선정과 맞물려 배정되어졌을 것이다. 실생활의 거주나 생산과 함께 당시 사회에서 사회적·이념적 행위의 반복을 위해 배려되었던 공간에 지석묘와 같은 기념물을 축조하였던 것이다. 지석묘군 중에는 분명 장기간 추가축조와 재건축 뿐만 아니라 고고학적으로 가시화 되지 않은 행위가 반복되면서 장기간 존속했던 기념물로서의 성격을 지닌 것이 존재했다.

최근 농경에로의 전환이 인류의 생활에 있어서 가진 의미는 단순히 생업경제의

157

변화, 생산기술의 변화로만 해석되지 않는다. 탈과정주의의 등장 이후부터 고고학자들은 농경의 시작을 보다 관념적인 변화 즉 세계관의 변화, 자신을 둘러싼 주변을 이해하는 방식의 변화에 촛점을 맞추어 해석해 왔다(Hodder 1990; Thomas 1991; Barrett 1994; Thorp 1996; Whittle 1996). 농경과 정주생활로의 전환은 생태적이고 생업경제적 변화로만 이해할 것이 아니라 생활방식의 변화와 함께 시간과 공간 및 경관에 대한 새로운 이해의 구조를 가지게 되었고, 그것이 현실세계에 실천됨으로서 다시 구조화되어 간다는 점이 중요하다는 것이다. 즉 농경사회인들이 가지는 시간과 공간, 그리고 주변 경관에 대한 관념은 채집민들과는 근본적으로 다르다. 따라서 절대적인 시간의 흐름에서 물질문화의 변동을 설명하는 것이 아니라 사회적으로 관념화된 시간 속에서 변화를 이해할 필요가 있는 것이다. 그렇다면 성숙한 농경단계에 들어선 사회의 기념물이 축조되었던 당시 현실세계에서 관념되고 실천되었던 시간과 그 변화를 이해해야 할 것이다(Gosden 1994). 농경사회의 물질문화 중에 특히 기념물과 같은 것은 의례의 수행을 통해 축조되고 의례의 반복으로 존속된다. 즉 농경사회의 기념물은 의례를 통해 축조되고 존속하고 그러므로써 의미를 지니게 된다는 것이다. 브래들리(Bradley 1991)의 견해를 따르자면 사회적 시간에서 의례의 수행과 과정은 이중적인 면을 가진다는 것인데, 한편으로는 형식화된 규칙 · 관념 · 구조 · 이념들이 의례를 통해 실현되고 다른 한편으로는 의례에 의해 그것이 구조화된다는 주장이다. 그와 같은 양면적인 과정이 기념물의 축조와 재축조 사용 등을 매개로 실현된다고 볼 수 있다.

농경사회의 기념물들은 취락 및 경작지와 함께 일정한 공간적인 단위를 점유하면서 존속했다. 그 공간 내에서 생산과 재생산을 위해 노동력이 투입되는 것과 꼭 같이 인력이 동원되어 기념물이 축조된다. 그 공간을 공유하고 그 공간에 의존하는 구성원들은 농경의 공동작업과 상호교환, 사회적 상호관계에 의해 사회집단화되고 기념물의 공유를 통해 그 정체성이 재정의되었을 것이다. 하나의 취락이 소멸하여도 기념물은 그 장소에 오래 남아서 조상에서 후손으로 이어지면서 그러한 역할을 지속하였을 것이다(Hodder 1994: 84; Bradley 1998: 54-62). 농경사회의 기념물이 하나의 장소를 점유하게 되면 일정 공간 내에서 사회적 실천을 통해 그 의미를 매개한다(Barrett 1999). 그러한 기념물이 지닌 의미는 매우 장기적인 과정을 통해 재생되고 변형되면서 지속된다. 가령 영국 남서부 마운트 플레전트의 기념물은 신석기시대의 이른 시기로부터 청동기시대에 이르기까지 다른 형태로 재축조되면서 하나의 장소 혹은 공간에 물질적으로 재생되고 재해석되는 의미체계를 지속시켜 왔던 것이다(Thomas 1996).

Ⅲ. 분포유형·위계

지석묘의 축조에 관한 한 앞서 말했던 것처럼 하나의 상식이 통용되어 왔다. 즉 지석묘는 계급사회의 지배자를 위해 축조된 것이고 지석묘의 존재는 지배자가 지닌 강제력의 행사에 대한 직접적인 증거로 생각할 수 있다는 것이다. 적어도 지석묘를 통해 당시 사회를 이해하여 보고자 한다면 그 기본전제로서 지석묘는 지배자계급의 무덤이란 명제를 받아들여 왔다.

최근 20여년간 그와 같은 상식화된 논법을 넘어서서 신진화주의 사회분류체계에 의거한다면 과연 지석묘 축조 시기의 단위사회는 사회진화의 어느 단계에 해당되는가? 라는 질문을 제기한 연구자들이 있었다. 이에 대해 관심을 두어 왔던 대다수 연구자들은 그것이 족장사회(Chiefdom society)라는데 거의 의심을 두지 않는다(崔夢龍 1981, 1990; 崔楨芯 1997; 李鍾旭 1982). 청동기시대 지석묘사회를 족장사회로 보는 것은 그저 한 단계의 사회를 정의해 두는데 그치는 것이 아니라, 보다 거시적인 역사적 과정을 해명하기 위해서 필요했던 것으로 보인다. 즉 족장사회 뒤에 과정적으로 연결되는 위만조선을 비롯한 철기시대의 국가형성이 자연스럽게 설명될 수 있어야 하는 것이다(崔夢龍 1983, 1997; Choi 1984). 그래서 지석묘의 조사를 통해 나타나는 속성들을 가지고 당시 족장사회의 여러 사회적 특징을 추론해 보려고 노력했던 것이다.

그런데 지금까지 지석묘 사회를 족장사회로 정의하기 위해 추론되었던 사회적 속성은 무엇인가? 지석묘 축조에 동원된 노동력의 규모, 신분 세습의 증거, 조상숭배, 전문장인에 의한 생산 등과 같은 증거들이었다. 그에 비하여 권력의 공간적인 영역으로 파악되는 사회의 규모, 그리고 그 단위 내부의 위계와 조직을 복원하는데는 큰 노력을 기울이지 않았던 것 같다. 최근의 연구에서는 지석묘군의 밀집도로서 지역집단의 범위를 정의하려 한다든가, 부장유물의 조합상을 지석묘군내 유구들 사이의 위계와 지역집단의 세력정도를 평가하는 기준으로 제시한(李榮文 1990: 114-5, 1993) 견해가 있다. 부장유물에 의해 지석묘의 등급을 추론하는데 청동기나 옥이 권위의 상징물, 혹은 위세품으로서 지니는 가치와 의미에 대해 부정하기는 어려울 것이다. 그러나 그것이 정치·경제적 권력과 부의 상징물(wealth objects)로서 삼국시대 고분 부장품과 동일한 의미를 가지고 있다고 이해하긴 더욱 어렵다. 가령 금릉 송죽리유적의 지석묘에서도 청동검이 출토되었으나 그것은 매장시설과 약간 떨어진 채 공지에 박혀 있는 상태로 노출되었다(曺永鉉 1993). 물론 당시에 매장의례에서 중요한 물품이긴 하지만 정치엘리트에 의한 소유·매납이 중요시되었던 것은 아니라는 사실을 이해할 수 있다. 필자의 견해로는 지석묘 및 그 묘역의 규모, 분묘군의 경관, 그것을 구축하기 위해 동원된 노동력 등이 개별 지석묘나 지석묘군의 위계를 보다 잘 반영해 주지 않을까 한다. 또 지석묘 군집의 수량을 통하여 당시 사회집단의 영역을 추론한 연구도 있는데(李榮文 1993), 일정지역에서 지석묘군의 상대적 위계가 명확히 파악되지 않는다면 경계를 예측할 수 있는 객관적 근거를 제시하기 어려울 수 밖에 없다고 생각된다.

사회의 특성을 추론하는데 지금까지의 연구에서는 보다 직접적인 평가기준에 의존하여 왔던 편이다. 가령 축조에 드는 노동력 동원, 재분배나 전업화된 생산, 계급분화의 정도 등을 추론하여 당시 사회의 특징을 정의해 보려고 노력했다. 하지만 고고학 자료를 가지고 그러한 특성을 직접적으로 추론하기는 어려운 점이 많은 것도 사실이다. 예컨데 고고학 자료를 가지고 당시의 토기생산이 전업화된 것이냐? 당시 식량의 사회적 축적이 어느 정도의 수준이었는가? 등의 문제를 객관적으로 타당하게 추론할 수 있을까 하는 것이다. 이러한 직접적인 추론에 먼저 뛰어들기보다는 고고학 자료에 나타나는 유형이나 규칙성들이 과거 사회의 속성들과 어떻게 관계될 수 있을지를 면밀히 평가해 보는 작업이 필요하고 선행되어야만 한다고 생각된다. 예컨데 지석묘의 群內-群間의 분포유형에 대한 분석이 그러한 작업 중의 하나가 될 것이다. 가령 지석묘 사회의 규모와 내부조직의 특성을 이해하고자 한다면 지석묘군내의 유구들 사이의 위계나 분포유형, 그리고 일정 지역내의 지석묘군들 사이의 분포패턴에 대한 분석을 통해 보다 용이하게 접근할 수 있으리라 생각된다.

유럽에서의 지석묘 연구사를 검토해 본다면 우리의 경우와 다소 유사하다는 점을 느낄 수 있다. 1970년대 초 기능주의적 과정고고학이 지석묘의 기원에 대해 색다른 해석을 내릴 때까지 그에 대한 전통고고학적 설명은 전파론적 해석에 의존하고 있었으며 연구자들의 주된 관심은 지석묘의 형식분류와 상대편년이었다. 주지하다시피 유럽에서 지석묘(분묘로서 거석기념물)가 집중 분포하는 지역은 브레따뉴를 중심으로 한 북대서양 연안과 리베리아반도, 영국과 아일랜드이다. 북대서양연안 일대는 유럽의 거의 전역에 농경문화가 확대되어 있는 상황에서 가장자리에 해당하는 곳으로 이 지역에서만 중석기시대적인 생활과 주민이 잔존하여 있었다. 이 지역에서 지석묘가 자생한 이유에 대해 콜린 렌프류(C. Renfrew)와 같은 이의 기능주의적 해석이란 이런 것이다. 즉 북대서양 연안에는 확산되는 농경인과 유존하는 채집인이 공존하게 되어 인구

160

의 압력을 받게 되었다고 전제한다. 그래서 인구의 스트레스에 대한 문화적 대응으로 단위 사회집단이 영역을 명확히 해 둘 필요가 생기게 되고 그와 같은 영역의 표지 (territorial mark)를 거석묘의 형태로 남겼다는 이야기다(Renfrew 1976). 조금 다른 견해이긴 하지만 채집민과 농경민의 경계지대에 갈등 혹은 충격의 완화를 위해 연도묘 (passage grave)나 장형분(long mound)과 같은 거석묘가 축조되었다는 설명이 있다 (Kinnes 1982).

렌프류를 비롯한 기능주의 과정고고학자들이 유럽지석묘 연구에 가장 기여했던 것은 첫째로 방사성탄소연대측정과 같은 정밀한 연대측정 자료를 토대로 지석묘의 편 년작업을 완성한 것이고, 둘째로 지석묘의 분포와 위계의 지역적-시기적 변동을 분석 하여 단위정치체의 규모와 그 내부조직을 복원한데 있다(Renfrew 1973, 1976, 1981). 렌프류의 경우, 유럽에 있어서 후기 신석기시대의 거석 기념물들은 족장사회 의 표징으로 인정하고 있지만 신석기시대 이른 단계의 거석기념물들은 족장사회의 특 성을 보여주는 것으로 보기 어렵다고 한다. 단적으로 말하자면 대규모의 노동력이 동 원되어 거석기념물이 축조된 것은 사실이지만 노동력의 동원이 결코 족장의 강제력에 의해서만 가능한 것은 아니기 때문이다(Barrett 1994: 24-9). 렌프류는 일찍기 거석 기념물을 축조했던 신석기시대의 유럽사회가 부족사회에서 족장사회로 진화했다고 설 명한다(Renfrew 1973, 1981). 만일 렌프류가 거석묘를 지배자의 묘로 간주했다면, 그리고 거석묘가 가지는 공동체적 의례의 특성을 인정하지 않았다면 이른 시기의 거석 묘도 그저 족장사회의 기념물로만 규정하고 말았을 것이다.

기능주의 과정고고학자들의 작업 중에서 중요한 것은 거석묘의 분포와 위계를 분석하여 단위사회 규모와 내부조직을 복원한 것이다. 일찍기 거석기념물을 영역의 표 지로 간주해온 렌프류는 신석기시대 후기 영국 웨섹스의 거석기념물을 규모와 복잡성 에 따라 몇 개의 등급으로 나누고 당시 사회는 몇 등급의 하위 단위로 구성된 족장사회 임을 주장한다(Renfrew 1976, 1979). 브레따뉴지역의 거석묘에 대한 연구에서도 신 석기시대 이른 단계에는 취락 하나에 의례용 기념물 하나가 대입되는 수준의 단위사회 에서 후기가 되면 이들 단위가 보다 큰 의례중심지를 축으로 통합된다고 한다(Patton 1993).

한반도의 지석묘사회를 족장사회로 정의하는 여부와 관계 없이 유럽에서 기능주 의자들의 연구처럼 지석묘(군)의 위계와 분포를 지역적-시기적으로 면밀히 분석하여 단위사회의 규모와 위계를 복원한 연구는 거의 없다. 사실 이러한 분석을 위해서는 일정 지역에서 지석묘의 분포가 정밀하게 조사되어야 하고 각 지석묘군에 대한 좀더 자세한 정보를 가지고 있어야 하기 때문에 자료 수집의 수준에서 한계점을 지적하지 않을 수 없는 것이 현실이기도 하다. 지석묘는 부분적이라도 지상에 노출되어 있는 고고학 자료이기 때문에 지표조사를 통해서도 필요한 정보를 얻을 수 있다고 생각될지도 모른다. 그러나 노출된 상석의 존재만으로 지하 매장시설의 규모나 갯수를 짐작하기는 어렵다. 따라서 보다 쓸모 있는 정보를 얻으려면 정밀한 발굴조사를 거쳐야 한다. 그러나 한반도 어디에도 단위지역 내에 분포하는 지석묘가 체계적으로 발굴되어 지역 수준의 연구가 가능한 곳은 찾기 어렵다.

본 연구에서도 성숙한 농경단계에 들어선 지석묘 축조집단들의 사회적 특성을 단편적으로라도 이해해 보고자 한다. 물론 이 연구에서 지석묘사회의 규모나 위계를 면밀히 분석하여 보겠다는 의도는 없으며 필자의 능력 밖의 일이기도 하다. 다만 지석묘 축조시기에 사회집단들의 공간적인 분포와 그들 사이의 관계에 대하여 매우 단편적인 추론의 기회를 주는 자료가 있어서 검토해 보고자 할 따름이다. 물론 지석묘사회를 복원하려면 그 축조시기의 취락과 기념물, 및 경작지를 비롯한 생산시설 등에 관해 체계적인 정보가 축적되어야 한다. 이미 언급한 것처럼 그러한 자료의 수집이 이루어진 지역은 우리나라 어디에도 없다. 지금으로서는 주어진 자료를 바탕으로 접근할 수 밖에 없는데 여기에서는 무문토기 중기(지석묘 축조시기로 말하자면 후기에 해당함)에 한정시켜 창원과 그 주변지역을 대상으로 지석묘군의 지역적인 위계화에 대해 검토해 보고자 한다.

경남 동남부지역에서는 꽤 많은 지석묘군이 최근 들어 수습·시굴·발굴조사되어 있는 편이다. 그 중 창원과 그 주변지역에서 조사된 자료는 다른 지역에 비해 지석묘군의 위계적 양상을 검토하기에 양호한 자료로 평가된다. 지석묘(군)의 위계는 부장유물의 종류나 상석의 크기 등으로 평가될 수 있을지 모른다. 하지만 앞서 말한 것처럼 그것만으로 지석묘(군)의 위계를 고분의 등급을 정하듯이 정의할 수는 없다. 그리고 지석묘(군)의 위계를 발견하고 그것을 현재 고고학자의 해석에 의해 정의한다 하더라도 삼국시대의 고분 위계와는 다른 성격을 가졌으리라 추측된다. 다음과 같은 관점에서 지석묘(군)의 위계화를 시도해 보지만 현재로서 그 위계가 어떠한 사회적 특성을 반영하는지는 잘 알 수 없다. 앞으로 지석묘 사회에 대한 이해가 깊어지면서 지석묘의 위계가 당시 사회규모나 내부조직에 대한 추론에서도 중요한 의미로서 해석될 수 있게 될 것이다.

이 연구에서는 우선 한 지석묘군에서 개별 지석묘의 묘역 · 매장시설 · 상석 등의 규모와 형태에 따라 위계화의 정도를 평가하고, 둘째로 위계가 다른 지석묘의 조합, 지석묘 및 매장시설의 입지와 분포 등에 따라 지석묘군의 위계화된 유형을 설정해 보고자 한다. 이상 두가지 기준에 의해서 창원과 그 주변지역의 지석묘군들을 자체내의 위계와 공간적 분포상에 따라서 다음과 같이 I, II, III유형으로 나누어 볼 수 있을 것같다.

먼저 창원 덕천리 지석묘군을 대표로 하는 최상위의 지석묘군을 제 I 유형이라고 정의해 두고자 한다. 물론 덕천리 지석묘군이 각지역에서 최고위계의 지석묘군으로서 일반적인 형태라고 보지는 않는다. 그러나 청동기시대나 지석묘사회에 대한 일반적인 인식을 바꿀 필요가 있다고 하는 조사자의 언급(李相吉 1993)도 있거니와 이 덕천리 1호 지석묘야말로 족장사회의 여러 가지 속성을 그대로 보여준다고 하는 견해(洪亨雨 1997: 114)도 있다.

제 I 유형은 첫째로 분묘공간이 전체취락의 분포패턴에서 생활공간과 분리되어 입지하게 되고 그 면적이 매우 넓게 설정된다는 특징을 가지고 있다. 즉 매장의례를 위해 단위 지역에서는 가장 넓은 분묘공간이 특별히 배려된다는 점이다. 둘째로 주변의 어느 지석묘와도 비교되지 않을 만큼의 규모를 자랑하는 묘역과 매장시설의 지석묘가 가장 현저한 지점을 차지하고 그로부터 작은 규모의 지석묘나 석관들이 일정한 방향성을 가지고 축조된다는 것이다. 세째, 생산 · 분배 · 소유가 제한되어 있었던 옥과 청동기[1]가 부장품으로든 의례적 과정(李相吉 1993b)에 의해서든 집중되어 있다.

창원 덕천리 지석묘군은 위의 세가지 특징을 고루 갖추고 있다. 특히 56×17.5m 규모의 묘역[2]을 지닌 제1호 지석묘는 제 I 유형의 두번째 속성을 여실히 보여 준다. 그리고 지석묘의 축조순서와 방향성은 동시기 제II 유형이나 제III 유형에도 보이기 때문에 제 I 유형만의 속성은 아니다. 사천 이금동유적은 청동기가 출토되었고 역시 거대한

---

1) 물론 비파형동검의 국산 가능성에 대한 견해도 있지만 옥과 청동기는 원료와 생산기술이 지역적으로 제한되어 있었던 것만은 틀림 없다.

2) 하나의 지배자 개인을 위한 묘역이라기 보다 공동체의 제단이라고 보는 것이 옳을 듯하다. 필자의 견해로 적어도 덕천리 유적에서 만큼은 지석묘의 축조를 공동체의 협업노동에 의한 결과물로 이해하는 견해(池健吉 1983)와 그 노동력의 징발과 조직을 가능하게 하는 족장의 존재에 대한 주장(崔夢龍 1981, 1990)과는 서로 상충되지는 않을 듯 싶다. 그러나 족장 개인만을 위해 거대한 기념물을 만들었다고 보는 것은 당시공동체 의례의 목적을 전도시키고 농경사회 기념물의 사회적 · 이념적 역할을 왜곡시킬 우려가 있다고 생각한다.

<그림1> 창원 덕천리 지석묘군 유구분포

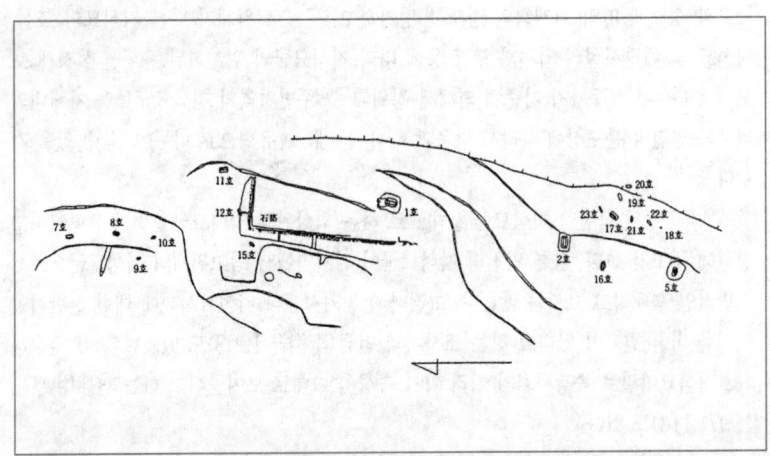

<그림2> 창원 상남지석묘군 유구분포

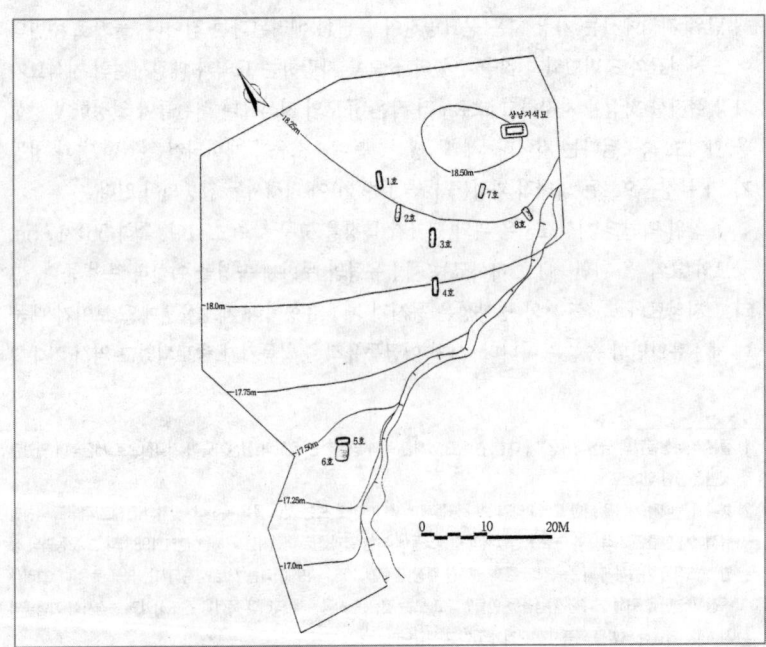

묘역을 지닌 분묘공간의 조성이 제 I 유형의 첫번째와 세번째 속성을 만족시킨다. 그러나 그 지역에서 유일하게 거대한 묘역과 매장시설을 지닌 지석묘가 존재하지 않는 것은 둘째 속성에 부합되지 않는다. 그러나 먼저 말한 것처럼 소규모 개별 지석묘의 묘역이 연접되어 거대한 묘역을 조성했다는 것 자체가 중요하다. 왜냐하면 하나의 지석묘를 위한 거대묘역도 지석묘에 묻힌 족장의 개인권력을 과시하기 위해 건설된 것은 결코 아니기 때문이다.

제 II 유형의 지석묘군은 물론 독립된 분묘공간을 가지지만 공간의 면적이 훨씬 좁다. 제 II 유형은 제 I 유형만큼 장기간 축조되고 기념된 것은 아니기 때문이다. 또 제 I 유형처럼 그 중 규모가 큰 묘역·매장·상석을 지닌 지석묘가 한개 자리잡고 있으나 그것이 제 I 유형의 최대형 만큼 거대하지는 못하다는 것이다. 마지막으로 옥이 소량 부장되는 경우도 있고 청동기가 극히 단편적으로 나올 수는 있어도 결코 집중되지는 않는다. '바' 호지석묘를 중심으로 한 함안 도항리 지석묘군(창원문화재연구소 1997)과 1호묘를 중심으로 한 창원시 상남지석묘군(창원문화재연구소 1999)과 같은 것이 창원과 그 주변지역에서 제 II 유형을 대표할 만한 것이다.

제 III 유형은 가장 하위의 지석묘군으로 추측되며 대표적인 유적으로는 창원 신촌리 지석묘(崔鍾圭·安在晧 1983)와 함안 오곡리 지석묘군이 있다(朴東百 外 1995). 이 제 III 유형은 분묘공간이 좁은 편이며 생활공간인 취락으로부터 일정공간이 배려되

〈그림3〉 함안 오곡리유적 매장시설 분포도

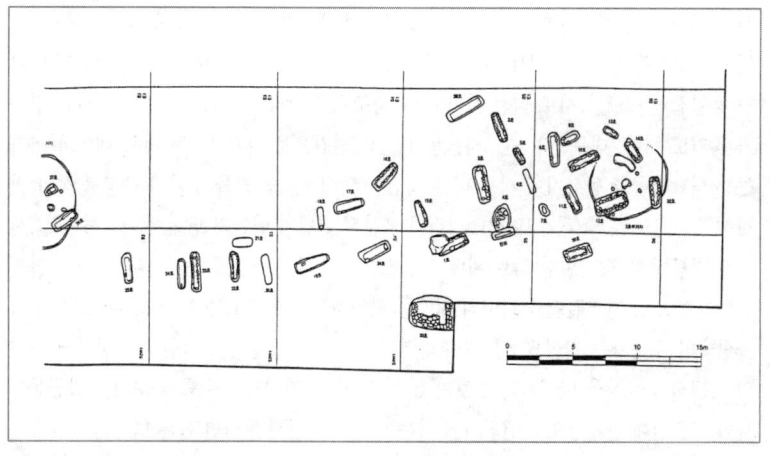

어 분리되었는지도 불확실하다. 그리고 반드시 경관이 잘 선택된 곳도 아니고 취락이나 경작지의 입지를 배제하고 특별히 자리잡은 것도 아니라고 생각된다. 묘역을 지닌 지석묘는 볼 수 없고 설사 그러한 지석묘가 있다 해도 독립된 석관묘와 같은 다른 매장시설과 비교해 볼 때 묘역이나 매장시설이 그리 현저하게 우월하지 않다. 보통 같은 분묘군내에 상석은 한두 개에 불과하지만 소형의 매장시설은 다수 발견된다. 그래서 이러한 지석묘군 내의 상석 한 개는 그래도 규모가 가장 큰 매장시설에 덮혀 있기도 하지만 전체 매장시설의 이른 바 묘표석(墓標石)일 것으로 추측된다.

남한지역의 지석묘 상한이 최근 연대측정자료 등에 힘입어 기원전 9세기로 논의되고 있다(成正鏞 1998). 경남지방에서도 합천 저포리 E지구 유적의 경우로 미루어 보면 지석묘군의 축조 상한은 무문토기 전기까지 소급된다. 비교적 이른 시기에 축조되기 시작한 지석묘군들은 개별 지석묘의 묘역이나 매장시설의 규모에서 우열을 거의 찾기 어렵다. 그리고 유구분포상에도 각 지석묘들이 행열을 맞추듯이 병열적으로 배치된다. 하지만 중기단계에도 늦은 시기가 되면 지석묘군 내에 상석-묘역-매장시설의 규모에서 현저한 우열이 발견되며 분포상에도 전에 볼 수 없었던 위계적인 양상이 관찰된다. 무문토기 중기(지석묘 후기)에 있어서 지역단위 안에 분포하는 지석묘군들간에 위계가 있었다는 전제하에 Ⅰ, Ⅱ, Ⅲ 등 세가지 유형으로 구분하여 보았다.

지석묘의 위계는 매장시설과 봉분의 규모, 부장유물의 조합상에서 인지되는 삼국시대 고분의 위계만큼 뚜렷하거나 객관적으로 인정되기도 어렵다. 사회적 특성에 접근하는 데 더욱 큰 난점은 지석묘의 위계가 그대로 피장자의 신분적 위계와 결코 동일시 될 수 없다는 데 있다. 또 삼국시대 고분처럼 세부적으로 편년될 수 없기 때문에 지역단위내에 분포하는 지석묘군이 동시기에 서로 다른 집단에 의해 축조된 것인지 아니면 동일집단 내에서 서로 다른 시기 중에 축조한 것인지 명확히 밝혀 낼 수 없는 경우가 많기도 하다. 대부분의 연구자들은 1~200년간으로 시기구분된 단위 내에 들어가는 지석묘군들을 동시기에 서로 다른 집단에 의해 축조되었을 것이라 추정한 적이 있다(尹容鎭 1974, 李榮文 1993). 그러나 세분된 편년과 아울러 당시 취락유형과 그 시기적 변동에 대한 면밀한 검토 위에 조심스럽게 추론되어야 할 문제이다. 이들 세가지 유형이 반드시 지역집단들 사이의 위계를 반영하는 것이라고는 할 수 없다. 그러나 각 유형들의 수준차는 지석묘군을 축조하면서 수행되는 매장을 포함한 지역공동체 의례의 상대적 중요성을 반영하다고 보지 않을 수 없다. 지석묘 사회를 다수의 촌락공동체들이 상호간에 관계망으로 연결되어 있는 상태로 가정해 둔다면 물론 덕천리 지석묘와 같은 제 I 유형은 그 중심에 있고 창원 상남 지석묘나 함안 오곡리 지석묘 등의 경우는 그 관계망 아래에 포괄된 공동체로 볼 수 있다고 할 수도 있다.

IV. 맺음말

한반도에서의 지석묘는 생업경제의 형태가 농경에 거의 전적으로 의존하는 단계로부터 축조되기 시작했다. 성숙한 농경단계에 들어선 청동기시대의 기념물은 현재로서 두세가지가 있다고 생각된다. 첫째로는 지석묘군과 같은 매장시설로서의 기념물과, 둘째로 환호취락과 같은 실생활의 장소에 구축된 기념물이 있고 예외적으로 암각화와 같은 기념물을 꼽을 수 있다. 환호시설은 처음에는 취락 주변의 배수용 혹은 구획용의 소규모시설에서 출발한다. 그런데 늦은 시기가 되면 창원 남산 환호취락에서 보듯이 거대한 의례적 · 방어적 시설로 발전한다(李盛周 1998a).

이에 비해 지석묘군은 한 단위집단의 공동묘지로서 출발한 듯 싶다. 공동체 성원 모두의 매장의례가 지석묘를 축조하면서 혹은 지석묘군 내에서 이루어졌는 지는 알 수 없는 일이다. 하지만 이른 시기의 지석묘군은 개별 지석묘간의 위계에 대해 말할 수 있는 유적이 하나도 없다. 그렇다고 해서 전기 무문토기의 지석묘가 공동체 전체를 위해 축조되었고[3] 그 사회는 무두사회 · 부족사회라고 간단히 결론 내릴 수는 없다. 우리는 지석묘 축조 초기부터 지석묘 부장품으로서 개인적 의례용품인 옥과 홍도, 그리고 무기형 청동기와 석제품이 형태적으로도 완성됨을 결코 지나쳐 볼 수 없다. 특히 무력을 상징화한 마제석검과 석촉의 개인적 부장은 유럽의 거석묘와 비교해 보아도 그 지역에서는 청동기시대에 들어서나 나타나는 현상이란 점을 강조해 둘 필요가 있으며 강제력을 포함한 권력이 족장에게 어느 정도 집중되어 있음을 의미한다. 형태적으로 볼때 지석묘의 구조적인 변화는 흥미롭다. 즉 지석묘의 구조적 삼요소인 상석 · 매장시설 · 묘역이 각자 분리되면서 거대화되는 방향으로 발전한다. 예컨데 묘역은 상석 직하부에 매장시설을 두룬 형태로부터 출발하여 창원 덕천리 1호지석묘처럼 발전한다. 이러한

---

3) 흥미로운 점은 이른 단계의 지석묘군인 저포리지석묘군과 북한 쪽 묵방리 지석묘군에서 추가장이 가능한 횡구식석곽이 존재한다는 사실이다. 어쩌면 공동체 매장을 위한 유구라고 말 할 수도 있지만 소규모이고 자료가 많지 않아 분명한 언급은 하기 어렵다.

변화의 방향을 단순히 해석할 수는 없지만 공동체 의례 중에도 족장 개인을 위해 배려된 부분이 강조되는 것이라고 볼 수 있다고 생각된다.

농경사회의 기념물로서 지석묘(군) 중에는 한 공간을 점유하면서 장기적으로 의례의 수행이 반복되어 그 역할과 의미가 지속되어온 것이 있다. 다른 어떤 것보다도 혈연, 경작지와 영역, 공동의 의례수행 등을 통해 집단의 관계를 심화시키고 확대시켜 온 농경사회의 주민들에게 지석묘군은 다른 어떤 시설물 보다도 중요한 사회적·이념적 의미를 가진 것이라고 생각된다. 기능주의 과정고고학자들의 분석과 논증방법을 꼭 따르자는 것은 아니지만 기념물의 공간적 분포와 위계는 지석묘사회의 규모와 사회조직에 접근하는데 중요한 의미를 가진다고 보지 않을 수 없다. 필자는 물론 남한지역의 지석묘군 분포자료를 가지고 그러한 문제의 해명에 도전할 수 있다고 단정적으로 말하기는 어렵다. 하지만 한반도 동남부지역의 무문토기 중기 단계의 지석묘군을 보면 자체적인 위계와 분포유형으로 진단해 보았을 때 몇 등급의 위계화 가능성은 있다. 단순히 창원 덕천리 1호묘의 족장을 중심으로 주변 하위지역집단이 통합되어 있었다고 간단히 말하고 싶지는 않다. 그만큼 지석묘의 위계와 지역집단들의 사회적 관계를 어떻게 연결시켜 이해할 수 있는지는 잘 검토되어 있지 않기 때문이다.

지형적·환경적 여건이 취락의 규모를 결정하는데 물론 큰 작용을 하였음에 틀림없다. 경작지가 넓고 장기적으로, 그리고 누세대적으로 점유될 수 있는 환경이라면 진주 대평리나 부여 송국리와 같은 대규모 취락이 형성될 수 있다. 이 대규모 취락이 자체적으로만 하나의 집단을 형성하였는지, 이와 같은 대규모 취락이 주변의 소규모 취락을 통합하여 지역집단을 형성하였는지 확실하지는 않다(李盛周 1998b) 이러한 문제는 결국은 지석묘군의 분포와 위계를 분석하여 해명되어야만 한다. 그리고 이를 논증할 수 있는 방법도 한두가지는 아닐 것이다. 물품의 생산과 교환의 범위, 의례 수행의 범위, 대규모 기념물을 축조하는데 징발되는 노동력의 범위 등이 앞으로 잘 검토되어야 한다. 이와 같은 문제들이 해명되었다고 해서 당시 사회의 규모나 조직에 대한 추론을 간단히 객관화 할 수는 없다. 그저 우리의 해석이란 것은 상대적인 평가에 그치는 정도일 것이다. 그래서 세계 농경사회의 기념물들에 대한 비교문화적 접근이 또한 필요한 것이아닐까 한다.

참 고 문 헌

慶南考古學硏究所, 1999, 〈사천 이금동유적 발굴조사-지도위원회의 자료-〉油印物.

김기웅, 1963, 〈평안남도 개천군 묵방리 고인돌 발굴 중간보고〉, ≪고고학자료집≫ 3: 64-76.

文化財硏究所, 1994, ≪晋陽 大坪里遺蹟 發掘調査 報告書≫, 文化財硏究所.

朴東百·金亨坤·崔憲燮·兪炳一·朴文洙, 1995, ≪咸安 梧谷里遺蹟≫, 昌原大學校博物館.

朴晋鉉·金奭周, 1998, 〈상촌리 9호-13호 지석묘와 주변유적(2차조사)〉, ≪南江댐 水沒地區의 發掘成果≫-第7回 嶺南考古學會 學術發表會-, pp. 29-45.

朴天秀, 1998, 〈大邱 辰泉洞 立石遺蹟 發掘調査〉, ≪3-5세기 금강유역의 고고학≫-제22회 한국 고고학전국대회-, pp. 143-55

釜山大學校博物館, 1987, ≪陜川苧浦里E地區遺蹟≫, 釜山大學校博物館.

리정남, 1991, 〈묵방리고인돌발굴보고〉, ≪조선고고연구≫ 1991-1: 10-16.

成正鏞, 1997, 〈大田 新岱洞·比來洞 靑銅器時代遺蹟〉, ≪호남고고학의 제문제≫-제21회 한국고 고학전 국대회 발표요지-: 205-36.

沈奉謹·朴廣春·金益俊, 1998, ≪巨濟鵝洲洞遺蹟≫, 東亞大學校博物館.

尹容鎭, 1978, 〈大邱의 初期國家 形成過程〉, 歷史學會 編 ≪韓國史論文選集≫Ⅱ, 一潮閣: 31-48.

윤호필, 1999, 〈사천 이금동유적 발굴조사 개요〉, ≪제42회 전국역사학대회 발표요지≫, pp. 380-92.

李相吉, 1993, 〈昌原 德川里遺蹟 發掘調査報告〉, ≪三韓社會와 考古學≫ -第17回 韓國考古學全 國大會發 表要旨-, pp. 103-17.

李盛周, 1998a, 〈韓國의 環濠聚落〉, ≪환호취락과 농경사회의 형성≫ -제3회 구주고고학회·영 남고고학회 합동고고학대회-, pp. 47-88.

_____, 1998b, 〈韓半島 鐵器時代 槪念化의 試圖〉, ≪東아시아의 鐵器文化≫-제7회 문화재연구 국제학 술회의 발표논문집-, 文化財管理局 文化財硏究所, pp. 45-80.

李榮文, 1993, 〈全南地方 支石墓 社會의 領域圈과 構造에 대한 檢討〉, ≪先史와 古代≫ 5: 41-69.

이융조·정동찬·우종윤·윤용현·홍현선, 1990, ≪평라리 선사유적≫ 保寧댐 水沒地域 發掘調査 報告 ②, 忠北大學校 博物館.

李鍾旭, 1982, ≪新羅國家形成史硏究≫, 一潮閣.

林炳泰, 1995, 〈後期 支石墓社會의 性格〉, ≪東아시아의 靑銅器文化≫ -제4회 문화재연구 국제학 술대회 발표논문집-, 문화재관리국 문화재연구소, pp. 3-20.

曺永鉉, 1993, 〈金陵 松竹里遺蹟 發掘調査〉, 《三韓社會와 考古學》 -第17回 韓國考古學全國大會 發表 要旨-, pp. 119-33.

池健吉, 1983, 〈支石墓社會의 復元에 관한 一考察〉, 《梨花史學研究》 13 · 14: 1-6.

昌原文化財研究所, 1996, 《咸安 岩刻畵古墳》, 國立昌原文化財研究所.

_____, 1999, 《昌原上南支石墓群》, 國立昌原文化財研究所.

崔夢龍, 1981, 〈全南地方 支石墓社會와 階級의 發生〉, 《韓國史研究》 31: 1-14.

____, 1983, 〈韓國 古代國家 形成에 대한 一考察〉, 《金哲埈博士回甲紀念史學論叢》, 知識産業社, pp. 61-77.

____, 1984, *A Study of the Yongsan River Valley Culutre: the rise of chiefdom society and state in ancient Korea*, Seoul: 東星社.

____, 1987, 〈驪州 欣岩里 先史聚落址의 性格〉, 《三佛 金元龍教授 停年退任紀念論叢》 I - 考古學-, pp. 85-102

____, 1990, 〈湖南地方의 支石墓社會〉, 《韓國 支石墓의 諸問題》 -第14回 韓國考古學全國大會 發表 要旨-, pp. 61-75.

____, 1997, 〈衛滿朝鮮〉, 《韓國古代國家形成論》, 서울대학교출판부, pp. 203-79.

崔槇苾, 1997, 〈韓國 上古史와 族長社會〉, 《韓國古代國家形成論》, 서울대학교출판부, pp. 155-88.

崔鍾圭 · 安在晧, 1983, 〈新村里 墳墓群〉, 《中島》 Ⅳ, 국립중앙박물관.

崔憲燮, 1992, 〈咸安 道項里 先史遺蹟〉, 《韓國上古史學報》 10: 605-81.

하문식, 1990, 〈한국 청동기시대 묘제에 관한 한 연구〉, 《박물관기요》 6, 단국대학교 중앙박물관, pp. 29-47.

황기덕, 1961, 〈황해북도 황주군 긴동고인돌 발굴보고(I)〉, 《문화유산》 3:11-16

____, 1963, 〈황해북도 황주군 침촌리 긴동 고인돌〉, 《고고학자료집》 3: 56-63.

洪亨雨, 1997, 〈族長社會(Chifdom)에 대한 一考察〉, 《韓國古代國家形成論》, 서울대학교출판부, pp. 95-115.

Barrett, J. C., 1994, *Fragments from Antiquity: An archaeology of social life in Britain, 2900-1200 BC*. Oxford: Blackwell.

____, 1999, Chronologies of landscape. In Ucko, P. J. and Layton, R. (eds) *The Archaeology and Anthropology of Landscape*, London: Routledge, pp. 21-30.

Bradley, R., 1991, Ritual, time and history.*World Archaeology* 23 : 209-19.

Bradley, R., 1998, *The Significance of Monuments: on the shaping of human experience In Neolithic and Bronze Age Europe,*. London: Routledge.

Hodder, I., 1990, *Domestication of Europe: structure and contingency in Neolithic societies,* Oxford: Blackwell.

_____, 1994, Architecture and meaning: the examples of Neolithic houses and tombs, in Parker Pearson, M. and Richards, C. (eds) *Architecture and Order: approaches to social space,* London: Routledge, pp. 73-86.

Kinnes, I. A., 1982, Les Fouaillages and megalithic origins. *Antiquity* 56: 24-30.

Patton, M., 1993, *Statements in Stone: monuments and society in Neolithic Brittany.* London: Routledge.

Renfrew, C., 1973, Monuments, mobilization and social organization in Neolithic Wessex, in Renfrew, C. (ed) *The Explanation of Culture Change: models in prehistory,* London:Duckworth, pp. 539-58.

_____, 1976, Megaliths, territories and populations, In de Laet, S. J. (ed) *Aculturation and Continuity in Atlantic Europe,* Dissertationes Archaeologicae Gandenses ⅩⅥ, pp. 298-320.

_____, 1979, *Investigations in Orkney.* London: Reports of the Researche Commitee of theSociety of Antiquaries of London 38.

_____, 1981, Introduction: The megalith builders of Western Europe. In Renfrew, C. (ed) *The Megalithic Monuments of Western Europe,* London: Thames and Hudson: 8-17.

Thomas, J. S., 1991, *Rethinking the Neolithic.* Cambredge: Cambredge University Press.

_____, 1993, The hermeneutics of megalithic space. In Tilley, C. (ed) *Interpretative Archaeology,* Oxford: Berso, pp. 73-97.

_____, 1996, *Time, Culture and Identity.* London: Routledge.

Thorpe, I. J., 1996, *The Origins of Agriculture in Europe.* London: Routledge.

Whittle, A., 1996, *Europe in the Neolithic: the creation of new worlds.* Cambridge: Cambridge University Press.

사. 지석묘의 축조와 엘리트 계층의 등장에 대한 이론적 검토

유 태 용

I. 서론

　　인류사회의 발전과정에서 평등사회가 계층사회로 넘어가는 시기는 지역적 환경에 따라 다소 차이가 있지만, 대략 신석기 중기 또는 후기이다. 이 시기를 전후하여 전세계적인 문화적 현상이 일어나는데, 이는 다름 아닌 엄청난 노동력이 투입되는 거대한 건축물이나 거석기념물의 축조이다. 서유럽, 북유럽, 지중해연안, 남아시아, 동남아시아, 남미의 콜롬비아 등지에서는 지석묘, 선돌, 또는 환상열석 등이 세워졌다. 이스터섬에서는 거대한 석상이 세워졌으며, 신대륙에서도 역시 거대한 신전이 신축되었고, 중국의 대릉하 유역에서는 여신묘(女神墓)가 조성되었다. 한국도 예외가 아니어서 한민족이 활동하던 만주와 한반도에 많은 지석묘가 축조되었다. 따라서 한국의 지석묘는 한국문화의 사회적 발전과정에 있어서 평등사회가 계층사회로 어떤 과정을 거쳐 넘어가는가 하는 문화변동의 메커니즘을 밝히고자 할 때, 기초적이고 가시적 자료로 이용될 수 있는 고고학적 자료이다.

　　이러한 이유로 한국의 고고학자들도 그 동안 선사시대의 묘제(墓制)로서 지석묘를 매우 중요한 연구주제로 취급하여 왔다. 지금까지 진행된 지석묘 연구는 주로 형식분류, 기원문제, 인접지역과의 비교 등에 초점을 맞춤으로서 전통고고학에서 크게 벗어나지 못하고 있다. 그러나 최근 학계의 관심은 신고고학이라는 이론적 배경을 바탕으로 지석묘 사회의 복원과 사회조직의 재구성이라는 주제로 연구의 방향을 돌리고 있다(최몽룡 1997; Choi M.L. 1984; Rhee S.N. 1984).

　　현재까지 진행된 많은 고고학적 발굴성과에도 불구하고, 지석묘 축조집단의 사회구조는 그리 명확하게 밝혀지지 않고 있다. 그리하여 한국의 고고학계는 지석묘 사회가 평등사회냐 계층사회냐 하는 사회구조의 계층 조직에 대한 논쟁이 계속되어 왔다. 필자는 본고에서 사회 진화단계에서 엘리트계층 형성의 이론적 배경을 살펴보고, 이러한 관점에서 지석묘 축조집단의 사회계층 문제를 검토하여 지석묘가 당시의 사회 구조 속에서 차지하는 사회적 역할과 기능을 살펴보고자 한다.

II. 지석묘 축조집단의 사회계층 논쟁

현재까지 지석묘 축조의 상한과 하한 연대에 대한 학자간의 견해가 일치하지 않고 있다. 그러나 지금까지 진행된 지석묘 연구의 결과를 감안하면, 지역간의 차이는 다소 존재하겠지만 한국에 지석묘가 축조되기 시작한 것은 대체로 신석기시대 말기에서 청동기시대 초기로 간주할 수 있을 것이며, 그 하한선은 청동기시대 말기에서 철기시대 초기에 해당한다. 이 시기는 한국사회가 역동적 변화를 경험하던 시기였다.

지석묘사회의 구조에 대한 현재까지 논의는 대략 두 가지로 요약될 수 있다. 첫째, 청동기시대에 축조된 지석묘는 사회의 모든 성원들이 그들의 묘제로서 이용하였다고 하는 견해로서, 지석묘 사회는 사회적 계층화가 진전되지 않은 평등사회(egalitarian society)라고 하는 것이다. 둘째, 지석묘는 사회적 계층화가 이루어진 족장사회의 지배 엘리트들의 묘제이며, 지석묘사회는 족장의 주도아래 영위되는 계층사회(stratified society)라고 하는 학설이다.

그러면 여기에서, 먼저 지석묘 사회가 계층사회라고 주장하는 학자들의 견해를 살펴보자. 최몽룡(1981, 1997)은 사회 진화론적 관점에서 지석묘사회를 재구성하고 있다. 그는 일찍부터 미국 인류학계에서 제기된 신진화주의 이론을 한국의 고고학에 적용을 시도하는 한국의 대표적인 신진화주의 학자이다. 특히, 그는 서비스(Service 1962)가 발전시킨 인류사회의 네 단계 진화모델에 주목하고, 이를 지석묘 사회의 복원을 위한 이론적 도구로 사용하고 있다. 즉, 그는 지석묘 사회에서 노동력의 통제, 축조기술, 묘제, 원거리 교역, 직업 전문화, 벼농사의 전개 등을 검토한 후, 지석묘 축조사회는 족장사회(chiefdom society)의 단계에 도달한 사회라고 결론을 내리고 있다.

이송래(Rhee S.N. 1984)는 지석묘 축조의 경향은 사회진화의 경향과 밀접하게 연관되어 있으며, 그러한 경향이 거석(巨石)의 크기에 반영되어 있다고 말한다. 그는 이러한 경향을 "the larger the dolmen construction, the greater the feast, and the greater the feast, the greater the socio-political prestige of the person and his kin that give the feast"(1984:283-284)라고 설명한다. 그는 지석묘 축조는 계층사회에 있어서의 물질적 그리고 상징적 표현이라고 지적한다.

넬슨(Nelson 1993)도 지석묘 사회를 계층사회의 물적증거로 간주하고 있다. 그녀는 "the megaliths, which appear to co-exist with Mumun, suggest that profound alterations in the social, political, and economic structures were taking place"(1993:110)라고 하면서 지석묘의 축조는 청동시대에 급격하게 변화하는 사회상을 반영하고 있는 것이며, 지석묘가 넓은 분포도를 보이는 것은 계속적으로 증가된 인구를 나타내는 것이라고 지적한다. 그리고 지석묘는 상층계급 무덤으로서의 역할 뿐만이 아닌 영토의 범위를 나타내는 표지(標識)로서 축조되었다고 주장한다. 그녀는 한국의 청동기시대를 "무문토기 시대"나 "청동기시대"로 부르는 것보다는 이 기간을 나타내기 위하여 "거석문화시대"라는 용어를 사용하자고 제안하기까지 한다(Nelson 1993:110).

역사학자인 이기백(1984)은 지석묘의 축조를 계층사회의 공공(公共)작업과 관련시켜 설명하고 있다. 그는 지석묘 사회를 "the individual buried in such a tomb had the power to command the labor services of a very large number of people. Moreover, the authority of such a figure appeared not to have been limited to his lifetime but to have passed to subsequent generations...... Accordingly, we may be certain that the individuals buried in dolmen tombs were not simply leading members of a communal social structure but rather were those who wielded authority in a stratified society"(Lee K.B. 1984:12-13)라고 언급하면서, 지석묘에 묻힌 피장자의 사회적 지위를 명확하게 설명하고 있다. 즉, 그는 지석묘에 묻힌 피장자는 많은 노동력을 통제할 수 있으며, 그가 지닌 권위는 그가 죽은 후에 그의 자손들에게까지도 세습되는 것으로 인식하고 있다.

한편 전남지방의 지석묘를 집중적으로 연구한 이영문(1993)은 지석묘에 부장된 유물의 유형, 지석묘의 분포수에 따른 군집수, 부장품에 포함된 교역품, 지석묘군의 지역적 거리 등을 두루 검토한 후, 지석묘의 축조는 지배자의 출현과 관련되어 있다고 결론 짓고 있다. 특히, 이러한 지배자의 출현은 나중에 정치적인 권력자의 탄생으로 이어져 마한 소국이 형성되는 배경이 된 것으로 보고 있다.

지석묘의 계층사회론을 주장하는 학자들은 청동기시대에 지석묘의 축조는 지배계층의 출현에 대한 가시적(可視的) 표지(標識)이며 물적 증거라고 주장한다. 따라서 그들은 지석묘를 지배계층의 묘제로서 축조된 것으로 간주하고 있는 것이다. 이는 지석묘의 축조는 많은 노동력과 시간을 소모하는 작업인데 반하여, 무덤의 기능 외에는 다른 실용적 기능이 없다고 하는 점 때문이다. 특히, 이송래(1984)는 지석묘의 크기는 복합사회 형성과정을 반영한다고 지적하고 있으며, 넬슨(1993)은 지석묘가 지배집단의 영향력이 미치는 영역의 표지(標識)로서 기능하고 있음을 특히 강조한다.

지석묘의 거대한 규모에도 불구하고, 부장품으로 출토되는 유물은 상대적으로 희소하다. 이것은 오랜 기간 동안에 노출되어 파괴되거나 도굴되었기 때문일 것으로 보고 있다(Nelson 1993:147). 그러나 지석묘 사회가 평등사회였다고 주장하는 학자들은 지석묘에서 출토되는 부장품 가운데 사회적 계층화를 가리키는 유물이 없음을 들어 지석묘사회는 계층화가 진전되지 않은 평등사회라고 주장한다. 따라서 지석묘는 평등사회에서 마을 구성원들이 자발적으로 참여한 협동작업에 의해서 축조되었으며, 일반 주민들의 무덤으로 사용되었을 것으로 간주한다.

먼저, 이남석(1985)은 지석묘의 분포가 자연환경과 서로 밀접하게 연결되어 있고 원형 또는 직열의 형태로 지석묘가 축조되어 있는데, 이는 단지 지석묘사회가 혈연으로 연결된 사회임을 반영하는 것일 뿐이며, 석검 같은 부장품은 사회적 권위물로 사용되었을 가능성이 희박한 것으로 보고 있다. 따라서 지석묘는 개인의 능력보다는 사회적 협동작업에 의해 축조된 것으로 보고 있다. 그는 "사회적인 계층 구분이 미약한 사회에서 구성원 모두가 일반적으로 사용한 무덤으로 볼 수밖에 없을 것이다" (1985:94)라고 주장하여 지석묘 사회는 신분적 계층분화가 미약한 평등사회임을 주장한다.

지건길(1983)도 이남석과 거의 같은 견해를 제시하고 있다. 그는 비록 지석묘의 크기가 정치 사회적 지위나 경제적 능력과 상관관계를 갖고 있다고 하더라도, "支石墓가 반드시 少數의 支配階級들만을 위한 墓制라는 論理와는 區別되어져야 할 것이다" (1983:5)라고 말한다. 또한 지석묘가 강변이나 산록(山麓)아래의 평지에 분포하고 지석묘의 장축방향이 물의 흐름이나 산맥의 방향과 평행한 것은 "自然崇拜思想과 결부되는 山勢나 水勢"와 연관되는 것으로 보고 있다. 따라서 그는 지석묘사회가 자연환경에 크게 영향을 받는 사회이며, 지석묘는 지배계층에 의한 인력동원이 아닌 공동체적 협동체제 아래서 축조된 것으로 인식하고 있다.

강봉원(1990)은 한국 남부의 지석묘 사회는 영속화된 지도력, 호화로운 부장품, 교역품, 제도화된 정치체(polity), 주기적인 의례활동 등의 증거가 없기 때문에 족장수준의 사회로서 간주될 수 없다고 주장한다. 그에 따르면, 비록 일부 지석묘들에서 사회적 차이(differentiation)가 지적된다고 할지라도, 이들 지석묘들은 "products of cooperative group labor or of volunteers working under the supervision of temporary leader or elderly men in autonomous sociopolitical units"일 것으로 여겨지기 때문에 지석묘 사회는 평등사회에 속한다고 주장한다.

피어슨(Pearson 1978)도 지석묘를 여러 지역의 마을로부터 협동작업에 의해 축조된 것으로 보고 있다. 특히, 그러한 이유로서 지석묘 문화의 특징을 다음과 같이 지적한다. 첫째, 지석묘는 핵(nuclei)이나 다각형(polygon)이 아닌 연속적인 무리로 분포한다. 둘째, 상당한 부의 축적이나 노동의 전문화에 대한 증거가 없다. 셋째, 도작농경은 대략 기원전 6세기경에 시작되었다. 그러나 그가 제시한 논거들은 시대에 뒤진 자료들이거나 부정확한 정보를 바탕으로 제시된 것들이다. 지석묘의 중요한 특징의 하나는 지석묘가 일정한 간격을 두고 무리를 지어 발견된다는 점이다. 그리고 다각형의 모습으로 공간적 분포가 이루어지지 못하는 것은 한국의 지형은 70%가 산으로 이루어져, 길게 연이어진 산맥이 지석묘군의 다각형적 분포를 가로막고 있는 지형적 특색을 간과한 것으로 여겨진다. 도작농경도 최신자료에 의하면 그가 제시한 기원전 6세기보다는 훨씬 이른 시기인 기원전 3000년 전까지 올라가고 있다.

지석묘 사회가 평등사회라고 하는 주장들은 다음과 같이 요약될 수 있다. 첫째, 호화로운 부장품이나 위세적 교역품 같은 사회적 계층을 나타내는 유물들이 지석묘에서 출토되지 않고 있다. 둘째, 지석묘의 축조는 여러 마을로부터의 자율적 협동에 의해 이루어졌다. 셋째, 지석묘의 분포와 밀도는 자연환경과 밀접하게 연관되어 있다. 따라서 지석묘사회는 자연환경에 크게 의존하는 사회이다. 넷째, 지석묘가 축조되는 시기에 부의 집중이나 노동의 전문화와 같은 중요한 증거가 보이지 않는다. 다섯째, 지석묘 사회에서의 영속적 지도력이나 제도화된 정치체(polity)에 대한 증거가 보이지 않는다. 마지막으로, 지석묘에서 출토된 마제석검 같은 유물도 지석묘사회에서의 지도자나 통치자의 상징물로 간주될 수 없다. 이 같은 이유들로 평등사회를 주장하는 학자들은 지석묘 사회는 따라서 기본적으로 평등에 기초한 사회이며, 지석묘는 일반인들의 무덤으로 사용되었다고 말한다.

Ⅲ. 엘리트 개념의 이론적 배경

1. 한국학계의 신진화주의 논쟁

한국사에서의 사회 문화적 발전 단계를 설명하기 위해 많은 사회 진화론적 모델들이 고대사를 전공하는 역사학자들에 의해 제시되어왔거나, 또는 인류학자들이 서구의 인류학계에서 제시되어 온 모델들을 한국사에 적용해왔다(Choi 1984; 김정배 1973, 손진태 1948; 천관우 1976, 1993). 지금까지 제시된 모델이나 이론들 대부분이 내세우는 한가지 특징은 이들 모델이나 이론들이 논리전개의 이론적 골간(骨幹)으로서 진화론적 관점에서 사회 정치적인 제도나 조직을 사회의 발달이라고 하는 '진화단계의 설정'에 초점을 맞추고 있다고 하는 점이다.

손진태(1948)는 한국의 고대사를 부족국가시대, 귀족국가 확립기, 귀족국가 융성기로 나누면서 사회의 발전은 몇 개의 씨족이 소부족을 형성하고, 다시 이들 소부족이 부족국가로 발전되며, 여러 부족국가들 가운데 중심세력이 부족연맹을 형성하고 왕국을 건설함으로써 국가의 단계로 진입하는 것으로 간주하고 있다. 김철준(1964)은 모건(Morgan)이 제시한 진화단계의 도식을 이용하여 한국고대국가의 발달단계를 이해하고자 하였다. 즉 그는 한국의 고대사회는 씨족사회→부족국가→부족연맹→고대국가로 발달해왔다고 하였다. 김철준이 제시한 진화단계의 모델이 한국고대사학계에서는 적어도 1970년대의 초기까지 널리 받아들여졌다.

그러나 1970년대 초에 미국의 인류학계, 특히 서비스(Service 1962)가 네 단계의 사회진화모델이 신세대의 고대사학자나 인류학자들에 의해 한국의 고대사학계와 고고학계에 소개되기 시작하면서 손진태나 김철준 등이 제시한 진화단계의 개념들이 비판을 받게 되었다(Choi M.L. 1984; 김정배 1973). 특히 비판의 초점은 "부족"과 "국가"의 개념 등에 집중되었다. 손진태나 김철준 등은 "부족"이나 "국가"에 대한 명확한 개념을 정의하지 않은 채, 이들 용어를 한국고대사에 "부족국가" 또는 "부족연맹"이란 용어로 적용하였다. 그러나 서비스의 사회 진화론에 따른다면, "부족"이나 "국가"는 서로 다른 진화의 단계에 속하는 용어들이다. 따라서 사회 진화론적 입장에서 본 "부족국가"는 상당히 부적절한 용어인 것이다.

역사학자 천관우(1976, 1993)는 역사에 기록된 "城柵," "城邑," 또는 "城郭" 등의 용어에 주목하여 "한국사상의 국가형성과정을 추정하는 데 유효한 한 방법의 하나"로서 성읍국가론을 제시하였다(1993:270). 천관우가 제시한 이 같은 성읍국가론은 이기백(1976)에 의해 곧바로 한국사에 적용되었는데, 그는 거대한 고인돌에 묻힌 사람은 공동체의 지도자라기보다는 권력을 소유한 정치적 지배자라고 하면서, 그들이 다스리는 영토는 "나지막한 丘陵 위에 土城을 쌓고 살면서 城 밖의 평야에서 農耕에 종사하는 農民들을 지배해 나가는 정도의 것이었다고 생각된다"라고 하면서 이들 소국의 정치체를 부족국가보다는 성읍국가로 부르기에 알맞은 존재라고 하였다.(1976:25).

미국의 신진화론 학자들이 제시한 이론들이 한국의 역사학자와 고고학자들로부터 상당한 주목을 받고 있다고 앞에서 설명했지만, 그 중에서도 김정배는 신진화주의 이론을 한국사에 적용시킨 최초의 역사학자였다. 그는 Chiefdom을 우리의 고대 문헌사료(文獻史料)에 등장하는 "군장"(君長)이란 용어로 번역하여 사용할 것을 주장하였다(1986, 1989). 특히 그는 Chiefdom 사회의 계층화에 주의하면서 "君長社會라는 단계가 단순한 지도자(Leader)의 社會가 아니라 統治者(Ruler)의 사회이며 中央集權的인 政府를 가지고 있다"는 사실을 강조하고 있다(1986:190). 그러나 이기백(1976)과는 다르게 지석묘에는 부장품이 드물다는 이유로 지석묘사회를 부족사회로 이해하고 있다.

그러나 이런 Chiefdom의 개념을 깊이 있게 이해하고 이를 한국 고고학에 실질적으로 적용한 것은 최몽룡(Choi M.L. 1984), 이송래(Rhee S.N. 1984), 최정필(1994, 1997) 등이 행한 일련의 작업들이다. 최몽룡은 chiefdom을 족장사회(族長社會)라고 번역하면서, 신석기시대를 부족사회단계, 청동기 I기를 족장사회단계, 그리고 철기시대 전기를 국가가 등장하는 단계라고 설명하고 있다. 그는 계층사회의 발전과정에 관한 고고학적 해석에서 무역활동이나 전문기술자의 등장 등에 연구의 초점을 맞추고 있다.

이송래(Rhee 1984)는 전라도 지역의 고인돌을 연구하여 계층사회 형성과정에서의 문화적 역동성을 밝히고 있다. 그의 연구에 따르면, 고인돌 사회는 농경에 기반을 둔 많은 단순 친족이 결합된 몇몇의 복합족장사회를 형성했는데, 그 사회의 정점에는 대족장(大族長)이 위치하는 피라미드 형태의 계층사회로 조직되어 있다고 한다.

최정필(1994, 1997)은 그 동안 일부 역사학자들로부터 비판받아 온 족장사회의 개념이 한국사의 발전과정을 설명하는데 매우 유용함을 승주군 우산리 고인돌군의 연구를 실례로 들어 다시 한번 강조하고 있다. 특히 그는 "Chiefdom을 유별난 형용사를

구사하여 성읍국가 또는 소국가"로 지칭하면 학계에 혼란을 초래하게 된다고 주장한
다(1997:184). 사실 Chiefdom의 번역에는 군장사회, 추장사회, 족장사회 등의 견해
들이 제출되어 왔으며, 이들 견해들에는 나름대로의 타당성이 없는 것은 아니다. 그러
나 그 논의 내용은 별개로 하더라도 성읍국가나 소국가 등의 용어는 이미 그 용어자체
에 "국가"라는 명칭을 포함하고 있음으로 이런 용어를 사용하여 논의되는 사회들은 국
가단계를 지칭하는 사회들로 인식되어야 하며, chiefdom 사회의 단계로 인식할 근거
가 없다고 하겠다. 필자의 견해로는 국가사회의 통치자로서 왕을 뜻할 수도 있는 "君"
이란 문자를 사용하고 있는 군장사회(君長社會)보다는 족장사회(族長社會)란 번역어
가 보다 적합하지 않을까 생각한다.

그러나 미국의 신진화주의 이론을 한국사에 적용하는데 대하여 일부의 역사학자
들은 거부감을 나타내고 있다. 특히, 이기동(1984)은 한국의 고고학자들이 미국의 인
류학이론을 한국사에 적용하는 것에 대하여, 한국고대사가 더 이상 인류학 이론을 검
증하기 위한 실험장이 되어서는 안 된다고 불만을 나타내고 있다. 서구의 인류학이론
을 한국의 고대사를 재구성하는데 있어서 제기되는 문제는 한국의 역사학자들이 족장
사회의 구조, 지도자나 통치자의 역할, 재분배 체계, 교역체계 등과 같은 사회 진화론
적 개념에 대한 정확한 이해가 결여된 채, 한국고대사에 곧 바로 적용함으로써 서구의
인류학 이론에 익숙치 못한 학자들에게 혼란이 가중되었다는 점이다.

따라서 미국의 신진화주의 학자들에 의해 제기된 엘리트나 족장사회의 개념을 지
석묘사회의 재구성에 활용하기 위해서는 족장사회가 무엇이며, 엘리트는 누구이고, 족
장사회에서의 지배 엘리트의 역할은 어떤 것이며, 사회 진화론적 맥락에서 엘리트 계층
의 출현이 갖는 의미는 무엇인가 등에 대한 설명이 먼저 진행되어야 할 것이다. 따라서
지석묘사회를 분석하기 전에 이장에서는 이 같은 질문들을 간략히 살펴보고자 한다.

2. 엘리트의 개념

의식적 또는 무의식적으로 많은 사회 고고학자들은 고고학적 유물로부터 과거
사회의 조직이나 제도를 재구성하는데 있어서 "엘리트"라는 용어를 빈번하게 사용한
다. 그러나 엘리트의 개념은 사실 사회과학계에서 상당히 모호하게 쓰이는 개념들 가
운데 하나이다. 엘리트는 누구인가? 가장 일반적인 관점에서 본다면, 엘리트라는 개념
은 과거든 현재든 어떤 한 사회내부에서의 불평등의 이미지를 내포하고 있을 뿐만 아

니라, 부와 권력, 그리고 다른 모든 명예를 갖거나 유지하면서, 그렇지 못한 대다수의 다른 사회적 집단들(일반 대중)에 영향력을 행사하고 있는 어떤 개인이나 집단을 지칭하는 데 사용되고 있다(Chase and Chase 1992:3-17; Marcus 1983; Mills 1956).

엘리트에 관한 이론은 밀스(Mills 1956), 담호프(Domhoff 1983), 마커스(Marcus 1983), 체이스와 체이스(Chase and Chase 1992) 같은 학자들에 의해 전개되어 왔다. 블래니프(Braniff 1990), 그리고 체이스와 체이스(1992)는 엘리트의 개념을 고고학적 유물을 해석하기 위한 하나의 방편으로 이용해 온 반면, 다른 학자들은 복합사회(Complex society)의 사회 조직이나 제도에서 엘리트의 사회 정치적 역할을 설명하기 위해 엘리트의 이론을 발전시켜 왔다(Cohen 1983; Domhoff 1983; Marcus 1983).

민족지적 관점: 밀스는 ≪The Power Elite≫라는 책에서 "파워 엘리트 모델"을 제안했다. 밀스에 따르면, 파워 엘리트는 사회 제도에서 중요 지위를 점하고 있으면서 영향력을 행사하고 있는 소규모의 집단을 지칭한다고 말한다. 이들은 서로 부합하는 공통의 이익과 목적을 공유하고 있다. 파워 엘리트 집단의 일원(members)들은 사회적으로 강력한 영향력을 갖고 있는데, 이는 그들이 개인적으로 비범한 능력을 지녀서가 아니라, 그들이 중요한 관료적 지위를 차지하고 있기 때문이다.

담호프(Domhoff 1983:1)도 또한 파워 엘리트 모델을 연구했다. 그는 미국에서 "지배계층은 사회적으로 응집성을 갖고 있다. 그들은 (경제적) 기반을 대기업이나 은행들에 두고 있으면서, 사회 정치적인 환경을 조성하는 데에 있어서 주된 역할을 하고, 다양한 조직이나 방법들을 통하여 연방정부를 그들의 영향력 아래에 두려고 한다." 담호프에 따르면, 미국에서 지배계층은 전인구의 0.5%를 넘지 못하거나, 또는 200명당 대략 1명으로 구성되어 있다고 한다. 이들 최상층부에 속한 계층은 엄청난 부(富)를 소유하면서, 정부의 행정부, 주요 기업들, 군부, 주요 대학의 이사, (국가의) 주요 통제 부서, 그리고 매스 미디어 등을 통제하고 있다. 이들 사회조직의 통제를 통해, 지배계층은 그들이 엄청난 부를 축적할 수 있는 정치나 경제정책들을 세우거나 조직화한다. 엘리트 연구의 이론가들은 사회의 제도(social institutes)들은 그 사회의 소규모 지배 엘리트들에 의해 운영되고 있다고 믿고 있다.

엘리트의 개념과 관련하여, 마커스(Marcus 1983)는 엘리트의 세 가지 이미지, 즉 행위자(agent), 배타성, 그리고 엘리트와 다른 사람들 사이의 어떤 형태의 제한적 관계 등을 설명한다. 먼저, 행위자 이미지는 엘리트들은 어떤 사안들(events)을 구체화하는 데 있어서 다른 사람들에게 영향을 미칠 수도 있는 어떤 결정을 내리는 인과적 행위자들로 간주되어 지는 것을 의미한다. 엘리트의 두 번째 이미지는 배타성이다. 엘리트들은 다른 사람들과 분리되어 있다고 간주되어서, 엘리트가 아닌 사람들에게는 눈에 잘 보이지 않는 존재라고 생각한다고 한다. 마지막으로, 엘리트들은 제도적 질서를 지배해 나가는 집단들로 간주되어 지고 있다는 것이다. 이 같은 개념들로부터, 마커스는 비록 경험적 연구에서는 엘리트와 다른 사람들 사이의 관계를 기록하기가 쉬운 일은 아니지만, 복합사회에서의 엘리트에 대한 보다 적절한 이미지는 엘리트와 다른 사람들 사이를 중계하는 사회의 제도 속에서 엘리트를 바라보아야 한다고 결론을 내린다.

코헨(Cohen 1983)은 엘리트의 규범 모델을 제안했다. 그는 엘리트 이론가들과 다원론자(pluralists)들이 주장하는 엘리트의 개념에는 기초적인 약점이 있다고 주장한다. 그는 부족한 (또는 희소한) 자원에 대한 접근의 정도, 권위구조와 지배, 그리고 엘리트 구조에서의 문화적 요소 등과 같은 엘리트의 세 가지 특징을 설명한다. 첫째, 모든 자원들은 부족하기 때문에 가치 있는 것들은 결코 모든 사람을 충분하게 만족시킬 수 없다. 그러나 엘리트들은 부족한 자원에 체계적으로 보다 많은 접근이 가능한 집단들이다. 둘째, 엘리트의 특징은 그들의 영향력이 통치권위에 의해 합법적으로 행사될 수 있는 법칙의 체제에 있다. 이 같은 체제는 기존의 합법화된 엘리트들의 이익을 보호하기 때문이다. 셋째, 문화적인 전통, 또는 이데올로기는 엘리트 구조에 영향을 미치는 경향이 있다. 엘리트 집단은 사회의 제도나 조직들에서 그들이 차지했거나, 또는 차지하게 될 지위를 정당화하기 위한 여러 이론들을 발전시키기 때문이다. 코헨은 규범이론의 개념은 민족지적 연구나 조사에 보편적으로 적용할 수 있다고 주장한다. 실제로 그는 그의 규범이론을 북부 나이지리아에서 행한 민족지 조사에 적용한 바 있다.

진화론적 관점: 프리드(Fried 1960, 1967)는 엘리트는 계층사회와 관련되어 있다고 가정한다. 계층사회에서, 같은 성(性)이나 비슷한 나이에 있는 일부 사람들은 그 사회의 다른 사람들과 비교할 때 기초적 자원(basic resources)에 불평등한 특권적 접근이 허용되고 있다(Fried 1967:186). 말할 필요도 없이, 기초적 자원에 불평등한 접근이 허용되는 사람들이 바로 엘리트들이라고 할 수 있을 것이다. 정치적 진화의 동인은 생산과 분배에 대한 통제능력이 얼마나 있느냐에 달려 있으며, 엘리트들은 그들의 권력을 이들 자원을 통제하고 조정하는 데 사용한다(Fried 1960:713-731).

엘만 서비스(Service 1962, 1971)가 족장사회(Chiefdom)를 기술할 때, 그는 족장사회를 중앙 집권화된 족장과 그의 측근들에 의해서 식량과 자원의 재분배가 이루어지는 사회로 규정했다. 우리는 이 같은 재분배적 사회조직에서 상층부를 차지하는 사람들을 엘리트 계층으로 간주할 수 있을 것이다. 비록 서비스는 재분배 제도를 족장사회에서 매우 지배적인 형태의 경제제도라고 가정하고 있지만, 재분배의 역할을 담당하는 엘리트들은 재분배를 하는 과정에서 경제적 잉여 물품의 일부를 자신의 이익을 위하여 유용할 기회를 갖게 된다. 따라서 완전한 재분배가 실제적으로는 이루어지지 않게 되어, 사회적으로 빈부의 격차가 발생하는 여건이 마련된다. 족장사회에서의 엘리트들은 경제적 자원에 대한 우월적 접근이 허용되는 사람들이라 하겠다.

존슨과 얼(Johnson and Earle 1987)은 인류의 사회적 진화과정을 설명하기 위하여 정치경제(political economy)라는 개념을 이론화했다. 그들에 따르면, 생계경제는 가족이 생계를 유지하는데 필요한 가장 기본적 요구를 만족시키는 것이며, 정치경제는 생계경제를 유지하고 남는 잉여물로서 지배계층의 수입을 최대화하기 위한 것이다. 지배 엘리트들은 경제적 통제와 권력의 행사를 통하여 그들의 지위를 유지하게 된다. 일반 평민(commoners)들의 생계경제로부터 잉여물을 취함으로서 공급되는 정치경제는 족장사회에서 중요한 역할을 한다. 따라서 엘리트는 생계경제의 잉여물에 기초한 정치경제를 운용하면서 리더쉽을 발휘하는 사람들로 설명할 수 있겠다. 특히 얼(Earle 1987:290)은 족장을 "부(富)와 생활양식에 이점(利點)을 갖고 있는 원초적 귀족"으로 묘사한다.

고고학적 관점: 많은 고고학자들도 고고학적 유물로부터 복합사회에서의 엘리트의 존재와 역할을 밝히기 위하여 엘리트의 이론에 많은 관심을 가져왔다. 대체로 고고학자들은 서비스, 프리드, 그리고 존슨과 얼 등에 의해 제시된 사회 진화의 모델을 편의적으로 채용하는 경향이 있다. 중미의 마야나 아즈텍 문명에서 활동했던 엘리트들의 연구에서 체이스와 체이스(Chase and Chase 1992:3-27, 1992:303-317)는 고고학적 관점에서 엘리트의 개념을 설명하고, 고고학적 유물로부터 엘리트의 존재를 증명하려고 했다. 그들은 엘리트 이론가들의 견해를 받아들이면서 엘리트를 "사회의 제도를 운영하는 사람들"로 정의했다. 그들은 엘리트의 개념이 실제로 모호한 개념이기는 하지만, 그러나 어떤 지역내의 다양한 고고학적 유물을 유적지의 내부간, 또는 다른 유적지와의 관계를 비교 연구함으로서 엘리트의 존재를 증명할 수 있다고 주장한다.

샌더스(Sanders 1992)는 중남미의 고고학을 연구하면서 엘리트의 개념을 이론화했다. 그는 엘리트는 "대체로 그 사회의 (일반) 사람들보다 명예와 권력, 또는 부(富)를 어느 정도 더 향유한 어떤 사회 제도에서의 일부 사람들(segment)을 언급한다"고 말한다. 샌더스에 따르면, 계층사회에서 신분상 높은 지위는 의례활동을 주관하는 리더쉽의 역할에서 올 수 있다고 한다. 그는 사회의 규모가 크면 클수록, 리더쉽의 역할은 더욱더 중요해지며, 결국은 리더쉽의 이 같은 역할이 부(富)의 원천이 될 수도 있다고 한다. 따라서 샌더스가 정의하는 엘리트는 "부의 원천에 우월적 접근이 허용되는 사람들"이라고 하겠다.

엘리트의 개념을 이론화하면서, 블레니프(1990)는 멕시코의 북서부에 위치한 소노란 문화(Sonoran Culture)의 엘리트를 설명하기 위해 마르크스의 관념에 바탕을 둔 이데올로기적 접근을 취하고 있다. 그는 엘리트를 "유전적(遺傳的)인 특권 신분으로 태어났거나 또는 다른 사람의 희생을 대가로 성공한 능력을 바탕으로 선택된 권력집단"으로 인식하고 있다(Blaniff C. 1990:173).

그에 따르면, 엘리트 계층은 그들의 사회적 신분을 유지하기 위하여 인종적 자민족중심주의, 계급 독트린, 이데올로기 같은 관념을 창안했다고 한다. 이데올로기는 엘리트들이 그들의 권력 체제를 확립하기 위한 구실로 이용되었다. 엘리트들의 사고(思考)와 실제적 표현은 그들의 사회 정치적 실행에서 구체적인 형태로 나타난다. 이것은 기존의 중앙집권적인 사회체제를 유지하기 위한 권력집단의 이해와 목적을 표출하는 것이다. 이데올로기는 엘리트들의 권력을 합법화하는 하나의 방법이 될 수 있는 신화나 종교적 형태로 나타날 수도 있다. 따라서 엘리트는 특권적 신분으로 탄생했거나 다른 사람의 희생을 대가로 이룩한 능력에 의해 권력을 유지하고 있는 사람들인 것이며, 그들은 권력을 합법화하고 사회적 통치체제를 유지하기 위해 이데올로기를 조작한다.

비록 엘리트라는 어휘가 학문적 용어로 빈번하게 사용된다 할지라도, 엘리트의 개념이 고고학계에서는 그 어느 분야보다도 더 모호할지도 모른다. 이러한 이유로 필자는 여러 관점에서 엘리트의 개념을 살펴보았다. 이제 엘리트의 개념을 명확하게 하기 위하여 여러 이론가들이 제시한 개념들을 정리하면 다음과 같다.

① 엘리트는 사회 단체나 기관에서 중요 지위를 차지하면서 영향력을 가진 사람들의 소규모 집단이다.
② 엘리트는 사회의 제도를 운영하는 사람들이라고 정의될 수 있다.
③ 그들은 공통의 이익과 목적을 공유하고 있어 사회적으로 서로 밀착되어 있나.
④ 사회는 적어도 지배계층과 피지배계층의 두 반대 계층으로 구성되어 있다. 그러나 어떤 사회에서는 노예계급이 포함되기도 한다.

⑤ 엘리트들은 기본적 자원에 불평등적 접근이 허용된다. 따라서 자원분배에서의 이들의 리더십은 부(富)의 원천이 되기도 한다.

⑥ 원시사회에서의 높은 지위는 종교적 리더십의 역할로부터 얻어지는 경우가 많다.

⑦ 엘리트들은 유전적으로 특권 신분에서 출생했거나 또는 다른 사람의 희생을 대가로 성공한 능력을 바탕으로 선택되어 권력을 향유하는 집단이다.

⑧ 엘리트 집단은 권력을 합법화하고 기존의 중앙집권적 사회 체제를 유지하기 위해 이데올로기를 조작한다.

⑨ 과거 문명에서의 엘리트의 존재와 역할은 지역내의 다양한 고고학적 유물을 유적지와 유적지 사이, 또는 유물과 유물 사이의 관계를 비교 연구함으로서써 밝혀질 수 있다.

3. 사회계층과 엘리트

선사시대의 문화를 주로 연구하는 고고학자들에게 엘리트 계층의 출현에 관한 문제는 계층사회를 복원하는 데 있어서 정치체 연구의 핵심적 과제이면서도 가장 기초적인 문제이기 때문에 특히 중요한 것으로 간주된다. 윌리와 필립스(Willy and Phillips 1958)는 일찌기 "archaeology is anthropology or it is nothing"이라고 말한 적이 있다. 고고학은 인류학의 한 분과이며, 인류학은 문화를 가진 인간을 연구하는 학문이다. 따라서 고고학은 인간의 문화를 연구하는 학문인 것이다. 과거의 사람들에 의해 남겨진 물질적 유물을 집합적으로 "고고학적 기록"(Archaeological record)이라고 부른다. 특히 고고학자들이 하는 주임무 중의 하나가 고고학적 유적지에서 발굴한 유물을 해석하는 것이다. 테일러(Taylor 1983:44)는 "(고고학은) 문화 정보의 수집과 생산을 위한 전문화된 기술의 방법과 조합(set)으로 구성되어 있다"라고 말한다.

그러나 그 동안 개발되어 온 많은 방법과 이론들이 있음에도 불구하고, 정적(靜的)인 고고학적 유물로부터 동적(動的)인 인간의 활동을 복원시킨다는 것은 생각만큼 그리 쉬운 일이 아니다. 왜냐하면, 물질적인 유물은 문헌기록과는 달리 그 자체로서 우리에게 과거의 문화에 대해 직접적으로 전혀 말을 하지 않기 때문이다(Binford 1983:19). 고고학적 기록의 해석은 "인간의 활동(動的, dynamics)과 물질적 유물(靜的, statics)에 나타난 이들의 활동의 결과(즉, 유물)를 연계시키는 넓은 범위에 걸친

지식에 의존한다"고 빈포드는 말한다(Binford 1983:19). 사회적 맥락의 이해는 고고
학적 유물의 의미를 해석하는데 실마리를 제공한다. 따라서 여기에서는 엘리트를 진화
론적 관점에서 설명하고, 사회적 맥락에서 어떻게 엘리트가 형성되고, 그들이 사회에
서 기능하는 역할은 무엇인가를 기술하고자 한다.

가. 사회조직과 사회진화

한국의 역사학계와 고고학계에서 논란이 되고 있는 사회조직의 진화단계모델을
정확히 이해하기 위해 우리는 미국의 신진화주의 학자들이 제시한 여러 모델을 좀더
구체적으로 살펴 볼 필요가 있다. 기본적으로 미국의 학계에서 제시한 신진화주의의
모델들은 인류사회의 발전과정에서 사회조직의 진화적 경향을 묘사하기 위해 제안된
것들이다. 따라서 사회진화의 모델들을 검토하기 전에 사회조직(social organization)
의 개념이 무엇인가를 먼저 알아보면, 골드슈미트(Goldschmidt 1960:266)는 사회조
직을 "어떤 사회의 구조는 두 가지의 것과 연관되어 있다. 첫째는 우리가 집단
(groups)이라고 부르는 보다 작은 사회적 단위들로 나누어져 있다. 둘째는 인식된 지
위(status)와 그에 따르는 적절한 행위 양식(role)이 있다"라고 정의 한다. 따라서 사
회적 신분은 사회의 구조 속에서의 지위이며, 각자의 사회적 지위는 적절한 행위, 태
도, 권리, 그리고 의무 등의 역할과 관련되어 있는 것이라고 할 수 있다. 어떤 지위는
귀속적 속성을 갖는 반면에, 어떤 지위는 성취된 것이다. 귀속적 지위는 연령, 성별, 인
종, 민족집단(ethnicity) 등이며, 성취된 지위는 특징, 재능, 행위, 노력, 활동, 성취 등
으로부터 획득된 것이다. 사회구조 속에서 위치하고 있는 각개인의 신분상 지위는 각
각의 진화단계마다 획득과정과 역할에 상당한 차이가 있다. 그렇다면, 우리는 어떻게
고고학적 유물로부터 과거의 사회적 지위를 검증할 수 있겠는가?

사회조직의 진화론적 경향을 기술하기 위하여 많은 사회진화의 모델이 창안되어
왔다. 먼저 프리드의 견해를 살펴보자. 프리드(Fried 1960, 1967)도 평등사회
(egalitarian society), 서열사회(ranked society), 계층사회(stratified society), 국가
사회(state society) 등의 네 단계 진화모델을 제안했다. 평등사회는 자원에 대해 일반
적으로 상호 호혜적 접근이 허용되는 사회이다. 서열사회는 신분상 명예로운 높은 지
위가 사회 구성원의 일부에게 제한되어 있으며, 재분배적 경제 형태가 운용된다. 제한
된 명예적 지위는 일반적으로 특정가문의 출생순에 의해 결정되지만 우월적 경제 · 정
치적 권력은 결여되어 있다. 계층사회는 "같은 성(性)과 비슷한 연령에 있는 사회의 구

성원은 삶을 유지할 수 있는 기본적 자원에 불평등한 접근이 허용되는 사회"로 정의 될 수 있다(1967:186). 국가사회는 사회적 분쟁에 친족기반을 초월해서 합법적으로 강제적 권력의 동원이 가능한 권력조직이다(1960). 그는 정치진화의 동인은 인구와 자원의 재분배에 대한 통제에 있다고 믿고 있다. 따라서 프리드가 주장하는 진화의 추진체는 경제, 인구, 환경 같은 물질적 요소에 있다고 하겠다. 그러나 서비스와 같이, 프리드도 사회진화의 실제적 원인을 설명하지 않는다. 왜냐하면, 그는 그가 제시한 사회진화의 단계들은 과거에 일어났던 현상들로서 실제적인 관찰이 불가능하기 때문이라고 한다.

존슨과 얼(Johnson and Earle 1987)은 가족-수준의 집단(family-level group), 국지적 집단(local group), 지역적 정치체(regional polity) 등의 세 단계 진화모델을 제시했다. 그들이 제시한 진화단계의 기본은 생계경제와 정치경제가 어떻게 운용되느냐 하는 것인데, 그들의 견해에 따르며, 한정된 자원에 대한 인구압은 사회 · 경제적인 응답장치가 요구되며, 이 같은 인구압에 대한 사회 · 경제적인 응답장치는 한정된 자원으로부터 증가된 인구가 지탱할 수 있는 보다 수준 높은 효과를 얻기 위해 상호작용한다. 이들 상호작용의 반복된 진행과 함께, 급증하는 인구는 의존도의 증가로 정치적 발전을 도모할 수 있는 리더쉽이 계속적으로 강화될 수 있도록 유도하게 된다. 따라서 인구의 증가는 문화 진화의 일차적 동인이며, 지배계층에 의해 통제되는 정치경제는 사회적 불평등의 형성과정에서 중요한 역할을 하게된다.

미국 인류학계와 고고학계에서 가장 많은 주목을 받은 것은 서비스가 제시한 진화의 네 단계 정형화이며 그 가운데에서도 chiefdom, 즉 족장사회 단계에 관한 것이다. Chiefdom이란 단어는 원래 오래 전부터 인류학자들이 원주민 사회를 연구하면서 비교적 널리 사용해온 어휘이다. 한 예를 들면, 1934년에서 1938년 사이에 아프리카의 동남부에 위치한 니아큐샤(Nyakyusa)족을 현지 조사한 윌슨(Wilson)은 1951년에 출판된《Good Company》란 책에서 니아큐샤족을 몇 개의 사회로 나누면서 각 사회에 대해 chiefdom이란 용어를 사용하고 있다. 중남미 인디언을 연구하던 오버그(Oberg 1955)가 이러한 chiefdom이란 어휘를 처음으로 정치조직을 나타내는 용어로 원용하게 되고, 서비스가 이를 받아 더욱 그 개념을 발전시켜 사회조직의 진화단계 속에 정형화시킴으로써 사회 진화상의 한 단계를 의미하는 인류학 용어로 정착되었다.

다시 말하면, 서비스(1962, 1971)는 chiefdom이란 용어를 사회적 진화단계 속에 끌어들여 무리, 부족, 족장, 그리고 국가 같은 네 등급의 진화단계를 나타내는 사회 정치적인 조직체계로 완성시킨 것이다. 서비스가 제시한 각 단계는 사람들의 경제적 적응전략 뿐만 아니라, 사람들 사이의 사회 정치적 불평등(不平等)한 관계를 반영하고 있다. 서비스가 정형화한 각 단계의 사회조직은 사회통합(solidarity)의 정도에 기초한 것이다. 다시 말해, 무리와 부족사회는 평등사회이며, 족장과 국가사회는 불평등한 계층사회인 것이다. 족장사회는 사회조직의 진화단계에서 평등사회인 부족사회에서 계층사회인 국가단계의 중간단계에 위치한 사회이다. 그러나 그는 어떻게 무리나 부족 같은 평등적 사회조직이 족장이나 국가 같은 불평등한 사회조직으로 진화하는가 하는 사회변동의 실제적 동인(動因)이나 메커니즘은 설명하지 않고 있다.

서비스가 사회조직의 네 단계 발전과정을 정형화했을 때, 그가 제시한 부족 (tribe)이나 족장사회에서의 재분배(redistribution) 같은 개념은 미국이나 영국의 인류학자들로부터 많은 비판의 표적이 되었다. 예를 들면, 프리드는 진화단계의 설정에서 서비스가 제시한 부족사회는 식량약탈자 같은 단순한 예비적 단계에 있는 사회로부터 발전되어 오지 않았다고 가정하면서, 사회진화의 단계에서 부족사회의 단계는 불필요한 개념이라고 비판한다(Fried 1967, 1975). 이는 그가 부족사회를 정치적 진화단계에서 부수적으로 발생한 현상으로 보면서, 부족사회를 "상대적으로 고도로 조직화된 사회들"과의 접촉과정에서 파생(派生)되어 온 사회라고 가정하기 때문이다. 부족사회의 개념은 부족집단이 공통의 민족적 특징을 공유하는 작은 단위가 확대되어 생긴 집단을 의미한다. 프리드에 따르면, 소위 "부족"이라 불리는 것은 실제로는 근대 식민지 열강의 부산물이라는 것이다.

서비스의 이론에서 재분배의 개념도 인류학자로부터 많은 비판의 표적이 되었다. 재분배의 제도에서 족장의 권력은 생산물의 재분배 역할에서 얻어지는 권위에 기초를 두고 있다. 족장들은 소비물품과 전문세공품과 같은 다른 잉여 물품을 수집하여 저장하고 이들 물품을 당 해의 특정한 시간에 평민들에게 재분배한다. 그러나 실제로 족장들은 경제적인 잉여 물품을 그 자신의 가족들이나 측근들을 부양하기 위하여 유용할 기회를 갖게 된다. 이 같은 행위가 계층사회를 형성하는 한 원인이 된다. 폴리네시아 족장사회를 연구한 존슨과 얼은 재분배 체계를 "세금의 원초적 형태"라고까지 불렀다(Johnson and Earle 1987:227).

인류학자들이 족장사회에 연구에 있어서 엘리트의 역할을 상소하게 되면서 서비스의 재분배 체계의 개념은 정치적인 책략과 사회적 불평등의 개념을 강조하는 쪽으로 변화되었다. 따라서 라이트는 족장사회를 "전체적인 사회적 통제행위들이 다른 행동

188

들과 비교하여 외적으로 전문화되고, 통제과정(예를 들면, 관찰하는 행위, 결정행위, 강제행위)의 다른 측면의 관점에서 내적으로 전문화되지 아니한 하부체계 안에 부여된 사회-정치 체제; 간단히 말하면, 정치적 통제에서 하나의 일반화된 것"이라고 정의한다(Wright 1984:42). 따라서 서비스의 이론을 우리가 이용하고자 한다면, 우리는 서비스의 개념 가운데 일부를 조정해야만 할 것이다.

나. 사회조직의 진화단계

인류학자들이 사회나 문화의 진화과정이나 변화의 동인, 변화에 따른 인간의 대처과정 등을 연구하기 위해서는 논리의 전개를 위한 어떤 형태의 일정한 체계가 필요하다. 비판적 견해가 없는 것은 아니지만, 신진화주의의 여러 이론 중에서 현재 인류학계에서 널리 통용되고 있는 것이 서비스의 네 단계 진화모델이다. 실례로 현재 미국의 인류학과에서 교재로 사용되고 있는 인류학 개설서의 거의 대부분은 사회의 진화단계를 서술할 때 서비스의 모델을 기본으로 하고 있으며, 다른 학자의 견해는 서비스 모델에서의 미비점을 일부 보충하는 정도이다. 따라서 서비스가 제시한 모델을 중심으로 사회조직의 네 단계 발달과정을 구체적으로 살펴보면 다음과 같다.

무리사회(Band Society): 무리사회는 소규모의 친족에 기초를 둔 집단으로 수렵과 채집에 종사하는 식량 약탈자(foragers)나 원예농경 종사자(gardeners)들로 구석기 시대의 인류나 현대의 아프리카 부시맨(!Kung San), 에스키모인, 자이레의 무티 피그미족, 필리핀의 바탁(Batac) 등이 무리사회의 단계에 속한다. 인류학자들은 일반적으로 이들 약탈경제에 의존하는 사람들은 낮은 노동력으로 풍부한 식량을 얻을 수 있어, 영양, 레져, 물질적 복지(福祉) 등에서 놀라울 정도로 잘 영위하고 있다는데 동의한다. 이런 이유로 인류학자 살린스는 수렵채집 사회를 "원초적 풍요사회"(the original affluent society)라고 부르고 있다(Sahlins 1968:85-92, 1972).

무리집단은 그들이 위치한 환경에 적응하기 위한 극단적으로 유동적인 사회조직이다. 부모와 자식들로 구성된 핵가족이 기본적 가족단위이다. 그러나 환경적 조건에 따라, 여러 가족이 한 캠프에 모이기도 하고, 핵가족이 확대가족으로 확장되기도 한다. 예를 들면, 칼라하리 사막에 살고 있는 !쿵 부시맨은 우기(雨期)가 계속되는 10월부터 다음해 4월까지 두 개나 네 개의 가족으로 나누어져 살면서 과일, 멜론, 딸기 등과 같은 풍부한 야생 식물과 동물 등을 식량으로 이용하면서 살아간다. 그러나 5월이나 6월부터 9월까지의 건기(乾期)동안에 그들은 크고 영구적인 우물(waterhole)의 주위에 커다란 캠프를 설치하고 함께 모여 확대가족을 형성하고 살아간다(Bates and Plog 1991; Lee 1968; Thomas 1989).

　　무리단계의 사람들은 일반적으로 평등관계에 있어 각각의 가족이나 가족의 구성원들은 재산이나 자연자원에 동등한 접근이 허용된다. 기술이나 직업 등에 전문화 된 역할이 거의 없기 때문에 각각의 가족은 그들이 생존에 요구되는 것은 무엇이든 스스로 해결할 수 있어야 한다. 그 사회의 일원들 간에는 권력이나 빈부의 차이는 거의 존재하지 않는다. 정치적 조직도 매우 제한되어 있어서 공식적이고 중앙 집권화된 정부는 존재하지 않는다. 따라서 정치적인 결정(decision making)은 매우 드물며, 무리사회의 지도자(band leader)의 의견이나 그 사회 구성원 전체의 여론에 따라 이루어진다. 그 밖의 대부분의 정책 결정은 개인적 능력으로부터 존경을 받고 명성을 유지하고 있는 사람에 의해 이루어진다.

　　수렵채집 생활을 하는 무리사회는 사회 정치적으로 평등사회이지만, 에스키모의 어떤 사회에서는 우두머리(headman)의 지위를 유지한 사람이 존재한다. 시핸(Sheehan 1985)은 북서 알라스카의 고래잡이 집단이 사회 정치적으로 복합사회를 형성해 나가는 과정을 기술하고 있다. 고래잡이 집단의 지도자는 우미알릭(Umialik)으로 그는 그가 속한 사회로부터 성공적으로 고래사냥을 할 수 있도록 종교적 그리고 정치적인 리더쉽을 부여받았다. 그들의 사회 또는 영토범위 내에서 인구가 증가하면 할수록, 우미알릭의 역할은 생산물의 재분배와 사회집단간 협동작업과 경쟁에서의 조정자로서의 역할이 증대되었다. 결국에는 그는 정치적, 종교적, 전쟁의 지도자로 사회적 지위를 확립할 수 있게 되었다. 우리는 적어도 이 같은 예로부터 평등의 정도는 인구의 규모가 증대되는 것과 비례하여 감소되는 것을 알 수 있다. 이는 아마도 복합사회 형성과정을 보여주는 좋은 실례가 될 것이다.

　　일반적으로 무리사회에서의 리더쉽은 개인적 자질과 능력에 기초한 것으로 영속적인 것은 아니다. 협동작업과 자원의 공유는 사회 구성원들간에 필수적으로 요구되는 것이다. 훌륭한 사냥꾼은 그가 추종자들에게 관대하게 대하는 한 그의 추종자들로부터 존경을 받는다. 사회적 질서는 조소(嘲笑), 배제, 회피 같은 행위 등을 통하여 유지된다. 사회적 관계는 주로 개개인의 친분적 관계로 이루어진다. 비록 일부의 집단들에서 일부다체제가 행해지기도 하지만, 무리사회에서의 가장 일반적인 결혼형태는 일부일처제이다. 결혼관습은 주로 무리사회간 사회적, 경제적, 정치적 상호의존적 관계를 증진시킬 뿐만 아니라, 무리사회간의 적당한 연맹관계를 강화시키는 작용을 한다(Smith 1976).

부족사회(Tribal Society): 서비스가 기술한 것과 같이, 부족사회는 보다 넓은 범위에 걸친 친족분절(kinship segment)의 연합이다. 따라서 부족사회의 조직은 지역적 분절사회를 통합시키는 메커니즘의 역할을 한다. 비록 부족사회는 식량생산자 사회라 할지라도, 이 단계의 사회는 사회경제적으로 계층을 형성한 사회도 아니며, 중앙 집권적 정부를 가진 사회도 아니다. 부족사회에는 정치적 결정을 강요할 수 있는 방법이 전혀 존재하지 않는다. 그러나 부족사회에는 즉 빅 맨(big man)과 헤드 맨(headman)[1] 이라는 두 종류의 리더쉽이 존재한다. 베네주엘라와 브라질의 아마존강 유역에 거주하고 있는 야노마모족(Yanomamo) 사회에는 헤드 맨으로 불리는 지도자가 존재한다(Chagnon 1992). 그러나 야노마모족에서 헤드 맨의 권위는 상당히 제한적이다. 만일 그가 무엇인가를 하고자 한다면, 그는 먼저 그 마을의 사람들에게 시범(例)을 보여야 한다. 그런 다음 그는 마을 사람들에게 따라하도록 설득해야 한다. 그는 단지 평등관계에 있는 그 마을에서의 첫 번째 사람에 불과할 뿐이다.

부족사회에서의 리더쉽을 행사할 수 있는 또 하나의 신분은 빅 맨의 지위이다. 비록 빅 맨은 마을 사이의 정치적 활동을 조직하거나 분쟁의 조정을 담당하지만, 그의 지도력은 매우 한정적인 것이어서 그가 명령을 내리거나 집행할 만한 권위를 갖고 있지는 않는다. 그러나 어떤 경우에는 빅 맨의 명성이 그의 후손에게 세습되는 경우도 있다. 그러나 그런 경우에도 역시 마을 사람들에게 관대하게 대해야만 한다(Oliver 1955). 리더쉽의 규모에서 헤드 맨과 빅 맨 사이에는 약간의 차이가 있다. 헤드 맨의 리더쉽은 마을내의 범위에 해당하나, 빅 맨은 여러 마을들로부터 지지를 받고 있다. 그러나 어떤 경우에도 부족사회에서는 결코 사회계층이 존재하지 않는다(Johnson and Earle 1987).

무리단계의 사회와 비교해서, 부족사회 조직은 그 사회에서 존경을 받고 있는 연장자들로 구성된 회의체(council)를 통한 비교적 공식적인 통제장치를 갖추고 있다. 정책결정은 초자연적 징후를 읽거나 연장자들의 여론의 일치를 통해서 합의점에 도달한다. 비록 빅 맨은 정책결정에서 최종적 권한은 없지만, 그의 활동은 재분배에서 식량 관리자로서 그리고 마을간 분쟁의 조정자로서 잠재적인 리더쉽 능력의 증거가 될 수도 있다.

---

1) big man은 대인(大人)으로 head man은 우두머리로 번역될 수도 있다.

대부분의 부족사회 사람들은 협력관계에 있는 다른 부족집단과 족외혼(族外婚)의 규칙을 행하고 있다. 일부다처(一夫多妻)의 제도도 행해지고 있는데 대부분의 인류학자들은 이 같은 일부다처제는 노동력 공급의 증대와 가구의 전반적인 생산력을 확대하는데 있어서 자연환경과 인구 사이의 생태학적이고 경제적인 적응전략의 한 방편으로 간주한다. 또한 부족사회에서의 결혼관습은 계속적인 친족유대와 집단의 연맹을 유지하는 역할을 한다. 야노마모족 같은 일부 부족사회에서는 교차사촌혼 관습을 갖고 있다. 이 같은 결혼관습은 마을사이의 경제적이고 정치적인 연맹을 형성할 수 있는 기회를 제공한다(Chagnon 1992). 죽은 사람의 형이나 동생이 그 미망인과 결혼하는 역연혼(逆緣婚, levirate)과 아내가 죽은 후 아내의 자매들과 결혼하는 처계연혼(妻系緣婚, sororate) 등의 결혼관습도 행해지는데, 이는 한쪽 배우자가 사망한 후 직계친족(consanguineal kin)과 방계친족(affinal kin) 사이의 상호적 책무를 충족함으로서 친족유대를 지속할 수 있는 메커니즘으로 기능한다(Keesing 1975; Lowie 1920; Service 1962, 1971). 이 같은 관점에서 볼 때, 부족사회에서의 결혼관습은 마을 내외의 후손 집단간의 협력활동이나 연맹의 기초가 되고 있음을 알 수 있다. 다시 말하면, 부족사회의 결혼 시스템은 인류사회가 단순사회에서 복합사회로 발전되어 나가는 데 있어서 하나의 제도적 기반이 되고 있는 것이다.

　　족장사회(chiefdom society): 무리나 부족사회와는 다르게, 족장사회나 국가는 중앙집권정부를 갖고 있는 계층사회이다. 족장사회는 부족사회보다는 좀더 복잡한 형태의 사회 정치적인 조직으로 부족사회와 국가사이의 중간단계에 위치한 사회이다. 족장사회는 기본적으로 혈연에 기반을 둔 사회이기는 하지만, 자원에 대한 불평등한 접근이 이루어지는 계층사회이며 중앙집권화 된 정부를 갖고 있는 사회이다. 족장사회의 정치경제는 정치적 지위를 차지하고 있는 족장과 그의 추종자들에 의해 조정되는 재분배 체계로 특징 지워진다(Fried 1967; Johnson and Earle 1987; Service 1962, 1971).

　　예를 들면, 존슨과 얼은 폴리네시안 족장사회의 재분배 체계를 "식료품(staple foods)과 세공품(craft good)이 세금이나 임차(rent)의 일종으로 각 가구로부터 수집되는 제도"라고 정의하고 있다(Johnson and Earle 1987:208). 폴리네시아인들은 위급한 재난의 시기(risky season)에 대처하기 위해 저장체계(storage system)를 발전시켰다. 수집된 물품은 족장과 그의 추종자들로 대표되는 엘리트들에 의해 관리되고 재난의 시기에 일반인들에게 재분배된다. 그러나 이들 상층부의 엘리트들은 수집된 물

192

품의 일부를 자신들의 이익을 위해 유용할 기회를 갖게 됨으로서, 재분배 체계는 사람들 사이에 경제적 불평등(不平等)을 초래하고 결국에는 사회를 계층화의 길로 이끄는 기능을 하게 된다.

족장사회에서의 재산 소유권은 사회적 엘리트 같은 특정한 후손집단들이나 개인들과 밀접한 연관성을 갖는 경향이 있다. 예를 들면, 트로브리안드 섬의 어떤 족장들은 쿨라 교환(Kula exchange) 같은 지역간 무역에 중요한 대형 카누 등에 다소 독점적인 권한을 소유하거나 유지하고 있다(Malinowski 〔1922〕 1984). 족장들은 위세품이나 전략적 물품에 대해 상당한 통제를 가하고 있다. 심지어 어떤 족장들은 일정 정도의 권력까지 행사하고 있다(Hayden 1996). 그럼에도 불구하고, 엘리트들에 대한 정치적 권위나 재산 소유권은 많은 제약이 존재한다. 왜냐하면, 족장의 지도력(chieftainship)은 권력에 의한 강제력에서 오는 것이 아니라 대중적인 신망으로부터 용인되는 것이기 때문이다(Weiner 1987).

말리노우스키(1984)와 존슨과 얼은 트로브리안드섬의 가구(家口)를 식량생산과 소비의 기본적 단위로 기술하고 있다. 가구는 남편, 아내, 그리고 결혼하지 않은 자녀들로 이루어진 핵가족으로 구성되어 있다. 트로브리안드의 섬사람들은 가족성원에서는 모계제(matrilineal)이지만 주거규칙에서는 부계제 거주(patrilocal)이다. 각각의 가구는 분리된 집과 저장시설을 갖고 있으며, 농경지 일부(garden plot)도 소유하고 있다.

가구(家口)의 범위를 넘어선 좀더 큰 단위는 "달라"(dala) 라고 하는 소규모의 마을이다. 달라는 지역적 범위에서 농경을 위해 서로 협력하는 마을 규모의 집단인 것이다. 비록 달라는 주민이 땅을 소유하고 있다 할지라도, 땅에 대한 접근은 달라의 지도자에 의해 통제된다. 달라의 지도자는 매년 토지의 할당을 통제하고 조절하는 역할을 맞고 있다. 이 같은 시스템에 의한 토지의 통제는 트로브리안드섬의 사회를 정치적으로나 경제적으로 제도화되고 조직화됨으로써 보다 진전된 복합사회로 이끄는 기능을 한다. 달라의 거주 형태를 보면, 공공의 광장, 저장시설, 정치적 중심지의 역할을 하는 엘리트의 거주지 등이 계층적으로 배치되어 있다. 비록 트로브리안드섬의 가구(家口)는 생계전략에 있어서의 기본적 단위가 될지라도, 각각의 가구는 그 사회에서 계층이 다른 친족에 기반을 둔 등급으로 나누어져 있다. 트로브리안드섬에서는 한해(旱害)와 기근(饑饉) 같은 계절적인 유동성으로 발생한 재난의 시기가 사람들의 식량생산 계획을 매우 불안정하게 만드는 요인이 된다. 이같은 현상은 저장을 위한 잉여생산물, 마

을과 마을 사이 또는 섬과 섬 사이의 무역활동, 잘 계획된 원예농경활동과 같은 다양한
생계전략이 필요하다. 식량의 저장과 축적은 개인의 신분적 지위와 밀접하게 연관되어
있다. 말리노우스키는 "식량의 축적은 경제적인 재난의 시기에 대비하는 역할을 할 뿐
만 아니라, 부(富)의 소유를 통하여 사회적 지위를 증진시키고 과시하고자 하는 욕망
에 의해 이루어진다"고 지적한다(Malinowski〔1922〕1984:169).

족장사회에서의 결혼관습은 족내혼과 족외혼 모두 행해지고 있다. 그러나 친족
의 유대는 상부계층에서 평민계층으로 확대되지는 않는다. 이는 결혼관습이 그들이 속
한 신분적 지위의 범위 내에서 이루어지는 계층적 족내혼이 실행되고 있기 때문이다.
상류계층의 신분에 속한 자손들의 족내결혼(族內結婚)은 혈통적으로 적절한 친족유대
와 후손들간의 친밀한 관계를 유지하기 위한 것이다. 앤더슨이 지적한대로, 엘리트들
은 자원에 대한 우월적 접근의 허용으로 부의 축적이 가능하게 되고 경제적 여력을 갖
게 됨으로서 일부다처제를 할 수 있게 된다. 엘리트계층에서의 일부다처제는 족장사회
에서는 매우 일반적인 현상이다. 반면에, 평민들은 그러한 기회를 갖지 못해, 일부일처
제의 결혼관습을 유지하고 있다(Anderson 1994).

따라서 족장사회에서의 결혼과 친족유대는 부족사회나 무리사회에서와는 상당히
다른 편인데, 이는 경제적인 불평등에 기초한 사회적 신분의 계층화가 상당히 이루어졌
기 때문이다. 예를 들어, 트로브리안드섬에서의 엘리트들의 결혼관습을 보면, 엘리트 계
층에 속하는 족장은 다른 마을의 여자와 결혼할 때 얌(yams)의 일부를 지불하고 결혼
을 함으로서 정치 경제적으로 그들의 영역을 확대해 나간다. 다른 달라로부터 여러 명의
여자와 결혼을 하게되면 가장 높은 서열의 달라에 속하게 되어 그 지역사회에서 가장 높
은.지위를 혼자 획득할 수 있게 된다. 이러한 지위를 차지하게 되면, 그는 그의 달라 영
역에서 정치 경제적인 중심지로서의 역할을 하게 된다. 이 같은 민족지적 자료는 왜 토
지할당, 계층적 주거형태, 무역의 통제, 저장 시스템, 계층적 족내혼, 엘리트의 일부다처
제 같은 사회적 운영상의 메커니즘이 부족사회나 무리사회 같은 평등사회가 중앙집권
적으로 조직된 재분배 체제를 확립하면서 족장사회라고 불리는 계층화된 복합사회의
수준으로 발전해 나가는가 하는 것을 잘 보여주고 있다(Johnson and Earle 1987).

(고대)국가: 국가(國家)는 중앙집권적으로 조직된 관료적이고 사회 정치적인 조
직이다. 인류사회의 발전단계에서 복합사회의 마지막 단계에 도달한 사회가 아마도 국
가라고 불리는 사회조직일 것이다. 국가조직은 높은 인구밀도를 유지하기 위해 상당량
의 잉여식량을 생산해야만 하기 때문에 주로 집약농경에 경제적인 기반을 두고 있다.

국가조직의 출현과 관련하여 많은 인류학자들이 역사적, 민족지적, 민족사학적, 그리고 고고학적 자료들을 이용하여 어떻게 국가가 기원하게 되었는가를 설명하기 위해 오랫동안 노력해왔다. 지금까지 제시된 것들 가운데 비교적 설득력 있는 인과적(因果的) 요소들로는 생태학적 다양성(Service 1975; Steward 1949), 관개농경(Wittfogel 1957), 장거리 교역망(Wright 1978; Wright and Jonson 1975), 사회분쟁(Engels 〔1884〕 1972; Fried 1967), 인구압(Boserup 1965; Spooner 1972), 환경적 한정(Carneiro 1970) 등이 논의 되어왔다.

특히, 프리드는 원초적 국가와 이차적 국가라고 하는 국가형성론에 관한 두 가지의 이론적 개념을 제안했다(Fried 1967). 원초적 국가는 다른 국가로부터의 직접적인 영향이 없이 발전해온 국가를 의미한다. 따라서 원초적 국가(pristine state)는 어떤 지역에서 자생적인 진화단계를 거쳐 최종적으로 국가사회의 단계까지 발전해온 것으로, 원초적 국가의 형성기에는 그 주변지역에 어느 국가도 존재하지 않는다. 반면에, 이차적 국가(secondary state)는 주변에 이미 존재하고 있는 다른 국가로부터 영향을 받아 형성된 국가이다. 이차적 국가의 형성은 세 가지 방법, 즉 일차적 국가의 침입, 일차적 국가와의 무역활동, 그리고 단순히 일차적 국가와 국경을 접하면서 영향을 받아 국가를 형성하는 경우 등이 있다.

국가조직의 주요특징은 한정된 영토, 공통의 문화를 갖는 국민, 세금의 징수, 조직화된 군대, 사법권, 강력한 권력을 행사하는 중앙정부의 관료조직 등을 들 수 있다. 국가는 계층화된 사회로서 국민은 자원에 대한 평등적 접근이 결코 허용되지 않는다. 국가의 최고 지배층인 왕가(王家)는 그들의 국민을 통치하기 위해 권력을 조작적으로 운용하기도 한다. 왕권은 다음세대까지 세습된다. 예를 들면, 우간다의 서남부에 자리잡고 있는 부간다(Buganda) 왕국의 왕은 "무카마"(Mukama)라고 불리는데, 그는 그의 왕국 전지역에 절대적인 통치권을 행사하고 있다. 국민들로부터 거두어진 물품은 더 이상 재분배되지 않고 주로 왕실(王室)의 생활이나 국왕의 통치력을 유지하는데 쓰인다. 전쟁은 전문화된 군인들에 의해 수행되며, 어떤 경우에는 자원의 획득과 관련되지 않는 경우도 있다.

필자는 서비스가 정형화한 네 단계의 사회 조직, 즉 무리사회, 부족사회, 족장사회, 그리고 국가사회를 인류학자의 제 견해와 민족지 자료들을 중심으로 살펴보았다. 한국의 고고학계와 고대사학계에서는 미국 인류학계의 신진화주의에서 제시되어 온 사회진화의 발전단계설, 특히 서비스의 네 단계설을 한국의 국가형성론에 적용하면서 상당한 연구성과를 얻게 되었다. 그러나 한편으로는 서구이론의 한국사에 대한 적용은 한국 고대문화의 진화나 발전과정을 설명하는데 있어서 학자들간에 많은 견해차이를 드러내면서 일정한 한계를 보이고 있다. 이런 이유로 일부의 인류학자나 다른 고대사 연구자들로부터 신진화주의의 발전단계론의 한국사에 대한 적용은 물론 이론 그 자체에도 상당한 비판적 시각이 대두되었다. 이는 신진화주의 이론에 대한 명확한 이해를 가지지 못한 일부 학자들이 한국사에 적용함으로써 일어난 현상이며 신진화주의의 이론이 한국사의 특수성에 적용하기에 적절하지 못한 이론이어서 그런 것은 아니었다. 그러나 일부학자들의 비판에도 불구하고, 최근에는 일련의 새로운 학자들에 의해 신진화주의의 이론이 심층적으로 연구 분석되고 한국사의 복원에 활발히 이용되고 있다. 특히 이들은 신진화주의의 발전단계설을 한국사상 국가형성론의 전개를 위한 이론적 뼈대로서 활용하고 있다. 예를 들면, 최몽룡 교수는 이론 가운데 족장사회와 국가의 개념을 한국의 고인돌사회의 복원과 위만조선에 대한 이론적 배경으로서 이용하고 있다 (최몽룡 1997; Choi M.L. 1984).

지금까지 필자는 위에서 사회 진화적 단계의 맥락에서 정치적, 사회적, 그리고 종교적 역할로부터 복합사회의 형성과 발전과정을 신진화론 학자들이 연구한 결과를 종합적으로 검토하여 합리적인 이해의 도출을 모색하였다. 서비스가 제시한 모델을 이용하여 인류사회의 발전과정을 설명하고자 한다면, 우리는 그의 이론 원래 모습 그대로는 받아들일 수 없을 것이다. 따라서 우리가 인류의 사회 정치적 조직을 서비스의 진화론적 발전과정에 맞추어 연구하기 위해서 그 개념의 일부를 조정해야한다. 사실 우리가 일부 문제되는 개념들의 일부를 변화 발전시킨다면 우리들은 서비스의 이론을 인류사회 조직의 발전과정을 설명하는데 편리한 도구로 사용할 수 있을 것이다. 결론적으로 말하면, 한국 고대사에 있어서 문헌이 절대적으로 부족한 현실을 고고학적 유물과 인류학적 조사, 그리고 민족지적 자료를 바탕으로 한국 고대 문화를 합리적으로 재구성하려할 때, 서비스의 모델은 아주 편리한 이론적인 뼈대가 될 것이다.

4. 엘리트 계층의 고고학적 평가기준

엘리트의 출현문제는 정치체의 중심과제로서 고고학에 있어서의 사회적 계층의 모습을 재구성하고자 할 때, 특별한 사회 맥락적 의미를 갖게 된다. 어떻게 우리는 고고학적 자료로부터 신분상 특권적 지위를 향유하고 있는 엘리트의 존재를 해명할 수 있겠는가? 만일 우리가 프리드(1967:186)의 계층사회의 일부 성원은 기본적 자원에 우월적 접근이 허용된다고 하는 엘리트의 개념을 고려한다면, 우리는 엘리트의 사회적 중요성이 고고학적 유물에 표현되어 있을 것이라고 가정할 수 있다. 따라서 우리는 고고학적 유적지에서 우월적 접근이 요구되는 유물, 즉 장례에서의 사치스런 대접, 호화로운 부장품, 주거형태, 외래 무역품의 통제, 공공의 작업이나 거대 축조물의 공사에 요구되는 노동력, 기술의 전문화 등등을 분석평가 함으로서 엘리트의 존재와 역할을 묘사할 수 있을 것이다(Chase and Chase 1992:3-17, 303-317; Wason 1994). 그리고 두개골의 변형이나 골격의 건강상태 같은 생물학적 자료들의 분석도 엘리트의 연구에 커다란 도움이 될 것이다(Becker 1973:401; Haviland 1967; Storey 1985).

첫째, 엘리트의 사회적 서열을 가리키는 증거는 상당량의 노동력이 투입된 장례관습, 즉 무덤의 크기와 위치의 차이에 나타난다. 왜냐하면, 대형의 호화로운 무덤은 아마도 그 사회에서 특별한 유력자로서 상당한 노동력을 통제할 수 있는 위치에 있을 것이기 때문이다(Renfrew and Bahn 1991:182-193). 이 같은 범주에 속한 무덤에서는 사치스런 부장품이 동반 출토되는 경향이 있다. 예를 들면, 피블스(Peebles 1987)는 족장사회 단계의 것으로 믿어지는 미국동부의 마운드빌(Moundville) 지역에 있는 토축묘를 분석한 바 있다. 그는 마운드빌의 토축묘 2053개의 무덤을 분석하면서, 무덤군을 피라미드의 형태로 사회적 계층화를 시도한 후, Segment A, B, C의 세 등급으로 분류했다. 피블스에 따르면, Segment A의 무덤에는 엘리트들로 여겨지는 적은 수의 상부계층 사람들이 독점적으로 사용했던 동(Copper) 도끼와 귀거리 장식(earspool) 같은 유물과 함께 토축묘, 또는 그 주변지역에 매장되었다. 이들 엘리트들의 무덤은 신성한 장소에 위치하고 있다. Segment B의 비교적 낮은 계층에 있는 사람들의 무덤에는 토축묘가 발견되지 않는다. 그리고 약간의 부장품이 발견되기는 하지만 동제(銅製)유물[2]은 전혀 보이지 않고 있다. Segment C에 속하는 사람들의 무덤은 토축묘의 변두리 지역에서 발견되고 있으며, 부장품도 거의 발견되지 않고 있다. Segment A의 그룹에 속하는 20개의 대형 평면형태의 토축묘는 엘리트들이 상당한 노동력을 통제할 수 있다는 점을 감안한다면 엘리트나 상류의 지배계층에 속하는 무덤으로 여겨진다. 어떤 경우에는 엘리트들이 이 같은 대형 평면형태의 토축묘의 정상부

---

2) copper artifacts

에 집을 짓고 살다가 죽으면 그곳에 묻히기도 했다.

둘째, 부의 축적이 특별한 위치에 있는 사람과 관련되어 있다는 점을 추론한다면, 고고학적 유적지에서의 상당량의 부(富)의 축적에 대한 증거는 엘리트나 상류계층의 존재를 나타내는 명확한 징표가 될 것이다. 생활 유적에서의 위세품(prestige goods)이나 무덤의 부장품에 대한 분석은 사회적 신분에서의 부등성(不等性)을 드러낸다. 예를 들면, 마운드빌 유적에서 발견된 손과 눈의 모티프가 새겨진 석판 팔레트 같은 정교하게 만들어진 유물들은 엘리트나 상류계층의 신분을 나타내는 상징(象徵)으로 사용되었을 것이다. 마운드빌에서 발견된 조개 목걸이, 운모 장신구, 붉은 석판 가리개, 외부에서 반입된 규암 양면석기, 녹암 석부 같은 가치 있는 물품들은 일반적으로 외부로부터 들어왔거나 희귀한 재료로 만들어졌다(Steponaitis 1991). 스테포나이티스는 마운드빌 유적을 분석한 후 "마운드빌에서, 엘리트 거주지역의 발굴에서는 박편석기의 75%가 외부에서 수입된 재료로 구성된 유물조합이 출토되었다." 그리고 "운모(mica)와 구리(copper)는 엘리트의 표장(標章)으로 사용되었다"(Steponaitis 1991:205-206). 마운드빌 유적에서의 위세품이나 부를 나타내는 품목들은 상당한 사회적 불평등이나 엘리트의 존재를 증명하는 것들이다.

셋째, 거주형태나 주거구조(residential structures)는 엘리트의 사회적 계층의 차이를 반영한다. 일반적으로 대형 건축물들은 복합사회를 가리키는 하나의 표상이 되고 있다. 이들 건물의 어떤 것은 엘리트들을 위한 집으로 사용되기도 한다(Haas 1982). 마운드빌 지역을 보면, 마운드빌 I 단계(A.D. 1200-1250년) 동안에는 엘리트 주거지와 지역의 중심지를 가리키는 단일 토축묘가 마운드빌 지역의 네 곳에 세워졌다. 주민의 나머지는 마을의 주변지역에서 살았던 것으로 생각되며, 그들의 생산품은 네 중심지의 어느 한 곳에서 살았던 엘리트에 의해 통제되었을 것으로 여겨진다(Anderson 1994:145-150). 말할 필요도 없이, 이들 토축묘의 각각은 미시시피안 집단들 가운데 알라배마의 마운드빌 지역에서 정치적, 경제적, 그리고 종교적 중심지로 기능했을 것이다. 마운드빌 II(A.D. 1250-1400년)와 마운드빌 III(A.D. 1400-1550년) 단계 동안에, 마운드빌 유적지에서의 토축묘 축조는 증가되었으며, 마운드빌 유적지 자체는 그 지역의 주요 지역 중심지로 발전되었다.

토축묘의 위치는 사회 종교적인 의미를 갖는다. 마운드빌 유적지에서, 두 개의 대형 토축묘는 플라자에 위치해 있고 다른 18개의 토축묘들은 플라자의 주변지역을 따라 위치하고 있다. 스테포나이티스에 따르면, 두 종류의 대칭적인 유적이 플라자의 주변 토축묘군(土築墓群)에서 확인된다고 한다. 하나는 중심축의 주변을 따라서 양면 적으로 위치해 있는 것이며, 다른 하나는 대소형의 두 토축묘가 한 쌍을 형성하면서 플라자의 동쪽과 서쪽을 따라 위치해 있는 것이다. 그는 "소형 토축묘는 전형적으로 무덤을 포함하고 있지만, 대형 토축묘는 (무덤을) 포함하고 있지 않다"고 한다 (Steponaitis 1991:200). 나이트(Vernon Knight)는 이들 각각의 한 쌍은 묘지신전 (墓地神殿)과 어떤 특정 씨족의 엘리트의 주거지로 구성되어 있는 것이라고 한다 (recited from Steponaitis' citation 1991:200).

넷째, 공공의 작업이나 거대한 기념물의 축조 같은 건축물의 축조에 요구되는 노동력 통제의 정도는 사회적 계층의 정도를 밝히는 가장 확실하고 가시적인 고고학적 증거가 된다. 마야의 피라미드 신전이나 이집트의 피라미드, 중국의 만리장성 등은 우리에게 잘 알려진 예가 될 것이다. 물론 부족단계의 사회 같은 단순 사회(simple society)에서도 실제적으로 대규모 축조물을 세우는 경우도 있다. 따라서 렌프류와 반은 유적에 대한 해석은 기념물의 크기와 규모, 지형에서의 공간적 분포, 기념 건조물에 묻혀있을지도 모를 개인의 신분상 지위 등을 고려해야 한다고 한다(Renfrew and Bahn 1991). 예를 들면, 렌프류는 초기 신석기시대의 웨섹스(Wessex) 문화를 조사하면서, 이 가운데 "causewayed enclosure"라고 불리는 가장 규모가 큰 축조물은 약 10만 시간의 노동력이 요구되는데, 이는 250명의 장정이 하루에 8~10시간씩 6주 동안 일해야 되는 분량이다. 따라서 그는 이 같은 축조물은 복합사회의 단계에 속하는 유적이라기보다는 부족사회 같은 단순사회단계의 유적이라고 말한다. 그러나 신석기 후기의 웨섹스 문화기의 유적중 가장 거대한 기념물은 실버리 힐(Silbury Hill)의 대형 기념물인데, 이 기념물의 축조에는 1백만에서 1천 8백만 시간에 해당하는 노동력의 양이 요구된다고 한다. 이는 대략 300명의 인력이 생산에 종사함이 없이 거의 1년을 노동에만 전담해야 가능한 일이다. 렌프류는 이 같은 노동인력과 의례적 중심지로서의 기능을 감안하여 이 단계의 유적은 족장사회의 단계에 해당할 것으로 추정하고 있다 (Renfrew 1973:539-558).

렌프류는 사회적 복합의 정도를 가리키는 또 하나의 징표(indicator)로서 기념 축조물의 공간적 분포에 주목하고 있다. 예를 들면, 웨섹스 거석 분묘의 공간적 분포는 사회적 불평등성을 가리키지는 않지만, 서부 유럽의 거석분묘는 사회적으로 실제적인 중요성을 갖는다고 한다. 왜냐하면, 이들 거석분묘는 사회적으로 상부 계층에 있는 사람들이 그들의 사회적 지위가 일반인들로 하여금 계속적으로 인식되도록 조작하기 위한 영역의 징표(territorial markers)로 기능했을 것이기 때문이다(Renfrew 1973:539-558, 1984:165-199).

다섯째, 고고학적 유물에 나타난 기술 전문화에 대한 증거는 사회적 복합의 정도나 엘리트의 역할을 드러낸다. 기술 전문화에 대한 세 가지 모델, 즉 상업발달의 모델, 적응 모델, 정치적 모델 등이 제안되어 왔다(Brumfiel and Earle 1987:1-9). 첫째, 상업발달의 모델은 전문화는 경제적 성장과정의 종합적 부분이다. 왜냐하면, 노동의 분화가 세분화되면 될 수록, 사회적 복합은 더욱더 증가되며, 어떤 엘리트나 통치자들은 경제생산자로서의 어떤 특정한 역할을 담당하지 않게 된다. 둘째, 적응 모델은 기술 전문화의 발전은 정치력을 가진 엘리트들이 개재(介在)하게 되는 경제적 재분배의 한 부분이 된다. 재분배적 경제에서 정치력의 개입은 일반인(commoners)의 자원의 기반을 증대시키기보다는 오히려 중앙집권화된 정부의 재정을 확충하고 정치적 권력을 확대하기 위한 목적으로 이루어지는 것이다. 정치적 모델에서는, 정치적 엘리트들은 기술의 전문화를 그들의 정치 권력을 창조하고 유지하기 위해 조작한다. 기술적 특제품의 통제와 독점은 엘리트들이 그들의 사회적인 우월적 지위를 확립하고 유지하는데 필요한 재부(財富)의 일차적 원천이 된다.

여섯째, 무역품이나 지역간 교역망에 대한 분석은 엘리트 집단의 사회적 지위를 증명하는데 중요한 개념이 될 것이다. 위세적(威勢的) 외래 물품은 높은 지위에 있는 사람의 상징이 될 수 있으며, 무역 교역망은 개개인의 정치적 단위를 훨씬 넘어서는 것이 되기 때문이다(Hirth 1992:18-29). 지역간 상호영향의 범위에서 무역에 의해 얻어진 위세품은 고고학자들에 의해 중앙통제의 징표로 간주되는 경향이 있다. 그들은 수입된 위세품을 그 사회에서 신분을 상징하는 것으로 보기 때문이다. 그러나 허스(Hirth)는 지역간 교역망의 또다른 중요한 의미를 지적한다. 그는 이 같은 교역 시스템은 유동적인 식량생산에서 비롯되는 생계에서의 위험을 교역적 분배 체제로 확장시킴으로서 감소시킬 수 있으며, 엘리트들은 지역간 교역체계를 이용하여 사회적 네트워과 이들 사회간의 상호의존적 관계를 형성함으로서 생계전략에서의 위험도를 줄이는데 중개자로서의 역할을 수행하게 된다(Hirth 1992:27). 그는 엘리트간 교환체계의 세 가지 기능을 다음과 같이 설명한다. 첫째, 엘리트는 교역체계에서 노동의 사회적 통제를 통하여 자원의 생산에 대한 그들의 통제를 확대시킬 수 있는 기회를 갖게 된다. 둘째, 이 같은 제도는 식량자원의 생산에서 유동적인 위험한 시기에 비상식량을 마련할 수 있는 기회를 제공하게 된다. 마지막으로, 이 시스템은 엘리트에게 계층사회 사이의 분쟁을 중개할 수 있는 기회를 제공한다(Hirth 1992:19-29). 이 같은 교환 시스템을 통하여, 엘리트들은 무역으로부터 얻어진 귀중품과 자원을 통제할 수 있을 뿐만 아니라, 식량자원을 조작적으로 운용할 수 있게 된다. 따라서, 무역품이나 교환체계의 분석은 엘리트들이 그들의 사회에서 행사하는 소유권과 사치스런 외래물품의 통제 등에서의 역할에 관한 정보를 제공한다.

일곱째, 지배 엘리트의 존재는 고고학적 유적지에서 발굴된 인간의 골격을 검사함으로서 증명될 수 있다. 고전적인 예들 가운데 하나가 호화로운 물품이 부장(副葬)되어 있는 어린아이(幼兒)의 무덤(墳墓)이다. 피블스와 쿠스는 마운드빌 토축묘군에서 Segment A 등급 가운데 무덤군 Ib와 II는 어린아이와 성인남성의 무덤을 포함하고 있다고 지적한다(Peebles and Kus 1977:439). Segment A 등급의 무덤군에서 어린아이 무덤의 존재가 확인된 것은 그 사회에서 어린아이가 유지하고 있는 지위나 명성이 어떠하던 간에, 그 아이의 신분은 성취된 것(achieved)이라 하기보다는 귀속되어진 것(ascribed)이라고 보아야 할 것이다. 왜냐하면, 비교적 이 같은 어린 나이에 그 아이는 개인적으로 뛰어난 능력을 바탕으로 그 같은 높은 신분의 지위에 올랐다고는 생각되지 않기 때문이다.

두개골의 형태에 대한 체질인류학적 분석은 엘리트 계층의 존재 가능성에 대한 정보를 제공하기도 한다. 중미의 티칼(Tikal)에서 마야 엘리트, 특히 상류계층에 속한 여인들 중 일부가 처음으로 두개골 변형(skull deformation)을 실행하자, 일반 서민들(hoi polloi)들도 이 같은 풍조를 흉내내기 시작했다(Haviland and Moholy-Nagy 1992). 또한 엘리트들은 제국내의 다른 일반 평민들보다 일반적으로 키가 큰 편인데, 이는 엘리트 계층의 사람들은 일반인들보다 동물 단백질을 훨씬 많이 섭취할 수 있는 보다 좋은 영양 환경을 갖고 있었음을 말해주는 것이라 하겠다. 두개골과 비문(碑文)에 대한 분석은 엘리트의 평균 기대 연령은 60대로 비엘리트 계층의 40대보다 훨씬 장수하고 있음을 알 수 있다(Haviland 1967; Haviland and Moholy-Nagy 1992:50-60). 벡커(Becker 1973)는 치아의 변형행위를 마야인들 가운데 엘리트의 신분을 나타내는 징표로 해석하고 있다. 만일 우리가 지금까지 언급한 골격학적 유물을 종합해 본다면, 마야 사회의 예(例)에서와 같이 상류계층의 엘리트들은 일반적으로 비엘리트 계층의 사람들보다 훨씬 건강했음을 알 수 있다.

Ⅳ. 지석묘사회 엘리트의 고고학적 분석

1. 지석묘의 축조와 노동력의 통제

지석묘사회에서 엘리트 계층의 존재여부는 지석묘의 축조 그 자체의 분석으로부터 시작될 수 있다. 지석묘의 축조 과정에 대한 분석은 지배계층의 존재를 포함한 지석묘사회에서의 사회조직의 본질적 문제를 드러낼 수 있다. 왜냐하면, 지석묘를 축조하는 행위는 엄청난 노동력의 투입, 석공기술자, 축조 엔지니어, 그리고 채석, 운반, 축조 등에서의 사회적 리더쉽 등이 절대적으로 요구되기 때문이다.

그러나 한국의 지석묘는 그 엄청난 수량에 비하여, 축조과정에 대해서는 자세히 알려져 있지 않다. 먼저 지석묘에 쓰인 암석의 재질을 보면 한국의 지석묘는 화강암이나 편마암계의 암질(巖質)이 주로 사용되고 있다. 예를 들어 최근에 한양대학교 박물관에서 발굴한 경기도 시흥시 조남동 지석묘의 암질분석을 보면, 개석은 섬록편마암(閃綠片麻巖)의 재질이며, 남쪽과 북쪽에 위치한 지석은 조장편암(曹長片巖)이고, 동쪽에 있는 지석은 휘록암(輝綠巖)의 재질인 것으로 밝혀졌다(김병모 외 1999).

지석묘의 축조에 쓰인 이러한 석재의 채석장에 대한 일부의 예가 보고되어 있다. 예를 들어, 황해도 연탄군 오덕리 지석묘의 경우에는 100기 이상의 북방식과 남방식 지석묘가 다섯 개 집단으로 나누어 분포하고 있으며, 이들 지석묘 분포지의 북쪽 산등성이에 채석장이 위치하고 있다(석광준 1974). 평안남도 개천군 묵방리 지석묘의 채석장도 지석묘가 위치한 곳으로부터 약 500 여 미터 떨어진 곳에서 발견되었다(김기웅 1963). 시흥시 조남동 지석묘의 암질분석을 담당한 한양대학교 지구해양과학과 지구해양실험실의 김기홍 연구관에 의하면, 조남동 지석묘에 쓰인 석재는 지석묘가 위치한 주변에서는 구할 수 없으며, 적어도 30~40km 정도 떨어진 곳에서 채석한 후, 현재의 위치로 운반된 것이라고 한다.

전라남도 지방의 지석묘를 중점 조사한 최몽룡에 따르면, 광주 충효동과 나주 판촌리 등의 지석묘 채석장은 이들 지역으로부터 적어도 10km 떨어진 곳에서 발견된다고 한다(Choi M.L. 1984). 최몽룡은 지석묘의 채석과정을 조사했는데, 그는 지석묘에 쓰인 석재의 채석기술은 개석의 가장자리 부분에 채석때 사용된 나무쐐기의 흔적 등을 조사하면 알 수 있다고 하면서 "Wooden wedge marks around the edge of the capstone can be seen in the dolmens in Korea. The process by which a dolmen capstone was quarried began with drilling holes into the stone with stone hammers. Wooden wedges were then driven into the holes and either pounded hammers or soaked with water until they swelled, either of which technique ultimately broken the block loose from the mass of rock. The relatively high degree of expertise required by the quarrying process is therefore indicative of the level of labor specialization implicit in a dolmen society and the rise of subsidized specialists" (1984:140-141)라고 말하고 있다. 즉, 채석과정은 지석묘의 개석이 채석될 때 돌망치로 바위에 쐐기 구멍을 뚫은 다음, 나무쐐기를 그 구멍에 넣고 망치로 치거나 나무가 부풀어오를 때까지 물을 부어 적시면, 커다란 암반 덩어리로부터 개석으로 쓰일 바위가 분리되게 된다는 것이다.

개석의 운반에는 그 무게에 따라 동원되는 인력이 달라진다. 지금까지 고고학자들에 의하여 석재의 운반에 관해 많은 연구가 진행되어 왔으며, 운반방법에 대한 구체적 모델까지도 제시되어 왔다(Mohen 1980; Stone 1924; Atkinson 1961). 그리고 이러한 공공활동에 대한 민족지고고학적 조사도 진행되었고, 고고학적 기록이나 부조화(浮彫畵)에 대한 분석이 이루어지기도 했다(Coles 1973; Schnitger 1964).

고대 이집트에서는 피라미드, 신전, 거대분묘 등이 강제 노역으로 세워졌다. 특히, 고왕국시대에 이 같은 건축물이 상위 행정관, 재무관, 수도의 시장, 고위 성직자 같은 고급 국가 관료들에 의해 세워지기 시작했다. Strouhal(1992)의 연구에 따르면, 신왕국의 람세스 4세 통치기에 석재를 채석하고 운반하기 위해 Wadi Hammamat에 출정한 원정에는 170명의 행정참모, 130명의 숙련된 석공들, 800명의 아시아계 포로들, 2000명의 노예, 50명의 근위병이 수행하였다고 한다. 이러한 활동이 이집트의 Prince Djehutihetep에 묘사되어 있다. 이 부조상은 약 60톤의 무게를 갖는 석상의 운반방법과 작업자들이 자세히 묘사되어 있다. 즉, 나무썰매 위에 석상을 올려놓고 로프로 묶은 다음 90명의 남자들이 로프를 끌고 있다. Nineveh의 Sennacherib 궁전에 있는 부조상에도 뗏목을 이용하여 석상을 운반하는 모습이 묘사되어 있다. 약 30톤 가량 나가는 석상을 뗏목으로 운반해온 뒤 46명의 작업자가 석상을 뗏목으로부터 끌어내려 육지로 옮기고, 또 다른 26명의 작업자들은 석상을 안전하게 옮길 수 있도록 지렛대 등으로 돕고 있으며, 이들 주변에는 근위병들이 감시하는 한편, 왕과 그를 보좌하는 참모들로 구성된 지배 엘리트들은 수레에 앉거나 수레주변에서 이들을 지켜보고 있다.(Coles 1973:87; Whitehouse and Wilkins 1988:159).

일부 고고학자들은 개석의 운반방법과 이에 소요되는 노동력을 측정하기 위하여 석재운반에 대한 실험을 행하기도 했다. 특히 콜스(Coles 1973), 모헨(Mohen 1980), 에킨슨(Atkinson 1973) 등이 행한 실험들을 종합해보면, 약 1톤의 무게를 갖는 석재를 열지어 뉘어 놓은 둥근 나무 위에 올려놓고 이동시키는 데는 대략 10명 정도의 인력(人力)이 요구되는 것으로 나타나고 있다. 예를 들어, 콜스는 50톤 가량되는 멕시코 라 벤타의 대형 올맥의 석주(石柱)를 옮기는데 500명 정도의 인력이 필요하며, 모헨은 32톤의 석괴(石塊)를 옮기는데 약 200명의 사람이 요구되었다고 한다. 이를 한국의 지석묘에 적용해 보면, 전라북도 고창의 운곡 21호 지석묘의 무게가 297톤이므로(Rhee S.N. 1984), 297톤×10명 = 2,970명이라는 계산이 산출된다. 다시 말해, 운곡 21호의 지석묘를 둥근 통나무를 이용하여 옮기고자 한다면, 적어도 2,970명의 사람들이 동원되어야 가능했을 것이다.

이러한 예를 갖고 지석묘의 사회구조를 살펴보면, 운곡21호의 지석묘를 축조하는데 요구된 인력은 대략 2,970명 내외일 것이며, 여기에 참가한 사람들은 대체로 성년의 젊은 남자들일 것으로 생각된다. 따라서 가구 당 5명이 거주했다고 가정한다면, 2,970명×5명 = 14,850명이란 수치가 나온다. 결국 운곡 21호 지석묘를 축조할 당시의 운곡지역의 사호규모는 적어도 15,000명 내외가 될 것으로 여겨진다. 그리고 운곡 21호 지석묘에 묻힌 피장자는 적어도 2,970명의 인력에게 식량을 공급할 수 있는 경제력과 그들을 사회적으로 통제할 수 있는 정치력을 갖춘 자일 것이다. 이런 이유로 석광준(1999)은 평양일대에 15기 가량 존재하는 50톤 이상의 지석묘는 대개 표고 80여 미터의 높은 산능선에 위치하거나, 인위적으로 터를 쌓은 높은 대지 위에 세워져 있어, 축조에 강제로 청장년의 노동력을 동원할 수 있는 권력과 평민들의 물질적(物質的) 그리고 문화적(文化的) 재부(財富)를 독점할 수 있는 권력자나 지배자들의 무덤일 것으로 보고 있다. 이들 권력자나 지배자들이 그 사회의 상층부를 구성하면서 정치경제(political economy)를 통제하는 지배 엘리트(ruling elite)들인 것이다.

2. 지석묘 부장품의 분석

피블스(1971:68)가 "persons who are treated differentially in life will be treated differentially in death"라고 말했듯이, 지석묘에 매장된 부장품에 대한 분석은 사회적 신분계층의 불평등성을 드러낼 것이다. 그리고 부장품의 분석은 피장자의 생존시기의 역할이나 위계는 물론 그가 죽은 후 사체(死體)가 처리되는 방식과 그에 수반되는 부장품의 관계 등을 증명할 수 있다.

지석묘에 대한 사람들의 이미지는 그것이 매우 크다는 점이다. 그러나 그 크기에 비하여 부장품이 발견되는 예는 매우 적다. 그러한 이유로 일부 고고학자들은 지석묘가 일반인들의 묘제로 사용되었다고 주장하는 주요 근거가 되어왔다. 반면에 다른 고고학자들은 지석묘의 크기, 무게, 제한적 숫자 등을 이유로 상층계급의 무덤으로 간주하려고 한다. 넬슨(1993:147)은 지석묘에 부장품이 적은 이유를 "it is probable that grave goods were placed there and have been looted"라고 지적한다. 사실 지석묘를 조사해보면 거의 모든 북방식 지석묘와 규모가 큰 남방식 지석묘들은 도굴에 노출되어 있고, 도굴이 아니더라도 긴 기간동안 사람들의 생활에 노출되어 있어 다른 용도로 전용되는 경우도 종종 보인다. 숫자는 적지만 지금까지 출토된 부장품을 정밀하게 검토하면, 지석묘의 피장자가 생존에 유지했던 신분을 확인할 수 있다.

지석묘의 부장품으로 출토되는 유물은 토기, 석기, 청동기, 옥제품, 동물뼈 등이 있다. 먼저 청동기를 살펴보면, 지석묘에서 출토되는 청동기의 수는 매우 적은 편이다. 이런 이유로 초기의 고고학자들은 지석묘는 청동기와는 관련이 없으며, 따라서 청동기를 일상생활에 이용하지 않았을 것이라고 생각하기도 했다. 김원룡(1993)은 "청동제품은 남아 있는 것은 수가 매우 적으며, 앞에서 언급한 것처럼 청동기는 많은 일반 주민이 일상생활에서 쓴 실용품이라기 보다는 소수의 유력자들만이 향유할 수 있었던 특수품, 신분상징적 재물이었다고 생각한다"라고 청동제품의 희소성을 이렇게 설명한다.

그러나 지석묘에 대한 발굴이 늘어나면 늘어날수록, 청동제품의 숫자는 더욱더 늘어나고 있다. 청동기의 종류에는 비파형동검, 비파형동모, 세형동검, 동촉, 검파두식 등이 있다. 비파형동검은 청동기시대 전기에 유행한 것으로 만주와 한반도의 지석묘에서 출토되고 있다. 비파형동모는 북만주와 한반도의 남부에서 몇 개가 보고되어 있다. 세형동검은 비파형동검보다는 사용시기가 다소 떨어진다. 검파두식(劍把頭飾)은 청동기로 만든 동검의 끝자루 장식으로 전남 곡성의 공북리, 영암 장천리, 보성의 봉계리 지석묘에서 출토되었다. 따라서 지석묘는 청동기시대 초기부터 청동제품을 사용하고 있었음을 알 수 있다.

그러나 청동제품의 대부분은 무기와 관련된 제품이라는 관점에서 또 다른 특징을 갖고 있다. 김영수(1994:760-923)는 한국, 중국, 일본의 청동단검(동검)을 종합적으로 분석한 후, 이들 지역의 청동단검은 동이족에 의해 정치적 그리고 군사적 의미로 사용되었다고 주장한다. 그에 따르면, 군사적 의미에서 무기의 용법과 기능은 전투의 형태를 결정하며, 특히 비파형 청동단검은 강력한 살상력을 가진 무기라고 한다. 단검은 보병전에 활용되는 무기이다. 비파형단검은 종류면에서는 검에 속하고, 검중에서도 단검에 속하기 때문에, 비파형단검에 의한 전쟁의 형태는 보병전이었을 것이다. 보병전은 전차전에 뒤이어 나타난 전투형태로 엄청난 살상력을 초래하는 전투형태라는 것이다. 정치적인 의미는 전쟁의 목적 뿐만이 아닌 역사적 맥락에서도 이해되어야 할 것이다. 은주혁명과 그 이후의 춘추전국시대에 이르는 중원지방의 혼란기 동안에 한족이나 북방민족들의 동이지역에 대한 이주는 동이지역에 대한 정치군사적인 위협요소가 되었으며, 따라서 이러한 시대적 상황속에서 청동단검을 소유한 전사집단의 위상은 강화되었을 것이라고 김영수는 설명한다. 따라서 단검을 소유한 개인이나 집단은 그들 민족집단에서 차지하는 정치적 역량을 증대시키면서, 전쟁 엘리트로서 상층계급으로 변환되어 나갔을 것이다.

지석묘 부장품으로 출토 빈도가 높은 유물은 마제석검과 마제석촉들이다. 필자의 조사 예를 보면(Yu T.Y. 1998:103-105), 113 곳의 지석묘 유적지에서 마제석검이 75개 그리고 마제석촉이 239개나 보고되고 있다. 따라서 지석묘는 마제석검 문화와 매우 밀접하게 관련되어 있음을 알 수 있다. 지금까지 마제석검이나 마제석촉에 대한 인식은 이들 유물은 상징과 의례적인 목적을 갖는 부장품으로 제작되었을 것이라는 관점에 있었다. 그러나 도유호(1960:145-150)는 마제석검은 수렵 또는 전쟁의 도구로 활용되었을 것으로 보고 있다.

앞에서 김원룡이 지적한 바와 같이 지석묘 사회에서의 청동제품이 희소적 가치를 갖기 때문에 청동제품은 부장(副葬)되기보다는 계속적으로 재활용되었을 가능성도 제기된다. 그리고 청동단검 대신에 마제석검을 부장했을 경우도 생각해볼 수 있다. 《조선고고학개요》에서는 석검과 청동단검에서 제작기술의 관계를 "이처럼 청동기의 출현은 석제 도구와 무기 제작기술의 발전을 억제한 것이 아니라 그것을 더욱 발전시키는 작용을 하였으며 그리하여 석기제작기술발전에서 새로운 국면을 열어놓았다. 처음에 청동기는 석기를 모방하였으나 나중에는 석기가 청동기를 모방하게 되었다. 기원전 2000년기 이후시기에 단검, 곤봉대가리 같은 일부 무기에 청동제 단검, 곤봉대가리를 재현한 것이 더러 보이는 것은 잘 알려져있는 사실이다"라고 설명한다. 따라서 청동기를 모방한 의례적이고 상징적인 마제석검이 청동단검 대신에 지석묘에 부장되었을 것으로도 여겨진다. 지석묘에서 출토되는 마제석검의 대부분은 사용흔이 거의 나타나지 않으며, 모양도 손잡이 등이 과장된 모습으로 만들어져 있다. 다른 마제석기도 마찬가지인데, 특히 북한 지역에서 나타나는 달도끼나 별도끼에 대하여 북한의 고고학자들은 군사 지휘관이 사용하던 것이라고 해석하고 있다. 이러한 측면에서 본다면, 이들 마제석기들은 엘리트들이 생존기간 동안에는 상징적이고 의례적 용도로 사용되다가 사후(死後)에 지석묘에 부장되었을 것으로 여겨진다.

지석묘에서 반월형석도, 석착(石鑿), 석부(石斧), 갈돌 등도 출토되고 있다. 이러한 석제도구는 생산에 사용되는 도구들이다. 그러나 이러한 도구들은 지석묘의 부장품으로서 위에서 언급한 다른 마제석검이나 석촉보다는 발견되는 숫자가 적다. 이것은 지석묘에 묻힌 피장자는 생계경제와는 크게 관련되지 않았음을 의미하는 듯하다. 나중에 청동기시대의 후기에 해당하는 주거지 등에서 여러 번 사용한 흔적(痕迹)이 있는 마제석검 등이 출토되는데, 이는 빈번한 전쟁활동 뿐만 아닌 인구증가의 결과 등으로 인한 생산도구로서의 수요가 증가되자 평민들의 생산도구로서 일반화되었음을 보여주는 것이라 하겠다.

한편, 토기를 살펴보면, 무문토기는 거의 모든 지석묘나 지석묘 주변지역에서 발견되고 있어, 지석묘가 무문토기인들의 묘제였음을 알 수 있다. 지석묘에서 가장 특징적으로 출토되는 토기는 역시 홍도(紅陶)이다. 홍도의 주된 특징은 고운 흙으로 만든 토기에 슬립을 표면에 칠하고 마연한 것으로 무늬가 없다. 넬슨(1993:123)은 "Burnished red pottery seems to have been used as a status marker, as it is discovered far more often in burial than in dwellings. …… The bright red-orange color is said to derive from iron oxide, and much labor was expended to accomplish the high sheen"라고 하여 제작시 노동력이 많이 요구되며, 지석묘의 부장품으로 자주 발견되는 것으로 보아 신분을 상징하는 토기일 것으로 간주하고 있다. 그러나 최근에는 주거지에서도 발견되기 시작하는데, 마제석검과 마찬가지로 청동기시대의 후기에 속하는 주거지들인 것으로 보아 잘 만들어진 홍도(紅陶)도 나중에는 실용토기로 차츰 변모해간 것으로 여겨진다. 북한지역이나 요동지방의 지석묘에서는 묵방리식, 미송리식, 또는 팽이형 토기 등이 출토되고 있다. 이들 토기도 다른 무문토기들보다는 잘 만들어진 토기들이다. 그러나 이들 토기들은 지석묘에서 출토되는 홍도와는 달리 지석묘 가까이에 위치한 주거지에서 더 빈번하게 출토되는 특징이 있다. 이들

토기가 사회적 불평등성을 나타내는 특별한 표지(標識)는 없지만, 보다 정교한 작업과 많은 노동시간이 요구되는 관옥이나 마제석기들과 함께 출토되는 사실을 고려하면, 이들 토기가 출토되는 지석묘의 사회적 의미를 평가할 수도 있을 것이다.

지석묘에서 출토되는 옥제품(玉製品)에는 곡옥(曲玉)과 관옥(管玉)이 있다. 물론 옥제품들이 주거지, 패총, 토광묘, 옹관묘 등에서도 출토되고 있다. 곡옥의 기원은 달승배를 통한 자체 방어를 위해 사용되기 시작했다는 설과 동물태아의 상징으로 풍요를 기원하기 위해 만들어졌다는 설이 제시되었다. 이러한 곡옥은 청동기시대부터 삼국시대까지 계속적으로 사용되었다. 특히 곡옥은 삼국시대의 금관에 장식으로 매달려 있어, 왕가(王家)의 신분을 상징하는 기물(器物)이었음을 알 수 있다. 따라서 지석묘에서 출토되는 곡옥도 당시 사회에서 신분을 상징하던 용도로 사용되었을 가능성도 추측할 수 있다(김원룡 1986; 이인숙 1987; Nelson 1993:132).

지석묘에서 출토되는 부장품은 드문 편이다. 거기에는 여러 사정이 존재하겠지만, 하부구조가 잘 보존된 지석묘에서는 청동기, 석기, 곡옥 등이 부장품으로 출토된다. 희소하지만 지석묘에서 이러한 물품들이 출토되는 것은 적어도 당시 사회에서 이러한 유물들이 어떤 형태로든 사용되고 있었음을 반영하는 것이다. 그리고 나름대로의 사회 정치적 의미를 갖는 이러한 유물들이 당시의 엘리트들에 의해 소유되고, 그들이 죽으면 부장품으로서 지석묘에 묻힌 것으로 해석된다.

3. 전문가 집단의 등장

Kristiansen(1987:33)은 전문화(specialization)을 "exclusive activities which a person or small group perform for long periods demanding economic support for their living from one or several settlements"라고 정의한다. 전문가 집단에 의해 제작된 물품의 통제와 독점은 엘리트들이 우월적인 사회적 지위를 확립하고 부를 축적하는데 있어서의 일차적 원천(source)이 되기 때문에(Brumfiel and Earle 1987:2-3; Kristiansen 1987; Renfrew and Bahn 1993:193), 고고학적 유물로부터의 기술 전문화에 대한 분석은 지석묘사회에서의 엘리트의 사회적 역할을 드러낼 것이다. 여기에서, 필자는 지석묘에서 주로 출토되는 무문토기, 청동단검, 마제석검 등의 제작과정에서 기술의 전문화라는 주제에 초점을 맞추어 설명해보고자 한다.

한국에서의 토기제작에 대한 성질분석이 있기는 했지만, 토기의 제작기술에 관한 본격적인 분석은 1980년대에 최몽룡에 의해서 이루어졌다. 그는 전라남도 영산강 유역에서 출토된 무문토기에 대한 암석분석과 XRD 분석법을 실행하여 무문토기 제작자 집단의 성격을 밝힌 바 있다. 이들 지역에서 수집된 무문토기에는 15 가지의 다른 물질이 포함되어 있지만 주요 구성성분은 석영과 장석인 것으로 밝혀졌으며, 특히, montmorillonite 성분이 함유된 것으로 분석되었다. 최몽룡에 따르면, 토기의 구성물질에 대한 분석결과는 표본이 채집된 유적지 사이에서 지역적 그리고 지리학적 가변성을 보여주고 있다고 한다. 그는 토기분석으로부터 "the existence of a high degree of commonality in pottery techniques and idea used throughout the Yongsan River Valley region"(1984:134)을 가정하고, 토기 표본에서 이들 지역이 지리학적으로는 분산되어 있으나 지배적인 화학적 구성성분의 유사성은 토기제작기술이 같은 집단에 의해서 만들어졌음을 보여주는 것으로 가정하고 있다. 즉, 그는 "the plain pottery makers of the Yongsan River Valley shared common techniques in the production of their utensils, at locations ranging up to 40km"(1984:138)라고 결론을 맺고 있다. 따라서 이 지역에서의 무문토기는 토기 전문가들에 의해 만들어졌으며, 교역활동 등을 통하여 다른 지역으로 분배되었을 것이다(Choi M.L. 1984:128-138).

지석묘에서 주로 출토되는 홍도는 고운 점토를 이용하여 주의 깊게 만들어진 토기이다. 굽기 전에 표면에 슬립을 칠한 후, 비교적 얇은 기벽을 마연하여 마무리한 토기인데, 소성(燒成) 온도도 다른 토기보다 약간 높은 편이다. 홍도의 출토 범위가 매우 넓은 것에 비하여, 그 기형의 크기, 형태, 색상 등이 상당히 표준화되어 있다. 따라서 홍도도 토기 전문제작자들에 의해 만들어진 것으로 여겨진다. 그리고 전문제작자들에 의해 만들어진 표준화된 홍도는 생산과 분배에 있어서 엘리트들의 통제를 받았을 것으로 생각된다.

지석묘에서 청동기가 출토되는 것은 이미 앞에서 살펴보았다. 그러나 이들 청동제품에 대한 화학분석이 이루어진 것은 단지 몇 개의 사례가 있을 뿐이며, 그것도 청동기 시대 후기나 철기시대 전기에 만들어진 제품들에 대한 분석이 대부분이다.

위에 제시된 청동제품에 대한 화학 분석표는 표본에 따라 합금의 화학비율(%)에 차이가 있음을 보여준다. 비록 시대가 늦은 것이기는 하지만 지석묘가 축조되던 시기의 청동기술을 이해하는데 도움이 될 것이다. 동부(銅斧)와 동검(銅劍)에 함유된 Sn

청동제품의 화학분석표 (출전: 최상준 1966)

표 본	유적지	연 대	Cu	Sn	Pb	Zn	Fe	Ag
동 부	송산리	B.C.3~2 C.	40.55	18.30	7.50	24.50	1.05	
동 검	연 산	B.C.3~2 C.	78.20	17.12	4.32		0.05	trace
동 검	순 천	B.C.3~2 C.	73.14	19.77	6.39			
동 검	순 천	B.C.3~2 C.	70.30	14.84	14.22			
동 검	평 양	B.C.3~2 C.	78.09	14.30	8.39			
동 검	평 양	B.C.3~2 C.	75.94	15.08	9.45			
동 경	평 양	B.C.3~2 C.	42.19	26.79	5.56	7.36	1.05	

의 비율은 17.12에서 19.77% 사이이다. 반면에 동경(銅鏡)에 함유된 Sn은 26.70%이다. 청동제품의 굳기가 19%가 될 때 가장 단단하게 된다. 만일 Sn의 비율이 19%를 넘으면 강도는 높아지나 쉽게 부러진다. 따라서, 동모와 동검이 무기로 사용된다고 가정할 때, Sn 비율은 이들 제품이 굳기에 있어서 적절한 것으로 여겨진다. 반면에 동경의 Sn 비율은 동부나 동경의 그것보다 더 높다. 그래서 동경은 쉽게 깨질 우려가 있다. 그럼에도 불구하고 동경은 동모나 동검보다 더 강도가 높아야 하는데, 그것은 동경의 표면에 광택을 내야하기 때문이다.

청동기를 제작하는데 사용된 용범(鎔范)[3]이 발견되어 청동기의 제작기술에 대한 정보가 알려지고 있다. 용범의 종류를 보면, 그 종류가 매우 다양한 것으로 나타나고 있으며, 이 같은 용범을 사용하여 청동기를 제작하는 데에는 전문제작자가 요구됨을 알 수 있다. 정밀한 청동합금 비율로 제품을 만드는 데에는 전문적인 청동세공업자나 청동원석의 전문적 채광기술자의 등장은 필수적인 것이다. 보다 더 중요한 것은 청동제품이나 용범은 제품의 제작과정에서 크기와 형태가 매우 표준화되어 있음을 보여주고 있어서, 당시에 전문 청동제작 기술자가 출현했음을 알 수 있다.

지석묘에서 청동제품이 잘 발견되지 않는 것은 당시에 청동원료의 부족으로 사용하던 제품이 부러지거나 마모되면, 다시 주물해서 사용되었기 때문일 것이다. 청동기의 희소성은 청동제품의 소유가 일부 집단이나 개인에게 한정되는 결과를 가져왔을 것이다. 이러한 제품의 희소성과 함께 동검이나 동모가 지니는 살상력은 이들 제품을 소유한 집단이나 사람과 그렇지 못한 집단이나 사람 사이에는 사회적 격차가 발생하

---

3) 보란점 쌍방6호와 벽류하 21호의 지석묘에도 鎔范이 출토되었는데, 하문식(1999)은 피장자의 신분이나 직업과의 연결 가능성을 추측하고 있다.

고, 그것이 다시 신분적 불평등으로 굳어졌을 것이다. 그리고 이러한 청동제품도 또한 전문화되고 표준화된 토기들과 마찬가지로 생산과 분배에서 엘리트들의 통제가 이루어졌을 것이다.

4. 도작농경과 집약적 생계전략

인간은 신석기시대에 들어와 농사를 짓게 되면서, 오랫동안의 수렵, 채집, 어로 등에 의존한 이동생활을 끝내고 한곳에 정착해야만 했다. 농경과 정착생활은 여성에게 이동생활에서 오는 육아의 어려움을 덜게 했으며, 사람들이 한곳에 머물게 되어 마을이 형성되고 도시가 발생하는 등 인간이 문명을 일으킬 수 있는 기반이 되었다. 그래서 차일드(Childe 1951)는 농경의 발생을 "신석기 혁명"이라고 까지 불렀다.

한국에서의 농경도 신석기시대에 시작되었다. 비록 신석기 시대의 인구수를 정확하게 추산한다는 것은 어렵겠지만, 빗살무늬토기의 유적에서 토기편이나 그 밖의 다른 유물들이 비교적 많은 숫자로 발굴되는 것으로 보아 상당히 조밀한 인구가 살았던 것으로 여겨진다. 특히, 신석기시대 후기에 이르면 인구가 급격히 증가되고 있음이 고고학적 조사로 밝혀지고 있다(Rhee S.N. 1984). 대략 70%가 산으로 이루어진 한반도에 이 같은 급격한 인구의 증가는 한국의 선사인들에게는 상당한 압력으로 작용했을 것이며, 따라서 플레너리가 제시한 생계양식의 광역적 혁명 같은 넓은 범위에 걸친 생계전략이 요구되었을 것으로 여겨진다. 고고학적으로도 지역과 유적에 따라, 수렵, 채집, 어로, 그리고 농경 등의 활동을 보여주는 다양한 유물이 발굴되고 있다. 그러나 신석기시대에 농경이 시작되었다고 해도 그것은 굴경(掘耕), 화전(火田), 또는 원예(園藝)같은 초기의 농경형태였을 것이며, 당시의 생계전략에 커다란 비중을 차지하지는 못하였을 것이다.

그러나 벼농사가 한반도에 전래되면서 상황은 달라지게 된다. 벼농사의 전파경로는 아직 정확하게 밝혀지지는 않았지만, 한국사회는 벼농사의 전래로 인해 엄청난 변화과정을 겪게된다. 벼는 단립형과 장립형 두 가지가 있으며 한국에서는 두 종류 모두 재배되었다(손보기 1987). 최몽룡에 따르면, 초창기의 벼농사는 밭벼였으나, 청동기 시대의 후기에 이르러 논벼가 재배되기 시작했다고 한다(Choi M.L. 1984:126, 141). 벼는 한국의 토착식물이 아닌 열대성 식물로, 재배에는 상당한 지식과 기술, 노동력 등이 요구되었다. 특히 봄철 농번기의 벼농사에는 농부들이 마을 내에서 뿐만이 아니라 이웃마을에서까지 서로 협동하여 작업을 해야할 경우도 있게 되었다. 이러한 협동작업은 두레나 품앗이라는 마을의 노동협업조직을 통해서 이루어짐으로서(Choi M.L. 1984:127; 이병도 1992:775-780), 마을사이의 교류가 촉진되고 여러 지역이 서로 통합하는 기능을 하게되어 복합사회(complex society)의 형성이 진전되는 효과를 가져왔다(Choi M.L. 1984).

벼농사는 많은 노동력을 요구하는 대신, 다른 작물에 비해 영양가가 높고 단위 면적당 수확량이 많은 생산성이 높은 작물이다. 최몽룡 교수는 논벼의 재배, 소규모의 관개시설, 수로통제기술 같은 농경활동은 지석묘를 조영(造營)하던 집단이 족장사회 단계로의 정치적 발전을 이룰 수 있는 일차적 동인(動因)이었다고 주장한다(Choi M.L. 1984). 김병모(1985)는 거석숭배사상과 함께 "한반도 원주민에게 소개되는 것이 벼농사(稻作文化)이고, 그 결과 채집, 漁撈, 원시농경단계에 있던 원주민에게 새로운 도작농경은 경제혁명을 불러일으키며 따라서 인구의 증가, 사회의 팽창을 가져왔다. 이런 사회적 발전이 반도 전역에 나타난 현상이 지석묘가 반도 전역에 나타나는 결과를 초래하였다고 생각된다"라고 주장하여, 벼농사의 전래가 한국인의 생계전략에서 생산량이 급증하는 "경제혁명"을 불러일으키고, 이로 인해 인구가 증가하고 사회가 팽창하는 동인이었다고 하여 스트레스 모델(Stress Model)의 입장에서 벼농사의 기원을 이해하고 있다.

인류학자들이 행한 폴리네시안 족장사회의 민족지적 연구 사례에서 재분배체계의 메커니즘을 보고한 적이 있는데(Johnson and Earle 1987:226-227; Malinowski 1922), 이들 민족지 자료도 한국의 지석묘 사회를 재구성하는데 많은 이해를 제공할 것이다. 즉 한국의 도작농경에서 토지의 불평등한 접근, 토지의 관리, 수확된 식량의 관리, 그리고 재분배 등에서 어떤 역할을 담당하는 엘리트들의 존재를 가정해볼 수 있다. 그리고 엘리트들은 생산의 관리와 재분배의 메커니즘을 통하여 정치경제를 통제할 수 있는 계기를 갖게 되었을 것이다. 결국 도작농경은 이들 엘리트 집단의 경제적 배경이 되었을 것으로 생각된다.

5. 주거지 패턴의 분석

주거지 패턴의 분석은 사회적으로 계층화된 복합사회를 밝혀내는데 있어서의 가시적인 성과를 보여줄 것이다. 왜냐하면, 주거지 패턴은 당시 사회계층의 생활양식의 차이를 노출시키기 때문이다. 그러나 한국에서의 주거지 패턴에 관한 연구는 그리 진전되었다고 볼 수 없는 형편이다.

주거지가 강변이나 해안가에 주로 위치한 신석기 시대의 주거양식과는 다르게, 청동기시대의 주거지는 이들 지역은 물론 하천이 근처에 흐르는 저지대 능선에서조차도 많이 발견되고 있다. 비록 청동기시대 후기에 지상가옥이 축조되기 시작했지만 청동기시대에의 전체적인 주거형태는 역시 반수혈식 주거구조이다. 이 시기의 주거형태는 원형, 방형, 장방형의 주거구조가 대부분이다.

장방형 주거형식은 지석묘가 축조된 아래층에서 주로 발견되고 있기 때문에 지석묘가 축조되기 직전이나 이후에 유행한 주거양식으로 여겨진다. 장방형 주거지가 발견된 곳은 주로 지석묘가 축조된 곳이나 그 주변지역이다. 장방형 주거지는 파주의 당하리(김병모 · 고재원 1994), 교하리, 옥석리(김재원 · 윤무병 1967), 서울의 가락동(Kim J.H. 1978), 역삼동(김양선 · 임병태 1968) 등에서 발굴조사가 이루어졌고, 최근에는 남강댐 수몰지구 발굴조사에서 많은 장방형 주거지가 노출되었다(동아대 박물관 1999).

장방형 주거지의 구체적 모습을 파주 당하리의 예를 들어 살펴보자. 당하리 주거지는 당하리 9호 지석묘를 조사하는 과정에서 발견되었다. 주거지는 길이가 12.5m, 넓이가 4.0m, 그리고 깊이가 0.4~0.8m이다. 다양한 형태의 토기가 주거지 바닥에서 잘 보존된 상태로 발견되었다. 토기의 종류에는 호형토기, 심발형토기, 구순각목문토기, 원통형토기, 공렬토기, 송국리형토기 등과 함께 다수의 무문토기편이 출토되었다. 석기도 다수 출토되었는데, 그 종류에는 달도끼 1점, 반월형석도 2점, 석도 1점, 석착 1점, 지석 3점, 석제 방추차 1점, 석촉 4점이 출토되었고, 토제 방추차와 토제 어망추가 각각 1점씩 출토되었다. 이 주거지는 지석묘의 유적지 바로 아래에서 확인되고 있어, 지석묘의 바로 앞 단계나 거의 동시대일 것으로 생각되고 있다. 따라서 지석묘가 축조되던 시기의 문화발전 단계와 사회구조를 살펴볼 수 있는 직접적인 자료가 될 것으로 생각된다.

경기도 여주의 흔암리에서 장방형 집자리 16기가 확인되었다. 최몽룡은 한 가구에 거주한 평균 인원수가 4~7명 정도되는 단혼적(單婚的)인 소가족이거나 일부일처(一夫一妻)의 소가족 형태의 가족제도였던 것으로 파악하고 있다(1987:88). 12호와 14호 주거지에서 쌀, 조, 수수, 보리 등의 탄화 곡물류가 출토되어 당시에 도작농경이

행해졌음을 보여주고 있다. 그는 8호 주거지에서는 U자형으로 점토를 쌓아 올린 노지(爐址)가 발견되었는데, 당시의 주거지 양식으로서는 특이한 것으로 당시의 공공집회 장소로 추정되며, 4호 주거지에서는 타원형과 원형의 저장공이 밀접하게 나타나고 있어 마을 공동의 창고 기능을 한 것으로 추정하고 있다. 따라서 흔암리 사회는 도작농경으로부터 수확된 곡물의 저장과 재분배가 이루어지는 경제형태로 사회가 어느 정도 계층화된 족장사회의 모습을 시사하고 있다.

충남 부여의 송국리 주거지유적은 복합사회의 모습을 보여준다. 이 유적은 청동기 중기에 속하는 것으로 산능선에 위치한다. 능선을 따라 430m에 이르는 목책유구가 확인되었고, 54지구와 57지구에서는 망루가 확인되었다. 55지구에서 대형 저장창고와 토기제작소가 발굴되었고, 51지구와 55지구에서는 비파형동검이 출토되었다. 엘리트의 무덤으로 간주되는 석관묘는 주거지 구역 내에서 발견되었으나, 평민의 무덤으로 여겨지는 묘군(墓群)이 2.5km 떨어진 북쪽에서 발굴되었다. 따라서 평민과 엘리트 계층의 무덤구역이 차별화 되었을 것으로 여겨진다(김길식 1994). 울주 검단리 유적의 발굴에서는 능선에 위치한 마을이 환호로 둘러 쌓여 있음이 확인되었다. 환호는 타원형 형태인데, 그 길이가 무려 298m나 되며 환호 내외에서 93개의 주거지가 발굴되었다. 이러한 환호는 이웃 마을과의 전쟁에서 방어를 하기 위한 장치로서 만들어졌을 것이다(안재호 1990).

최근에 발굴된 남강댐 수몰지구의 발굴조사 결과를 보면, 지석묘와 석관묘가 위치한 지역에서 다양한 주거지 양식이 노출되고 있다. 그러나 대체적인 주거지 노출양상은 원형, 장방형, 방형, 타원형, 장타원형 등의 종류인데, 조사자인 정의도(1999:81-93)는 장방형이 시기적으로 조금 앞서며, 주거지의 평면형태는 장방형→방형→원형으로 변화해갔을 것으로 추정하고 있다. 이것은 청동기시대 초기에는 여러 세대(世代)의 가족이 함께 모여 살면서 밭농사나 초기 밭벼농사로 생계를 영위하다가, 차츰 논벼농사 같은 집약농경으로 생계전략이 바뀌면서 결혼한 배우자가 독립적 가족형태를 유지하게 되는 사회형태로의 변화과정을 보여주는 것이다. 다시 말해, 주거지 양식의 변화는 생계전략과 그에 따른 사회조직의 변화되는 모습을 반영하고 있는 것이다.

따라서, 주거지 유적들에서 나타나는 공공의 저장창고, 공공집회소, 석기제작소, 토기제작소 등은 청동기시대의 사회구조가 복잡다기화 되어가고 있음을 알 수 있다. 또한 환호나 망루 등은 빈번하게 이루어진 전쟁활동을 보여주며, 무덤구역의 차별화는 사회가 계층적 구조로 되어 있음을 보여준다. 따라서 이러한 고고학적 성과는 복합사회에서 일어나는 사회적 분쟁을 조정하고 통제하기 위한 메커니즘으로서 족장과 그를 보좌하는 전문 엘리트집단들로 구성된 족장사회의 존재를 가정하게 한다.

6. 지석묘 축조양식의 분석

대부분의 한국 고고학자들은 지석묘가 무덤의 목적으로 축조되었다는 점에 별다른 이견이 없다. 그러나 지석묘의 개석, 지석, 하부구조 등의 크기나 형식에는 다양한 모습을 보여주고 있다. 이 같은 다양성은 고고학자들이 지석묘가 어떤 사회적 기능을 하는가에 서로 다른 해석을 하고 있다. 먼저 지석묘의 석실구조에 대해서 살펴보기로 한다.

대형석실은 길이가 150cm 이상이 되는 것이다. 예를 들어, 황석리 충6호의 지석묘 하부구조는 크기가 길이 195cm, 넓이 130cm, 그리고 깊이가 40~50cm 이다. 다른 지석묘와는 다르게 내부가 이중 벽면으로 되어 있으며, 내부석실의 크기는 길이 195cm, 넓이 60cm, 깊이 30cm으로 신전장(伸展葬)의 규모이다. 내부에서 인골이 출토되었는데, 비교적 영양분을 충분히 섭취한 튼튼한 골격을 갖추고 있다. 그러나 발굴 상황을 보면 피장자는 도작농경 등의 생계전략에 관여하지 않은 신분계층에 있는 사람으로 추정된다.

중형석실은 길이가 120cm에서 150cm 사이에 해당한다. 이 같은 석실은 성인의 신전장을 하기에는 적절하지 않은 크기이다. 따라서 만일 성인이 묻혔다면, 중형석실은 굴신장(屈身葬)이나 세골장(洗骨葬)의 장법이 사용되었을 것이다. 소형석실은 길이가 120cm 이하가 되는 경우이다. 이 같은 석실은 규모가 너무 작아 성인을 굴신장이나 신전장의 장법으로도 매장할 수 없는 크기이다. 따라서 이것은 유아장(幼兒葬), 화장(火葬), 세골장(洗骨葬) 등으로 사용되었을 것으로 보인다. 실제로 부분적으로 화장된 인골이 춘천의 중도 지석묘에서 출토되었는데, 인골의 분석결과 뼈 안쪽에 뼈가 자라는 병을 앓고 있는 4세에서 8세 가량된 여아(女兒)로 확인되었다(지건길·이영훈 1983). 상대적으로 어린 나이에, 여아(女兒)가 상당히 노동력이 투입되는 이 같은 지석묘에 묻힐 만큼, 자신의 능력으로 사회적 지위에 이르렀을 것으로 생각되지는 않는다. 따라서 이 지석묘에 묻힌 여아(女兒)의 사회적 신분은 성취된 지위라기보다는 귀속적 지위로 얻어진 신분이었을 것이다.

215

이중석실은 한 개의 개석아래에 두 개의 석실(石室)이 발견되는 경우이다. 이 같은 지석묘가 나주 판촌리와 광주 충효동에서 발굴되었는데, 최몽룡(Choi 1984)은 이를 부부(夫婦)가 함께 묻혔거나 모자(母子)관계에 있는 무덤으로 해석하고 있다. 다중석실은 한 개의 개석아래에 하부석실을 여러 개의 칸으로 분리시킨 경우로 하부석실을 11개의 칸으로 나눈 평남 성천의 용산리 지석묘가 대표적인 예이다. 가운데에는 큰 석실이 위치하고 주변에는 작은 석실로 나누어져 있어, 보고자인 김종혁(1995)은 이를 주인과 노예의 관계로 해석하고 있다. 그는 주인이 죽자 노예들이 함께 순장(殉葬)되었다고 주장한다. 그러나 보고서를 검토해보면, 남쪽에 출입구가 나있어 순장(殉葬)보다는 지배계층의 가족이 여러 세대에 걸쳐 사용한 가족무덤으로 해석될 수 있는 여지를 남기고 있다.

물론 한국의 지석묘는 하부구조로서 토광, 옹관, 석곽 등이 지역에 따라 다양하게 발견되고 있다. 이것은 지석묘가 각기 지역의 고유한 매장관습과 융합되면서 축조되어 왔음을 보여주는 것이다. 따라서 이러한 특수한 형태는 그 지역의 사정에 맞게 따로 설명되어야 할 것이다. 그러나 중요한 것은 지석묘가 세워지는 데는 많은 노동력과 높은 축조기술이 요구되는데 비하여, 그곳에 묻힌 피장자는 나이가 어린 여아(女兒), 부부(夫婦) 또는 모자(母子) 관계에 있는 사람, 또는 생계전략에 관여하지 않은 신분계층에 있는 사람들이었다는 것은 역시 지석묘가 전부는 아니겠지만 대체로 사회의 상층부를 구성하고 있는 지배 엘리트 집단의 묘제였을 것으로 보는 데는 무리가 없을 것으로 보인다.

7. 종교의례와 이데올로기

종교 의례나 축제 등은 계층사회 뿐만 아니라 평등사회에서도 실행된다. 따라서 종교 의례활동 그 자체에 대한 연구는 지배계층의 존재나 역할을 필연적으로 증명하는 것은 아니다. 그러나 그러한 의례에 대한 불평등한 참여나 제한적 접근은 거기에 참여할 수 있는 소수의 사람과 그 나머지 사람을 구별하게 만든다. 그리고 종교적 의례활동에 참여할 수 있는 소수의 사람은 그들의 사회적 지위를 강화하기 위하여 종교활동을 교묘하게 조작하거나, 나머지 다른 사람들과는 달리 한정적 접근이 허용되는 집단으로 사회적 계층화를 꾀하게 된다. 지석묘 사회의 종교적 활동은 성혈, 암각화, 주변 구조물 등의 분석을 통하여 알 수 있으며, 그러한 활동들은 엘리트의 역할을 드러낼 것이다.

성혈(性穴, cup mark)은 개석의 표면을 돌로 갈면서 파들어 가 생긴 반란형(半卵形)의 홈이다. 물론 개석의 표면에 있는 성혈이 모두 지석묘가 축조될 당시의 사회적 분위기에서 만들어진 것은 아니다. 후대에 만들어진 성혈도 있을 것이다. 그러나 지석묘가 축조되던 당시부터 성혈의 전통이 있었던 것은 분명한 것 같다. 김병모(1981)는 이 같은 성혈은 알에서 조상이 탄생했다고 하는 조상숭배사상의 한 형태인 난생신화(卵生神話)와 관련이 있다고 주장한다. 즉, 아시아의 지석묘 분포는 난생신화의 분포지역과 일치하고 있어 지석묘의 축조집단은 난생신화의 숭배자들이었던 것으로 생각되며, 지석묘의 개석에 나타난 성혈은 이러한 난생신화의 고고학적 증거로 간주된다는 것이다.

지석묘의 주변에 묘역을 조성한 사례들이 한반도의 남부지역에서 발굴조사가 이루어지면서 많이 보고되고 있다. 묘역은 지석묘를 중심에 두고 장방형이나 반원형의 묘역에 강돌 등을 깔아서 만들었다. 이러한 묘역시설은 바로 지석묘에서 조상숭배 같은 의례활동이 실행되었음을 보여주는 것이다. 이성주(1999:873)는 "즉, 이른 시기의 지석묘들은 묘역 한 가운데에, 그리고 매장시설 바로 위에 상석을 간단히 덮어 묘역-매장시설-상석이 구조적인 일체감을 보여주지만 시간이 지남에 따라 점차 묘역시설은 무덤의 한 부분이 아니라 제단과 같은 모습으로 변형되고 상석은 점점 현저하게 받쳐 올려진 구조물로 되면서 매장시설과는 유리되어 가는 경향이다"라고 묘역시설을 설명하고 있다. 지석묘 축조의 일차적 목적은 매장시설을 위한 것이다. 그러나 피장자의 후손들은 그들의 조상이 누렸던 사회적 기득권을 사회적으로 계속 유지하고자 조상의 무덤에 신성(神性)을 부여하고 종교적 의례를 행하게 된다. 지석묘의 묘역도 이러한 관점에서 해석되어야 할 것이다.

또 다른 의례형태는 지석묘에 새겨진 암각화의 분석을 통하여 살펴볼 수 있다. 성혈과 마찬가지로, 개석의 표면에는 석검이나 석촉이 새겨진 사례가 경주 금장대, 영일 인비리, 칠포리, 여수 오림동 등의 지석묘에서 발견되고 있다(송화섭 1994). 마제석검은 수렵도구나 무기로 사용되었다. 그러나 지석묘에서 발견되는 마제석검은 상당히 의례적이고 비실용적인 측면에서 만들어진 경우가 많다. 이러한 마제석검이나 마제석촉이 실용적이든 의례적이든 피장자가 생존시에 이러한 것들을 소유하다가 사후(死後)에 같이 부장되었을 것이다. 개석에 그 같은 문양이 새겨진 것은 피장자가 생존시에 갖고 있던 정치적 능력을 상징화하고, 후계집단(descent group)은 이러한 상징적 아이덴티티를 통하여 혈족의 결속을 도모하고 정치적 기반의 유지를 위한 토대로 이용

217

하기 위함일 것이다.

복합사회가 형성되고 사회계층화가 진전되면서 무덤은 죽은 자를 위한 시설이 아니라 살아있는 자의 복지(福祉)를 기원하기 위한 시설로서 호화롭게 꾸며지게 된다. 필요이상으로 과대한 노동력이 투입되는 지석묘의 축조는 엘리트 집단이 그들의 선조(先祖)를 신성화하고 그들이 갖고 있는 사회적 역량을 가시적으로 보여주는 것이다. 그리고 그들의 조상이 묻힌 묘역은 일반인들이 접근할 수 없는 신성한 장소로서 통제되고, 의례활동에는 후계집단(descent group)으로 참여가 제한된다. 후계집단은 사회 정치적 의미를 갖는 무덤의 제사권 보유를 통해 그들의 선조가 누렸던 정치적 영향력을 계속 합법적으로 유지하고 확대하고자 하는 의지로서 개석의 표면에 마제석검 같은 문양을 크게 새기고, 성혈을 만들며, 묘역을 조성하였던 것이다. 시간이 흐름에 따라 지석묘는 정치 종교적 이데올로기의 중심부로 자리잡게 되어 무덤과 제단의 역할을 겸하게 되고 신성(神性) 의미는 더욱 강화되었을 것이다(Yu T.Y. 1998).

8. 사회조직의 분석

지석묘사회의 사회조직을 재구성할 수 있는 문헌자료는 전혀 남아있지 않다. 따라서 당시 지석묘축조 당시의 사회구조를 재구성하려면 후대의 문헌자료와 고고학적 유물을 대비시켜 설명할 수밖에 없다. 이러한 이유로 여기에서는 역사초기의 문헌자료와 고고학적 유물을 지석묘 사회의 계층적 구조화라는 측면에서 살펴보고자 한다.

청동기시대 사회조직의 기본단위는 씨족(clan)이었던 것으로 여겨진다. 이러한 예는 사로국 초기의 사회가 혈족관계를 기반으로 하는 6촌(村)의 집단으로 구성된 것으로 미루어 알 수 있다. 육촌(六村) 집단은 각기 자신들의 영역을 보유하면서 가부장(家父長)이나 씨족장(氏族長)에 의해 영도된 사회였다. 그러나 족장의 권위는 매우 제한되어 있어서, 집단의 중요한 문제는 씨족 원로모임에서 만장일치로 결정되었다. 이러한 제도는 지배 엘리트의 협의체적 성격을 갖는 것으로, 사로국에서 '화백'으로 불린 제도이다(Lee K.B. 1984).

씨족으로 구성된 육촌집단의 결혼제도는 족외혼제였을 것이다. 그 실례를 동예(東濊) 사회에 대한 기록의 편린(片鱗)에서 볼 수 있는데, 동예에서는 같은 씨족에 속하는 사람들은 혼인이 금지되는 족외혼(族外婚) 풍습을 갖고 있었다(Lee K.B. 1984). 족외혼제는 경쟁 씨족들 간의 분쟁을 완화시키는 작용을 할 뿐만 아니라 인접

씨족간의 부족한 생산물의 교류를 위한 경제적 협력과 외부침략에 공동대처 하기 위한 정치적 연맹을 할 수 있는 기회를 제공한다. 이러한 집단간의 이해 관계는 결국 여러 씨족을 결속시키게 되고 시간이 흐름에 따라 보다 큰 지역집단의 정치적 연맹체로 점차 그 실체를 드러내게 된다(Wason 1994). 이런 와중에 도입된 도작농경의 생계전략과 청동기라는 신무기는 사회의 정치 경제적 불평등과 특정 씨족의 우월적 지위의 합법화를 가속화하게 되고, 결국 청동기시대의 무문토기인들은 자신들의 집단 내에 대족장(paramount chief)이라는 정치적 권력자를 출현시키게 된다. 다시 말해, 씨족 중심의 부족 정치체는 이 같은 대족장의 등장을 계기로 그들 집단의 계층적 사회구조는 완성을 보게되는 것이다.

이러한 사회 진화론적 경향은 고고학자료의 분석으로 증명될 수 있다. 청동기의 도입과 도작농경의 시작과 함께, 지석묘 축조자들은 그들의 주거지를 강변이나 해안가로부터 좀더 안쪽으로 들어온 내륙의 구릉지로 선택하는 경향이 있다. 특히 그들의 묘제인 지석묘를 도작(稻作) 농경지인 야외 평야지대가 내려다보이는 저지대 능선상에 축조하고 있다. 지석묘 집단의 이러한 취락형태는 역사초기의 문헌은 물론 오늘날의 취락형태와 거의 비슷한 모습을 보여주고 있다. 따라서 지석묘 축조집단의 취락형태는 오늘날 우리 농촌사회 취락형태의 근원(根源, pristine situation)을 보여주는 것이며, 낭시의 사회구조도 오늘날 농촌사회의 원초기 모습을 보여준다고 가정할 수 있다.

이를 구체적으로 살펴보면, 주거지(住居址)가 송국리나 검단리에서와 같이 단일 지역에서 집단으로 발견된다는 사실은 당시 사회구조의 일정한 패턴을 가리킨다고 하겠다. 지석묘의 위치(位置)와 분포(分布)도 주거지의 위치나 분포와 유사한 패턴을 보여준다. 여기에서 특히, 지석묘의 군집(群集) 형태는 지석묘 축조집단의 사회구조가 씨족단위에 기초하고 있음을 발견할 수 있다. 주거지 패턴의 분석은 가구(家口)의 구성이나 친족조직의 일단을 드러낸다. 이 문제와 관련하여, 청동기시대 가구(家口)의 평균 구성원 수가 고고학자들에 의해 제시된 사례가 있다(김정기 1974; 사회과학원 고고학 연구소 1977:115). 무문토기인들의 주거지를 통계학적으로 분석한 김정기는 주거지 내의 면적을 한 사람이 대략 5㎡를 차지할 것으로 가정하였다. 그러나 북한의 고고학자들은 한 사람이 평균 3㎡를 차지하는 것으로 산출하여 김정기와는 다소 견해 차이를 보이고 있다.

최몽룡(1987:87-88)은 이들 두 공식을 원용하여 흔암리 주거지의 인구규모를 평가한 적이 있다. 그에 따르면, 파괴되지 않고 완전하게 보존된 주거지의 평균 인구수는 5㎡을 기준으로 했을 경우는 5.7명이며, 3㎡을 기준으로 했을 경우에는 9.5명이 산출된다고 한다. 따라서 발굴된 주거지 면적의 편차를 감안하면, 흔암리의 1개 주거지당 평균 인구수는 성인을 기준으로 5명 내외이며, 전체 가족수는 8~10까지도 될 수 있다고 한다.[4] 이러한 분석을 토태로 그는 "欣岩里 집자리當 人口數는 대략 4~7명으로 單婚的인 小家族이나 一夫一妻的 小家族制度를 가지고 있었던 것으로 보여진다"고 하면서 흔암리 사회의 가족구성의 일면을 설명한다.

앞에서 설명했듯이, 지석묘 군집의 연구는 지석묘사회가 씨족에 기초한 사회였을 것으로 설명했다. 대부분의 남방식 지석묘와 일부의 북방식 지석묘는 강이나 산능선을 따라 한 곳에 10기에서 많으면 100기 이상이 발견되고 있다. 그리고 이렇게 한곳에 집단적으로 축조된 지석묘는 직선 또는 원을 그리면서 배치되어 있다. 이러한 배치는 바로 이들 지석묘가 혈연적으로 밀접한 관계를 갖고 있음을 말해주는 것이다. 따라서 이런 현상은 지석묘가 특정 지배집단의 가족적 성격을 갖는 무덤으로 해석될 가능성을 보여준다.

지금까지 검토한 바와 같이 지석묘사회는 친족에 기초한 계층사회였다고 할 수 있다. 최몽룡(1984)은 지석묘사회가 적어도 두 계층, 즉 지석묘에 묻힐 수 있는 지배계층과 그렇지 않은 일반 평민계층으로 구성되어 있다고 주장한다. 그러나 북한의 남일용(1955)은 황해도 지탑리의 지석묘가 폐기된 토성의 위층에 축조되고 있음을 들어 노예계층의 존재를 가정하고 있다. 즉 그는 지석묘사회가 이미 토성을 축조하고 있는 사회이며, 그러한 작업에 동원되는 사람은 노동자 계급의 노예신분에 속하는 자들일 것으로 본 것이다. 그 밖에도 토기나 청동기를 제작하고, 지석묘를 세우는데 요구되는 전문석공과 축조 엔지니어, 그리고 이들을 통제하고 지휘하는 엘리트 집단들을 가정할 수 있을 것이다.

V. 요약과 결론

지석묘에 대한 많은 발굴성과에도 불구하고, 대부분의 연구는 지석묘 자체에 대한 기술적인 수준(descriptive level)에 머무르고 그 사회적 복원은 그리 진척되지 못

---

4) 참고로 흔암리 주거지의 면적은 11.6㎡에서 42㎡사이에 분포한다.

하고 있었다. 그러나 최근에는 신진고고학자들에 의하여 사회의 재구성이란 측면에서 다각도로 연구가 시도되고 있다. 본고도 이러한 학계의 흐름 속에서 작성되었다.

지금까지 지석묘에 묻힌 피장자의 사회적 지위를 놓고 두 가지 견해가 있어왔다. 하나는 지석묘는 호화로운 부장품이 발견되지 않기 때문에 일반인들의 무덤이며, 따라서 지석묘사회는 평등사회라는 관점이고, 다른 견해는 지석묘의 크기, 무게, 그리고 제한된 숫자는 지석묘가 상층계급의 무덤형식을 가리키고, 따라서 지석묘는 계층사회에 속한다는 것이다.

필자는 본고에서 이 같은 두 가지 견해를 복합사회가 진전되어 가는 과정 속에서 엘리트 계층이 등장하고 그러한 흐름 속에서 지석묘의 축조가 갖는 여러 측면에서의 사회적 의미를 검토하였다. 한국선사시대에 사회의 혁명적 변혁은 도작농경의 전래로 인한 인구의 급속한 증가로 시작되었으며, 그러한 와중에서 도입된 청동기술의 등장은 이러한 사회적 변혁을 가속화시켰다. 도작농경에 기반한 잉여생산물의 엘리트들에 의한 재분배적 통제기제는 서서히 경제적 불평등을 야기해 갔고, 이것이 다시 지배자(the rulers)와 피지배자(the ruled)의 사회적 계층화로 전환되어진 것으로 생각된다. 그러한 속에서 지배계층은 자신들의 지위를 합법화하기 위해 자신의 가계(家系)를 우월적 존재로 부각시키고, 자신의 조상을 신성시하기 위한 정치적 이데올로기의 목적아래 필요이상으로 엄청난 노동력이 투입되는 지석묘를 축조했던 것으로 여겨진다. 따라서 여기서 분명하게 말할 수 있는 것은 지석묘 축조사회는 우리가 보통 피상적으로 생각하는 만큼의 단순사회(simple society)가 아닌 상당히 복합도가 진전된 혈연을 기반으로 하는 계급/복합 사회였을 것이라는 점이다.

참고문헌

國文

김기웅, 1963, 〈 평안남도 개천군 묵방리 고인돌 발굴중간 보고 〉, 《고고학자료집》 3.

김병모, 1981, 〈 韓國 巨石文化 원류에 관한 硏究(1) 〉, 《한국고고학보》 10 · 11.

_____, 1985, 《한국인의 발자취》, 정음사, 서울.

김병모 · 고재원, 1994, 《다율리, 당하리 지석묘 및 주거지》, 한양대학교 문화 인류학과

김병모 · 배기동 · 김 승 · 유태용, 1999, 《시흥시 조남동 지석묘》 한양대학교 박물관.

김양선 · 임병태, 1968, 〈 역삼동 주거지 발굴보고 〉, 《한국사 연구》 20:1-51

김영수, 1994, 〈 곡인청동단검문화에 대한 연구사적 검토 〉, 《고대 동북아시아의 민족과 문화》, 여강출판사.

김원룡, 1986, 《한국고고학개설》, 일지사.

_____, 1993, 《한국고고학개설》, 일지사.

김재원 · 윤무병, 1967, 《한국 지석묘 연구》, 국립박물관, 서울.

김정기, 1974, 〈 한국수혈주거지고 〉, 《고고학》 3

김정배, 1973, 〈 한국고대국가의 기원론 〉, 《백산학보》 14.

_____, 1986, 《한국고대의 국가기원과 형성》, 고려대학교 출판부, 서울.

_____, 1989, 〈 국가형성의 제문제 〉, 《고대국가형성의 제문제》

김종혁, 1995, 〈 새로 발굴된 성천군 룡산리 순장무덤에 대하여 〉, 《단군과 단군조선》살림터.

김철준, 1964, 〈 한국 고대국가 발달사 〉, 《한국문화사 대계》 I

남일룡, 1995, 〈 평양주변의 고대 토성에 대하여 〉, 《단군과 단군조선》, 살림터

도유호, 1959, 《조선 원시 고고학》, 과학원, 평양.

동아대학교 박물관, 1999, 《南江流域文化遺蹟發掘圖錄》

석광준, 1979, 〈 우리나라 서북지방 고인돌에 관한 연구 〉, 《고고민속론문집》 7.

_____, 1999, 〈 고조선의 고인돌무덤과 돌관무덤에 대하여 〉, 《단군과 고조선》, 살림터.

손보기, 1987, 〈 우리나라 벼농사의 새로운 사실 〉, 《동방학지》 54 · 55 · 56:359-367.

孫晉泰, 1948, 《조선 민족문화의 연구》 동명사, 서울.

송화섭, 1994, 〈 선사시대 암각화에 나타난 석검 · 석촉의 양식과 상징 〉, 《한국고고학보》 31.

안재호, 1990, 〈 울주 검단리유적 발굴조사 보고 〉, 《제14회 한국고고학대회》

이기동, 1984, 〈 회고와 전망:고대 〉, 《역사학보》 104:162-179

이기백, 1976, ≪한국사신론≫ 일조각, 서울.

이남석, 1985, 〈 청동기시대 한반도 발전단계문제 〉, ≪백제문화≫ 16:71-113

이병도, 1992, 〈「두레」와 그 語義 〉, ≪한국고대사연구≫, 박영사, 서울.

이성주, 1999, 〈 경상남도 〉, ≪한국 지석묘(고인돌)유적 종합조사 · 연구≫.

이영문, 1993, ≪전남지방 지석묘사회의 연구≫, 한국교원대학교 박사학위논문.

이인숙, 1987, 〈 한국선사 곡옥에 관한 연구 〉, ≪삼불 김원용교수 정년퇴임 기념논총≫ 일지사, 서울.

정의도, 1999, 〈 진주대평리 옥방7지구선사유적 〉, ≪남강선사문화세미나요지≫.

지건길, 1983, 〈 지석묘 사회의 복원에 관한 일고찰 〉, ≪이화 사학 연구≫ 13 · 14:1-6.

지건길 · 이영훈, 1983, ≪중도 IV≫, 국립중앙박물관.

천관우, 1976, 〈 삼한고 〉, ≪한국학보≫ 2 · 3.

_____, 1993, ≪고조선사 · 삼한사≫, 일조각, 서울.

최몽룡, 1981, 〈 전남지방 지석묘 사회와 계급의 발생 〉, ≪한국사연구≫ 35:1-14.

_____, 1987, 〈 여주 흔암리 선사 취락지의 성격 〉, ≪삼불 김원용교수 정년퇴임 기념논총≫.

_____, 1997, 〈 호남지방의 지석묘사회 〉, ≪한국고대국가형성론: 고고학상으로 본 국가≫ 최몽룡 · 최성락 편저, 서울대학교 출판부.

_____, 1997, 〈 위만조선 〉, ≪한국고대국가형성론: 고고학상으로 본국가≫ 최몽룡 · 최성락 편저, 서울대학교 출판부.

최상준, 1966, 〈 우리나라 원시시대 및 고대의 쇠붙이 유물분석 〉, ≪고고민속≫ 3.

최정필, 1994, 〈 신진화론과 한국상고사 해설의 비판에 대한 재검토 〉, ≪한국상고사학보≫ 16.

_____, 1997, 〈 한국상고사와 족장사회 〉, ≪한국고대국가형성론: 고고학상으로 본국가≫, 최몽룡 · 최성락 편저, 서울대학교 출판부.

하문식, 1999, ≪고조선 지역의 고인돌 연구≫, 백산자료원.

英文

Anderson, D.G., 1994, *The Savannah River Chiefdoms: Political Change in the Late Prehistoric Southeast.* University of Alabama Press.

Atkinson, D.G., 1961, Neolithic engineering. *Antiquity* 35:292-299.

Bates, D.G., and F. Plog, 1991, *Human Adaptive Strategies.* McGraw-Hill, New York.

Becker, M., 1973, Archaeological evidence for occupational specialization among the Classic Period Maya at Tical, Guatemala. *American Antiquity* 38:396-406.

Binford, L.R., 1983, *In Pursuit of the Past: Decording the Archaeological Record*. Thames and Hudson.

Boserup, E., 1965, *The Conditions of Agricultural Growth*. Aldine, Chicago.

Braniff C., B., 1990, The identification of possible elites in prehispanic Sonora. In *Perspectives on Southwestern Prehistory*, edited by P. Minnis and C. Redman, pp 173-183. Westview Press.

Brumfiel, E.M., and T.K. Earle, 1987, Specialization, exchange, and complex societies: an introduction. In *Specialization, Exchange, and Complex Societies*, edited by Brumfiel and Earle, pp 1-9. Cambridge University Press, Cambridge.

Carneiro, R., 1970, A theory of origin of the state. *Science* 69:733-738.

Chagnon, N., 1992, *Yanomamo*. Harcourt Brace Collage Publishers, Fort Worth.

Chase, D.Z., and A.F. Chase, 1992, Mesoamerican elites: assumptions, definitions, and models. *In Mesoamerican Elites: An Archaeological Assessment*, edited by Chase and Chase, pp 3-17. University of Oklahoma, Norman.

_____, 1992, An archaeological assessment of Mesoamerican elites. In *Mesoamerican Elites: An Archaeological Assessment*, edited by Chase and Chase, pp 303-317. University of Oklahoma, Norman.

Childe, V.G., 1951, *Man Make Himself*. New American Library, New York. (revised)

Choi, M.L., 1984, *A Study of Yŏngsan River Valley Culture*. Dongsongsa, Seoul.

Cohen, R., 1983, Elite theory and the formation of elites among the Bura intellectuals of Nigeria. In *Elites: Ethnographic Issues*, edited by G.E. Marcus, pp 7-28. University of New Mexico.

Coles, J., 1973, *Archaeology by Experiment*. Hutchinson University Library, London.

Domhoff, G.W., 1983, *Who Rules America Now?* Prentice-Hall, Englewood Cliffs.,

Earle, T., 1987, Chiefdoms in archaeological and ethnohistorical perspective. *Annual Review of Anthropology* 16:279-308.

Engels, F., 1972, *The Origin of the Family, Private Property and the State*. (original 1884). International Publishers, New York.

Fried, M., 1960, On the evolution of social stratification and the state. In *Culture and History*, edited by Stanley Diamond, pp 713-731. Columbia University Press, New York.

Fried, M., 1967, *The Evolution of Political Society*. Random House, New ork.

Goldschmidt, W., 1960, *Exploring the Ways of Mankind*. Holt, Rinehart and Winston, New York.

Haas, J., 1982, *The Evolution of the Prehistoric State*. Columbia University Press, New York.

Haviland, W.A., 1967, Stature at Tical, Guatemala: implication for ancient Maya demography and social organization. *American Antiquity* 32:316-325.

Haviland, W.A., and H. Moholy-Nagy. 1992, Distinguishing the high and mighty fromthe Hoi polloi at Tikal, Guatemala. In *Mesoamerican Elites: An Archaeological Assessment*, edited by Chase and Chase, pp 50-60. University of Oklahoma, Norman.

Hayden, B., 1996, Thresholds of Power in Emergent Complex Societies. In *Emergent Complexity: The Evolution of Intermediate Societies*, edited by J.E. Arnold, pp 50-58.

Hirth, K., 1992, Interregional exchange as elite behavior: an evolutionary perspective. In *Mesoamerican Elites: An Archaeological Assessment*, edited by Chase and Chase, pp 18-29. University of Oklahoma, Norman.

Johnson, A.W., and T. Earle, 1987, *The Evolution of Human Societies*. Stanford University Press, Stanford.

Kang, Bong-Won, 1990, A Megalithic Society in Korea: A Social Reconstruction. Arizona State University, MA Thesis.

Keesing, R.M., 1975, *Kin Groups and Social Structure*. Harcourt Brace Jovanovich Collage, Fort Worth.

Kim, Jung-Hak, 1978, *The Prehistory of Korea*, University of Hawaii Press.

Kristiansen, K., 1987, From stone to bronze: the evolution of social complexity in Northern Europe, 2300-1200, In *Specialization, Exchange, and Complexities*, edited by E. Brumfiel and T. Earle, pp. 30-51. Cambridge University Press, Cambridge.

Lee, K.B., 1984, *A New History of Korea*. Harvard University Press, Cambridge.

Lee, R., 1968, What do hunters do for a living, or how to make out on scarce resources. In *Man the Hunter*, edited by R. Lee and I. DeVore, pp 30-43. Aldine, Chicago.

Lowie, R., 1920, *Primitive Society*. Harper and Brothers, New York.

Malinowski, B., 1922, *Argonauts of the Western Pacific*. Waveland Press, Prospect Heights.

Marcus, G.E., 1983, "Elite" as a concept, theory, and research tradition. In *Elites: Ethnographic Issues*, edited by G.E. Marcus, pp 7-28. University of New Mexico, Albuquerque.

Mills, C.W., 1956, *The Power Elite*. Oxford University Press, New York.

Mohen, J.P., 1980, La construction des dolmens et menhirs au Neolithique. *Dossiers de l' archeologie* 46.

Nelson, S.M., 1993, *The Archaeology of Korea*. Cambridge University Press, Cambridge.

Oberg, K., 1955, Types of social structure among the lowland tribes of South and Central America. *American Anthropologist* 57:472-488.

Oliver, D., 1955, *A Solomon Island Society: Kinship and Leadership Among the Siuai of Bougainville*. Harvard University Press, Cambridge.

Pearson, R., 1978, Lolang and the Rise of Korean States and Chiefdoms. *Journal of the Hong Kong Archaeological Society* 7.

Peebles, C.S., 1987, Moundvills from 1000 to 1500 as seen from 1840 to 1985 A.D. In *Chiefdoms in the Americas*, edited by Drennan and C. Uribe, pp 21-42. University Press of America, Lanham.

Peebles, C.S., S.M. Kus, 1977, Some archaeological correlates of ranked societies. *American Antiquity* 42(3):421-448.

Renfrew, C., 1973, Monuments, mobilization and social organization in the neolithic Wessex. In *The Explanation of Culture Change: Models in Prehistory*, edited by C. Renfrew, pp 539-558.

_____, 1984, *Approaches to Social Archaeology*. Harvard University Press, Cambridge.

Renfrew, C., and P. Bahn, 1991, *Archaeology: Theories, Methods, and Practice*. Thames and Hudson, New York.

Rhee, Song-Nae, 1984, Emerging Complex Society in Prehistoric Korea. Ph.D. dissertation,

University of Oregon.

Sanders, W.T., 1992, Ranking and stratification in prehistoric Mesoamerica. In *Mesoamerican Elites: An Archaeological Assessment*, edited by Chase and Chase, pp 278-291. University of Oklahoma.

Sahlins M.D., 1968, Notes on the original affluent society. In *Man the Hunter*, edited by R. Lee and I. DeVore, pp.85-92. Aldine, Chicago.

Schnitger, F.M., 1964, *Forgetton Kingdom in Sumatra*. E.J. Brill, Leiden.

Service, E., 1962, *Primitive Social Organization: An Evolutionary Perspective*. Random House, New York.

_____, 1971, *Primitive Social Organization: An Evolutionary Perspective*. Random House, New York. (Second edition).

Sheehan, G.W., 1985, Whaling as an organizing forcus in Northeastern Alaskan Eskimo society. In *Prehistoric Hunter-Gatherers : The Emergence of Culture Complexity*, edited by T.D. Price and J.A. Brown, pp 123-154.

Smith, P.E.L., 1976, *Food Production and Its Consequences*. Cummings, California.

Spooner, B., 1972, *Population Growth: Anthropological Implication*. The MIT Press, Cambridge.

Steponaitis, V, 1991, Contrasting pattern of Mississippi development. In *Chiefdoms:Power, Economic, Ideology*, edited by T. Earle, pp 193-228.

Steward, J., 1949, Cultual Causality and Law: A Trial Formulation of the Development of Early Civilizations. *American Anthropologist* 51:1-27.

Storey, R., 1985, An estimate of mortality in a pre-Columbia urban population. *American Anthropologist* 87:519-535.

Strouhal, E., 1992, *Life of the Ancient Egyptians*. University of Oklahoma Press.

Taylor, W.W., 1983, *A Study of Archaeology*. Southern Illinois University, Carbondale.

Thomas, E.M., 1989, *The Haemless People*. Simon and Schuster, New York.

Wason, P.K., 1994, *The Archaeology of Rank*. Cambridge University Press, Cambridge.

Weiner, A.B., 1987, *The Trobrianders of Papua New Guinea*. Holt, Rinehart and Winston, New York.

Whitehouse, R., and J. Wilkins, 1988, *The Making of Civilization: History Discovered*

227

Through Archaeology. Alfred A. Knope, New York.

Willey, G.R., and P. Phillips, 1958, *Method and Theory in American Archaeology.* University of Chicago, Chicago.

Wilson, M., 1951, *Good Company.* Oxford University Press, Oxford.

Wittfogel, K.A., 1957, *Oriental Despotism: A Comparative Study of Total Power.* Yale University Press, New Haven.

Wright, H.T., 1978, Toward an explanation of the origin of the State. In *Origins of the State,* edited by R. Cohen and E. Service, pp. 49-68. Institute for the Study of Human Issues, Philadelphia.

_____, 1984, Prestate political formations. In *On the Evolution of Complex Societies: Essays in Honor of Harry Hoijer, 1982,* edited by T. Earle, pp 41-77. Undena Publications, Malibu.

Wright, H.T., and G.A. Johnson, 1975, Population, exchange, and early state formation in southwestern Iran. *American Anthropologist* 77:267-289.

Yu, T.Y., 1998, The Dolmen Builders: The Emergence of Elite in Prehistoric Korea. Wichita State University MA thesis.

아. 지석묘 사회와 고조선

송 호 정

I. 머리말

　　우리나라 역사상의 국가는 모두 원시공동체사회에서 분화한 小國을 모태로 國家단계로 이행하였다. 고조선에서의 국가형성의 모습도 요동지방 및 서북한지방에 나타난 여러 小國(Chiefdom)들이 중심 소국인 '朝鮮'을 중심으로 언제 어떻게, 보다 더 큰 연합체를 이루고, 國家로 발전해 갔는가를 살피는 것이 중요하다. 그러나 이 문제를 당시의 직접적 문헌자료로 밝히기는 매우 어려운 실정이다. 이를 위해서는 남만주 요령성지역의 고대문화에 대한 폭넓은 이해가 먼저 필요하다. 특히 국가형성 시기 고조선의 중심지로서 요동~서북한지역의 문화유적에 대한 종합적인 고찰이 필요하다.

　　고조선은 청동기사회의 발전을 바탕으로 철기를 비롯한 금속문화가 보급되면서 농업생산력이 일층 발전하고, 그로 인한 사회계층 등 사회적 문화가 발생하는 과정에서 국가를 형성하게 된다. 또한 선진 철기문화를 누리던 중국세력의 압박 등이 복합적 요인으로 적용하면서 점진적으로 국가 단계로 성장하였다. 따라서 청동기와 철기문화 단계의 특성과 차이점을 각 시기별로 밝혀주는 것은 고조선의 국가 형성 문제를 규명하는 데 중요한 관건이 된다. 이때 고조선 사회가 종족 및 지역집단의 상태를 벗어나 정치집단으로 성장하고, 연맹 단계를 거쳐 국가단계로 나아가는 모습을 가장 잘 보여주는 자료가 지석묘(고인돌)라 할 수 있다.

　　그것은 지석묘 사회가 고조선 전기 단계의 시간적 · 공간적 범위에 그대로 일치하기 때문이다. 지석묘는 요동 및 한반도 지역에 집중적으로 분포하고 있다. 이 가운데 요동지역에서 한반도 서북지방에 걸쳐 분포하는 지석묘는 그 특징에서 많은 유사함을 보이고 있고, 그 존재 시기상 고조선의 정치세력과 연관될 가능성이 높다.

　　이러한 지석묘 사회의 성격에 대해서는 평등사회(지건길 1983;이남석 1986)또는 족장사회(崔夢龍 1981, 1997), 복합사회 (崔楨苾 1997:184)등 다양한 시각이 존재한다. 이것은 아직 지석묘가 존재한 시기에 대한 명확한 시기 구분이 이루어지지 않았다는 반증이기도 하며, 서구의 이론을 한국 청동기시대 지석묘사회에 적용하는 과정에서 논자 간의 입장 차이가 있음을 반영하는 것이기도 하다.

본고는 이러한 신진화론의 이해와 적용을 둘러싼 논의에 또 하나의 입장을 제시하려는 것은 아니다. 다만 지석묘사회와 관련된 정치세력이나 주민집단의 모습을 문헌과 연관지어 생각해 보고, 그것이 한국 고대사의 시간속에서 차지하는 위치를 찾아 보려 한다.

II. 지석묘 사회의 성장과 고조선

1. 요동~서북한지역 지석묘 사회

가. 遼東地域 지석묘사회

신석기시대이래 요동지역에서는 瀋陽지구의 新樂文化와 偏堡子文化 및 遼東半島일대의 小朱山文化와 后窪文化 등 農耕에 바탕을 둔 문화가 발전하였다(許玉林 1989; 馬沙 1983). 이러한 신석기문화를 바탕으로 일찍부터 요동지역은 청동기문화가 발전하였다.

요동지역 청동기문화의 특징은 遼西지역처럼 유목적 요소나 무기류의 존재가 적어지고 대신 石刀나 石斧 등 農耕社會 요소가 강하게 반영된 유물이 중심을 이루고 있다(宋鎬晸 1999). 이러한 遼河 이동의 청동기시대 유적 중 초기 지역집단의 존재를 암시하는 것이 지석묘이다.

지석묘는 공반유물이 적어 그 조영연대를 명확히 추적하기가 쉽지 않다. 다만 지석묘의 대부분은 청동기시대에 속하는 것이 분명하며, 이른 것은 신석기시대 말기에 속한다고 하나 명확하지 않다(許玉林 1985). 대체로 지석묘는 석관묘와 병행하다가 세형동검이 출토하는 석곽묘나 움무덤으로 그 조영양식이 변해가는 것을 볼 때 중심 조영시기는 청동기시대로 볼 수 있다. 지석묘 가운데 남방식(침촌리형)이나 북방식(오덕리형) 지석묘는 요동~서북한 지역에서는 토광목곽묘가 시작되는 기원전 4~3세기경까지는 소멸한 것으로 믿어진다. 다만 남부지역의 개석식 지석묘는 청동기시대를 지나 철기시대 전기의 서력 기원 전후한 시기까지도 사용되었던 것으로 보인다(金元龍

1973:96; 문화재청 · 서울대학교박물관 1999).

최근 조사에 따르면 遼東地域의 支石墓는 북쪽으로는 渾河중류인 開原일대까지 분포하며, 그것들은 대 · 중 · 소의 支石墓가 무리지어 분포하고 있다(許玉林 1985). 요동지역 지석묘 분포의 중심은 遼東半島에 있지만 太子河 이북지역의 渾河 · 輝發河 일대와 吉林省의 通化 · 柳河 · 白山 · 撫松 · 靖宇 · 梅河口 · 東豊 등 渾江과 松花江유 역에도 상당히 분포하는 것이 확인되었다(許玉林 1994).

요동지역에서 지석묘가 가장 집중하는 요동반도 일대에서는 이른바 남방식지석 묘가 蓋縣, 新金縣, 岫岩縣, 庄河縣, 開原縣 등지에서 발견되었다. 이중 新金縣 安波公 社의 楊屯 · 台前 · 雙方 등과 雙塔公社의 三台子 · 王營 · 安平寨 등은 일정한 거리를 사이에 두고 5~6기씩 무리를 지어 분포하고 있다. 특히 양둔이나 삼태자 지석묘는 중

〈그림 1〉 요동 및 서북한지역 지석묘 분포도

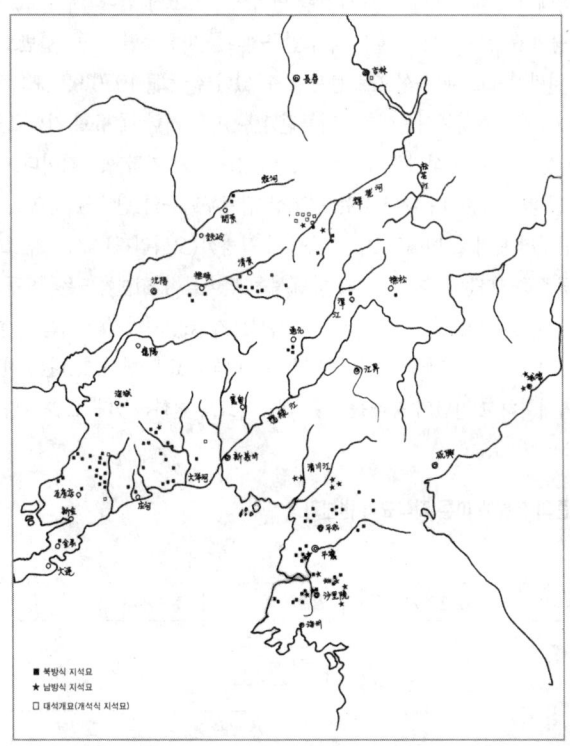

국에서 大石蓋墓라 분류(旅順博物館 1984:709-711)하는 지석묘가 20여기 이상 무리를 이루어 공존하고 있다.

지석묘와 일견 구별되는 대석개묘는 요동반도와 渾河일대를 중심으로 알려져 있다. 중국학계에서는 石棚(한국학계의 지석묘)과 대석개묘를 구분하여 석붕에서 대석개묘로의 발전과정을 상정하고 있다(許玉林 1985, 1993). 많은 논의가 있지만 甲元眞之(甲元眞之 1982)나 田中俊明(東潮 · 田中俊明 1995) 등 대석개묘를 남방식(碁盤式)지석묘의 범주로 간주하는 논의(金貞嬉 1988) 등을 통해 볼 때 대석개묘는 남방식 지석묘의 한 유형으로 보는 것이 합리적인 것 같다. 물론 지석묘와 대석개묘의 관계에 대해서는 신중한 견해가 많고, 부정적인 견해도 많다(許玉林 1994; 王嗣洲 1998; 宮本一夫 1998). 그러나 본고에서는 대석개묘가 甲元眞之가 말하는 침촌리 D형과 밀접한 관련이 있고(甲元眞之 1982), 기원전 4~3세기까지 일반 지석묘와 같은 지역에 분포한다는 점에서 지석묘에서 변화 발전된 형식으로 보고자 한다. 지석묘는 논자에 따라 여러 유형의 분류가 있다. 남한학계의 연구성과를 따른다면 요동~한반도에 존재하는 것들은 일반적으로 세 유형으로 분류할 수 있다(金元龍 1976:92-96; 韓國考古學研究會 1990; 문화재청 · 서울대학교박물관 1999). 이러한 세 유형 지석묘의 상호 관계에 대해서는 북한학계 석광준의 견해(석광준 1979)가 가장 합리적이다. 즉 積石 묘역을 만든 남방식(침촌리형)지석묘는 구조상 집체무덤구역 단계의 것으로 이 단계에서 개별무덤구역 단계로 변해갔고, 그 속에서 북방식(오덕리형)지석묘가 조영되어 침촌리형과 공존하였다는 것이다. 이러한 해석을 받아들여 田村晃一은 "요동반도의 지석묘는 기원전 2천년기 말 소형의 군집한 지석묘가 조영되었지만 이윽고 한편에서는 기원전 천년기 전반에 주체부를 지하에 만드는 대석개묘로 변하고, 다른 한편으로 족장묘로서 거대화하고 집단의 숭배를 받는 대지석묘로 변화하였다"고 보았다(田村晃一 1996:117).

〈표 1〉 석광준의 분류에 따른 지석묘의 변천과정

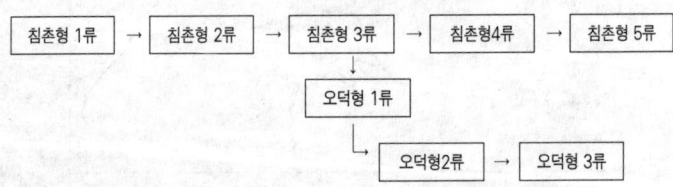

232

일찍부터 한반도 서북지방 및 요동반도 지역은 주민과 문화에서 유사성을 지니고 있었고 청동기문화가 발전하면서 대체적으로 요동지역의 문화가 요동반도 및 한반도 서북지방으로 내려미는 상황이었다. 그 과정에서 新金縣 일대에서 일차적으로 지석묘와 석관묘가 병존하며, 대석개묘라는 "雙方類型"을 낳고 다시 서북한지역에 영향을 미쳤을 것으로 생각한다(郭大順 1995). 반대로 서북한지역의 지석묘 전통 또한 압록강 건너 丹東지구 東山頭 등에까지 영향을 미치고 있었다. 이것은 이 지역에 서북한지역의 팽이형토기와 압록강 일대의 공귀리형 토기와 유사한 문화유형, 즉 아가리를 이중으로 겹싸 넘긴 甕이 壺와 세트로 나오며, 頸部가 가늘어지고 胴體 또한 약간 긴 특징이 보이는 점에서 그러하다(宋鎬晸 1999:102). 이러한 과정에서 지석묘는 渾河 상류지역의 떨어진 지역에까지 분포하게 된다(甲元眞之 1982:240).

종합해 보면 요동지역에서는 청동기문화 초기 단계에 지석묘가 조영되었는데, 그것은 지금의 자연촌락이 있는 곳을 중심으로 대개 다른 무덤과 혼용되고 있거나 몇 기가 군집하고 있다. 그런데 그 군집된 상태라는 것이 서북한지방과 같이 수십기씩 집합군을 이루고 있는 것이 아니라 많아야 10여기씩 집합된 남방식(침촌리형) 지석묘가 발전하여 여러 지역으로 분화되어 조영된다. 한편 遼東에서 출토되는 중·소 지석묘는 비교적 간단·조잡하고 크기도 크지 않으나 대형 지석묘는 정교하게 손질되어 있고 규모가 매우 크다. 이것은 한반도 서북지방과 같은 모습이다. 이러한 특징은 어느 정도 시기의 차이를 반영하는 것이며, 한편으로는 지석묘 피매장자의 신분차를 반영하는 것으로도 볼 수 있을 것이다.

요동지역 지석묘를 조사해 보면, 여러 유형의 지석묘가 동시기에 병행하고 구조적으로 지역공동체 내에서 계층(신분)의 차이, 지역공동체 간의 격차 등이 나타나고 있는 것으로 보인다. 왜냐하면 지석묘의 규모나 가공정도와 상관없이 대·중·소 지석묘의 출토유물은 동시기의 유물상을 보이고 있기 때문이다(東潮·田中俊明 1995:65). 예를 들어 요동반도의 新金縣 雙方地域에는 지석묘 6기가 있는데, 이 중 석개 석관묘 3기가 대석개묘이다. 이것들은 일반 지석묘와 혼재하여 하나의 묘군을 이루고 있으므로 일반 지석묘와 같은 문화계통이다. 그러나 이들 지석묘 중 6호 지석묘에서는 祖型의 요령식동검과 활석제 靑銅斧 鎔范 각 1점, 그리고 토기 등이 나와 다른 묘제와 차이를 보이고 있다. 즉 같은 묘역 내에서 보다 큰 세력을 가진 자가 출현하고 있음을 알 수 있다. 이러한 상황은 요동 전지역의 지석묘유적에서도 동일하다.

그러나 아직은 대석개묘라 해도 일반 지석묘와 墓域을 함께 하는 경우가 많고,

부장품에서도 청동기 등 강력한 지배자의 출현을 증명하는 유물이 매우 적게 출토되는 점에서 지배자세력이 일정한 자연 촌락을 범위로 하는 지역공동체를 파괴하거나 벗어나지 못한 단계임은 분명하다. 鳳城縣 東山頭 대석개묘의 경우, 지석묘군이 구릉지역과 평지로 구분되어 묘역이 조성되어 있는 것으로 보아 일개 지역공동체의 무덤군으로 보인다. 이 가운데 대석개묘는 墓群 사이에 있으며 부장품이 나오기는 하나 다른 일반 지석묘와 크게 차이가 나지 않는다(許玉林 1990). 요동반도 雙方지역의 고분군 또한 위와 같은 지석묘가 요령식동검이 나온 석관묘와 한 곳에 섞여 있고, 그것들도 같은 지역에 있으며 같은 동서방향으로 놓여 있음을 볼 수 있다. 양 무덤축조에 쓰인 돌은 둘 다 화강암이다(靳楓毅 1982:404). 이것은 석관묘와 지석묘가 같은 시기에 만들어졌다는 것을 보여주는 것이다.

한편 殷縣 許家屯, 蓋州 石棚山, 海城 石棚峪谷등 일부 지역에서 지석묘가 무리를 이루지 않고 대형 지석묘가 하나씩 존재하는 것은 그 일대를 관장하던 지배자의 무덤으로 조영된 것으로 생각된다. 이처럼 요동지역 및 서북한지역에서는 지배자집단이 일찍부터 분화되고 그 일정지역 대표자무덤으로 대형 북방식(오덕리형) 지석묘가 조영되었다고 볼 수 있다.

이상에서 보면 지석묘와 석관묘가 조영되던 청동기시대의 요동지역 사회는 각 집단 간의 뚜렷한 우열 차이나 강력한 지배자가 존재하지 않고 공동체적인 관계가 매우 강한 사회였다고 생각된다. 이것은 청동기시대 중기까지는 요동지역에 산재하던 '濊貊 계통의 집단들이 강력하고 단일한 정치집단을 형성하지 못하였고, 단지 각 지역집단별로 독자적 발전을 지속해 나갔음을 말해 준다.

나. 서북한지역 지석묘사회

한반도 서북지역, 특히 대동강유역은 땅이 기름지고 기후가 따뜻해서 일찍부터 문화가 발전된 곳이었다. 이 지역에는 平壤市 南江유역의 金灘里 및 立石里를 비롯하여 서성구역, 삼석구역 南京, 黃海北道 鳳山邑, 黃州郡 沈村里, 松林市 石灘里 등에서 주거유적이 드러났다. 이들 지역에서는 같은 시기에 많은 지석묘와 석관묘가 조영되고 있다.

보통 지석묘는 요동지역처럼 5~6기 또는 10여기를 단위로, 한 고장에 수십기가 연이어 있는데 전체적으로는 수백기를 헤아린다. 특히 平壤을 중심으로 북쪽으로 平原郡, 肅川郡, 順天市 일대, 평양 서쪽의 溫泉郡일대, 평양 남쪽의 黃州郡·燕灘郡을 포함해 銀泉郡, 安岳郡, 殷栗郡 일대, 평양 동쪽의 江東郡·成川郡 일대에는 수천 개의 지석묘가 분포하고 있다고 한다(석광준 1979, 1994:17-20).

황주군과 연탄군 일부를 포괄하는 황주천유역 지석묘만 해도 1,100여기에 이른다. 특히 龍岡郡 石泉山 주변일대를 비롯하여 台城湖에 침수된 지석묘까지 합하면 250여기에 이른다고 한다. 그리고 黃州川 유역의 沈村里 및 沙里院市 黃石里 일대와 正方山 차일봉 일대의 지석묘군은 350여기에 달한다(석광준 1994:17-20). 이외에 黃海北道 燕灘郡 杜茂里에 150여기가 군집하고 있으며, 燕灘郡 五德里에도 이른바 북방식 지석묘가 230여기 집중하고 있다.

이처럼 수백기의 群을 이룬 석천산 및 정방산 일대의 지석묘군을 비롯하여 介川郡 墨房里, 연탄군 오덕리, 龍淵郡 石橋里, 판교군 자하리 등의 지석묘군은 그 밀집도로 보아서 아마 한 지역집단의 공동묘지가 아닌가 생각된다. 청동기시대 지역집단들은 공동묘지를 쓰는 것이 가장 일반적인 풍습의 하나였다고 하는데(황기덕 1965), 이러한 특징은 적석을 한 무덤 구역 안에 여러 개의 지석묘를 쓴 예에서 잘 드러난다. 이러한 지석묘에 묻힌 사람들은 바로 동일시기에 대동강유역과 황주천유역 일대에 분포하는 팽이형토기 주거지에 살았던 사람일 것이다(韓永熙 1987).

한편 큰 무덤군을 자세히 보면 그것은 흔히 몇 기 또는 10여기를 단위로 하는 작은 군으로 구성되어 있다. 예를 들어 黃州郡 沈村里의 신대동, 극성동, 천진동, 긴동 군은 3~4기 내지 10여기로 구성된 작은 지석묘 군을 이루고 있는데, 이는 모두 정방산 서록일대 지석묘 군의 일부를 이루고 있다(석광준 1979:119-122).

천진동 지석묘군은 약 30m 사이에 'ㄱ'자형으로 줄지은 6기의 개석식 지석묘가 있다. 북쪽의 1·2·3호 무덤과 남쪽의 4·5·6호무덤이 8~9m 사이를 두고 떨어져 있는데, 주변 積石이 서로 연결돼 일종의 墓域을 연상시킨다. 이 묘역같은 시설 안에서 石棺 6기가 드러난 것이다. 평면적으로 보면 5호 지석묘를 중심으로 동쪽에 5개, 북쪽에 1기가 놓여 있는 것으로 석광준이 분류하는 제2유형과 제3유형이 결합된 것으로 볼 수 있다. 반면 천진동 서쪽에 있는 긴동지석묘군 또한 8기의 지석묘가 남북으로 일직선상에 줄지어 배치되어 있고, 특히 2·3·4·5·6호 지석묘는 석관 주변 돌무지가 서로 연결돼 일종의 묘역시설(제3유형)을 하고 있다. 이처럼 하나의 묘역 시설 안에 줄지어 있는 작은 그것은 무덤군을 일정한 지역집단과 관련지어 볼 경우, 그 곳에 속한 한 가족 단위의 작은 무덤군으로 볼 수 있을 것이다(황기덕 1965:11-13, 1987:3).

석천산의 경우는 120여기의 지석묘 군이 3개의 그룹으로 나누어지고 있다. 만일

〈그림 2〉黃州郡 沈村里 천진동 지석묘군

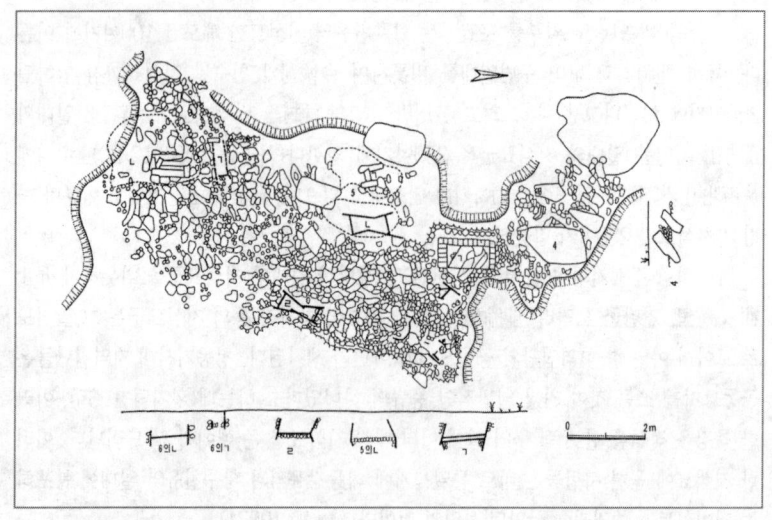

이들 세 그룹의 축조연대가 병행하고 있다고 한다면 석천산에도 3개의 유력한 지배적 家系가 존재하였다고 상정할 수 있다(황기덕 1965:10-13). 특히 황주 천진동·긴동 지석묘군의 묘역시설, 즉 하나의 묘역 내에 줄을 지어 있는 작은 무덤 군은 가족을 단위로 하는 보다 작은 무덤군으로 보아도 좋을 것이다.

　기본적으로 지석묘의 소재지는 상당히 장기에 걸친 지석묘사회의 존재를 보여줌과 동시에 유력한 우두머리 또는 族長들의 소재지에 존재한다고 추정된다(三上次男 1966:14-15; 崔夢龍 1981). 겨우 정치적 사회의 성립을 보인 지석묘시대에 있어서 한 지점에 수십, 백여기 이상의 지석묘가 존재한다고 한다면 막연하지만 수백년 간에 걸쳐 조성된 것이라고 볼 수 있을 것이다.

　석광준의 경우는 묘역을 설정하고 積石을 한 무덤을 침촌리 1·2·3유형으로 분류(석광준 1979:114-124)했는데, 이 단계의 지석묘에서는 같은 무덤 구역 안에서 여러 지석묘 사이에 차이가 그리 뚜렷하지 않다. 또 이 유형은 黃州郡 沈村里 긴동 지석묘군과 천진동·극성동·석교리 등 몇 개 지역에 국한되고 있다. 이는 당시에 지석묘를 쓴 주민들 안에서 빈부의 차이가 크지 않았음을 반영하는 것이다. 그런데 생산력의 발달 및 인구의 증가와 함께 지석묘의 숫자가 늘어나고 그것의 분포범위 또한 요동 및

236

<그림 3> 두무리 지석묘군 분포도

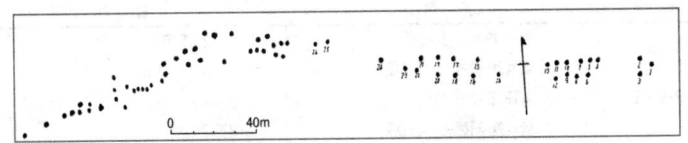

<그림 4> 금교동 지석묘군 분포도

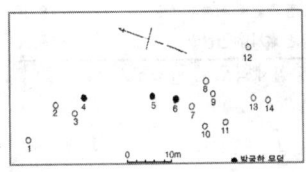

한반도 전역으로 확대된다. 이 속에서 나타난 가장 큰 변화는 남방식(침촌리형) 지석묘가 개별 무덤구역화 하는 것이고, 같은 시기의 한 지석묘군 가운데 유달리 큰 지석묘가 등장하는 점이다. 이른바 북방식 대지석묘의 출현은 그러한 사정을 말해준다.

燕灘郡 杜茂里의 도동 10호, 금교동 5호, 沙里院市 광석리 4호 지석묘들은 구조로 보아 이웃 지석묘와 본질적인 차이는 없어도 개석의 크기 및 매장부의 크기가 크고 정교하게 손질되어 있다(석광준 1979:181). 이들 중 어떤 것은 덮개돌이 8미터를 넘을 정도로 커다란 것들이 존재하는데 이것은 이 지역의 지석묘 조영자 가운데 매우 강한 세력을 보유한 자가 등장하였음을 증명한다. 특히 蓋石이 대형이고 정교하게 제작된 대지석묘는 요동반도지역에 더 많이 보이고 있다.

이처럼 같은 지석묘 묘역 내에 웅장한 개석이 있는 무덤과 그런 것이 없는 보통의 무덤이 있고, 개석이 있는 무덤에 부장품이 비교적 많다는 사실은 지석묘사회 후기단계에 이르러 공동체 주민들 사이에 지배자가 출현하였고, 피장자 사이에도 어느 정도 신분상 차이가 있었음을 반영하는 것이다(석광준 1979:180-182).

이상에서 서북한지역 지석묘사회에서는 기원전 5~4세기의 후기 단계에 이르면 지역집단 내에서 강력한 지배자가 등장하게 되고, 북쪽으로부터 내려 미는 요령식동검문화·미송리형토기문화의 영향으로 인해 새로운 청동기문화 단계에 들어가게 되는 것으로 보인다. 이러한 문화적 변화 과정에서 주도적으로 등장한 집단과 지배세력들은

237

〈표 2〉 대형 지석묘 일람표

지 역	유 적	크 기
요동반도	殷縣 許家屯 支石墓	8.42×5.65m, 두께 0.50m
	海城縣 析木城 1·2號墓	6.00×5.10m
	蓋縣 石棚山 1號墓	8.48×5.45m, 두께 0.50m
	營口縣 石棚峪 支石墓	8.00×6.00m
	庄河 大荒地 支石墓	7.5~8.1×5.00m
서북한	黃海南道 殷栗郡 관산리 1호	8.75×4.50m, 두께 0.31m
	黃海南道 安岳郡 로암리 1호	7.90×6.00m, 두께 0.64m
	黃海北道 燕灘郡 五德里 1호	8.30×6.30m, 두께 0.50m
	平安南道 肅川郡 평산리	6.00×3.15m, 두께 0.40m

바로 後期 古朝鮮 사회의 중심세력으로 활동하게 되는 것이다(宋鎬晸 1999).

2. 지석묘사회와 고조선

가. 지석묘 분포의 특성

중국 동북지방의 지석묘사회를 분포정형으로 판단하면 그 사회에는 상당히 장기간에 걸쳐서 거대한 지석묘를 구축하는 것이 가능한 大首長 혹은 族長이 斷續的으로 존재했던 것으로 이해할 수 있다(三上次男 1966:17). 이것을 인정한다면 지석묘가 분포하는 지점에는 土着民 豪族의 정치세력이 상당히 장기에 걸쳐 지속되었던 것을 알 수 있다.

지금까지의 조사 결과 중국 동북지역의 지석묘는 특정지역에 집중하고 있는 것으로 밝혀졌다. 요령지역에서는 遼河의 동부지역 전역에서 조사되었으며, 요동반도를 중심으로 한 遼南지구의 大連·營口에 집중되어 있다. 또 길림지방은 哈達嶺 남부와 장백산지의 동쪽에서 대부분 조사되었으며, 특히 分水嶺 부근의 輝發河 유역에 밀집 분포하고 있다(許玉林 1993; 하문식 1998). 그런데 요령지역의 지석묘 분포에서 주목되는 것은 그것이 요동지역의 요령식동검 분포권과 비슷하다는 것이다. 요동반도의 新金縣 雙方, 한반도의 大田 비례동과 신대동, 승주 牛山里, 麗川 積良洞 지석묘에서는 요령식동검이 출토되어 지석묘 축조집단도 요령식동검을 알고 사용하였음이 드러났다. 이는 요령식동검문화가 지석묘와 매우 밀접한 관계가 있음을 보여주는 것이다(李榮文 1998:80-82).

요동~서북한지역의 청동기문화를 분석하면서 주목되는 또 하나의 현상은 요동반도의 지석묘가 전형적인 북방식 지석묘로 주류를 이루고 있고, 이것이 한반도의 북방식 지석묘와 상통한다는 것이다(宋鎬晸 1999:121). 이는 곧 요동반도와 한반도의 주민집단이 동일한 문화 단계에서 생활하였음을 나타내주는 것이다. 따라서 지석묘는 요동지역과 한반도에 걸쳐 살았던 같은 계통의 주민집단이 남긴 유물로서, 하나의 문화권을 설정케 하는 고고학 자료라고 볼 수 있다(金貞培 1997:60-62).

요동반도 일대의 지석묘에서 확실한 유물이 보이는 것은 復縣 華銅鑛, 新金縣 雙方, 伙家窩堡 1호 지석묘, 鳳城縣 東山頭 지석묘 등 몇 例에 지나지 않는다. 이들 지석묘에서는 대개 적갈색의 마연 壺形土器와 甕形土器 등이 石斧 등 石器와 함께 출토된다(田村晃一 1996:114-116). 따라서 이것만으로는 시기를 결정하기가 어렵다. 다만 그 토기들이 아가리를 이중으로 겹싸 넘기고 거기에 "///"문양을 넣는 등 청동기시대 서북한지방 팽이형토기 주거지의 출토유물과 유사하고, 소형 지석묘의 경우 군집하는 경우가 많고 대석개묘와 함께 공존하는 것이 있는 점 등에서 그것들은 雙砣子 3기 또는 上馬石上層期에 해당한다고 할 수 있다(甲元眞之 1982:237-238). 대형지석묘의 경우는 유물이 거의 없기 때문에 그 연대를 더욱 알 수 없지만 그 구조형식상 소형지석묘보다 발달된 형식이라는 점이 인정되기 때문에 소형지석묘 보다 좀더 이후 시기로 비정할 수 있다.

전체적으로 보면 요동반도 지석묘에서 반출된 유물들은 石斧·紅陶片·石鏃·紡輪 등인데(宋延英 1987:72-73; 許玉林 1993), 이들은 모두 청동기시대의 유물이며 한반도의 지석묘에서 출토되는 유물들과 유사하다. 그러므로 한반도와 요동반도의 전형적인 지석묘의 경우 반출하는 유물이나 구조형식으로 보아 거의 동일한 시기, 동일 계통의 유적임을 알 수 있다. 그리고 한반도의 지석묘가 묵방리형 지석묘라는 변형 지석묘로 변해간 것처럼 요동반도지역의 지석묘도 대석개묘 등으로 변해간 것은 이 역시 같은 문화권 내에서의 변화를 보여주는 것이다. 그리고 서북한지역과 요동반도지역에서만 대지석묘가 분명하게 入口를 가지고 있고 동시에 세면을 막음하는 방식으로 조영되었다. 이처럼 구조상에서 서로 밀접한 관계를 가지고 있는 것은 양 지역의 대지석묘가 같은 계통의 것이라고 볼 수 있는 근거를 시사한다(田村晃一 1996:110).

결국 서북한지역의 이른바 북방식 대지석묘와 요동반도의 대지석묘는 동일유형의 문화로 분류할 수 있고, 그것은 지석묘사회 후기에 등장한 것이며, 지석묘와 동일계통 주민집단의 소산으로 볼 수 있다. 이것은 요동반도 以東과 以北지역에서 석관묘와 미송리형토기문화가 중점적으로 발전하는 것과 구별된다고 할 수 있다(宋鎬晸

1999:82-98).

요동반도 및 한반도에 존재하는 거대 지석묘는 대부분 평지보다 20~30m 높은 산등성이에 독립적으로 위치하고 있다. 실제 요동~서북한지역에 존재한 지석묘는 크게 요동반도, 혼하, 서북한 지역이라는 세 중심지가 있다. 그런데 대개 서북한지역과 요동반도는 그 형식과 분포상의 유사함으로 인해 거의 동시기에 존재한 묘제라고 생각된다. 반면 혼하지역은 분포가 조밀하지 못하며 대석개묘가 많이 분포하는 등 존재형식상 요동반도~서북한지역의 지석묘보다 나중에 형성되었음을 알 수 있다.

전술했듯이 현재까지의 고고학자료 조사 결과 지석묘 단계 요동지역 청동기문화의 중심은 혼하~압록강일대의 석관묘·미송리유형문화권과 서북한지역의 지석묘·팽이형토기문화권, 그리고 요동반도지역이 독자적으로 문화권을 이루고 있음을 알 수 있다. 다만 요동지역 전체적으로는 지석묘와 석관묘라는 동일계열의 묘제를 사용하는 것으로 보아 같은 계통의 주민집단이 살고 있었고, 자연 지리적 차이로 인해 문화유형의 차이가 있게 된 것이라고 생각한다.

묘제로서 지석묘와 석관묘가 일정지역에 집중 분포하는 것은 그 일대에 하나의 유사한 계통의 종족과 주민집단이 있었음을 말해준다. 先秦文獻(≪管子≫, ≪山海經≫, ≪戰國策≫ 등)에는 늦어도 기원전 4세기 중반 이전에 渤海 연안지대에 존재한 종족으로서 山戎을 중심으로 한 여러 戎狄들과 그 동쪽에 '朝鮮'이 존재했다고 나온다. 이들 중 산융을 비롯한 令支·孤竹·屠河 등 융적들은 기원전 8~7세기 경 장성·열하 일대에서 灤河·遼西일대에 위치하고 있었음이 문헌과 고고학자료로서 입증되었다(宋鎬晸 1999:14-57).

최근 몇몇 논자들은 요동반도지역의 지석묘가 한반도 서북지방의 지석묘와 유사한 점에 주목하여 두 지역이 동일한 문화권을 이루면서 단일한 정치체에 속해 있었다는 주장을 제기하고 있다(鄭漢德 1989; 東潮 1997:28-34). 즉 전형적 북방식지석묘를 조영하던 濊貊 계통의 주민집단이 黃海 이북 연안지역을 끼고 環狀的인 배열을 하고 있는데, 이것이 일정한 國家나 政治集團을 이루고 있었다는 것이다.

황해 이북 연안지역은 중국인의 시각에서 볼 때 東夷族이 살고 있었던 것으로 믿어지는 하나의 지역으로 일찍이 "夷穢之鄕"(≪呂氏春秋≫卷20 恃君覽)으로 표기되었던 곳이다. 그곳은 바로 주민집단으로 말하면 '朝鮮'으로 표현되는 세력의 거주지역을 말한다고 볼 수 있다. 그러나 압록강유역에서 청천강에 이르는 지역에서는 아직까지 지석묘유적이 거의 확인되지 않는 등 요동반도지역과 서북한지역 사이의 문화적 공백

240

으로 인해 뚜렷한 입장을 제시하는 것이 어렵다. 또한 압록강 일대에서 丹東地區에는 이른바 공귀리형토기를 사용하는 집단이 존재(김용간 1985)하고 있었으므로, 이들 세력집단을 포함하여 과연 요동반도에서 서북한에 이르는 지역이 단일한 정치체에 속해 있었는지는 좀 더 고찰해야 될 문제라고 하겠다.

나. 지석묘가 반영하는 사회상

마지막으로 지석묘가 만일 요동지역에 존재한 유력 집단이 조영한 것이라면 그 집단의 사회상을 이해하기 위한 전제로서 지석묘가 반영하고 있는 사회적 성격에 대해 생각해 보기로 하겠다.

전술했듯이 소형의 지석묘가 묘역을 이루고 집중하며, 그 가운데서 대형 지석묘가 등장하는 지역은 옛 기록들에 보이는 小國의 邑落 또는 國邑의 전신인 우세집단이 자라난 곳으로 짐작된다. 이들이 성장하여 漢族과 관계를 가지기 시작한 단계에 당시 齊가 바다 건너 發 朝鮮과 무역관계를 가지고 있었던 것은 ≪管子≫ 輕重甲篇에서 볼 수 있다. 이 단계를 거쳐 성장한 요동지역의 정치집단은 결국 ≪史記≫ 朝鮮傳과 ≪魏略≫에 기록된 '朝鮮侯'의 존재나 그가 성장하여 '稱王'을 하였다는 정치집단으로 성장하게 된다.

기원전 7세기 당시 '朝鮮' 서쪽에 존재했던 '山戎'을 대표로 하는 令支·孤竹·屠河 등의 종족집단은 '백여개의 戎이 하나로 合一되지 못하였다'는 기록(≪史記≫卷110 匈奴列傳)처럼 어떠한 통치조직도 가지고 있지 않았다. 단지 각기 '우두머리'를 지닌 집단들이 계곡에 흩어져 완만한 연합체를 이루고 있었다. 따라서 그 이동에 위치한 '朝鮮'도 처음에는 통일적인 국가를 형성하지 못하고 요령식동검이라는 한 문화권에 속해 있던 여러 종족들의 거주지역에 불과했다고 보인다. 그리고 각 지역의 지역집단을 대표하는 세력으로는 후대의 사료에 근거할 때 '朝鮮'·'眞番'·'濊貊' 등을 형성한 先祖들이 살고 있었던 것으로 보인다. 그들은 상호 간에 일정한 통제와 지배가 이루어지지 않는 완만한 관계 속에서 독자적인 문화를 영위해 간 것으로 볼 수 있다.

그러나 청동기시대 후기 단계에 이르면 지석묘·석관묘에 미송리형토기를 부장하는 통일된 요령식동검문화가 요동에서 한반도에 걸쳐 고루 분포하게 된다. 이러한 현상은 요동지역 및 서북한지역의 농업에 유리한 환경을 이용하여 성장하던 濊貊 계통의 종족들이 상호 밀접한 교류 관계를 지닌, 즉 하나의 느슨한 聯盟關係를 형성하게 된 것은 아닌가 생각한다. 일찍부터 요서지역으로부터 들어오는 선진 청동문물의 영향을

241

받아 요동~서북한지역에서는 여러 지역집단들이 성장하고 있었다. 이들은 자체적인 발전과정과 이웃 집단과의 밀접한 상호 관계 · 갈등을 통해 하나의 통일된 정치체를 형성하게 되는데, 그것이 중국인들의 눈에는 '朝鮮侯'라는 세력집단으로 비쳤던 것이다. 결국 지석묘와 석관묘가 조영되던 마지막 단계에 이르면 이른바 '조선후'로 표현되는 연맹체적 정치집단이 요동~서북한지역에 형성되어 중국 燕세력과 대립하게 되는 것이다.

Ⅲ. 맺음말

이상에서 요동~서북한 지역에 존재하는 지석묘의 분포 및 유물상의 특성 등을 통해 정치집단, 즉 고조선 사회와의 관련성을 생각해 보았다. 이하에서는 본고의 내용을 간략히 정리하는 것으로 맺음말에 대신하겠다.

고조선은 본래 오늘의 요동과 우리나라 서북한지방을 가리킨 고장이름이었다(송호정 1994). 주민은 예, 예맥으로 불린 종족의 일부였을 것이다. 이들은 초기단계인 청동기시대에 요동지역에서 서북한지역에 걸쳐 지석묘 · 요령석 동검을 쓰면서 미송리형토기문화와 팽이형토기문화를 조영했던 주민들이었다. 이 단계의 대표적 묘제인 지석묘를 보면 대부분이 일정지역에 군집하고 있고, 부장품이나 크기에서도 차이가 크지 않은 경향을 보인다. 이것은 지석묘 사회가 일정한 자연 촌락을 범위로 하는 지역공동체를 파괴하거나 벗어나지 못한 단계임을 알 수 있다.

그러나 청동기 사회가 진전되면서 요동~서북한 지역의 미송리형토기문화와 팽이형토기문화를 영위하던 집단들을 점점 분화 · 성장하게 되며, 우세한 지배자 집단이 등장하게 된다. 기원전 5~4세기 경에 이르면 '朝鮮'은 지역 또는 종족집단의 상태를 벗어나 일정 지역을 중심으로 연맹체를 형성하고, 계속해서 중국 문화의 영향과 이주민의 정착과정을 거치면서 점차 국가 단계로 나아가게 된다. 이것은 군집하는 지석묘 내에서 대지석묘의 등장과 청동기의 등장 등으로 엿볼 수 있다.

참고문헌

金元龍, 1973, ≪韓國考古學槪說≫, 一志社, 서울, pp. 92-96.

金貞培, 1997, 〈고조선의 국가형성〉, ≪한국사≫ 4-초기국가, 국사편찬위원회, 서울, pp. 60-62.

金廷鶴, 1987, 〈考古學上으로 본 古朝鮮〉, ≪韓國上古史의 諸問題≫, 한국정신문화연구원, 서울.

金貞嬉, 1988, 〈中國東北地方 支石墓硏究의 최근 동향〉, ≪伽倻通信≫ 제17집.

崔夢龍·李淸圭·李榮文·李盛周 編著, 1999, ≪한국 지석묘(고인돌)유적 종합조사·연구≫, 문화
재청·서울대학교박물관.

宋鎬晸, 1991, 〈遼東地域 靑銅器文化와 美松里型土器에 관한 考察〉, ≪韓國史論≫ 24:22.

宋鎬晸, 1999, ≪古朝鮮 國家形成 過程 硏究≫, 서울大學校 國史學科 博士學位 請求論文.

王嗣洲, 1998, 〈論中國東北地區大石蓋墓〉, ≪考古≫ 1998年 第2期, pp. 53-61.

李南奭, 1986, 〈靑銅器時代 韓半島 社會發展段階問題〉, ≪百濟文化≫ 弟16輯.

李榮文, 1998, 〈韓國 琵琶形銅劍 文化에 대한 考察〉, ≪韓國考古學報≫ 38:80-82.

鄭漢德, 1989, 〈美松里型 土器의 生成〉, ≪最近 東北アジアの 考古學≫, 天池.

池健吉, 1983, 〈支石墓社會의 復元에 관한 考察-築造技術과 葬制를 中心으로〉, ≪梨花史學
硏究≫13·14合, 梨花史學硏究所.

崔夢龍, 1981, 〈전남지방 지석묘사회와 계급의 발생〉, ≪한국사연구≫ 35:1-14.

_____, 1997, ≪한국고대국가 형성론≫, 서울대출판부, 서울.

崔楨苾, 1997, 〈韓國 上古史와 族長社會〉, ≪韓國 古代國家形成論≫, 서울대 출판부, pp.155-
185.

하문식, 1997, ≪東北亞細亞 고인돌文化의 硏究≫, 숭실대 박사학위논문.

韓國考古學硏究會, 1990, ≪韓國 支石墓의 諸問題≫.

韓永熙, 1987, 〈角形土器考〉, ≪韓國考古學報≫ 14·15합집.

김용간, 1985, 〈강계시 공귀리 원시유적발굴보고〉, ≪유적발굴보고≫ 6집.

석광준, 1979, 〈우리나라 서북지방 고인돌에 관한 연구〉, ≪고고민속론문집≫ 7:114-124,180-
182.

_____, 1994, 〈평양은 고대문화의 중심지〉, ≪조선고고연구≫ 94-1:17-20.

황기덕, 1965, 〈무덤을 통하여 본 우리나라 청동기시대 사회관계〉, ≪고고민속≫65-4:10-13.

_____, 1987, 〈우리나라 청동기시대의 사회관계에 대하여〉(1), ≪조선고고연구≫87-2:3.

郭大順, 1995,〈遼東地區青銅器文化新認識〉,《東北アジア考古學研究》〔日中共同研究報告〕.

靳楓毅, 1982,〈論中國東北地區含曲刃青銅短劍的文化遺存〉,《考古學報》82-4:404.

馬沙, 1983,〈試析新樂文化的原始農業〉,《新樂遺址學術討論會文集》.

宋延英, 1987,〈遼東半島的石棚文化-析木城石棚-〉,《社會科學輯刊》 5:72-73.

旅順博物館, 1984,〈遼寧大連新金縣碧流河大石蓋墓〉,《考古》 84-8:709-711.

許玉林, 1985,〈遼東半島石棚之研究〉,《北方文物》 85-3.

_____, 1985,〈遼東半島石棚的新發見〉,《考古》 85-2.

_____, 1989,〈東北地區新石器時代文化槪述〉,《遼海文物學刊》 89-1.

_____ (遼寧省文物考古研究所 編), 1993,《遼東半島石棚》,遼寧科學技術出版社, pp.74-76, 97-
　　　112.

許玉林·崔玉寬, 1990,〈鳳城東山大石蓋墓發掘簡報〉,《遼海文物學刊》 90-2:1-8.

許玉林·許明綱, 1981,〈遼東半島石棚綜述〉,《遼寧大學學報》.

甲元眞之, 1982,〈中國 東北地方の支石墓〉,《森貞次郎博士古稀紀念論文集-考古學論考-》, 平凡
　　　社, 日本:204-238.

東潮·田中俊明, 1995,《高句麗の歷史と遺蹟》, 中央公論社, 日本, pp. 65.

三上次男, 1966,〈西北朝鮮の支石墓〉,《古代東北アジア史研究》, 吉川弘文館, pp. 14-17.

田村晃一, 1996,〈遼東石棚考〉,《東北アジアの考古學》第二〔槿域〕, pp. 114-117.

제3장 한국의 중요 지석묘(사적)

가. 강화 지석묘

홍 형 우

　강화도는 우리나라 중부를 흐르는 한강의 관문으로 서해바다에 자리잡고 있는
섬들 가운데 5번째로 큰 섬이다. 지형은 남북의 길이가 28km, 동서 16km, 주위가
112km인 타원형으로 총면적이 410㎢되는 본도와 29개의 크고 작은 섬들로 이루어져
있다. 연평균 기온 11.1℃로 온화하며 연평균 강우량은 1,336.9㎜ 전후의 해양성기후
로 농업 조건에 좋은 곳으로 선사시대이래로 많은 사람들이 살아왔다. 강화군 하점면
장정리에는 쌍날찍개를 비롯한 구석기와 타제석기, 돌도끼, 돌화살촉 등 신석기시대
유물이 발견된 바 있으며, 특히 청동기시대의 대표적인 유적인 지석묘가 다수 분포하
고 있다.
　지석묘는 주로 강화도 중에서도 북부인 高麗山(해발 436m)의 북쪽에 집중적으
로 분포하고 있으며, 그 중에서도 특히 시루메산이 평야와 만나는 지점을 중심으로 주
로 분포하고 있다. 행정구역상으로는 1개읍과 4개면에 걸쳐 있는데, 고려산 이북쪽으
로 있는 송해면의 하도리, 하점면의 부근리, 삼거리의 山上 및 삼거리의 소동부락 등에
분포한다. 대개는 山麓上의 대지나 평탄한 지형에 위하고 있으나, 고천리, 삼거리 고산
리의 山上 支石墓群처럼 상당히 높은 곳에 위치하고 있는 것도 있다.
　강화도에는 대체로 120여기의 지석묘가 분포하고 있는 것으로 알려져 있으며,
이중 북방식 지석묘가 44기, 남방식 지석묘가 35기 확인되며 그 밖에는 형식을 알 수
없거나 파괴 또는 매몰되어 형체를 알 수 없는 것들이다.
　강화도는 원래 한반도 마식령산맥의 김포반도에 이어진 내륙이었으나 오랜 침식
으로 인하여 내륙이 평탄화되어 바다밑으로 가라앉은 후 落照峰(343m), 高麗山
(436m), 穴口山(461m), 摩尼山(468m) 등 여러 개의 구릉성 도서로 분리되었다. 그
후 한강과 임진강의 퇴적작용으로 다시 김포반도와 연결되었으나 鹽河(강화해협)가
한강에서 분류되어 머리부분을 침식, 유로를 형성하여 강화도가 하나의 섬으로 남게되

었다. 강화도의 해안지대는 해발 30~40m의 완경사면의 구릉상으로 나타나며, 이 구릉지는 취락과 경작지로 이용되고 있다. 강화도의 지석묘는 이러한 취락과 경작지로 이용되는 해안지대인 30~40m 고도의 완경사지나 구릉상에 주로 분포하고 있으며, 사적 제 137호인 강화지석묘도 이러한 위치에 입지하고 있다.

문화재로 지정된 강화도의 지석묘로는 사적 제 137호를 비롯하여, 지방기념물 제 16호 내가지석묘와 제 31호 대산리지석묘, 제 32호 부근리점골지석묘, 향토유적 제 26호 신삼리지석묘가 있다. 지석묘군으로는 지방기념물 제 44호 강화 부근리지석묘군, 제 45호 강화 삼거리지석묘군, 제 46호 강화 고천리지석묘군, 제 47호 강화 오상리지석묘군, 제 48호 강화 교산리지석묘군이 있다. 지방기념물 44~48호는 군을 이루고 있는 지석묘를 묶어 1999년 4월에 인천광역시에서 지정한 것이다.

부근리 지석묘군(지방기념물 제44호)은 고려산 북쪽 봉우리인 시루메산의 능선 끝자락 부분의 능선인 하점면 부근리 밭 가운데 있는 사적 제 137호인 강화지석묘를 중심으로 300m 이내에 있는 지석묘들이다. 사적 제 137호 지석묘는 하점면 부근리, 삼거리 일대와 송해면 하도리 등에 분포하고 있는 여러 지석묘 중 가장 규모가 큰 무덤 1기를 1964년 7월 11일 사적으로 지정한 것이다. 이 지석묘는 河岾面 소재지로 향하는 도로변 북쪽으로 약간 떨어진 밭 가운데에 하나가 독립해서 위치하고 있다. 경기도를 비롯하여 우리나라 중부지역에서는 드물게 보이는 巨大한 北方式(卓子式) 支石墓로 남한에서는 가장 큰 규모의 지석묘로 알려져 있다.

이 지석묘는 개석을 2매의 지석이 양쪽에서 받치고 있는 북방식이고 놓인 방향은 장축이 북동쪽(동북방향 69°)을 향하고 있다. 개석의 크기는 길이 450cm, 너비 520cm, 두께 120cm 정도이며 화강암 계통의 석재를 이용하였다. 지석은 서쪽에 있는 것이 길이 450cm, 너비 140cm, 두께 60cm이고, 동쪽에 있는 것은 길이 460cm, 너비 140cm, 두께 80cm이다. 지석 역시 개석과 같은 화강암을 사용하였으며, 바로 서있지 않고 동쪽으로 조금 기울어져(약 70°) 있는 상태이다. 지석묘의 전체 높이는 260cm이다. 원래는 동서로 놓인 지석 사이에 막음돌이 남북에 각각 한매씩 있었을 것이나 현재는 남아 있지 않다.

이 지석묘에서 150m 지점에 이 지석묘와 유사한 크기의 대형 지석묘로 추정되는 지석이 하나 비스듬하게 남아 있고, 약 150m 떨어진 솔밭에 북방식 2기와 남방식 1기가 있으며 소모골 소나무와 잡목사이 그리고 논가운데 대형 판석 1기가 비스듬히 박혀 있다.

삼거리 지석묘군(지방기념물 제45호)은 강화도 고려산 서쪽으로 뻗어내린 능선

5부 능선상에 위치한 북방식 지석묘 9기이다. 대부분은 비스듬히 쓸어져 있으나 대부분 북방식 지석묘의 원형을 유지하고 있다. 개석 위에는 직경 5㎝정도의 성혈이 깊이 1.5㎝ 정도의 깊이로 여러개 파여져 있다. 또한 이지역에서는 지석묘 축조과정을 밝히는데 중요한 단서가 될 수 있는 채석을 한 흔적이 있는 채석장이 발견되었다.

강화 고천리 지석묘군은 강화도 고려산 정상에서 서쪽 봉우리인 낙조봉 방향 해발 350m 지점 능선에 위치한 최고 높은 곳에 있는 지석묘군으로 3군데에 18기가 군집되어 있다. 북방식 지석묘 1기는 완벽하게 원형을 유지하고 있으나 그 외의 지석묘는 대체로 자연적인 붕괴로 인하여 원형이 많이 훼손된 상태이다. 북방식 지석묘는 우리나라 지석묘 초기 형태로 추정되고 보존상태가 양호하여 학술적 보존가치가 높으며, 특히 능선 정상부분에 지석묘 석재를 떼어낸 흔적이 있는 채석장이 있어 중요하다.

강화 오상리 지석묘군(지방기념물 제47호)은 강화도 고려산 남록에 위치하고 있으며 해발 75m의 조그마한 야산 오곡한 곳에 12기의 지석묘가 집중되어 있다. 그 중 내가면 오상리 산 125번지의 지방기념물 16호로 지정되어 있는 내가지석묘는 전형적인 북방식 지석묘로 4벽을 판석으로 석실을 축조한 후 대형 판석 한 장을 덮은 모양으로 지석묘의 석실 구조를 정확히 알 수 있는 가장 완벽한 원형 상태를 유지하고 있다. 그 밖의 지석묘는 거의 원형을 알 수 없을 정도로 도괴되어 있다. 북방식과 남방식이 공존하고 있다.

강화 교산리 지석묘군(지방기념물 제48호)은 강화도 봉천산 능선 해발 200m 지점 강화도에서 가장 북쪽에 위치한 지석묘로 11기가 능선을 따라 산재하고 있다. 대부분 북방식 지석묘로 원형을 유지하고 있다.

이렇게 강화 지석묘군은 고려산을 중심으로 반경 4km내에 120여기가 집중되어 하나의 특수한 지역을 이루고 있는데, 이는 우리나라 고대국가 형성과정에 중요한 고고학 자료일 뿐아니라 청동기 시대 문화에 대한 당시 인들의 정신상, 사회상 등을 알 수 있는 귀중한 자료가 된다.

한편 강화 지석묘 중 삼거리 북방식 지석묘 5기가 국립박물관에 의해 발굴되었다. 발굴조사한 지석묘는 삼거리의 소동부락의 밭 가운데 있던 10여기 중 5기이다. 이들은 모두 북방식 지석묘로 5기중 동쪽에 있는 것부터 A에서 E호로 명명되었다.

A호는 석실의 장축은 서북~동남향이였으며 長支石이 2매가 남아 있었는데, 대체로 높이 60㎝, 길이 2m이며 두께는 동지석이 15~20㎝, 서지석은 그 보다 얇은 10㎝였다. 短支石은 남지석만이 남아 있었는데, 지상에서 25㎝에서 절단되어 있었다. 두

께는 6㎝이고 폭은 47㎝이다. 석실의 내부평면은 0.47×1.30m정도이고 개석의 크기는 길이 2.45m, 폭 1.80m, 두께 25~55㎝이다. 석실의 내부는 심하게 교란되어 원래의 바닥을 파악할 수 없었으나, 하부로 내려갈수록 石塊들이 많이 채워져 있어 이 석괴들로 기초를 삼았다. 석촉 2점이 석실내부에서 출토되었다.

B호는 개석과 지석 1개만 남아 있던 것으로, 개석은 길이 3m정도이며 장축은 서북~동남 방향이었다. 지석은 길이 1.9m, 높이 1.0m, 두께 0.2m이며 하반부는 지하에 매몰되어 있었다. 역시 내부 바닥부분에는 石塊들이 많이 채워져 있었다. 마제석촉 1개만 출토되었다.

C호는 두 개의 長支石만이 남아 있는 것으로 장축방향은 A, B호와는 다른 동북~서남 방향이다. 지석의 길이는 1.5m, 높이 1.05m, 두께 0.20m로 두 개가 거의 비슷하다. 지석의 길이에 비하여 높이가 높은 편이다. 기초 석괴들은 심하게 교란되어 있었으며, 유물은 출토되지 않았다.

D호는 3개의 支石이 하반부만 잔존하고 있었으나, 기초석충이 비교잘 잘 남아 있어 석실 구조를 어느 정도 파악할 수 있었다. 2매의 장지석은 두께가 15~20㎝로 비슷하며, 하나는 길이 1.7m이고 반파된 다른 하나는 1.2m만 남아 있었다. 석실은 내경이 0.45×1.3m 가량으로 A호와 크기가 유사하다. 석실내부 바닥에는 교란된 흔적이 없는 석괴들이 기초로 채워져 있었는데, 석실은 건립당시부터 주변보다 15㎝정도 낮은 지하에 석실바닥을 만들었음이 확인되었다. 출토유물은 마제석촉 1점, 적색토기편 7편, 석촉편 등이다.

E호는 개석과 깨진 장지석 하나만 남아 있던 것으로, 개석은 길이 2.6m, 폭 1.6m, 두께 약 30㎝이고, 장지석은 남은 길이 1.5m, 두께 약 20㎝이다. 석실의 방향은 D호와 나란히 위치하고 있다. 석실 바닥에는 역시 굵은 석괴들을 채우고 있었다. 출토유물은 석촉편과 주위에서 발견된 석제 방추차 1점이다.

A호~E호까지 모두 북방식 지석묘로 석실을 만들고 그 하부에 석괴들로 기초를 한 형식으로 석실안에서 무문토기편, 마제석검, 석제방추차, 환상석부, 석촉 등이 출토되었다. 이러한 발굴 결과는 사적 제 137호인 강화지석묘의 하부구조와 유물 등을 추정해 볼 수 있는 좋은 참고자료가 될 것이다.

한편 이 지석묘와 같은 북방식 지석묘는 그 크기가 거대한데, 대체로 이러한 거대한 지석묘는 보다 작은 다른 지석묘군과 함께 위치하고 있다. 이러한 거대한 북방식 지석묘는 요동지방과 북한지역에 주로 분포하며, 여기의 강화도 부근리를 비롯한 한강

유역에도 여러 곳에 분포한다. 이러한 지석묘의 사회적 성격은 부족장 혹은 부족장의
가족묘로 보는 것이 일반적이다.

참고문헌

金載元 · 尹武炳, 1967, ≪韓國支石墓硏究≫, 국립박물관.
李亨求, 1992, ≪江華島고인돌무덤(支石墓)조사연구≫, 한국정신문화연구원.

강화 고인돌 일람표(강화군 조사자료)

연번	고인돌명	고인돌(支石) 굄돌 장축 길이	굄돌 장축 두께	굄돌 높이	마감돌 길이	마감돌 두께	마감돌 높이	덮개돌 가로	덮개돌 세로	덮개돌 높이	방향	형식 남방식	형식 북방식	재료	비고
1	강화읍 대산리 1189	(동)160 (서)240	130 150	130 45				368	260	50	30		O	흑운모편마암	대산리 지석묘 지방기념물 제31호
2	송해면 하도리 613							170	130	35	45	O		"	"
3	송해면 하도리 613							300	200	90	300	O		"	하도리 저수지 수몰지역
4	송해면 하도리 616-2							213	140	56	50	O		"	송해~별악출소 앞
5	송해면 하도리 187-1	(북)215 (남)	27 10	70 20				262	195	65	315		O	화강편마암	"
6	송해면 하도리 187-1							240	190	30	330	O		"	"
7	송해면 하도리 187-1							250	140	25	315			"	"
8	송해면 하도리 187-1							200	280	58	90		O	"	"
9	송해면 하도리 187-1							260	200	35	50	O		"	
10	송해면 상도리 산156(원춘부락)	(동)135		26				260	213	50	60		O	흑운모편마암	
11	송해면 상도리 산156							450	360	45	20	O		화강편마암	
12	송해면 상도리 산165							290	120	36	60	O		화강편마암	
13	송해면 상도리 산165	135	20	25							45		O	흑운모편마암	
14	하점면 부근리 218번지							215	125	26	50		O	화강편마암	
15	하점면 부근리 320-1	(서)325	36	200							70		O	흑운모편마암	고인돌13안 넓이 점음 (은행나무)
16	하점면 부근리 320-1	230	40	20							60	O			고인돌로 보이는 판석이 누워있음
17	하점면 부근리 320-1	138						138	85	25	0	O			
18	하점면 부근리 317	(동)464 (서)550	80 60	140				660	520	120	60	O		"	강화지석묘 사적 제137호
19	하점면 부근리 88	(서)100	36	140				320	225	35	60	O		화강편마암	
20	하점면 부근리 88							230	185	30	65		O		
21	하점면 부근리 247	(북)95 (남)60	14 12					240	190	40	310		O	흑운모편마암	세미울회관

연번	고인돌명	장축 길이	장축 두께	장축 높이	마감돌 길이	마감돌 두께	마감돌 높이	덮개돌 가로	덮개돌 세로	덮개돌 높이	방향	남방식	북방식	자료	비고
22	하점면 부근리 247							170	140		80	○		"	언덕
23	하점면 부근리 247	220	25								320		○	"	느티나무 밑
24	하점면 부근리 743-4	(서)255 (동)255	155/40	50	(북)150	85/22		428	370	65	10		○	"	강화 부근리 점골지석묘 지방기념물 제22호
25	하점면 삼거리 720							260	160	25			○	화강편마암	개울가에서 이동
26	하점면 삼거리 932	(서)180	48					365	345	27	330		○	"	담장밑에 있음
27	하점면 삼거리 947(천촌부락)							250	160		0	○		흑운모편마암	화나무 뿌리에 박혀있음
28	하점면 삼거리 947(천촌부락)							270	180		0	○		"	화나무밑으로 이동
29	하점면 삼거리 947(천촌부락)							280	200		-	○		"	화나무 밑
30	하점면 삼거리 922-1							210	170		-	○		"	
31	하점면 부근리 236	(서)180	20					260	170	43			○	흑운모편마암	담장밑에 있었으나 원래 제자리로 이동
32	하점면 삼거리 38-1(소두물부락)			30				260	170	50	330		○	"	
33	하점면 삼거리 38-1(소두물부락)			50				260	200	33	265		○	"	
34	하점면 삼거리 38-1(소두물부락)			36				140	90	32	325		○	"	
35	하점면 삼거리 38-1(소두물부락)			32				170	-	-	325		○	"	
36	하점면 삼거리 38-1(소두물부락)			54					160	57	35	○		"	
37	하점면 삼거리 38-1(소두물부락)			54				200	140	46	270		○	"	이동참점 뒤 담장에 박혀 있음
38	하점면 삼거리 38-3	(북)230	60	30									○	"	
39	하점면 삼거리 524-2	(동)265 (서)170	145/175					323	260	25	65		○	화강편마암	신삼리 지석묘 향토유적 제26호
40	하점면 신봉리 297-3							240	190	62	55	○		"	이평영씨 밭
41	하점면 신봉리 산 121(천촌부락)	(동)220 (서)200	40	40	72	30		315	230	38	-		○	"	천촌부락 입산 등선
42	하점면 신봉리 산 121(천촌부락)	(서)142 (동)142	16/27					185	148	35			○	"	"

연번	고인돌명	고임돌(支石) 장축			마감돌			덮개돌			방향	형식		재료	비고
		길이	두께	높이	길이	두께	높이	가로	세로	높이		남방식	북방식		
43	하점면 삼거리 산121(전촌부락)	(동)175 (서)120	41 33	55 65				210	134	34	0		0	화강편마암	
44	하점면 삼거리 산121'(전촌부락)	(서)180	14	20				220	131	25	340		0	0107	
45	하점면 삼거리 산12'(전촌부락)	(동)180 (서)161	30 40	40 35				115	75	15	350		0	〃	
46	하점면 삼거리 산12C	(서)110	15	30				200	200	25	340		0	흑운모편마암	
47	하점면 삼거리 산15C	185	20	40				235	123	45			0	〃	
48	하점면 삼거리 산15B	150	30	50				130	110	25			0	〃	
49	하점면 삼거리 산120							250	-	50			0	〃	
50	하점면 삼거리 922-1							160	200	-		0		〃	
51	하점면 삼거리 910		30					330	170	35		0		〃	밭둑에 방치되었음
52	하점면 삼거리 928-1	110	10	35 10										〃	담장에 방치되었음
53	하점면 삼거리 912	-	-	250 250										〃	담장에 방치되었음
54	하점면 삼거리 912	(북)170 (남)170			34	23		200	185	70	320		0	〃	담장에 기대어 있음
55	송해면 양오리 산11	(동)330 (서)330	38 40	250 250	(서)50 (중)60	5 5	50 10	530	390	70			0		
56	내가면 오상리 산125	(남)205 (북)210	10 15	50 40				370	335	50	320		0	〃	내가 지석묘 (지방기념물 제16호)
57	내가면 오상리 산125							210	100	25	90		0	〃	파괴
58	내가면 오상리 산125												0	〃	〃
59	내가면 오상리 산125	110	60				5	230	60	-	60		0	〃	〃
60	내가면 오상리 산125	100	35	12				-	60	-			0	〃	〃
61	내가면 오상리 산125							200	-	35	-		0	〃	〃
62	내가면 오상리 산125	120	15					200	170	35			0	〃	〃
63	내가면 오상리 산125	150	30					200	100	-	60		0	〃	〃

연번	고인돌명	고인돌(支石) 장축			고인돌(支石) 마감돌			덮개돌			방향	형식 남방식	형식 북방식	재료	비고
		길이	두께	높이	길이	두께	높이	가로	세로	높이					
64	내가면 오상리 산125							230	120		50	0	0	〃	〃
65	내가면 오상리 산123-1							174	135	17				〃	〃
66	내가면 오상리 산123-1	94	70	25									0	회색편마암	고인돌 1개만 있음
67	내가면 오상리 산123-1	170	70	25									0	〃	〃
68	내가면 고천리 산117							290	160	15			0	〃	파괴
69	내가면 고천리 산117	(동)180 (서)175	27 30	95 85				330	250	60			0	〃	원형상태 양호
70	내가면 고천리 산117	130	60	70				150	130	-			0	〃	파괴
71	내가면 고천리 산115	260	20	160				320	180	60			0	흑운모편마암	파괴
72	내가면 고천리 산115	180	40	150				210	120	20			0	〃	
73	내가면 고천리 산115	130	30	15				170	110				0	〃	
74	내가면 고천리 산115	-	-	-				230	190	40			0	〃	
75	내가면 고천리 산115	250	25	70				230	190	25			0	〃	
76	내가면 고천리 산115	140	15	30				210	160	20			0	〃	
77	내가면 고천리 산115	165	15	60	60	7	40	240	140	25			0	〃	
78	내가면 고천리 산115	150	45	45				190	150	15			0	〃	
79	내가면 고천리 산115	150	45	45				210	160	30			0	〃	
80	내가면 고천리 산115	130	15	40				-	-	-			0	〃	
81	내가면 고천리 산115	170	15	40				290	200	25			0	〃	
82	내가면 고천리 산115	-	-	-				-	-					〃	파괴
83	내가면 고천리 산95	135	20	50				220	150	20			0	〃	
84	내가면 고천리 산95	245	15	40				250	240	15			0	〃	
85	내가면 고천리 산95	150	15	10				180	180	20			0	흑운모편마암	
86	내가면 고천리 산95	180	30	60				-	-	-			0	〃	
87	내가면 고천리 산95	-	-	-				230	170	25			0	〃	

255

연번	고인돌명	고인돌(支石)						덮개돌			방향	형식		재료	비고
		장축			마감돌			가로	세로	높이		남방식	북방식		
		길이	두께	높이	길이	두께	높이								
88	내가면 고천리 산95	140	15	40				-	-	-			0	흑운모편마암	
89	하점면 이강리 394	210	36					370	230	62	70		0	흑운모편마암	밭 강서중학교 앞
90	하점면 이강리 366							270	250	40			0	〃	강후초교 앞
91	하점면 창후리 산11							300	260	70			0	〃	〃
92	하점면 창후리 산100							240	170	25			0	〃	묘지 위
93	하점면 창후리 산49							290	240	30			0	〃	
94	하점면 창후리 산49							220	190	30			0		
95	양사면 교산리 산195-1	86	35	70				220	130	23			0		
96	양사면 교산리 산195-1	(동)175 (서)140	15 20	102				350	260	15			0		
97	양사면 교산리 산195-1							190	150	30	15		0		
98	양사면 교산리 산195-1							260	220	20		0			
99	양사면 교산리 산615							300	240	23		0	-	흑운모편마암	
100	양사면 교산리 산137				50	10	60	260	230	50			0	〃	
101	양사면 교산리 산137	195	20	85				220	220	35			0	〃	
102	양사면 교산리 산137	180	20	80				190	180	30			0	〃	
103	양사면 교산리 산139	-	-					210	150	25			0	〃	
104	양사면 교산리 산139	200	20	130				290	260	35			0	〃	
105	양사면 교산리 산139	140	25	45				260	160	35			0	〃	
106	양사면 교산리 978							260	180	45		0		〃	
107	양사면 교산리 978							180	190	30		0		〃	
108	양사면 교산리 1405	175	25	80				230	210	25			-	〃	소나무 밑(도로)
109	양사면 교산리 산311-1							230	180	40			0	〃	공동묘지 위
110	양사면 교산리 산909							200	180	30			0	〃	진행(마을)
111	양사면 교산리 산108							180	160	20			0	〃	진행(마을)

연번	고인돌명	고인돌(支石)						덮개돌			방향	형식		재료	비고
		장축		높이	마감돌			가로	세로	높이		남방식	북방식		
		길이	두께		길이	두께	높이								
112	양사면 교산리 산108	180	25	70	60	15	60	270	120	30			0	"	원행 이후(상석 잘려짐)
113	양사면 교산리 산108	190	15	40	50	20	50	250	160	30			0	흑은모판이암	
114	양사면 교산리 1155													"	신기슭에서 이동
115	양사면 교산리 산108	230	25	130				260	180	25			0	"	
116	하정면 두곡리 88(솔밭)							180	130	50			0	흑갈색이암	
117	하정면 두곡리 92-1	230	40	40				460	340	60			0	"	
118	하정면 두곡리 산9-1							170	100	25			0	"	
119	하정면 두곡리 산9-1							180	130	25			0	"	
120	하정면 두곡리 산9-1							160	130	40			0	흑은모판이암	
121	양사면 교산리 산187							290	150	50	345		0	"	
122	양사면 교산리 산187										300		0	"	

257

〈그림 1〉 강화 지석묘 (江華島 고인돌무덤(支石墓) 조사연구)

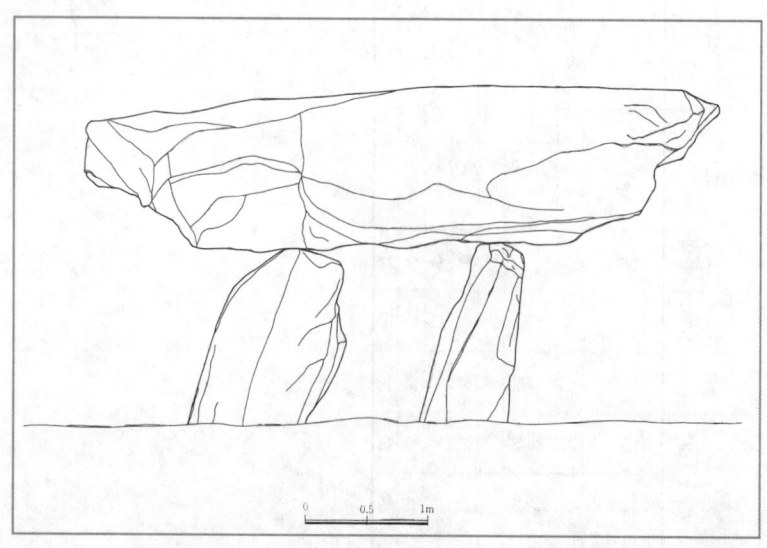

0   0.5   1m

사진 1. 강화 지석묘(사적 제137호)

나. 고창 지석묘

최 몽 룡

1994년 사적 제 391호로 지정된 고창 지석묘군은 전북 고창군 고창읍 죽림리와 아산면 상갑리에 위치하는데, 보호구역의 면적은 81,763m² 즉 25,000평에 달한다. 고창읍에서 북서쪽으로 약 9.5km지점에 자리한 매산마을을 중심으로 동서로 약 1,764m, 즉 81,763m²에 달하는 지역내에 각종 형식의 고인돌 442기가 무리를 이루어 분포하는데, 지석묘가 분포하는 지역의 표고는 15~50m에 이른다.

이곳 고인돌들은 기원전 5 · 6세기부터 3 · 2세기경까지 약 2~300년간에 걸쳐 축조된 것으로 여겨진다. 당시 사람들은 청동기시대 이래 토착농경을 기본으로 한 족장사회(Chiefdom society)를 구성하고 있었던 것으로 추정되는데, 고인돌군은 당시 이 지역을 지배하던 족장 및 정치적으로나 경제적으로 상류층에 속하는 이들의 가족묘역이었던 것으로 판단된다. 1992년 실시된 지표조사에 따르면, 북방식(탁자식) 2기, 개석식(지상석곽식) 45기, 남방식(지석식) 246기 등 다양한 형식의 지석묘들이 공존하는데 주류를 이루는 것은 남방식이다. 크기가 1m 미만의 소형의 개석도 존재하지만 그 크기가 5.8m에 달하는 대형의 개석을 지닌 지석묘도 있다.

I. 고창군 지석묘 현황

한반도는 물론 동북아시아에서 지석묘가 가장 조밀하게 분포하는 고창군에는 대략 2,000여기에 달하는 지석묘가 분포하는 것으로 알려져 있다. 지석묘는 고창읍 도산리 · 매산리 · 월암리 · 죽림리 · 월곡리, 고수면 황산리 · 신기리 · 조산리, 아산면 상갑리 · 학전리 · 운곡리, 무장면 목우리, 해리면 평지리, 심원면 하전리 · 월산리, 신림면 무림리 · 가평리, 부안면 용산리 · 수동리, 공음면 구암리, 상하면 하장리 등 거의 전지역에 분포한다. 특히 아산면 운곡리에는 상석의 높이가 5m, 가로 7m, 세로 5m에 이르는 우리나라에서 가장 큰 지석묘가 있으며, 도산리에는 북방식 지석묘가 있다.

Ⅱ. 죽림리·상갑리 지석묘군 현황

죽림리·상갑리 지석묘군은 고창읍에서 북서로 약 9.5km 떨어진 지점에 자리한 매산마을을 중심으로 동서로 약 1,764m 범위에 걸쳐 있다.

이 일대의 표고는 15~199m에 달하는데 대부분의 지석묘는 죽림리 매산마을을 기점으로 해서 산줄기의 남쪽 기슭을 따라 표고 15~50m지역에 등고선을 따라 군을 이루며 분포한다. 죽림리지역의 경우 표고 60m를 기점으로 경사도가 크게 증가하는데 경사도 10%미만의 평지는 전체 면적의 19.7%에 해당하는 194,600m²이고, 경사도가 10~30%인 지역은 전체면적의 14.3%에 해당하는 141.100m²이다. 인접한 도산리지역은 경사도가 10%미만인 평지는 전체 면적의 8.8%에 해당하는 2,975m²에 불과하고 나머지는 경사도가 10~30%로 비교적 완만한데 지석묘군은 주로 경사도가 낮은 지역에 분포하고 있다. 이 일대는 전형적인 농촌의 토지이용 형태를 보이고 있다. 즉 남쪽에 논을 중심으로 한 농지가 있고, 북쪽으로 경사면을 따라 산림이 형성되어 있으며, 논과 산림의 경계선상의 완만한 사면에 취락과 밭이 동서로 길게 분포한다. 지석묘는 주로 산림과 농지 사이의 경계선상에 분포하고 있다.

죽림리 및 상갑리 일대에서는 1965년 국립박물관에 의해 3기의 지석묘가 발굴조사된 바 있으며, 1990년 전라북도와 원광대학교가 3개월에 걸친 현지조사를 통해 442기의 지석묘를 확인하였다. 파괴·매몰된 108기를 합하면 이 일대에서 모두 550여기의 지석묘가 확인되었다. 그러나 조사이전에 파괴된 지석묘의 수를 고려하면, 1,000여기의 지석묘가 있었던 것으로 추정된다.

한편 지표조사 결과에 따르면, 지석묘 분포의 중심은 섬틀봉의 남쪽 산록이다. 무리를 이루어 분포하는 이 지석묘군은 흐트러짐이 심한 것처럼 보이나 대체로 일정한 규칙성을 보이고 있다. 즉 북방식 지석묘가 위치하는 해발 180m내외의 산록을 따라 지석묘가 분포하고 있는 동쪽 지역과 해발 158.6m의 섬틀봉 산록을 따라 지석묘가 분포하는 서쪽 지역 지석묘들은 열을 지어 분포하고 있다. 두 산이 이어지는 골짜기에 위치한 지석묘군의 경우는 이러한 규칙성을 따르지 않는 것처럼 보이나 정밀조사를 통해 확인한 바에 따르면 이들 역시 열을 이루어 분포하고 있다. 이러한 분포상의 규칙성은 위계에 따른 지석묘의 배열등으로 해석되고 있는데 그러한 계층분화가 이루어졌는지는 확실하지 않다.

이처럼 열을 이루는 것 외에도 군집을 이룬 지석묘들은 자연지형, 대체로 하천을 따라 길게 분포하는데 죽림리·상갑리 소재 고인돌은 주진천의 흐름을 따라 축조되었음을 확인할 수 있었다.

전북지방의 경우 서부 평야지대를 중심으로 지석묘가 집중적으로 분포하고 있다. 행정구역상으로는 고창, 부안, 김제, 군산 등지에 비교적 많은 지석묘가 분포하며 동부 산간지역인 남원, 정읍, 장수, 무주 등지에도 고인돌이 분포한다. 이처럼 도내 거의 전지역에 지석묘가 분포하고 있으나 분포의 중심은 역시 고창군이다. 특히 전라북도의 다른 지역과는 달리 고창군의 지석묘는 군집을 이루는 경향이 강한데 그 군집의 규모는 10여기에서부터 죽림리 일대에서 확인된 것처럼 수백 기에 이르는 경우도 있다. 이같은 대규모 군집은 전남지방에서도 확인되지 않았다. 전남지방의 경우는 50~100기가 분포하면 예외적인 대규모 군집으로 분류된다.

고창군에 분포하는 지석묘의 총수는 아직 파악되지 않았으나 1984년(전북대), 1987년(전북대), 1990년(원광대) 조사를 통해 85개소 이상에서 2,000여기 이상의 지석묘가 분포하는 것으로 확인되었다. 최근 이웃한 대산면 상금리 일대에서 200여기 이상의 남방식 지석묘가 새로이 발견되었다.

현재까지 확인된 바에 따르면, 지석묘가 가장 밀집하여 분포하는 지역은 고창군이며, 고창군내에서는 죽림리·상갑리 일대에 지석묘가 가장 밀집되어 있다. 이와같이 지석묘가 특정 지역에 집중되어 하나의 특수한 지역을 이루는 것은 우리나라 청동기문화에서 보이는 중요한 특징의 하나로 생각할 수 있다.

또한 그 숫자의 방대함뿐만 아니라 다양한 형식, 이른바 북방식이라 불리우는 탁자식, 남방식인 바둑판식, 여러 매의 벽석이 지상에 노출된 개석식(지상석곽형) 등 다양한 형식이 확인되었다. 따라서 이 일대는 우리나라 지석묘의 기원 및 성격 뿐만 아니라 지석묘가 북방식에서 남방식, 개석식으로 변해가는 과도기적 단계를 보여주고 있다는 점에서 동북아시아의 지석묘 변천사를 규명하는데 있어서도 매우 중요하다.

이러한 점에서 죽림리·상갑리 일대 지석묘 유적은 그 분포 규모와 숫자에 있어서 동양 거석문화의 중심이라고 할 수 있다.

Ⅲ. 고창 도산리 지석묘(高敞 道山里 支石墓)

전라북도 고창읍 도산리에 있는 청동기시대의 지석묘. 전형적인 북방식 지석묘로 2매의 거대한 판석을 동서 방향으로 나란히 세우고 그 위에 편평한 개석을 얹었다. 양쪽 마구리벽은 이미 제거되었으며, 개석의 길이는 3.5m, 최대너비 3.1m, 두께는 30~38cm 정도에 이른다. 남아 있는 두 벽은 남동방향으로 세워졌는데, 남쪽 벽은 전체길이가 3.2m, 밑변 길이 2.8m, 윗변 길이 2.24m, 높이 1.8m로 사다리꼴을 이루고 있는데 두께는 18~25cm이다. 남쪽 벽과 0.65m 간격을 두고 평행으로 세워진 북쪽 벽은 길이 3.2m, 높이 1.8m의 장방형인데 두께는 16~25cm이다.

전라북도 기념물 제 49호로 지정되어 있었으나, 1999년 11월 15일자로 사적 제391호 고창 지석묘군에 포함하여 지정 관리하고 있다.

Ⅳ. 고창 매산리 지석묘(高敞 梅山里 支石墓)

전라북도 고창군 아산면 죽림리 매산부락 동쪽 도로변에 위치한 청동기시대의 지석묘군이다. 10여기의 지석묘가 모여 있는데, 북방식이 2기를 제외한 나머지는 남방식이다. 북방식 중 1기는 바닥면이 편평한 타원형 개석이 ㄷ자형으로 짠 받침돌위에 얹혀 있다. 개석은 길이 3.6m, 최대 너비 2.0m, 높이 0.7m의 자연석을 거북등 모양으로 다듬어 놓았다. 하부구조의 장축은 동북 10° 방향인데, 남쪽 벽은 길이 2.3m, 높이 0.9m, 두께 22cm이고, 북쪽 벽은 길이 2.24m, 높이 0.73m, 두께 16cm이며 땅 속에 묻힌 부분은 반달모양을 이룬다. 마구리벽은 동쪽에만 남아 있는데, 북쪽 벽의 동쪽끝에서 0.36m 안으로 들어와서 전체 평면은 ㅍ형을 이루었던 것으로 보인다. 높이 0.7m, 바닥 너비 0.84m, 두께 18cm이다. 북벽 위쪽이 밖으로 기운 점이 특이한데, 이는 축조 당시의 형태이며, 북벽의 바깥 양쪽에 한 개씩의 기둥과 같은 지석을 세워 보강하였다.

Ⅴ. 고창 상갑리 지석묘(高敞 上甲里 支石墓)

전라북도 고창군 아산면(牙山面) 상갑리에 있는 지석묘 유적. 전라북도 고창군 일대는 인접한 부안군과 함께 우리나라에서 지석묘가 가장 밀집되어 있는 지역이다. 아산면 상갑리 일대에는 부락의 북쪽에서 동서로 길게 이어지는 매산(梅山) 남쪽 기슭을 따라 약 2.5km의 범위안에 400~500기에 달하는 지석묘가 밀집되어 있는데, 이는 우리나라 최대의 지석묘군으로 알려져 있다. 지석묘군은 부락에서 산중턱에 이르기까지 비교적 넓은 분포되어 있는데 상석은 산맥의 흐름을 따라 대개 동서를 장축 방향으로 한다. 대부분은 남방식 지석묘로 상석 밑에 지석을 고이지 않은 것들도 있지만 대형 지석묘는 대개 크고 작은 지석을 상석 밑에 괴고 있다. 다른 곳에서는 보기 어려운 대형의 지석묘들이 적지 않게 발견되고 있다. 부락 가운데 있는 지석묘의 경우는 상석이 길이 6.5m, 너비 5.3m, 높이 2m로 그 무게는 150톤이 훨씬 넘는 것으로 추정된다. 남방식 지석묘와 함께 3~4기의 북방식 지석묘가 섞여 있는데, 이들은 가장 남쪽에 위치한 북방식 지석묘로서 학술적으로 중요한 위치를 차지한다. 이들 지석묘 가운데 3기가 국립박물관 조사단에 의하여 1965년 발굴 조사된 바 있다. 3기 모두 상석 아래 판석(板石:C호)이나 할석(割石:A, B호)으로 짜 맞춘 묘곽이 있고, B호와 C호의 묘곽 주위는 적석으로 보강되어 있었다. 지석묘에서 출토된 유물은 한 점도 없었지만 인근 구릉의 지표에서 마제석검의 손잡이 파편 1점이 채집되어 이들 지석묘의 성격을 간접적으로 시사해 주고 있다. A호 지석묘의 상석 북편에 삼국시대의 분묘가 붙어 있었는데, 여기에서 토기류 수 점이 출토되었다. 이는 춘천 천전리(泉田里) 지석묘의 경우와 함께 선사시대 지석묘에 의지하여 후대의 분묘가 축조된 예로 주목되고 있다.

VI. 고창 운곡리 지석묘(高敞 雲谷里 支石墓)

전라북도 고창군 아산면(牙山面) 운곡리에 있는 청동기시대 및 철기시대 전기의 남방식 지석묘군. 인접한 용계리(龍溪里)에 걸쳐 20여기의 지석묘가 분포되어 있는데 아산댐 건설에 따라 1983년 3월과 4월 사이에 전주시립박물관에 의해 발굴 조사되었다. 운곡리 부락 앞이 A지구, 그 동쪽이 C지구, 가장 안쪽이 B지구로 구분되었는데, 안쪽으로 갈수록 개석의 크기가 대형화된다. 가장 큰 것은 B-1호로 길이 5.0m, 너비 4.5m, 높이 4.0m의 안산암계(安山巖系) 자연석(비중3.0 내외)을 3개의 지석으로 받쳤는데 그 무게만도 150톤 이상이다. 이 밖에도 1백톤 이상 1기(B-8호), 70톤 이상 2기(B-5·6호), 50톤 이상 7기, 30톤 이상이 3기에 이른다. 용계리와 운곡리에서 조사된 지석묘의 지하구조는 4개 유형으로 구분되는데 제 1형은 개석을 3~7개의 지석으로 괴고, 지하에 돌널을 만든 다음 주변에 잔돌을 깔았다. 돌널은 동서쪽의 짧은 벽은 1매의 판석이나 잡석으로 쌓았고, 양쪽 긴 벽 역시 판석 또는 잡석으로 쌓았으며, 그 위에 3~4매의 판석을 개석으로 덮었다. 돌널의 크기는 길이 1.2~1.6m, 너비 0.44~0.5m, 깊이 0.3~0.4m 내외이다. C-2호의 예를 보면 길이 2.1m, 너비 2.06m, 두께 0.9m의 평면의 부채꼴 모양의 개석을 4개의 지석으로 괴었다. 뚜껑돌과 돌널의 방향은 북동 60°이다. 돌널의 4벽은 잡석으로 쌓았고, 윗면과 둘레에는 판석을 깔았고, 그 위에 4매의 개석을 덮었다. 돌널의 규모는 길이 1.5m, 너비 0.5m, 깊이 0.5m 이다. 개석 상면에는 길이 40cm, 너비 20cm, 높이 15cm 정도의 작은 돌덧널이 있는 것이 특색이다. 제 2형은 대형 뚜껑돌을 몇 개의 굄돌로 괴고, 그 중앙에 자연판석을 세워 돌널을 짠 것인데 개석은 없다. B-3호의 돌널은 길이 1.1m, 너비 0.6m, 깊이 0.3m의 소규모이다(B-3 · 4호, C-1호). 제 3형은 개석을 괸 점은 위와 같으나 지하구조가 없고, 몇 개의 편평한 돌을 깔았을 뿐이다(A-4 · 6 · 7호). 제 4형은 괴석이나 자연판석을 세워 장방형의 돌널을 만들고, 그 위에 직접 개석을 얹었다. 돌널의 벽이 바로 지석이 되는 셈이다. 꺼묻거리는 없으나, 운곡리 민무늬토기 산포지에서 점토대 이중구연(粘土帶二重口緣) 토기편 등이 발견되고 있어 이들 지석묘의 지하구조의 특징과 함께 고려해 볼 때 그 축조 연대는 기원전 3세기말에서 2세기경에 걸친 것으로 보인다.

Ⅶ. 고창 안산리 지석묘(高敞 安山里 支石墓)

高敞郡 海里面 安山里에 所在한다. 海里~冬湖間 도로상에 있는 安山橋는 해리면소재지에서 북방 1.7km 지점에 있는데, 안산교와 해리사이 도로변 二相山(표고 198.8m) 기슭을 따라 약 55기의 지석묘가 群在하고 있다. 안산교 남쪽 도로 밑에 남북으로 4기가 직선상에 배열되어 있고, 약간 아래에 역시 남북으로 3기가 배열되고 다시 지형을 따라 북으로 7기가 있고, 안산교 동편에도 1기가 있다. 모두 4개의 지석을 괸 南方式 지석묘들인데 도로변 가까이 남북으로 위치한 3기중 最南端의 것은 길이 3.30m, 폭 1.90m 의 단면 3각형의 自然石으로 네 모퉁이에 지석을 받치고 있으며 장축방향은 북동 20°이다. 중간의 것은 길이 3.50m, 폭 1.40m, 높이 1.20m의 가장 큰 개석의 4隅에 지석을 괴었는데 장축방향은 正南北이다. 그 북편에 있는 것도 正南北을

장축으로 길이 2.40m 폭 1.60m 높이 1.25m의 자연석을 4隅에서 지석으로 괴었다. 이 곳 지석묘의 蓋石들은 立體形의 自然塊石이다.

남으로 도로연변, 곧 二相山의 西麓을 따라 약 1.2km 에 걸쳐 지석묘가 연속적으로 배열되어 있는데 이는 雅山面 相甲里에서 梅山里까지 산기슭을 따라 연속적으로 지석묘가 배열된 것과 같은 양상을 띠고 있다. 이 밖에도 내를 건너 安山부락으로 건너가는 다리까지 17기가 散在되어 있다. 다리 건너편 민가를 사이에 두고 대로 남쪽 일직선상에 위치하는 12기의 지석묘 중, 민가북편의 3기는 비교적 거대한 것으로 최북단을 가리키고 있다. 중간의 것은 길이 5.00m 폭 2.10m 높이 0.95m 로 가장 큰 蓋石을 4개의 지석으로 받치고 있다. 그 남쪽의 1기도 길이 3.90m 폭 2.90m 높이 1.25m의 蓋石으로 모두 서북 340° 방향으로 놓여 있다.

Ⅷ. 고창군 안산리 이상동 지석묘(高敞郡 安山里 二上洞 支石墓)

高敞郡 海里面 安山里에 위치한다. 같은 안산리로서 안산리 지석묘군의 연장이다. 이상동에는 낮은 골짜기를 사이에 둔 臺地에 각 11基 程度의 지석묘들이 群在한다. 그중 西端에 위치한 지석묘의 개석은 이 일대에서 가장 거대하며, 또 支石도 4개 이상인 多支石式의 특징을 보이는데 이는 扶安 龜岩里 지석묘와 類似해 注目된다. 길이는 5.55m, 폭 4.70m, 높이 1.60m의 거대한 立體形 蓋石으로 上面은 平坦하며 南邊은 직선으로 자르고, 북방은 폭이 좁다. 동변에 3개, 서변에 1개, 남변 서쪽 모퉁이에 1개 都合 5개의 지석을 괸 多支石式인데 내면에도 지석이 있는지는 확실치 않다.

지석묘군은 이 대형 지석을 기점으로 지형을 따라 동방으로 弧形을 그리며, 6기가 도열해 있고, 이 호선 내에 다시 대형 지석묘 1기가 있고 그 서방에 소형지석묘가 배치되어 陪塚같은 인상을 준다. 이 곳에 군재하는 지석묘는 모두 4개의 지석을 괴고 있는 남방식이다. 이 지석묘군의 골짜기를 건너 동쪽 臺地 위에도 11기의 지석묘군이 있는데 이 역시 지형을 따라 호형을 그리며, 外周에 2열로 배치되고 그 서단에는 거대한 3기의 지석묘가 群在하고 있다. 이 곳에서 약 400m 동남방에 있는 海里초등학교 뒤 대지상에도 5기의 지석묘가 군재하고 있는데, 모두 지석을 받친 南方式이다.

이처럼 禪雲寺를 중심으로 그 外周山稜의 산기슭을 감돌면서 북으로는 心元面,

서로는 海里面, 남으로는 雅山面에 걸쳐 반경 약 12~14km의 원형을 그리면서 수백 기가 間斷없이 계속되고 있어 조밀한 분포지대임은 물론, 그 분포양상도 특이해 매우 주목된다. 이것은 또한 이들 선사시대 지석묘인들에게 선운산 일대는 그들의 信仰生活에 있어 매우 중요한 지역이었음을 나타내는 것이라고 보아야 할 것이다.

Ⅸ. 고창 왕촌리 지석묘(高敞 旺村里 支石墓)

高敞郡 海里面 旺村里에 所在한다. 海里에서 冬湖行 도로 약 3.5km 지점 弓山堤 西岸에 '팔형치'라는 부락이 있다. 이 마을 앞 도로 동편에 9기의 지석묘가 남아 있는데 도로공사로 西便의 몇 기는 없어진 것으로 보인다. 弓山 貯水池 쪽으로 뻗은 臺地上에 5기가 弧形으로 배치되고, 3기는 絃을 이루며 동서로 뻗어 마치 弓形을 이루는 지석묘군이다.

가장 西端에 있는 1기는 동남 150°를 장축방향으로 하는 길이 2.60m 폭 1.70m의 입체형 개석을 지니고 있는데, 西端은 지석없이 지면에 접하였고 약 30cm 들려 있는 東端은 兩모퉁이에 2개의 지석을 괸 특수한 지석묘이다.

그 남쪽 도로변에 있는 1기의 개석은 길이 1.90m, 폭 2.20m, 높이 0.90m로 지석은 없고 동남 125°를 장축방향으로 하는데 南隅에 지석이 遊離되어 있다. 이는 도로공사 중 원위치에서 약간 북쪽으로 이동된 것으로 역시 지석을 괸 南方式이었을 것이다.

그 동편에 있는 1기의 개석은 길이 2.80m 폭 1.65m 높이 0.43m의 細長하고 扁平 자연석인데 동남 110°를 장축방향으로 한다. 지석의 유무는 명확치 않다.

여타 지석묘는 이보다 작은 개석을 지니는데 지석이 괴어진 것도 있고 불분명한 것도 있다. 이 弓山堤의 東岸山稜을 넘어 道川里에도 40~50기의 지석묘가 군재하고 있다 하나 확인되지 않았다.

Ⅹ. 고창 월산리 지석묘(高敞 月山里 支石墓)

高敞郡 心元面 月山里에 위치한다. 禪雲寺 입구에서 舟津江해안을 따라 北走하다가 茁浦灣에 沿한 도로를 따라 가면 心元面 下田里 도로 남쪽에 4기, 上田부락쪽에

7기 등 南方式 지석묘가 군재해 있으며, 하전리에서 약 1.2km 서남방에 있는 月山里 도로 하편에도 20여기의 지석묘가 군재하고 있다.

이 지석묘군은 대략 도로와 평행하게 서남~동서방향으로 일렬로 8기가 배열되었고 그 동북단에는 남북방향을 장축으로 하는 4기의 지석묘가 일렬로 배치되었으며 이 ㄱ자형배열선구획내에 12기가 산재하고 있다.

북단에 있는 3기를 보면 산기슭에 가까운 최동단의 것은 길이 2.80m 폭 1.30m, 높이 0.70m의 세장한 方形의 自然石蓋石을 4개의 지석으로 괴고 있다. 중간의 것은 서북 280°를 장축방향으로 하는 길이 3.20m 폭 1.30m 높이 0.70m 의 개석을 역시 4개의 지석이 괴고 있다. 서쪽의 것은 길이 2.40m 폭 1.20m 높이 0.97m 의 개석을 4개의 지석으로 괴었는데, 개석의 장축방향은 서북 300°이다.

이 지석묘와 평행으로 남쪽에 위치한 지석묘는 길이 2.40m 폭 1.70m 높이 0.70m의 개석을 4개의 지석으로 괴고 있으며 장축방향은 正東西이나 남쪽에 이와 평행하게 자리한 지석묘의 개석은 장·폭 각 2.20m의 정방형에 가깝고 높이도 1.00m 이상의 立體形 蓋石이다. 네 모퉁이에는 각각 지석을 괴었다.

여타의 지석묘도 그 크기나 방향, 지석 등에 있어 별다른 차이가 없다 開畓된 논에 묻혀 기울어진 것도 일부 있으나 모두 남방식의 특징을 지니고 있다. 다만 위에서 말한 남북으로 대략 일직선상에 배열된 8기는 남북을 장축방향으로 한다.

XI. 고창 주산리 지석묘(高敞 珠山里 支石墓)

高敞郡 心元面 珠山里 所在한다. 心元面所在地에서 도로를 따라 서남으로 약 2.0km 떨어진 도로 북편에 珠山부락이 있는데, 부락 동쪽 어귀의 林間에 11기의 지석묘가 군재하고 있다.

대략 동서 2열로 배열되어 있는데 장축방향은 제각기 다르다. 자연암석을 70~80cm 크기로 떼어낸 돌(지석)로 개석을 받치고 있는데, 지석이 반쯤 개석 외로 돌출되어, 위에서 보면 마치 거북과 같은 형상을 하고 있는 전형적인 南方式 지석묘이다. 그 중 최대의 것은 동단에서 두번째에 위치하는데 130°방향을 장축으로 하는 길이 3.00m, 폭 2.00m, 높이 0.73m의 蓋石을 네 모서리에서 지석으로 괴고 있다.

그 서방에 있는 것은 길이 2.30m, 폭 1.10m, 높이 0.70m의 蓋石 네 모퉁이에 지석을 반쯤 내밀어 괴었는데 西北隅만은 2개의 지석으로 괴었다. 장축방향은 북동 65°이다. 이와 병행하여 그 남쪽에 위치하는 것은 길이 1.92m, 폭 1.45m, 높이 0.70m의 개석을 역시 4개 지석으로 반쯤 물려서 괴고 있다. 이 지석묘 서방에 인접한 1기의 개석의 크기는 길이 1.97m, 최장폭 1.32m, 높이 0.80m이며, 蓋石平面은 3각 형이다. 지석은 지상에서 보이지 않는다. 다시 이 묘의 서방에 위치한 1기는 南北으로 장축방향을 유지하고 4개 지석으로 괴었으나 蓋石이 절단되었다. 이 서방에 있는 것들은 모두 이와 비슷한 방향으로 위치하였으며 形狀은 大同小異하다.

이 지석묘군에 이르기 전, 약 300m 東方 도로 남변 산기슭에도 4기가 있는데 3기는 대략 동서 일직선상에 배열되고 이보다 북방에 無支石式 變形支石墓 1기가 밭가운데 이들과 병행해서 존재한다.

참고문헌

고창군, 1999, ≪고인돌유적 정비계획보고≫.

고창군, 1999, ≪고창 고인돌 유적≫.

金載元·尹武炳, 1967, ≪韓國支石墓硏究≫, 國立中央博物館.

李健茂 外, 1981, ≪忠南·全北地域地表調査報告≫, 國立中央博物館.

全羅北道, 1989, ≪全羅北道誌≫(第1卷).

全榮來, 1983, 〈高敞 牙山地區 支石墓發掘調査略報〉, ≪全北遺蹟調査報告≫ 14.

全榮來, 1983, 〈高敞地方의 北方式支石墓 3例〉, ≪全北遺蹟調査報告≫ 14.

全榮來, 1984, ≪高敞·牙山地區支石墓發掘報告書≫, 全州市立博物館.

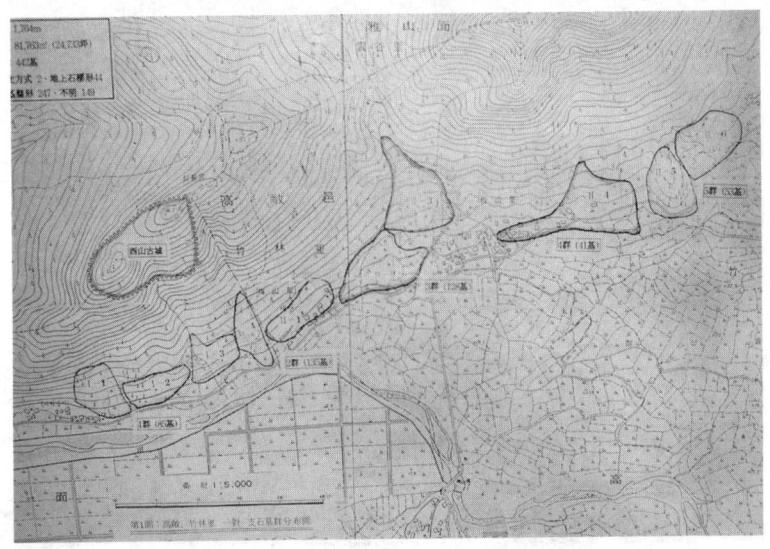

사진 1. 고창 죽림리 지석묘군 분포도(사적 제 391호)

사진 2. 고창 도산리 북방식 지석묘

사진 3. 고창 죽림리 지석묘군 (2241호 중심)

사진 4. 고창 죽림리 지석묘 2408호

사진 5. 고창 죽림리 지석묘 2428호

사진 6. 고창 죽림리 지석묘 2215호

다. 부안 지석묘

최 몽 룡

　　全羅北道 扶安郡 下西面 龜岩里 石床里에 있는 청동기~철기시대 전기의 고인돌로 남방식 지석묘군의 대표적인 예이다. 1956년 李弘稙에 의해 조사되어 사적 제 103호로 지정되었다(지정면적 3,322m²). 白永基씨댁 울 안에 13기가 있었다고 하는데 그 중 10기만이 확인되었다. 그 중에는 蓋石(상석) 너비가, 국내 최대인 多支石式이 포함된다. 건물 동남쪽에 있는 A호는 장축 방향이 정남북으로, 상석은 길이 6.4m, 폭 4.5m, 높이 0.8m이며 8개의 지석이 받치고 있는 다지석식이다. 지석은 대략 0.7~1.0m 높이에 0.3~0.76m에 이르는 폭을 가진 자연석괴로 자라등처럼 타원형인 상석의 갓두리를 따라 둘려 받치고 있다. 이는 남방식 지석묘가 시대가 내려오면서 상석 하에 몇 개의 柱狀 또는 板狀 지석을 外緣을 따라 세운 것으로 그 자체가 석실의 역할을 하고 있다. 上石이 대형화됨에 따라 변한 것으로 주로 임자도와 제주도에 분포한다. 1969년 당시까지 발견된 남방식 지석묘로는 최대 규모였다(사진 참조). B호는 A호의 북쪽 담장을 따라 남북(남서20° 방향)으로 놓였다. 상석은 길이 6.38m, 폭 3.84m, 두께 0.65m의 비교적 얇은 장방형이다. 높이 0.62m 정도의 지석 4매로 괴여 있다. C호는 B호와는 반대로 白氏宅 庭中西便에 있다. 이 역시 장방형이나 길이에 비하여 높이가 높은 것이 특징이다. 길이 4.60m, 폭 2.24m, 두께 1.30m, 장축은 북동 58° 방향이고 역시 4지석식이다. D호는 백씨댁 바로 동편 B호의 서남방에 위치하는 소형지석묘이다. 장축방향은 동남20°이며 상석길이는 2.6m, 폭 1.77m, 높이 0.52m의 4지석식이다. E호는 B호와 나란히 그 남방에 위치한다. 그러나 담 정원쪽에 들어가서 실측이 불가능하다. F호는 E호의 남쪽에 장축동남 70° 방향, 길이 4.5m, 폭 2.76m, 높이 0.9m의 자라등 모양의 상석이며 지석은 7~8개로 추정된다. G호는 白씨댁 동쪽정원 바깥 담장 중앙에, F호의 동쪽에 자리한다. 장축동남 20°, 길이 3.12m, 폭 2.34m, 높이 0.62m의 자라등형 상석의 4지석식이다. H호는 G호의 남쪽에 이웃한다. 장축방향 동남 30°, 상석길이 3.0m, 폭 2.47m, 높이 0.84m의 4지석식

이다. I호는 G호와 나란히 그 서편에 있다. 장축방향 동남 20°이며, G호와 일직선상에 배열된 것이다. 상석길이 1.84m, 폭 1.25m, 높이 0.5m의 상석을 4지석으로 괴었다. J호는 F호의 동편 담장밑에 깔려 일부분만 노출되었다. 동서를 장축으로 하며 길이 1.20m, 높이 0.38m, 폭은 알 수 없다.

구암리에는 여러 곳에 지석묘군이 있는데 이들은 대체로 자연 암석을 떼어내어 개석(덮개돌)으로 사용하였고 그 아래 굄돌을 몇 개씩 괴어놓았다. 지석이 4개인 것과 8개인 것 등 두 가지가 있고 키가 큰 돌을 지석으로 세워놓은 경우도 있다.

우리나라 남쪽지방에는 뚜껑돌 밑에 작은 돌을 괴어놓은 남방식(바둑판식) 지석묘가 많은데 부안과 고창 일대에는 키가 큰 북방식(북방식) 지석묘들이 군데군데 분포하고 있다. 구암리 지석묘 가운데 특히 개석이 가장 큰 것은 길이 6.35m, 너비 4.5m가 되며 거북모양으로 생겼고, 지석 8개를 둥글게 돌려 세워놓은 것이 다른 곳에서는 볼 수 없는 특징을 보이고 있다. 지석은 70~100cm 높이에 이른다. 그 밖의 다른 것들은 지석 4개를 세워놓은 것들이고 뚜껑돌의 크기는 길이 3~4m, 너비 2~3m 정도가 된다. 구암리 지석묘는 다른 지방에서는 보기 힘든 독특한 생김새를 가지고 있다.

참고문헌

文化觀光部 文化財管理局, 1998, ≪文化財大觀≫.

扶安郡, 1991, ≪扶安郡誌≫.

李弘稙, 1960, ≪讀史餘滴≫, 一潮閣.

全羅北道, 1989, ≪全羅北道誌≫.

全榮來, 1969, 〈扶安龜岩里支石墓群〉, ≪全羅北道誌(上)≫, 全羅北道.

崔夢龍, 1982, 〈荏子島의 先史遺蹟 - 全南 西南海岸一帶의 考古學的 硏究-〉, ≪古文化≫ 20.

사진 1. 부안 구암리 지석묘군(사적 제 103호)

사진 2. 부안 구암리 지석묘

사진 3. 부안 구암리 지석묘

사진 4. 부안 구암리 지석묘

라. 속초 조양동 유적

지 현 병

Ⅰ. 머리말

속초 조양동 유적은 1992년 5월부터 7월말까지 강릉대학교 박물관에서 발굴조사한 곳이다. 동 지역은 한국토지공사 영동지사가 속초시의 주택난 해소와 국민 주거생활의 안정을 목적으로 택지개발 예정지구로 지정하면서 매장문화재 지표조사를 우리 박물관에 의뢰하게 되었다.

속초시 조양동 유적은 속초시 남쪽에 위치한 靑草湖와 경계하여 襄陽과 연결되는 7번 국도변의 구릉 위에 위치하는 유적이다. 조양동 일대는 낮은 구릉과 평야지대이면서 靑草湖와 접하고 있어서 先史文化에 호적한 立地條件을 갖추고 있는 곳이다. 따라서 택지개발구역내의 6개 구릉(A, B, C, D, E, F)에 대한 정밀 지표조사를 실시한 결과 A구릉의 능선과 동남편 사면에서 靑銅器時代의 민무늬토기(無文土器)조각, 구멍무늬토기(孔列文土器)조각, 골입술무늬토기(口脣角木土器)조각 등이 지표채집되었고, D구릉의 서북쪽 경사면에서 고인돌 1基가 발견되어 주변 정리작업 중 개석 모서리 밑에서 화살촉 1점이 출토되었다. 그 밖의 구릉에서는 일부 층위조사도 실시하였으나 문화층은 전혀 노출되지 않았고 출토유물도 전혀 없었다.

이러한 사항들을 기초로하여 A구릉과 D구릉에 대한 발굴조사를 실시한 결과 A구릉에서는 청동기시대의 방형 및 장방형 주거지 7基가 노출되었고, D구릉에서는 지석묘 2基가 조사되었다. A구릉의 주거지에서는 빗살무늬토기조각, 겹아가리토기(二重口緣土器), 구멍무늬토기(孔列文土器), 골입술무늬토기(口脣角木土器), 붉은간토기(紅陶), 굽다리잔(豆形土器)과 다양한 종류의 석기(돌도끼, 간돌검, 반달돌칼, 가락바퀴, 그물추, 화살촉) 등이 출토되었으며, 특히 1호 지석묘에서 남한에서는 처음으로 청동도끼(扇形銅斧) 1점이 출토되었다.

따라서 속초 조양동 유적은 청동기시대 전기에 있어서 동북지방과 강원 영동지역간의 문화 전파 경로를 밝혀주는 매우 중요한 유적지임과 동시에, 청동기시대 전기의 가옥구조 및 지석묘 축조방법 등 당시의 사회 문화상을 연구하는데 있어 귀중한 자료를 제공해 준 곳으로 현재는 사적 제 376호로 지정 보호되고 있다.

Ⅱ. 자연 및 고고학적 환경

속초는 강원 영동지방의 중북부에 위치하고 있으며 시의 남쪽은 양양군, 북쪽은 고성군, 동쪽은 동해와 접하고 있고, 서쪽은 설악산을 중심으로 인제군과 인접하고 있다.

속초시는 雪嶽山(해발 1,708m) 부근의 태백산맥에서 갈라진 지맥이 동쪽으로 뻗어 해발 100m 미만의 크고 작은 많은 구릉이 線狀으로 동해로 뻗어 대포동 해안까지 다다르고 있다. 설악산에서 발원하는 雙川은 양양군과 경계를 이루면서 東流하여 동해로 흘러든다. 〈그림 1〉

또한 彌矢嶺에서 발원한 靑草川과 長川은 동류하여 동해로 흘러 들어간다. 이들 하천의 하구 부근에는 後氷期의 해수면 상승으로 인한 灣入을 海岸砂丘가 막아 생긴 永郞湖와 靑草湖 등의 潟湖가 형성되어 있다. 이러한 특수한 지형조건을 가지고 있는 강원 영동지방의 주요 선사 및 역사유적은 주로 이들 하천유역이나 호수 주변의 모래 언덕과 주변의 낮은 구릉지대에 위치하고 있다.(지현병 1991, 1992)

이 지역 주민들의 말에 의하면 과거 청대리 일대에서 돌도끼, 화살촉, 토기조각 등이 채집된 일이 있었다고 하며 속초시 북쪽에 위치한 永郞湖畔의 章沙洞에서도 1980년도에 磨製石劍 1점과 돌화살촉 6점이 발견된 바 있었다.[1]

조양동 선사유적에 대한 정밀조사를 추진할 수 있게 된 것은 1990년 조양동 일대 약 13만평이 한국토지개발공사의 택지개발지구로 책정되어 이 일대에 대한 지표변동이 불가피하게 된 데에서 연유된다. 1991년 末에 이 일대에 대한 지표조사를 의뢰받은 강릉대 박물관은 택지개발지구 내의 6개의 구릉(A, B, C, D, E, F) 지대를 정밀 지표조사한 결과 A구릉의 능선과 동남편 경사면에서 靑銅器時代의 민무늬토기조각(無文土器片)과 구멍무늬토기(孔列土器)조각, 골입술무늬토기(口脣刻目文)조각 등이

---

1) 간돌검은 이단병식이고 화살촉은 버들잎모양의 슴베없는 형식이 5점, 슴베달린 형식이 1점이 나왔고 현재 강원향토박물관에 보존되어 있다.

지표 채집되었고〈 사진 1-① 〉, D구릉의 서북쪽 경사면에서는 支石墓 1基를 발견하게 되었다.〈 사진 1-② 〉

　A구릉과 D구릉의 고인돌에 대한 발굴조사는 1992년 5월 중순에 착수되어 7월 말까지 약 70일간에 걸쳐 시행되었으며 발굴조사 결과 A구릉 위에서는 주거지 7기와 D구릉에서는 지석묘 2基의 遺構가 확인되었고 土器, 石器, 靑銅器 등 多量의 遺物이 발견되었으며 조사된 遺構 내용은 다음과 같다.〈 사진 2-③·④, 그림 2 〉

Ⅲ. 조양동유적의 지석묘 및 주거지

1. 지석묘

가. 1호 지석묘〈 사진 1-④~2-①, 5-①·②, 그림 3-① 〉

　D구릉의 서편 경사면 해발 약 20m 높이에서 지석묘의 덮개돌(크기 194cm× 130cm×19cm)이 서편으로 비스듬히 내려앉은 상태였고 방향은 남-북(북→서40°)방 향으로 덮개돌은 북동편 모서리의 일부가 깨어져 없어졌고 덮개돌을 깨기 위하여 상면 에는 정자국이 남아 있다. 덮개돌 밑에 퇴적된 부식토를 제거하던 중 북편에서 슴베 없 는 납작한 돌화살촉 1점이 노출되어 주변으로 정리작업한 결과 반경 약 40cm 이내에 서 같은 종류의 화살촉 9점이 주검바닥(屍床臺)위에서 노출되었다. 덮개돌을 제거한 후의 지석묘의 하부구조는 남-북(북→서 36°)방향으로 길이 172cm, 폭 60cm이며 4 벽 중 서벽은 지반의 경사로 인하여 삭평되어 받침돌과 석곽이 완전히 결실된 상태이 고 동벽과 남, 북벽 일부만 조금 남아 있었다.

　주검바닥은 크기 7cm×5cm×4cm의 작은 활석과 자연석을 조밀하게 깔아 주검 바닥을 마련하였고 석곽의 동편 주변으로 활석을 이용하여 둘레돌을 마련하였으나 상 당부분 파괴되었다. 동편석곽에 접하여 주검바닥에서부터 약 10cm 정도 높이에서 완 형의 청동도끼(扇形銅斧) 1점이 출토되었다.

　조양동 1호 지석묘의 墓室은 별도의 덮개돌이 없이 묘곽의 바로 위에 뚜껑돌을 올려놓은 것이며 묘곽의 바닥에는 납작한 활석(15cm~25cm)을 깔았다. 4벽은 큼직한 활석(37cm×13cm×7cm)을 쌓아서 만든 전형적인 石槨形의 蓋石式 支石墓이다.

나. 2호 지석묘〈 사진 2-②, 5-③, 그림 3-② 〉

D구릉의 정상 능선의 약간 서편으로 경사진 곳에서 지석묘의 하부구조로 보이는 받침돌들이 지표에 노출되어 퇴적된 부식토를 제거하자 바로 지석묘의 하부구조인 석곽이 노출되었고 받침돌로 사용된 돌의 크기는 40cm×30cm×15cm이다.

지석묘의 하부구조는 서편으로 절반 이상이 결실된 상태이며 주검바닥은 주먹크기의 잡석(10cm×6cm×5cm)을 한 자락 깔고 밑에는 평편한 할석(29cm×22cm)을 깔았다. 고인돌의 남편 중앙에서 돌화살촉 3점이 서로 겹쳐져 나왔고 북편 석곽에 접해서 화살촉 1점이 나왔다. 지석묘의 방향은 동-서 방향으로 남은 석곽의 동-서 길이 150cm, 남-북 폭이 120cm로 노출되었으나 전체규모는 절반 이상이 파괴된 상태이기 때문에 정확한 고인돌의 하부구조는 알 수 없으나 1호 지석묘와 같은 구조로 추정된다.

2. 주거지

가. 1호 주거지〈 사진 1-⑤ · ⑥, 5-④, 그림 3-③ 〉

주거지는 丘陵 풍화암반층을 파고 설치되었고 평면형태는 장방형이나 방형에 가깝다. 방향은 東-西(서→남10°)방향으로 주거지의 윤곽은 대체적으로 현지표하 10~20cm 깊이에서 어깨선이 노출되었다. 구덩(竪穴)의 깊이는 동편은 약 40cm이고 서편은 자연 경사면으로 인하여 바닥의 일부와 어깨가 삭평된 상태로 노출되었다.

주거지의 규모는 東-西 길이가 8.1m, 남-북 폭 6.75m이고 면적은 54.27㎡(16.3평)이다. 주거지의 바닥은 얇게 고운점토와 마사토를 혼합하여 깔았다. 기둥구멍은 長壁인 南·北벽에 직경 약 20cm, 깊이 약 15~20cm 정도로 비스듬히 5개가 뚫려 있고 기둥 간격은 170cm이다. 短壁인 東,西壁의 기둥간격은 110~170cm로 역시 5개의 기둥구멍이 확인되었다. 주거지의 동남쪽 모서리에서 작업대로 보이는 삼각형의 판석(33cm×23cm×13cm) 1매가 노출되었고 바닥에서는 민무늬토기조각과 굽다리조각, 돌창조각 등이 출토되었다.

주거지의 서편으로 치우쳐서 현재의 주거지 바닥 보다 약 40cm 정도 깊이로 말각방형의 구덩이가 남-북 방향으로 노출되었는데 南-北 길이 약 390cm, 東-西 폭 약 460cm로 면적은 17.94㎡(약 5.4평)이다. 구덩이의 벽 가장자리에서는 모두 12개의 기둥구멍이 뚫려 있고 기둥구멍간 간격은 약 70~80cm의 거리를 두고 뚫려 있어 외곽에 마련된 장방형의 주거지 보다 먼저 축조된 것으로 추정된다. 이 구덩이의 바닥에서는 민무늬토기 조각만 노출되었을 뿐 그 밖의 유물출토는 전혀 확인하지 못하였다.

　나. 2호 주거지〈 사진 3-①~3-④, 5-⑤~⑦, 그림 4-① 〉

　2호 주거지는 단단한 석비례층을 파고 설치되었고 평면형태는 장방형이다. 주거지의 방향은 동-서방향(서→남5°)이며 주거지의 윤곽선은 현지표하 40~50cm 깊이에서 노출되었고 구덩의 깊이는 20~30cm로 노출되었다.

　주거지 규모는 東-西 길이 12.8m 南-北 폭 6m이고 면적은 76.8㎡(약 23평)이다. 주거지의 바닥은 얇게 점토를 깔았고 기둥구멍은 어깨 밑에서 직경 15~20cm, 깊이 약 15~20cm로 뚫려 있고 長壁인 북벽의 기둥구멍 간격은 125cm로 8개가 확인되었으며, 남벽은 4개가 확인되었다. 短壁인 동벽의 기둥구멍간 간격은 90~200cm로 5개의 기둥구멍이 확인되었고 기둥구멍을 서로 연결하여 홈이 파여져 있다. 서벽에서는 약 120cm 거리를 두고 모두 4개의 기둥구멍이 뚫려 있고 역시 기둥구멍간을 서로 연결한 홈이 파여져 있다.

　주거지의 서벽에 인접해서 직경 1.5m, 깊이 약 30cm의 저장용 구덩이가 마련되어 있고 이 저장구덩이에서 북쪽으로 약 55cm 지점에 장방형(길이 90cm×폭40cm×깊이25cm)의 화덕자리가 동-서 방향으로 길게 마련되어 있다. 또한 동북쪽 모서리에 방형의 구덩이(길이 1.1m×폭 1m×깊이 0.23m) 1개소가 나왔고, 동남쪽 모서리에서도 방형의 구덩이(길이 1m×폭 0.95m×깊이 0.36m)가 서로 대칭되게 마련되었다. 이 구덩이 북편으로 약 15cm의 거리를 두고 북편에서 노출된 것과 비슷한 화덕자리(길이 86cm×폭 40cm×깊이 12cm)1개소가 동-서 방향으로 마련되었는데, 이 화덕자리의 남편에 인접해서 동쪽의 일부가 파괴된 것으로 보이는 소형의 화덕자리 (현존길이 50cm×폭 20cm×깊이 14cm) 1개소 등 모두 4개소가 노출되었다. 이들 소형유구는 화덕자리라기 보다는 좁고 긴 장방형의 수혈로 노출된 것으로 보아 불씨를 보관한 곳이라면 1곳이면 충분함에도 불구하고 여러 곳에서 이와 같은 형태의 구조가 만들어진 것으로 보면 아마도 다른 어떤 용도로 사용하지 않았나 추정된다.

　주거지의 서북편 모서리에서 구멍무늬토기 1점이 거꾸로 노출되었고 반달돌칼 1점과 돌도끼조각 1점이 나왔으며, 동북편에서는 민무늬토기조각과 돌그물추 2점, 그물추 1점이 출토되었고 동남편 모서리에서는 돌도끼 1점과 화살촉조각 1점이 출토되었다. 특이한 점은 주거지의 퇴적층에서 반달돌칼 9점이 한꺼번에 출토되었다는 점이며 퇴적층이긴 하지만 2호 주거지에서 사용된 유물로 추정된다. 주거지의 중앙에는 장방형의 민묘가 東-西 방향으로 3基가 안치된 관계로 바닥의 상당부분이 파괴된 상태로 나왔다.

다. 3호 주거지〈 사진 3-⑤, 5-⑧~⑪, 그림 4-② 〉

3호 주거지는 D11 동-서 탐색트랜치에서 주거지의 윤곽선이 노출되어 사방으로 확장조사한 결과 주거지의 어깨선은 동편은 현지표하 약 60cm 깊이에서 나오고 서편은 현지표하 약 20cm깊이에서 노출되었다.

3호 주거지는 단단한 풍화암반층을 파고 설치되었으며 평면형태는 장방형이나 방형에 가깝다. 주거지의 방향은 東-西(서→남5°)방향으로 구덩의 깊이는 동편은 약 60cm정도이고 서편과 남편은 약 30cm이고 북편은 어깨선이 삭평되어 바닥과 같은 높이로 나왔다.

주거지의 규모는 동-서 길이 6.6m, 남-북 폭 5.1m 면적은 33.7㎡(약 10.1평)이다. 주거지의 바닥은 고운점토를 깔았고 기둥구멍은 어깨선 밑으로 직경 약 20cm, 깊이 약 15~20cm 크기로 뚫었으며 기둥간격은 110~120cm로 북벽에서 5개, 남벽에서 5개, 동벽에서 3개, 서벽에서 3개가 확인되었다.

주거지의 중앙에서 약간 남쪽으로 치우쳐서 장타원형의 구덩이가 직경 200cm, 깊이 35cm로 노출되었는데 주거지 설치시 마련된 것으로 보인다. 또한 북동편 모서리 벽에 인접해서 직경 60cm의 저장용구덩이 2개가 동-서로 나란히 마련되어 있으나 구덩이 안에서 토기조각 출토는 없었고, 주거지의 곳곳에서 숯덩어리가 출토되었다.

3호 주거지에서 출토된 유물은 서편 중앙 어깨선 밑에서 굽다리잔(豆形土器) 1점이 출토되었으나 파손되어 일부가 결실된 상태이고 같은 곳에서 돌도끼 2점, 그물추 1점, 구멍무늬토기조각 등이 출토되었고 동편 중앙 어깨선 밑에서 돌칼조각 1점, 화살촉 1점이 출토되었으며 동남편 모서리에서 민무늬토기조각과 빗살무늬토기조각 1점이 함께 출토되었다.

라. 4호 주거지〈 사진 3-⑥, 4-①, 그림 4-③ 〉

4호 주거지는 C4 트랜치의 남-북 탐색조사갱의 현지표하 30~40cm 깊이에서 주거지의 윤곽선이 노출되었다.

주거지의 방향은 동-서 방향(서→남10°)으로 동-서 길이 약 8.9cm, 남-북 폭 약 5.8cm이고 구덩이 깊이는 단벽인 동벽은 약 30cm, 서벽은 약 60cm 깊이에서 바닥이 나왔고 장벽인 남-북벽은 약 20~40cm 깊이에서 바닥이 나왔다. 주거지의 규모는 약 51.6㎡(약 15.5평)이다.

주거지의 내부 시설은 어깨밑의 벽에서 안쪽으로 약 15~20cm쯤 떨어져서 폭 약 15~17cm의 홈이 사방으로 파여져 있다. 기둥구멍은 2가지 형식으로 직경 20cm, 깊이 약 20cm 크기의 기둥구멍이 뚫려 있고 직경 30cm, 깊이 약 20cm 크기의 장타원형의 기둥구멍이 원형의 기둥구멍 사이사이에 뚫려 있고 단벽인 동벽고가 서벽의 기둥구멍간 거리는 120~140cm로 6개, 4개가 뚫려 있고 주거지의 중앙에 3개의 기둥구멍이 조사되었다.

주거지의 동남쪽 모서리에서 직경 70cm, 깊이 약 20cm 크기의 저장용기 구덩이가 3개 뚫려 있고 길이 약 70cm, 폭 40cm의 저장용 구덩이가 길게 파여져 있다. 또한 주거지의 북벽 중앙에서 동쪽으로 약간 치우쳐서 기둥구멍을 서로 연결하여 파 놓은 제습용 홈이 주거지 밖으로 연결되는 것으로 보아 배수구 시설로 추정된다.

유물은 골입술구멍무늬토기 1개체분과 숫돌 1점이 서남편에 치우쳐서 나왔고 그 외의 유물은 대체적으로 동편으로 치우쳐서 노출되었고 동편 바닥의 곳곳에 크기 25cm×15cm×6cm의 평평한 돌들이 노출된 점이 특이하다. 출토유물은 반달돌칼 조각 1점, 돌가락바퀴 1점, 흙가락바퀴 1점과 남편 동쪽으로 약간 치우쳐서 민무늬토기 조각 등이 나왔고 주변에서 반죽된 태토가 출토되어 자체적으로 토기를 제작하여 사용하였음을 알 수 있다. 주거지의 바닥은 고운점토에 굵은 모래를 섞어 바닥을 깔아 다졌으며 곳곳에 불에 구운 것으로 보이는 소토 바닥이 나왔다.

마. 5호 주거지 〈 사진 4-②~4-④, 6-①~③, 그림 5-① 〉
5호 주거지는 4호의 동편에 약 2m 거리에 인접하여 주거지의 유구로 보이는 어깨 윤곽선이 노출되어 확장조사한 결과 현지표하 약 30cm 깊이에서 남-북방향(북→서9°)으로 주거지의 윤곽선은 抹角으로 처리한 방형 주거지이다.

주거지의 규모는 남-북 길이 약 6.2m, 동-서 폭 약 4.7m 이고 움의 깊이는 동편이 약 40cm의 깊이에서 바닥면이 노출되었고 주거지의 전체 규모는 29.2㎡(약 8.5평)이다.

주거지의 동벽과 남벽 바로 밑에는 역시 다른 주거지에서 노출된 형식과 같은 홈이 폭 약 15~20cm 크기로 노출되었고 기둥구멍간 거리는 120~170cm 간격으로 3개가 뚫려 있다.

주거지의 중앙 북쪽으로 치우쳐서 직경 170cm 크기의 넓고 얕은 원형의 구덩이가 파여져 있고 그 안에 직경 60cm 크기로 붉은색 소토가 남아 있는 것으로 보아 화덕자리로 추정되며 주거지 바닥면 보다 약 10~20cm정도 깊이에서 화덕자리 바닥이 나왔다.

주거지의 동북편 벽면에 접해서 직경 150cm, 깊이 약 25cm의 원형의 유구가 노출되었는데 구덩이의 바닥은 평편한 상태이고 그 안에는 숫돌 1점과 토기조각 2점이 출토되었을 뿐 그 밖의 유물은 전혀 출토되지 않았다. 동북편 구덩이와 대칭되게 남서편에 직경 60cm, 깊이 35cm의 저장용기 구덩이가 노출되었고 바로 옆에서 납작밑바닥의 골입술구멍무늬토기 1개체분이 옆으로 넘어진 상태로 노출되었다.

주거지의 중앙 서벽에 치우쳐서 골입술구멍무늬토기 3개체분이 노출되었는데 그 중 1점은 옆으로 넘어진 상태로 나왔으나 2점은 바닥이 거꾸로 선 상태로 노출되었고 토기간 거리는 약 70cm로 삼각형으로 놓여져 있다.

바. 6호 주거지〈사진 4-⑤, 그림 5-②〉

6호 주거지는 2호 주거지의 동남편 모서리에서 약 3m 지점에 남-북 방향으로 길게 노출되었다. 주거지는 풍화된 암반층을 파고 설치되었으며 윤곽선은 북편은 현지표하 40cm깊이에서 노출되었고, 남편은 지표면에 노출되었기 때문에 삭평되어 파괴된 상태이며 장방형의 주거지로 방향은 남-북(북→서 8°) 방향으로 규모는 남-북 길이 6.5m, 동-서 폭 3.6m, 움 깊이는 6cm이고 현존 면적은 약 23.4㎡(약 7평)이다.

기둥구멍은 동벽에 2개, 서벽에 3개, 북벽에 2개가 노출되었고 기둥구멍 크기는 직경 약 20cm, 깊이 약 15cm이고 남벽의 기둥구멍은 경사로 인하여 삭평되어 결실된 상태이다. 바닥은 점토를 깔고 불에 구운 것으로 추정되며 곳곳에 단단한 소토층 바닥이 남아 있고 화덕자리는 없는 것으로 판단된다.

6호 주거지에서 출토된 유물은 민무늬토기조각과 흙그물추 편 1점, 숫돌 2점이 출토되었다.

사. 7호 주거지〈사진 4-⑥, 6-④~⑨, 그림 5-③〉

7호 주거지는 3호의 서편에 남편으로 약간 치우쳐서 역시 풍화된 암반층을 파고 설치된 주거지이다. 주거지의 윤곽은 서편은 현지표하 70cm 깊이에서 나오고 동편은 거의 지표면에 노출된 상태이기 때문에 어깨가 결실된 상태이나 나머지 남, 서, 북벽은 양호한 상태로 잘 남아 있었다. 주거지는 동-서 방향(서→남8°)으로 동-서 길이 약

10.8cm, 남-북 폭 6m, 움 깊이 약 40cm이고 면적은 약 64㎡(약 19평)이다. 주거지의 서남편 모서리와 중앙에 2基의 민묘(길이 265cm, 폭 163cm)가 안치되었기 때문에 바닥의 상당부분이 파괴된 상태이다.

기둥구멍은 서벽에서 2개, 북벽에서 6개, 남벽에서 3개, 동벽에서 1개가 조사되었고 기둥구멍간 거리는 1.3m~1.7m이고 구멍의 직경은 23cm, 깊이는 15cm이다. 특이한 점은 서벽에서 판자벽(현존 길이 80cm)이 노출되었고 판자벽 앞으로 이중으로 홈이 파여져 있어 안쪽 홈은 습기를 차단하기 위한 시설로 추정되며 벽쪽 홈은 판자를 세우기 위한 시설로 보인다. 주거지의 동북편 모서리에서 길이 1.1m, 폭 0.7m, 깊이 11cm인 장타원형의 구덩이가 노출되었는데 저장구덩이로 추정된다. 주거지의 남벽에 치우쳐서 돌대패 2점, 돌주걱칼 1점, 반달돌칼 1점, 흙가락바퀴 1점, 미완성 석기편 2점이 나왔고 서벽에서 반달돌칼 1점과 중앙에서 돌도끼 2점이 출토되었다.

토기류는 역시 다른 주거지에서 보이는 종류의 토기들이 출토되는데 골입술무늬토기, 구멍무늬, 겹아가리, 아가리 밑에 빗금무늬(短斜線文)가 새겨진 토기편들이 출토되었고 주거지의 동편 중앙에 치우쳐서 굽다리잔 1점이 출토되었다. 굽다리잔은 기벽이 얇고 표면은 적색으로 시유된 점으로 보아 3호 주거지에서 출토된 굽다리 그릇과 같은 종류로 보인다.

Ⅳ. 考察

1. 지석묘(支石墓)

조양동 주거지가 발견된 A구릉에서 서쪽 직선거리로 약 700m 떨어진 D구릉에서 2基의 지석묘(1호, 2호)가 발견되었다. 1호 지석묘는 구릉의 서편 경사면 해발 약 20m 높이에서 지석묘의 덮개돌이 남-북방향으로 서편으로 비스듬히 내려앉은 상태였고 덮개돌 밑에서 무경식의 납작한 돌화살촉 9점이 반경 약 40cm 이내에서 노출되었다. 석곽의 길이 172cm, 폭 60cm로 4벽 중 서벽은 지반의 경사로 인하여 삭평되어 받침돌과 석곽이 완전히 결실된 상태이고 동벽과 남, 북벽 일부만 조금 남아 있었다.

주검바닥은 작은 활석과 자연석을 조밀하게 깔아 주검바닥을 마련하였고 석곽의 동편 주변으로 활석을 이용하여 둘레돌을 마련하였으나 상당부분 파괴되었다. 동편석곽에 접하여 부채꼴주머니도끼(扇形銅斧)1점이 출토되었다.

조양동 1호 지석묘의 墓室은 별도의 덮개돌이 없이 묘곽의 바로 위에 뚜껑돌을 올려놓은 것이며 묘곽의 바닥에는 납작한 활석을 깔았다. 4벽은 고인돌의 큼직한 활석을 쌓아서 만든 전형적인 石槨形의 蓋石式 支石墓이다. 이러한 형식의 수혈식 석곽묘로 강원도 지방에서 정식 발굴조사된 유적으로는 양양 포월리 1, 2호 지석묘.(지현병 1991) 춘천 신매리 1호 지석묘(지건길 · 이영훈 1984), 양양 금강리(백홍기 · 지현병 1994), 강릉시 교동(지현병 1991), 장현동(고동순 1993), 안현동 6, 8, 11호(고동순 1993), 동해시 미노동, 부곡동 1호지석묘(백홍기 1977)로 대부분 강원 영동지역에 집중 분포되고 있음이 매우 특이한 현상이다.

2호 지석묘는 덮개돌도 상실되었을 뿐만 아니라 墓槨도 파괴된 것이었으나 墓槨의 바닥이나 벽에 사용된 돌은 1호와 마찬가지로 自然石과 割石인 것으로 보아 墓槨의 構造도 같은 型式의 것으로 推定된다.

2. 주거지 (住居址)

조양동 유적에서 확인된 청동기시대의 주거지는 모두 7基가 조사되었으며, 시기적으로 청동기시대의 전기로 추정된다. 주거지의 평면 형태는 방형과 장방형으로 구분되는데, 숫적으로는 방형 3基 , 장방형 4基이다. 그러나 방형의 주거지 3基 모두 장, 단벽의 比로 보아 다른 장방형 주거지 보다 단벽 폭이 넓어지긴 하지만 평면상 장방형으로 보아도 무리가 없을 것으로 보이는데 여기서는 장, 단벽의 比가 1.5 : 1을 넘지 않기 때문에 방형으로 보겠다.

이들 주거지들의 평면형태와 구조를 살펴보면 장방형 주거지는 2호, 4호, 6호, 7호이고, 방형 주거지는 1호, 3호, 5호 주거지이다. 먼저 장방형 주거지의 장축방향을 살펴보면 한결 같이 모두 동-서방향으로 자리하고 있으며, 주거지의 규모는 6호 주거지를 제외하고는 모두 동-서 길이 8.9m~12.8m이고, 남-북 폭은 5.8m~6m로 나타난다. 장벽의 길이는 각 주거지마다 많은 차이를 보이고 있는데 반해 단벽의 폭은 거의 일정하게 나타나고 있는 것으로 보아 당시의 주거 건축에 있어서 단축의 폭은 일정하나 주거지의 크기에 따라서 장축의 길이는 많은 변화를 보여 준다 하겠다. 또한 방형의 주거지들은 모두 남-북방향으로 자리하고 있으며, 주거지의 규모는 남-북 길이 6.2m~8.1m이고, 동-서 폭은 4.7m~6.8m로 나타나는데 장방형 주거지보다는 많은 변화를 보이고 있다. 그러나 특이한 점은 단축의 길이가 7m 이상을 넘지 않는다는 점이다. 이 점에 대하여 비록 철기시대의 주거건축에 대한 연구분석이지만 오세연은 장단축비의 상관관계로 분석하였고(오세연 1995), 심재연은 단축방향 보의 한정된 크기로 보았다(심재연 1996).

주거지의 바닥은 풍화 암반층을 평탄하게 파낸 다음 岩盤 위에 2~5cm 두께의 粘土를 깔고 단단하게 다진 것이다.

內附施設로는 화덕자리, 기둥구멍, 저장 구덩이, 除濕用 홈, 作業臺 등이 확인되었다. 화덕자리가 분명한 것으로 확인된 것은 5호 주거지 뿐이고 규모가 가장 큰 2호 주거지에서는 서단벽에 접해서 북벽으로 약간 치우쳐서 동-서방향으로 세장방형의 구덩이 1개소와 동남편 모서리에서 역시 동-서방향으로 장방형의 구덩이 3개소가 발견되었는데, 구덩이의 내부에는 높은 열에 의하여 벽체와 주변이 모두 적갈색 燒土로 변해 있는 것으로 보아 난방이나 조명을 얻기 위한 시설이라기 보다는 다른 용도, 즉 동제련이나 청동기를 제조하는 시설 내지는 그 밖의 다른 어떤 관련 시설이 아닌가 추정된다. 그러나 2호 주거지에서는 동제련이나 청동기 제조와 관련된 유물 내지는 그 밖의 다른 어떠한 유물도 출토된 바가 없다.

기둥구멍(柱穴)은 대부분 주거지의 外廓線인 四壁의 바로 밑에서 확인되었고 4호 주거지에서는 長軸의 中心線에서 4개의 기둥자리가 확인되는 것으로 보아 지붕은 맞배지붕인 것으로 생각된다. 7호 주거지에서는 주거지를 마련하기 위하여 먼저 굴착한 어깨선 안쪽에 판자를 세우고 판자와 어깨선 사이에는 고운 점토로 뒷체움한 흔적이 보이고, 벽체 밑에 이중으로 홈(溝)이 확인되었는데 안쪽 홈 즉 벽선에 인접한 홈은 판자를 세우기 위한 홈으로 확인되었고 바깥쪽 홈은 제습용 홈으로 확인되었다.

그 밖의 내부시설로서 特異한 것은 기둥구멍과 기둥구멍 사이를 연결한 홈이다. 모든 주거지의 바닥에서 발견된 이 홈은 벽 바로 밑에 마련된 것도 있고 벽에서 안쪽으로 좀 떨어져서 기둥구멍과 기둥구멍 사이를 연결한 것도 있으며, 4호 주거지에서는 이러한 저습용 홈을 屋外로 연결한 排水口施設도 발견되었다. 이와 같은 屋內의 제습용 홈이 주거지 바닥에 마련된 예는 양양군 포월리, 강릉 방내리 등 능선상에 위치한 청동기시대의 많은 주거지에서는 예외없이 발견되고 있음을 알 수 있다.

조양동 주거지에서는 여러 가지 크기의 구덩이가 발견되었는데 대부분 둥근 모양이지만 抹角方形인 것과 不定形인 것 등 多樣하다. 이러한 구덩이들은 屋內의 모서리나 벽면에 接해서 마련된 것인데 5호 주거지에서는 저장용 구덩이의 바로 옆에서 完

287

形土器 1점이 발견되었고, 4호 주거지에서는 1個體분의 토기편이 들어 있었던 것으로
보아 직경 50cm 내외, 깊이 16cm~48cm의 小型 구덩이는 토기를 묻어 두는 저장용 구
덩이인 것으로 생각되나 직경 120cm 내외, 깊이 23cm~36cm의 대형 구덩이의 정확한
용도는 파악하지 못하였다.

2호 주거지에서는 이러한 2개의 대형구덩이 옆에 장방형의 화덕자리가 각각 1~
2개씩 마련된 것으로 보아 조양동 주거지의 대형 구덩이는 土器를 묻어 두는 저장시설
만으로 보기는 어렵고 그 밖의 다른 屋內作業用 시설일 가능성도 없지 않다.

3. 遺 物

가. 고인돌 출토유물

靑銅器는 1호 고인돌에서 부채꼴주머니도끼(扇形銅斧) 1점이 완형으로 출토되
었다. 斧쪽에 두줄의 돋을띠가 돌려져 있고 날부분은 심하게 벌어져 부채모양을 이루
고 있는 전형적인 선형동부이다. 이와 같은 型式은 遼東地方의 銅斧들 중에서도 古式
에 속하는 종류들로서 조양동 청동도끼는 돋을띠만을 돌린 간소한 型式으로 이른 시기
의 것으로 볼 수 있다.〈 사진 5-①, 그림 3-① 〉

선형동부는 대부분이 中國 遼寧省의 滿洲式銅劍文化遺蹟에서 비파형동검과 함
께 출토되는 것으로 알려져 있고 한반도에서는 북한지방의 美松里출토품(김용간
1963)과 咸南 北靑郡 土城里遺蹟 출토품(조선유적유물도감 1990)이 알려져 있고 鎔
范으로는 永興 출토품(서국태 1965)이 있다. 남한에서는 부여 송국리유적의 55지구
8호 주거지(姜仁求 1979)에서 鎔范이 출토되었으며 선형동부로서는 조양동 지석묘
출토품이 유일하다. 조양동 1호 고인돌 출토품은 그 형태상 美松里, 土城里 출토품과
類似하기는 하나 세부적으로는 다소차이가 있다. 즉 토성리 출토품은 몸통의 단면이
장방형인 주머니 모양이고 몸통에는 5줄의 비교적 굵은 돋을띠가 돌려져 있으나 조양
동 출토품은 몸통의 단면이 장타원형인 주머니 모양이고 몸통에는 2줄의 가는 돋을띠
가 돌려져 있다.

화살촉은 1호 지석묘에서 9점, 2호 지석묘에서 4점이 출토되었다. 1호 지석묘
출토 화살촉은 삼각형으로 모두 슴베가 없는 무경식의 단면 편육각형으로 꼬리부분이
약간 만입된 화살촉이 2점이고 나머지는 반듯하게 처리하였다. 2호 지석묘 출토품 중
1호 지석묘 출토품과 같은 슴베가 없는 무경식의 단면 편육각형 화살촉이 1점, 슴베가

달린 화살촉 3점 중 1점은 다른 2점 보다 슴베가 길고 단면은 능형이다. 그러나 3호와 4호 주거지에서 출토된 화살촉들을 보면 무경식의 버들잎형과 유경식의 단면 능형으로 지석묘에서 출토된 화살촉 보다는 훨씬 세련된 것으로 판단된다. 〈 사진 5-②·③, 그림 3-①·② 〉

나. 주거지 출토유물

조양동 유적의 주거지 잔존상태는 비교적 양호한 상태로 잘 남아 있었으나 출토된 유물은 매우 빈약한 편이다. 조양동 주거지들의 被火된 흔적이 없는 것으로 보아서 화재에 의한 住居의 폐기가 아니라 이주에 의한 意識的인 폐기 때문인 것으로 보았으나(백홍기 1992) 1호, 3호, 7호 주거지에서는 탄화된 목제(서까래) 및 판자벽들이 일부 보이는 것으로 보아 화재를 당한 것으로 보이는데 이러한 현상이 주거지 폐기 이후에 피화된 것인지는 알 수 없다.

조양동 유적 중 완형으로 복원된 토기는 5호 주거지에서 출토된 구멍무늬토기(孔列土器) 1점과 소형 바리 2점이 있고, 3호 주거지에서 출토된 적색 굽다리잔(豆形土器) 1점과 1호 주거지에서 출토된 흑색 굽다리잔 1점이 전부이며, 나머지는 구연부편 30점, 저부편 25점이 출토되었다.

5호 주거지에서 출토된 구멍무늬토기는 납작밑바닥과 몸통의 접합부분에 손누름자국이 깊게 찍혀 있고, 몸통은 밑동에서 자연스럽게 벌어져 올라와 구연부는 수직으로 곧게 섰다. 구연부는 반듯하게 처리하였고 구연부 밑에는 구멍무늬를 장식한 전형적인 심발형의 구멍무늬토기(孔列土器)이다. 바탕흙은 굵은 石英, 長石粒이 다량 섞여 있고 色調는 黃褐色이다.

소형 바리 2점 중 1점은 납작밑바닥에서 몸통으로 이어지는 부분에 손누름자국이 나 있고 몸통은 자연스럽게 벌어져 올라오면서 다시 안으로 오므라든 형태이다. 器壁은 상당히 얇고 바탕흙은 고운 점토에 모래가 섞였으며 색조는 암갈색이다. 다른 1점은 밑동이 넓은 납작밑바닥과 몸통의 접합부에 손누름자국이 희미하게 남아 있고 몸통은 거의 수직으로 연결된 小形土器이다. 바탕흙은 고운점토에 가는 모래가 약간 섞여 있고, 토기의 겉면은 황갈색인데 반해 내벽은 흑색을 띠고 있다.

조양동 유적에서는 다양한 형태의 구연부편이 출토되었다. 口緣部片 30점 중 二重口緣土器片이 20점이고 나머지 10점은 홑口緣土器片이다. 구연부편은 二重口緣(A형)과 홑口緣(B형)으로 구분되는데 이중구연편은 구연부에 구멍무늬(孔列文)를 장식

289

하고 그 아래에 短斜線文을 누르거나 새긴 것, 구연부에 구멍무늬만 장식한 것, 구연부에 단사선만을 누르거나 새긴 것, 무늬장식이 없는 것 등으로 구분된다. 조양동의 二重口緣土器片은 口脣에 골무늬(刻目文)를 새긴 것이 대부분이고 골무늬가 없는 것은 1~2점에 불과하다.

홑구연토기편은 구멍무늬를 장식한 것과 구멍무늬가 없는 것으로 구분되며 각각 골무늬가 있는 것이 6점, 없는 것이 4점으로 구분된다. 바탕흙은 진흙 또는 사질성 진흙에 가는 모래 石英, 長石 등을 다량 섞은 것이 일반적이고 색조는 黃褐色, 赤褐色, 黑褐色이며 燒成度는 낮은 편이다(白弘基 1992).

붉은간토기(홍도)의 겉면은 붉은 점토칠을 겉면이나 안쪽면까지 칠한 것으로 보인다. 조양동 유적 출토 붉은간토기의 겉면을 현미경 관찰 결과 붉은 점토칠을 한 것으로 나타나고 있으며 마연한 흔적은 보이질 않는다. 이러한 붉은간토기의 덧칠 현상은 1차적으로 토기를 제작한 다음 붉은 점토칠을 토기의 내·외면에 칠한 다음 재벌구이하여 만들어 진 것으로 밝혀지고 있다(최몽용외 1997). 器壁은 3~5㎜ 정도로 얇고 바탕흙은 정선된 진흙에 미세한 운모가루와 모래를 섞은 것이다. 3호 주거지에서는 完形으로 복원된 豆形의 굽다리 잔 1점이 출토되었다. 이와 같은 유형의 토기는 청동기시대의 여러 유적[2]에서 출토되고 있는 바 대체로 전기의 장방형 주거지에서부터 중기의 송국리유적까지 한정된 시기에 출토되고 있으나 주로 무문토기 전기의 장방형 주거지에서 유행되었고 지역적으로는 경기도·강원도·충청도 등의 지역에서 발견되는 것으로 보아 시기와 지역적인 면에서 한정된 폭과 분포범위를 가지고 있다(김재홍 1995:91). 그러나 이들 토기들은 모두 조양동 출토의 굽다리잔보다 후출하는 것으로 보이며, 이보다 앞선 시기의 것으로는 강릉 교동 1호 주거지[3] 출토 긴목굽다리잔(長頸

---

2) 이와 같은 토기로는 양양 포월리 9호 주거지, 천안 청당동 1호, 천안 백석리 주거지 6호, 여주 흔암리 주거지, 하남 미사리 숭실대 A지구, 서울대 A-3호·A-9호, 고려대 KK-158호, 평창군 후평리·계장리 지표채집, 제원 양평리 B지구, 부여 송국리 54-5호 주거지 등에서 출토되었다.

3) 강릉 교동 유적은 1997년 강릉대학교 박물관에서 약 3개월간 발굴조사한 곳이다. 동 유적은 청동기시대 중 아주 이른 시기의 유적으로 발굴조사 결과 장방형 주거지 3基, 방형주거지 3基가 조사되었다. 이들 주거지에서는 서북한지방의 각형토기 단계의 순수 이중구연토기와 이중구연에 단사선문〈그림 6-①〉·거치문〈그림 6-⑦〉 등이 시문된 토기와 목항아리〈그림 6-②, ⑥〉, 넓은바리〈그림 6-④〉등이 출토되었고, 1호 주거지에서는 유일하게 구멍무늬토기 1점과 목긴굽다리잔 1점이 출토되었다. 또한 방형의 5호 주거지에서는 목제 항아리편이 출토되었다.강릉대학교 박물관, 1997.〈강릉시 교동 2지구 택지개발지역 문화유적 발굴조사 지도위원회의자료〉

臺附小壺)이 유일한 것으로 여겨진다.

그 밖에 7호에서는 저부 2점이 출토되었는데 1점은 납작밑이고 다른 1점은 들린 바닥이다. 7호 주거지 출토 구연부편은 짧게 外反되는 것과 底部가 抹角平底로 추정되는 것도 출토되었는데 그릇의 전체 모양은 알 수 없으나 2호에서 출토된 목항아리 토기편으로 보아 비슷한 모양으로 추정된다. 조양동 주거지에서는 그 數는 작지만 1호와 6호를 제외한 대부분 주거지에서 붉은간토기편이 출토되었다.

석기는 모든 주거지에서 數量은 많지 않으나 靑銅器時代 前期 주거지에서 흔히 나오는 다양한 형태의 石器들이 출토되었다.

돌도끼는 모두 8점이 출토되었다. 도끼는 간돌도끼 5점이고, 나머지 3점은 장방형의 자연석을 조금씩 떼어 낸 흔적만 있을 뿐 갈아서 날을 세운 흔적은 보이지 않는다. 그러나 날쪽이 예리한 편이다.

반달돌칼은 조양동 유적에서 가장 많은 수의 유물이 출토되었다. 2호, 3호, 4호, 5호에서 각각 1점씩, 7호에서 5점이 출토되었고, 특이한 점은 2호의 퇴적층에서 한꺼번에 9점이 같은 위치에서 출토되었는데, 이점으로 보아 2호 주거지에서 반달돌칼을 제작 사용했던 것으로 추정된다. 반달돌칼은 대부분 舟形과 漁形이다. 날은 대부분 외날이고 조개날이 2~3점되는데 길이와 넓이의 비가 3:1이 넘는 것이 많고 兩端部가 잘렸거나 갈아서 평면형태가 장방형에 가까운 것도 있다.

돌주걱칼은 7호 주거지에서 1점 출토되었는데 몸통의 단면은 납작한 장방형이고 날은 양날이다. 손잡이 각도는 L자형으로 위로 올라가면서 좁아지는데 하키 스틱과 같다. 이러한 類形은 강릉시 포남동 주거지(이난영 1964), 명주군 방내리 2호 주거지(백홍기 · 지현병외 1996a), 경주 황성동(隍城洞遺蹟調査團 1991), 정선 귤암리(백홍기 · 지현병 1996b), 춘천 교동유적(金元龍 1963)에서 같은 形式의 돌칼이 발견된 바 있다. 이러한 형식의 돌주걱칼은 동해안과 동해안을 따라 연결되는 북한강과 남한강 유적에서 출토되는 것으로 보아 동북계통의 문화요소로 보인다. 돌대패는 3호와 4호에서 각각 1점씩 출토되었고 7호에서는 3점이 출토되었다. 대패날의 단면은 장방형이고 날은 외쪽날과 조개날이 있다.

가락바퀴는 土製品과 石制品이 있다. 토제품 중에는 단면이 평평한 것과 볼록한 것이 있다.

그물추 역시 토제품과 석제품이 있으며, 석제품은 신석기시대의 어망추와 같이 납작하고 자름한 돌의 양면을 타격하여 홈을 만들어 실을 걸 수 있도록 만든 것이고,

토제품은 球形, 算珠形, 圓筒形이 있다.

돌칼은 3호 주거지에서 柄部片 1점과 檢身片 1점이 출토되었다. 자루편은 二段 柄式의 홈자루이고, 劍身片에는 血溝가 새겨져 있는 것으로 2점 모두 이른 시기의 것으로 편년된다.

화살촉은 3호 주거지에서 2점, 4호에서 1점이 출토되었다. 주거지에서 출토된 3점 중 무경식은 1점이고 2점은 불확실하나 유경식으로 추정된다.

돌창은 1호에서 1점과 7호에서 3점이 출토되었는데 1호 출토품은 창의 莖部片이고 7호 출토품 중 2점은 창끝만 남은 것이며 1점은 창끝을 떼어 내어 만든 것이다.

그 밖에 4호 주거지에서 석기 2점이 출토되었는데 평면방형의 납작한 돌의 가운데 부분에 가는 홈이 파여진 것으로 보아 玉磨石으로 추정된다.

4. 編年

먼저 조양동 지석묘에 대해서 살펴보면 1호 지석묘의 墓室은 별도의 덮개돌이 없이 묘곽의 바로 위에 뚜껑돌을 올려놓은 것이며 묘곽의 바닥에는 납작한 활석을 쌓아서 만든 전형적인 石槨形의 蓋石式 支石墓이다. 이러한 형식의 수혈식 석곽형 지석묘는 대부분 강원 영동지역에 집중 분포되고 있는 매우 지역적인 특색을 보여주고 있다. 조양동 지석묘는 영동지방의 무문토기 문화기에 청동기 사용이 있었음을 보여주는 것으로 요녕식 동검문화와 공반되거나 세형동검으로 이행하는 시기에 공반되는 것으로 볼 때 고식에 해당된다고 보면서 기원전 5~4세기로 추정한(최종모 1998) 반면, 조양동 1호 지석묘의 피장자는 이곳에서 출토된 청동도끼로 보아 특수한 신분의 소유자로서 지석묘유적의 인근 유적인 조양동 주거지의 편년을 기원전 8세기초로 보고 있기 때문에 지석묘의 상한 연대를 기원전 8세기로, 하한은 부여 송국리에서 출토된 銅斧의 鎔范 등을 고려하여 기원전 6세기로 보았다(고동순 1993).

한편 조양동 주거지 출토 토기와 방내리 주거지 출토 토기의 型式과 組合上으로 보아 세부적으로는 다소 차이를 보이고 있으나 같은 유형에 속하며 이러한 두 유형의 도기형식과 欣岩里, 休岩里, 松菊里 등과 비교해 보았을 때, 조양동, 방내리 흔암리 포월리, 휴암리 송국리의 연대순으로 想定된다. 한편 방내리 1호 주거지의 탄소측정연대 값이 2650±110B.P.로 나와 있기 때문에 조양동과 방내리의 절대연대는 이러한 탄소연대와 그 중간연대가 기원전 7세기로 推定되고 있는 흔암리보다 좀 이른 시기로 보아서 기원전 8세기로 보았다(백홍기 1992).

따라서 조양동 지석묘에서 출토되는 청동도끼는 요녕지방의 만주식동검문화유
적에서 비파형동검과 함께 출토되는 것으로 청동기문화 전기에 해당되는 이른 시기의
고식으로 판단되며, 인근 주거지에서 출토되는 이중구연토기, 구멍무늬토기, 구순각목
문토기, 이중구연에 단사선문토기, 신석기시대의 빗살문토기 등을 반출하는 조양동 주
거지의 지배계층의 무덤으로 추정되며, 출토유물에 대한 제반양상과 공반관계로 보아
청동기시대 중 이른 시기인 기원전 8세기 이전으로 추정된다.

V. 맺음말

이상과 같이 속초 조양동 청동기시대 유적에서 기원전 8세기 이전으로 추정되는
주거지 7기와 지석묘 2기가 확인되었다.

특히 1호 지석묘에서 출토된 청동도끼(扇形銅斧)는 중국 요녕성의 만주식 동검
문화유적에서 비파형동검과 함께 출토되는 것으로 한반도에서는 함남 북청군 토성리
등 북한 지역에서만 일부 발견되었으며, 남한에서는 부여 송국리에서 출토된 鎔范이
있고 실물이 발견되기는 속초 조양동 1호 지석묘가 유일하다.

조양동 1호 지석묘는 큼직한 활석을 쌓아서 만든 전형적인 石槨形의 蓋石式 支石
墓이다. 이러한 형식의 수혈식 석곽형 지석묘들은 강원도 지방에서는 대부분 영동지역
에 집중 분포되고 있는 것으로 확인되었으며, 이러한 현상은 청동기시대 전기에 영동
지방에서 유행한 묘제로 추정된다.

주거지의 구조는 평면 방형에 가까운 장방형의 구조로 4基는 동-서방향이고 나
머지 3基는 남-북방향이다. 이들 중 장방형 주거지의 단벽 폭은 5.8m~6m로 일정하
게 나타나는 반면 장벽의 길이는 각 주거지마다 많은 차이를 보이고 있다. 이러한 현상
은 당시의 주거 건축에 있어서 단축의 폭은 일정하나 주거지의 크기에 따라서 장축의
길이는 많은 변화를 보여 준다 하겠다.

주거지의 內附施設로는 화덕자리, 기둥구멍, 저장 구덩이, 除濕用 홈, 作業臺 등
이 확인되었다. 주거지 규모가 가장 큰 2호 주거지에서는 세장방형의 구덩이 4개소가
발견되었는데, 구덩이의 내부에는 높은 열에 의하여 벽체와 주변이 모두 적갈색 燒土
로 변해 있는 것으로 보아 난방이나 조명을 얻기 위한 시설이라기 보다는 그 밖의 다른

용도로 사용된 시설이 아닌가 한다.

　기둥구멍(柱穴)은 대부분 주거지의 外廓線인 四壁의 바로 밑에서 확인되었고 4
호 주거지에서는 長軸의 中心線에서 4개의 기둥자리가 확인되는 것으로 보아 지붕은
맞배지붕인 것으로 생각된다. 그 밖의 내부시설로서 特異한 것은 기둥구멍과 기둥구멍
사이를 연결한 홈도 발견되었으며 이러한 저습용 홈을 屋外로 연결한 排水口施設도 발
견되었다.

　조양동 유적 중 완형으로 복원된 토기는 구멍무늬토기(孔列土器) 1점, 소형 바리
2점, 적색 굽다리잔(豆形土器) 1점, 흑색 굽다리잔 1점이 전부이다. 그러나 각 주거지
에서는 다양한 형태의 구연부편이 출토되었다. 구연부편은 二重口緣部에 구멍무늬(孔
列文)를 장식하고 그 아래에 短斜線文을 장식한 것, 구연부에 단사선만을 누르거나 새
긴 것, 二重口緣의 口脣에 골무늬(刻目文)를 새긴 것이 대부분이다.

　적색토기(홍도)는 현미경 관찰 결과 그릇의 내 · 외면에 붉은 점토칠을 한 것으로
나타나고 있으며 마연한 흔적은 보이질 않는다.

　이와 같이 속초 조양동 유적은 다양한 형태의 토기 요소들이 나타나는 것으로 보
아 한반도 동북지방과 서북지방 및 중부 동해안지방의 문화 전파 경로를 밝혀 주었을
뿐만 아니라 각 지역간의 문화교류는 기존에 생각했던 것보다 훨씬 더 빈번하게 이루
어 졌던 것으로 보인다.

참고문헌

강릉대학교 박물관, 1997, 〈 강릉시 교동 2지구 택지개발지역 문화유적 발굴조사 지도위원회의자료 〉.

姜仁求, 1979, 〈 松菊里 〉, 《國立中央博物館古蹟調査報告書》 제11책.

고동순, 1993, 〈 嶺東地方의 支石墓에 관한 考察 〉, 關東大學校 大學院 碩士學位 請求論文.

김용간, 1963, 〈 미송리 동굴 유적 발굴 보고 〉, 《고고학자료집》 3, 사회과학출판사.

金元龍, 1963, 〈 春川 校洞 穴居遺蹟 〉, 《歷史學報》 20집.

김재홍, 1995, 《淸堂洞》 II, 國立中央博物館.

백홍기, 1977, 《東海中部地方의 先史時代 遺蹟과 遺物》, 江陵敎育大學 博物館.

白弘基, 1992, 〈 江原嶺東地方의 無文土器文化 〉, 《江原嶺東地方의 先史文化研究》 II, 文化財研究所 · 江陵大學校 博物館.

백홍기 · 지현병, 1994, 〈 襄陽郡의 先史考古遺蹟 〉, 《襄陽郡의 歷史와 文化遺蹟》 江陵大學校 博物館.

백홍기 · 지현병외, 1996a, 《江陵 坊內里 住居址》, 江陵大學校 博物館.

백홍기 · 지현병외, 1996b, 〈 旌善郡의 先史 · 古墳遺蹟 〉, 《旌善郡의 歷史와 文化遺蹟》江陵大學校 博物館 · 旌善郡.

서국태, 1965, 〈 영흥유적에 관한 보고 〉, 《고고민속》 2호.

심재연, 1996, 〈 강원 영동 · 영서지역의 철기문화연구 〉, 한림대학교 대학원 석사학위청구논문.

오세연, 1995, 〈 중부지방 원삼국시대 문화에 대한 연구 〉, 서울대학교 대학원 석사학위청구논문.

이난영, 1964, 〈 江陵市 浦南洞 出土 先史時代遺物 〉, 《歷史學報》 24집.

지건길 · 이영훈, 1984, 《中島》 진전보고 V, 국립중앙박물관.

池賢柄, 1991, 〈 地表調査內容 〉, 《江原嶺東地方의 先史文化研究》, 文化財研究所 · 江陵大學校 博物館.

池賢柄, 1992, 〈 地表調査內容 〉, 《江原嶺東地方의 先史文化研究 II 》, 文化財研究所 · 江陵大學校博物館.

최몽룡외, 1997, 《南漢江流域의 先史文化》, 서울大學校 博物館.

隍城洞遺蹟調査團, 1991, 〈 慶州隍城洞遺蹟 第 一次發掘調査 槪報 〉, 《嶺南考古學》 8.

〈그림 1〉 조양동 청동기시대 유적 위치도

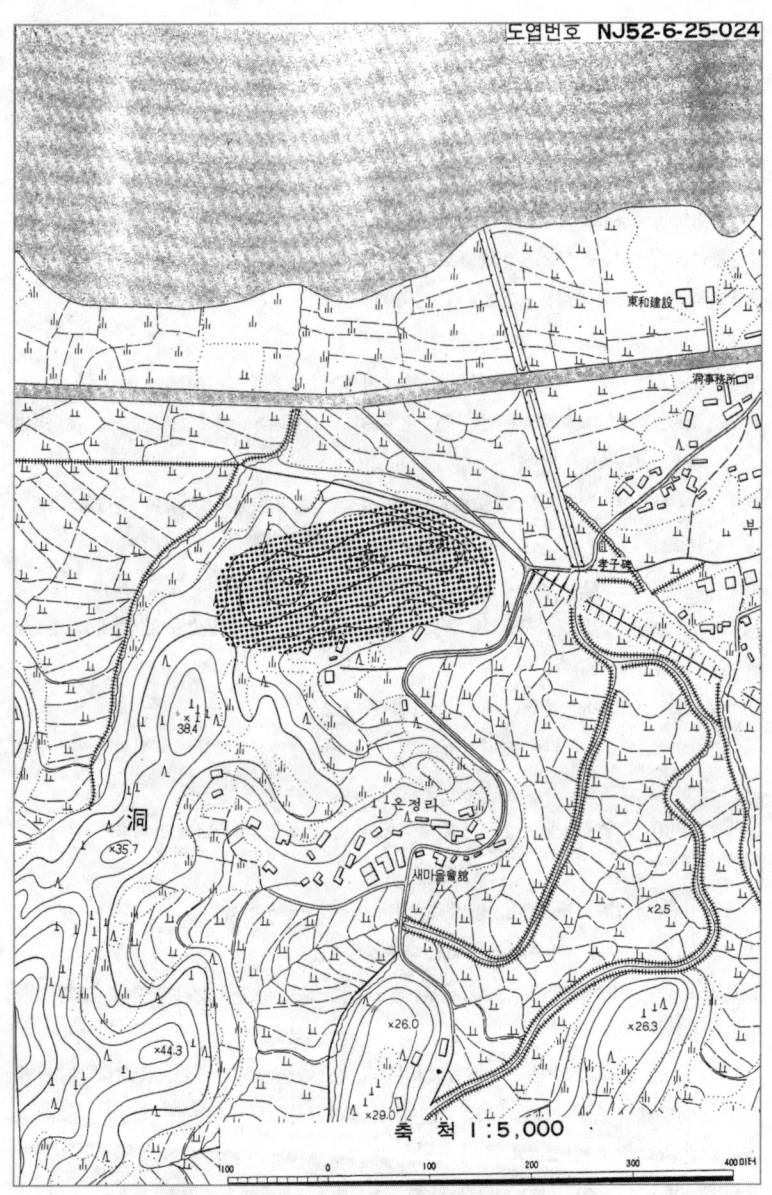

도엽번호 NJ52-6-25-024

축 척 1 : 5,000

〈그림 2〉 조양동 유적 집자리 배치도

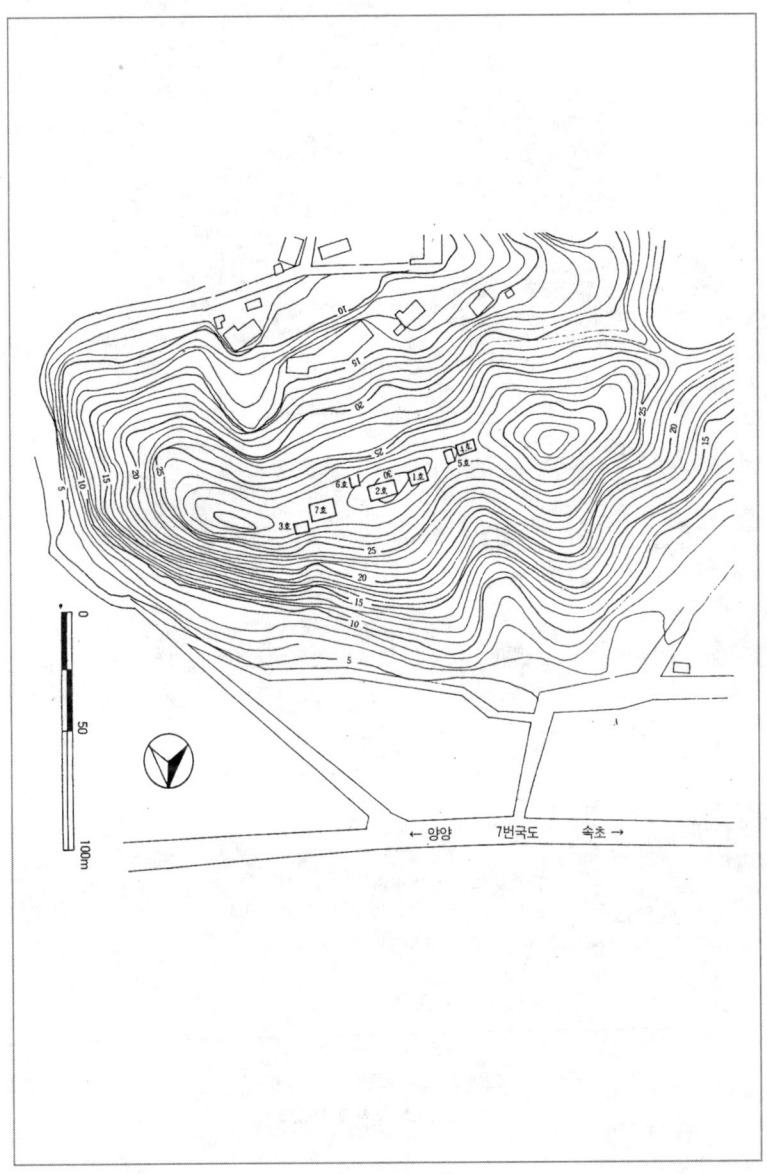

〈그림 3〉 조양동 1, 2호 지석묘 및 1호 주거지 실측도 및 출토유물

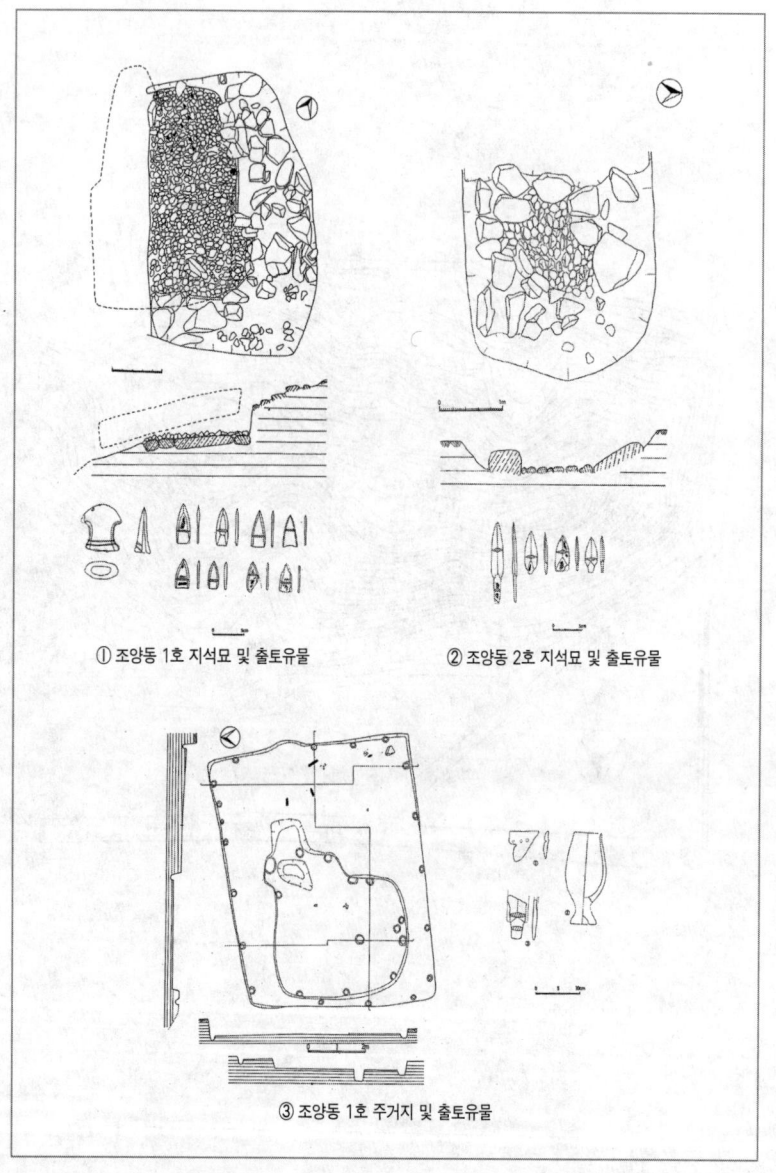

① 조양동 1호 지석묘 및 출토유물

② 조양동 2호 지석묘 및 출토유물

③ 조양동 1호 주거지 및 출토유물

〈그림 4〉 조양동 2, 3, 4호 주거지 실측도 및 출토유물

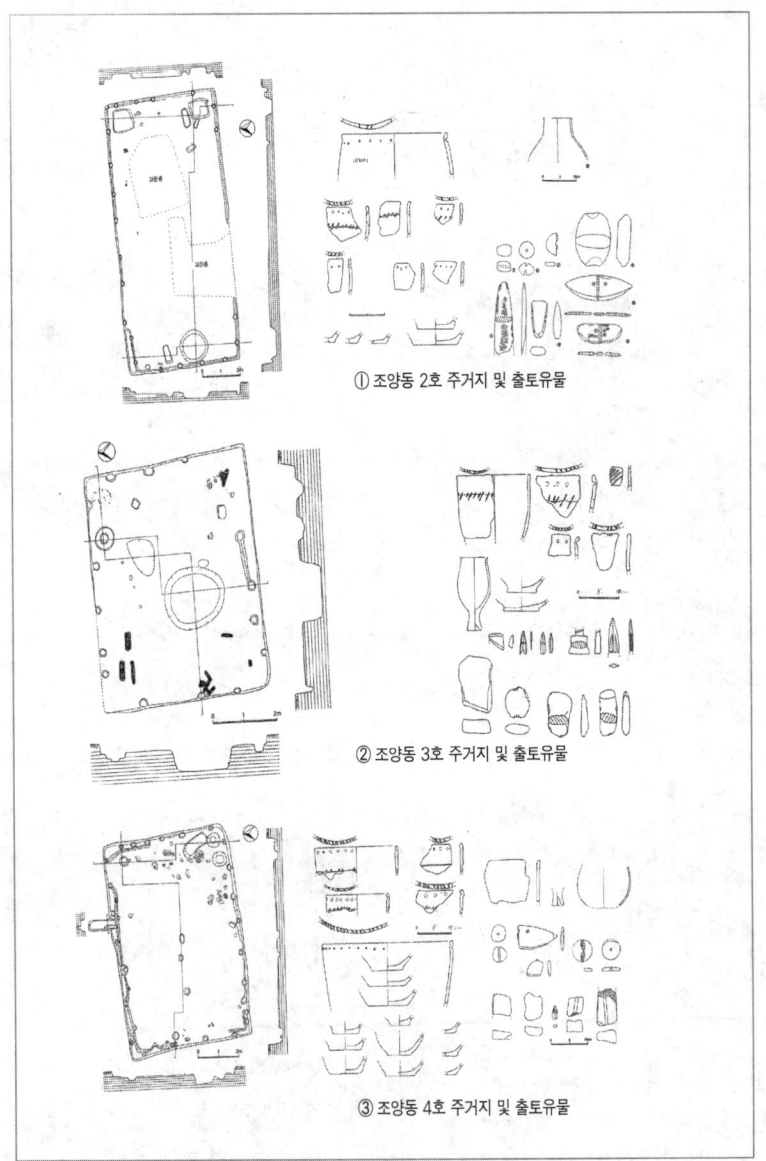

① 조양동 2호 주거지 및 출토유물

② 조양동 3호 주거지 및 출토유물

③ 조양동 4호 주거지 및 출토유물

〈그림 5〉 조양동 5, 6, 7호 주거지 실측도 및 출토유물

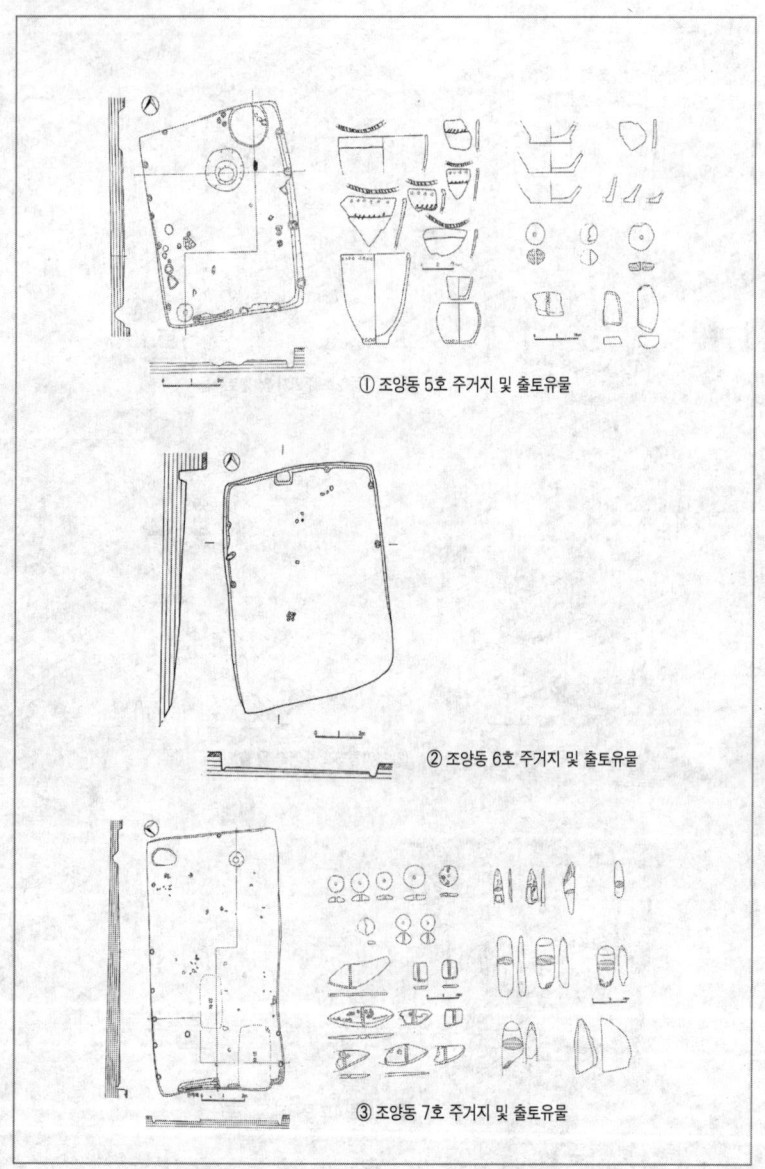

① 조양동 5호 주거지 및 출토유물

② 조양동 6호 주거지 및 출토유물

③ 조양동 7호 주거지 및 출토유물

<그림 6> 강릉 교동 1호 주거지 출토유물

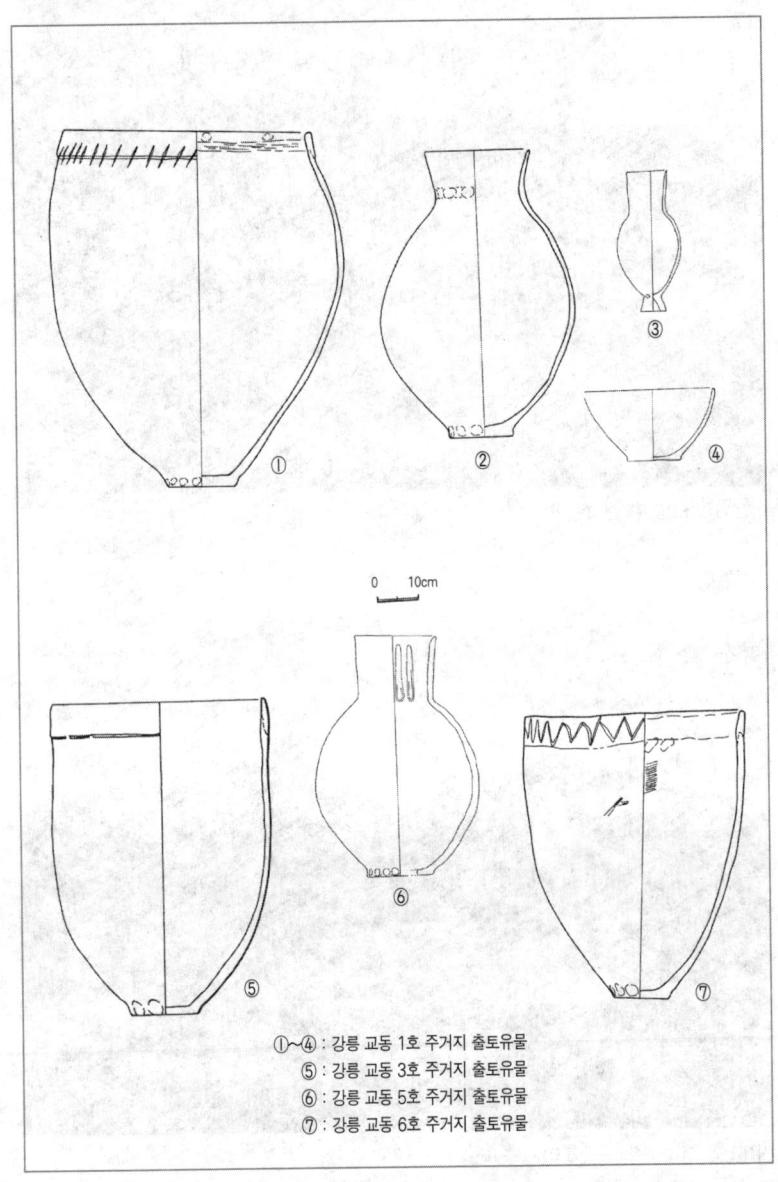

0   10cm

①~④ : 강릉 교동 1호 주거지 출토유물
⑤ : 강릉 교동 3호 주거지 출토유물
⑥ : 강릉 교동 5호 주거지 출토유물
⑦ : 강릉 교동 6호 주거지 출토유물

사진 1-①. 조양동 유적 먼 모습

사진 1-②. 조양동 지석묘 유적 먼 모습

사진 1-③. 조양동 1호 지석묘 모습

사진 1-④. 조양동 1호 지석묘 모습

사진 1-⑤. 조양동 1호 지석묘 덮개돌 제거 후 하부구조 나온 모습

사진 1-⑥. 조양동 1호 지석묘 '부채꼴 주머니 도끼' 출토 모습

사진 2-①. 조양동 1호 지석묘 유물 출토 모습

사진 2-②. 조양동 2호 지석묘 하부구조 나온 모습

사진 2-③. 조양동 유적 발굴조사 후 모습(서 → 동)

사진 2-④. 조양동 유적 발굴조사 후 모습(동 → 서)

사진 2-⑤. 조양동 1호 주거지 모습

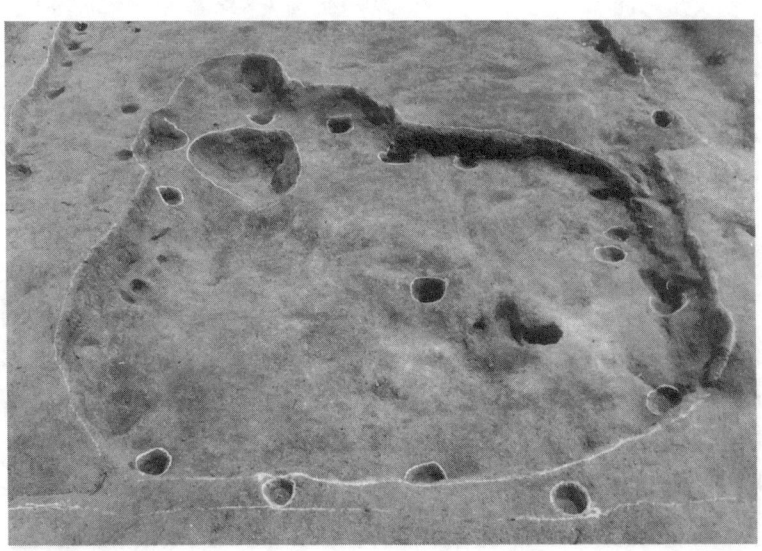

사진 2-⑥. 조양동 1호 주거지 모습

사진 3-①. 조양동 2호 주거지 모습

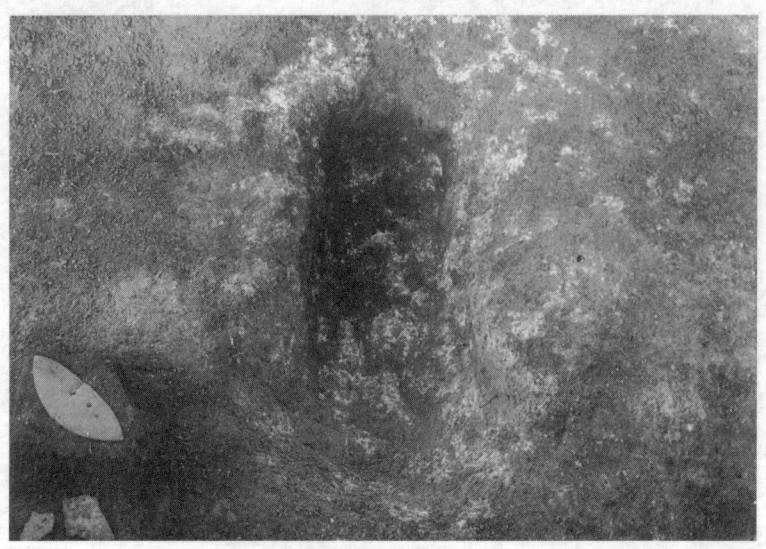

사진 3-②. 조양동 2호 주거지 서벽 화덕자리 모습

사진 3-②. 조양동 2호 주거지 동남벽 저장구덩이 및 화덕자리 나온 모습

사진 3-④. 조양동 2호 주거지 토기 나온 모습

사진 3-⑤. 조양동 3호 주거지 모습

사진 3-⑥. 조양동 4호 주거지 모습

사진 4-①. 조양동 4호 주거지 제습홈 및 배수구 시설 나온 모습

사진 4-②. 조양동 5호 주거지 모습

사진 4-③. 조양동 5호 주거지 저장구덩이 및 토기 나온 모습

사진 4-④. 조양동 5호 주거지 화덕자리 나온 모습

사진 4-⑤. 조양동 6호 주거지 모습

사진 4-⑥. 조양동 6호 주거지 모습

〈사진 5〉

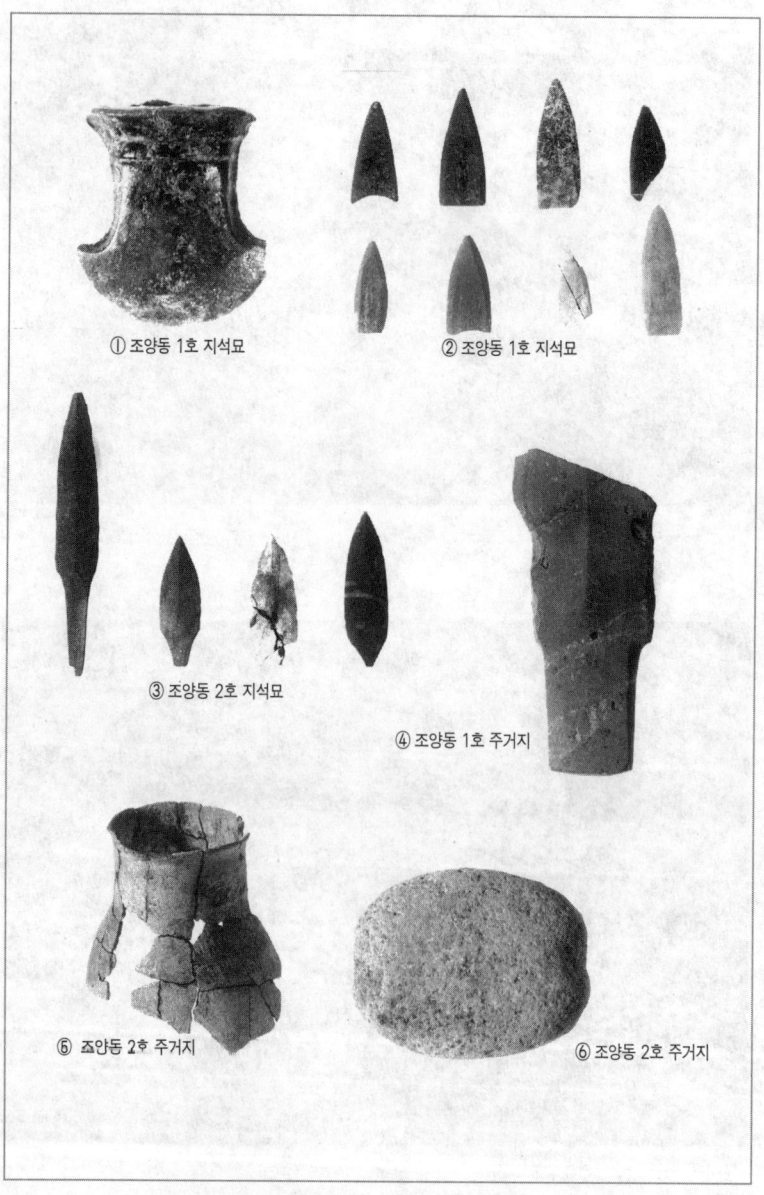

① 조양동 1호 지석묘

② 조양동 1호 지석묘

③ 조양동 2호 지석묘

④ 조양동 1호 주거지

⑤ 조양동 2호 주거지

⑥ 조양동 2호 주거지

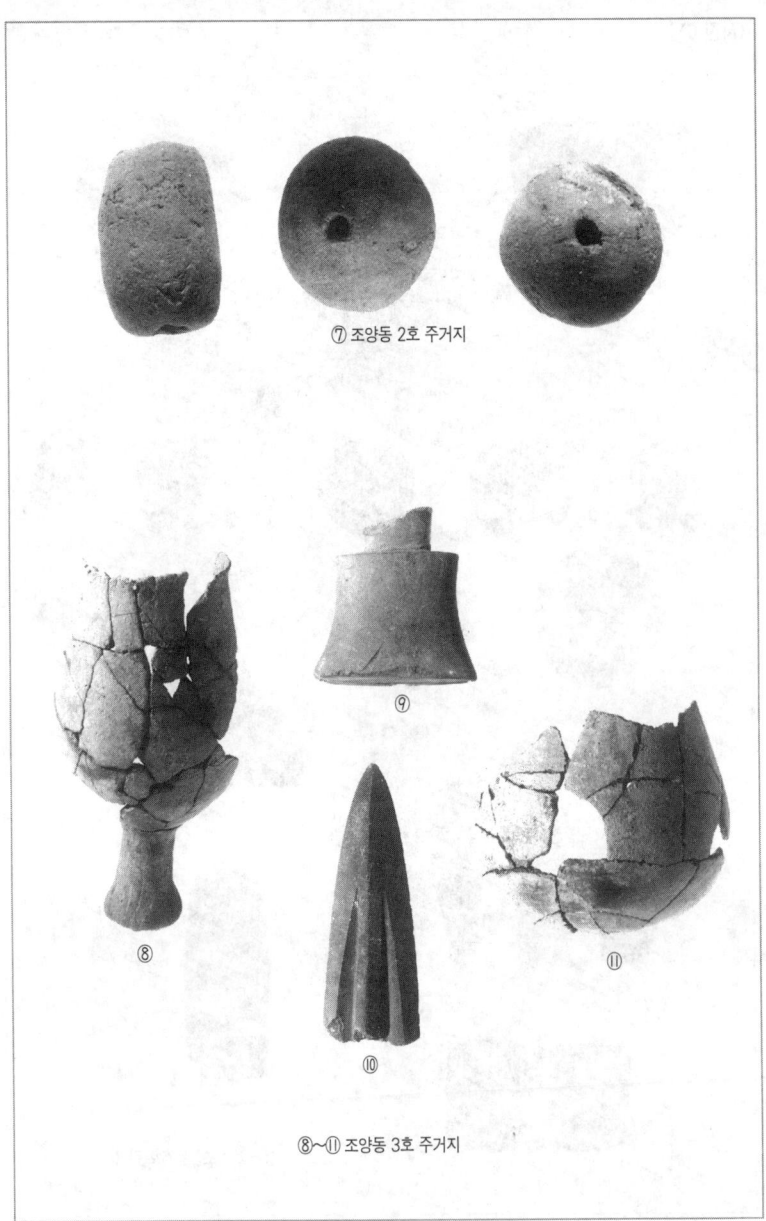

⑦ 조양동 2호 주거지

⑨

⑧

⑩

⑪

⑧∼⑪ 조양동 3호 주거지

〈사진 6〉

①~③ : 조양동 5호 주거지
④~⑨ : 조양동 7호 주거지 출토유물

316

마. 창원 덕천리 지석묘

홍 형 우

이 유적은 경상남도 창원군 동면 덕천리 168번지 일대에 분포하고 있으며, 支石墓 3기, 石棺(槨)墓 12基, 石蓋土壙墓 5基와 성격미상의 土壙遺構 다수(Ⅰ구역)와 斷面 V字形의 環濠(Ⅱ구역)로 이루어진 遺蹟이다. 특히 1號 支石墓는 북쪽과 서쪽에서 ㄱ자상으로 꺾여진 石築施設物이 확인되었는데, 이는 1호 支石墓의 외곽을 둘러싼 墓域區劃의 施設物로 확인되었다.

墓域區域인 Ⅰ지구는 해발고도 15~20m 되는 위치에 분포하고 있는데, 이는 德川川의 汎濫原에 해당하며 저지대의 소택지와 산의 경계지점이다. 유적 분포 범위는 동서 90m 남북 230m 가량으로 남동향으로 경사져 있는 경사면을 따라 분포하고 있다.

支石墓는 외형적으로 모두 6기가 확인되었으나, 발굴조사 결과 3기의 하부에서만 埋葬施設이 확인되었다. 支石墓는 대체로 남북축선상에 일렬로 배치되어 있다. 埋葬遺構가 확인된 3기의 支石墓는 上石이나 墓壙의 규모에 있어 차이가 있기는 하나, 段이 지게 墓壙을 파고 그 아래에 石槨形의 遺構를 築造한 점이 공통된다. 이들 支石墓는 蓋石을 1겹 이상 덮고 蓋石과 蓋石사이 또는 蓋石 윗부분은 積石을 하고 있으며, 외형상 원형의 封土처럼 보이는 적색-황색토가 덮혀 있다.

1호 支石墓는 대략 8×6m의 墓壙을 3段으로 파고, 4.5m 아래에 石室을 축조하였다. 石室위에는 5매의 蓋石을 덮었고, 그 위에 30~50cm 크기의 돌 800여개로 積石하였다. 積石위에 다시 12枚(下 8枚, 上 4枚)의 蓋石을 2겹으로 덮고 墓壙 어깨선까지 흙을 채웠다. 그리고 적색황토를 封土처럼 50cm 가량 높이로 덮은 후 그 위에 支石을 놓고 上石을 얹었다. 石室의 크기는 280×80cm, 깊이는 120cm이다. 바닥에는 전면에 板狀石을 깔았고, 4벽은 板狀割石으로 平積하였다. 장축방향은 남북방향이다. 석실의 바닥에서는 석촉과 管玉, 성격미상의 목제품 殘片 그리고 木棺의 殘片이 출토되었다.

1호 支石墓에서는 특히 외곽을 둘러싸서 그 墓域을 區劃하는 石築施設物이 확인되었다. 생토를 40~50cm 깊이로 파고 1호 支石墓 쪽에만 石築을 쌓았다. 石築은 현재

317

남북 56.2m 동서 17.5m가 남아 있는데, 양끝이 모두 인위적으로 제거되어 있어 원래는 이보다 더 큰 규모였을 것이다. 石築은 治石한 석재로써 平積하였는데, 基壇部인 最下段石은 앞으로 조금 튀어나오게 놓여 있다. 이 최하단석에 물려서 폭 1.5m 가량되게 전면에 板石을 깔았으며, 나머지 바닥과 1호 반대편 壙의 벽은 목탄이 섞인 점토가 깔려 있다. 바닥에 깔린 板石은 전체적으로 일정한 간격으로 區劃되어 있는데, 區劃別로 깔린 돌의 재질이 다른 경우도 있다. 이 석축은 祭壇으로서의 기능을 가진 것으로 보인다. 石築은 ㄱ字狀으로 꺾이는 부분을 기점으로 남동쪽으로 내려가면서 자연경사면을 따라 점차 낮아져 약 1m가량의 level차이가 있다. 석축자체가 지하에 있고 모서리에서부터 완만하게 경사지면서 내려가는 점으로 보아 石築이 노출되어 있을 당시에는 이것이 墓域의 區劃施設인 동시에 排水路(周溝)의 역할도 했을 것으로 보인다. 석축의 남북열 가운데 北端의 모서리와 접하는 부분은 3.6m가량 석축되어 있지 않은 부분이 있는데 이는 석축의 入口로 추정된다.

2호 支石墓는 6×3.5m 크기의 墓壙을 2段으로 파고, 3m 아래에 石室을 築造하였다. 石室에는 4매의 蓋石을 덮었고, 그 위에 30~50cm 크기의 돌 1,000여개로써 積石하여 墓壙을 채웠다. 그리고 적색-황색토를 지표면보다 50cm 가량 높게 封土처럼 덮은 후 그 頂部에 上石을 기대 놓았다. 石室의 크기는 260×80cm, 깊이는 80cm이다. 바닥 전면에는 5~10cm 크기의 자갈돌을 깔았다. 장축방향은 동서방향이다. 石室의 바닥에서는 丹塗磨硏土器, 管玉과 함께 다량의 木棺 殘片이 검출되었다. 관옥의 위치로 보아 頭向이 동향일 가능성이 높다. 관옥의 주위에서는 漆片이 다수 검출되었다.

5호 支石墓는 적색-황색토로써 직경 약 6m, 높이 40cm 정도 盛土한 후 다시 3×1.6m 크기의 墓壙을 2段으로 파고 그 내부에 小形 石槨을 築造하였다. 石槨 위에는 7매의 蓋石을 2겹으로 덮고 割石으로 적석한 후 다시 적색토를 얇게 덮고 上石을 얹었다. 石槨의 크기는 125×50cm이며 길이는 50cm이다. 네 벽의 안쪽에는 벽과 나란하게 板石을 세웠다. 이 板石은 棺의 대용으로 판단된다. 바닥에는 넓은 판석을 깔았다. 장축방향은 동서방향이다.

석관(곽)묘는 외형상 上石이 없는 것을 石棺墓 또는 石槨墓로 분류한 것으로 모두 12기가 조사되었다. 이 가운데 네벽 모두 板狀割石으로 平積한 것(7, 8, 10, 11호), 平積과 垂積을 혼용한 것(9, 12, 17, 18호), 그리고 川石으로 쌓은 것(16호)의 세 종류가 있다.

石蓋土壙墓는 墓壙을 파고 아무시설 없이 그대로 墳墓로 이용한 것으로, 모두 5

기가 확인되었다.(19, 20, 21, 22, 23호) 이 중에는 蓋石이 확인되지 않는 것도 있으나(20, 23호) 대체로 石蓋하였을 것으로 보인다. 蓋石은 대개 지하에 있고, 墓壙에는 蓋石을 걸치기 위한 段이 있다. 내부 충진토의 단면이 U자상으로 함몰되어 있고 묘광의 가장자리에 보강토가 있는 점으로 보아 木棺을 사용하였을 가능성이 높다.

環濠는 墳墓가 위치하는 I地域에서 북동쪽으로 300m 떨어진 구릉과 작은 골짜기에 걸쳐서 확인되었다. 확인된 전체 길이는 150m 가량으로 양끝이 모두 경작으로 잘려 나가 그 原形을 파악하기 어렵다. 호의 단면은 끝부분이 둥근 V자형이며, 폭은 3m이고 깊이는 1~1.5m이다.

그 밖에 기타 土壙遺構가 石築의 주변에서 다수 확인되었다. 내부에는 木炭이나 無文土器片이 들어 있었다. 깊이가 일정하지 않으며 형태도 圓形, 方形 등 다양하여 주거지일 가능성이 적으며 古墳의 築造 또는 埋葬과 관련된 임시 施設物로 추정된다.

이 유적에서는 遼寧式銅劍 1점, 石劍 3점, 석촉 36점, 丹塗磨研土器 9점, 管玉 172점, 무문토기편이 다수 출토되었다. 그리고 木棺片 다수와 漆片이 출토되었으며, 이밖에 숫돌, 석착, 반월형석도편 등이 石築의 埋沒土나 板石위에서 발견되었다.

이 유적은 이제까지 일반적으로 인식되어 온 지석묘와는 여러 가지 점에서 상당한 차이가 있어, 일반적인 지석묘에 대한 개념과 특히 청동기시대 사회체제에 대한 개념에 있어 획기적인 인식의 전환을 가져온 유적이라는 점에서 중요한 의미를 갖는다. 이는 첫째 生活空間과 墳墓空間의 分離樣相, 둘째 支石墓의 構造的 차이, 셋째 獨立的으로 區劃된 墓域의 存在, 넷째 構造에 反影된 集團區分, 다섯째 高度의 石材加工 技術, 여섯째 埋葬과 관련된 儀禮行爲 등이 그것이다.

즉 첫째 이 유적은 I지구와 II지구로 나누어지는데, I지구는 동서 120m, 남북 250m 정도로 그 면적이 1만여평에 이르며, 이곳에서는 墳墓와 그 관련시설만이 발견되었을 뿐 주거시설은 전혀 없었다. 주거시설은 環濠와 관련하여 II지구에 따로 마련하였던 것으로 추정된다. 따라서 이 유적에서는 墳墓空間과 生活空間을 의식적으로 따로 마련하였던 것으로 보이며, 삶과 죽음에 대한 空間分割이 이루어진 것으로 보인다.

둘째 지석묘는 하부구조가 확인된 1, 2, 5호 모두 일반적인 支石墓와는 많은 構造的인 차이가 있다. 즉 上石에 비해 墓壙을 매우 크게 파서 아래로 段을 지웠으며, 蓋石을 1겹이상 중첩되게 하거나 蓋石과 蓋石사이에 수 백개의 돌로써 積石한 점, 舊地表面에서부터 적색-황색토를 둥글게 쌓아 올려 외형상 封土처럼 보이게 하고 그 위에 上石을 얹거나 또는 적색-황색토로써 封土처럼 둥글게 만들고 난 후 墓壙을 파 내려간

점등은 그 類例를 찾기 어려운 독특한 구조를 하고 있다. 이러한 구조에 있어서의 특징은 지석묘의 축조가 단지 거대한 上石의 이동에 그치는 것이 아니라 크고 깊은 墓壙을 파고 수십매의 蓋石을 다듬어 옮기거나 그러한 蓋石을 깊은 墓壙안에 정연하게 쌓는 등의 技術的인 問題에 대한 재검토를 요구한다.

셋째 1호 支石墓의 경우 우선 무덤 자체가 다른 墳墓에 비하여 클 뿐만 아니라 묘역도 56×17.65m에 달해 전체 분포의 1/3가량을 이 무덤이 차지하고 있다. 이러한 무덤의 크기와 묘역은 被葬者의 社會的 身分 차이를 반영하는 것으로 생각된다.

넷째 墳墓의 構造的인 차이에서 추정되는 集團의 구분으로, 즉 지석묘, 석관(곽)묘, 석개토광형묘 등 세 가지의 구조적인 차이와 이들의 배치 및 방향 등으로 보아 1호 지석묘가 위치하는 북쪽의 분묘들은 석관(곽)이며 남북방향이고, 2,5호 지석묘가 위치하는 남쪽의 일군은 蓋石土壙形이며 동서방향인 점으로 볼 때 平面配置樣相이 集團의 차이를 반영하는 것으로 보인다.

다섯째 지석묘에 사용된 석재들 특히 石築에 사용된 석재들은 당시의 석재가공 기술이 일반적으로 인식되어온 것보다는 고도의 기술을 보이는 것으로, 專門性을 띤 技術集團의 存在를 想定할 수 있다.

여섯째 1호 支石墓 주변을 둘러싸고 있는 石築 내부에서 다량의 무문토기와 함께 석착, 숫돌들이 나타나고 있는 점으로 보아 儀禮行爲의 증거로 볼 수 있으며 특히 유물들이 石築의 모서리를 중심으로 집중적으로 분포하고 있는 점등은 매장과 관련된 儀禮行爲가 있었던 것으로 추정된다.

이 유적의 中心年代는 丹塗磨研土器 등 출토유물로 보아 기원전 4세기 경으로 보인다.

참고문헌

李相吉, 1994, 〈昌原 德川里遺蹟 發掘調查報告〉, ≪영남고고학회 · 구주고고학회 제일회 합동고고학회≫ 자료편.

李相吉, 1994, 〈支石墓의 葬送儀禮〉, ≪古文化≫ 45.

李相吉, 1996, 〈청동기시대 무덤에 대한 일시각〉, ≪碩晤尹容鎭敎授停年退任紀念論叢≫.

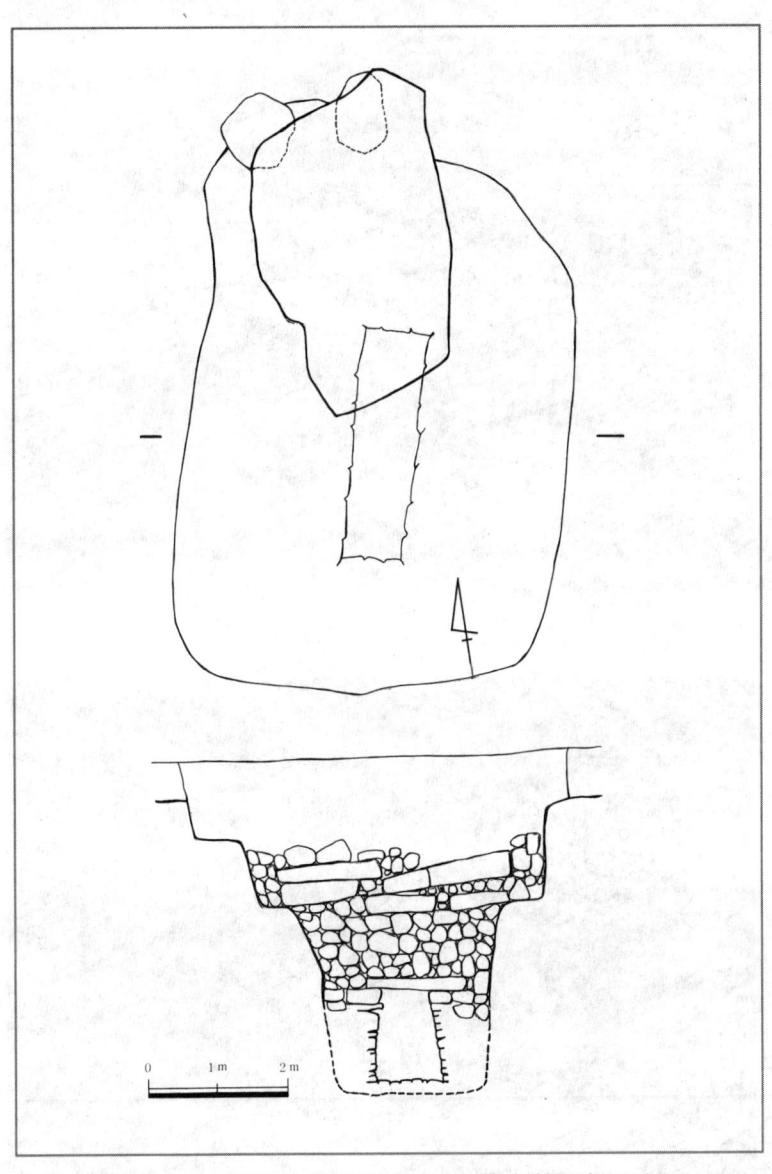

그림 1. 창원 덕천리 1호 지석묘(평 · 단면도)(≪창원 덕천리유적 발굴조사보고≫)

사진 1. 창원 덕천리 지석묘(전경)

사진 2. 창원 덕천리 지석묘(매장주체부)

사진 3. 창원 덕천리 지석묘(석축 모서리 세부)

사진 2. 창원 덕천리 지석묘(2號 管玉과 漆片)

바. 파주 지석묘

홍 형 우

　이 유적은 汶山에서 남쪽으로 약 6km의 거리에 있으며 汶山川 서쪽으로 이어지는 높이 82m 정도의 구릉의 산등성이를 따라 있다. 북방식지석묘와 주거지가 함께 분포하고 있는 유적으로 1966년 사적 제 148호로 지정되었으며, 옥석리유적이라고도 알려져 있다. 이 지석묘는 강화 부근리 지석묘나 인근에 있는 교하리 지석묘와 유사한 북방식 지석묘이나 크기가 작은 편이다.

　지석묘는 서북쪽으로 구릉 최고 처에 이르는 稜線上에 小形의 북방식 지석묘들이 1~2개 산재하고 있으며, 구릉 정상부 가까이에 가장 큰 지석묘(B1호)가 있고 그 주변에 10여기가 분포하고 있는 등 모두 20여기의 지석묘가 분포하고 있다. 현재의 지석묘는 원래 거의 지상에 倒壤되었던 것을 발굴조사를 실시하고 그 중 몇 개를 복원하여 다시 세운 것이다. 이 중 규모가 가장 큰 것은 개석의 크기가 길이 330㎝, 너비 190㎝, 두께 40㎝이다.

　발굴조사된 지석묘는 표고 100m 구릉의 동단 지점에 위치한 1기(A호)와 82m 구릉 서쪽의 일군 중 5기(B1호~B5호)이다. 이 중 A호와 B1호 조사시에는 지석묘 바로 밑에서 수혈주거지가 발견되어 지석묘와 주거지의 관계를 알 수 있는 중요한 자료가 되었다.

　A호 지석묘는 표고 100m 구릉의 동단부에 있는 소형 지석묘 3기 중 비교적 상태가 양호한 지석묘이다. 개석은 이동되어 한쪽 지석에 걸쳐 있었으나, 석실을 구성하는 지석들은 4매가 모두 제 위치에 있었다. 개석의 크기는 길이 1m, 너비 87m, 두께 3.5m로서 거의 방형에 가까운 판석을 사용하였으며, 하부 석실은 남북 장축방향이며 내경이 50㎝×35㎝로 규모가 매우 작은 지석묘이다. 동서의 장축을 이루는 지석은 개석과 같은 석질의 비교적 단단한 석재를 사용하였으며, 남북의 지석은 부근에 있는 석재를 사용하여 무르다. 남지석은 상부가 파괴되어 없어지고 지하에 매몰된 부분만 남아 있었는데 크기는 폭 15㎝, 두께 4~5㎝, 잔존높이 30㎝이다. 북지석은 작은 판석 2매를 이어 하나의 지석을 구성하고 있었다. 서지석은 장벽의 지석중 가장 완전한 상태

로 남아 있었는데 크기는 길이 97㎝, 두께 13㎝, 높이 85㎝이다. 석실의 내부에서는 단벽을 구성하는 남북지석의 바닥면까지에서는 아무런 유물이 출토되지 않아 부장유물은 없었다. 그러나 그 하부 즉 남북지석보다 약 30㎝ 더 깊이 박혀 있는 동서 지석은 주변 석실내부와 지석 외면에서 빗살무늬토기가 발견되었는데, 이 빗살무늬토기는 지석묘를 만들 당시 혼입된 유물이다.

B1호는 A호 지석묘에서 약 300m 떨어져 있는 82m 구릉 서쪽에 분포하는 10여기의 지석묘 중 가장 규모가 크고 능선상의 제일 높은 곳에 위치하고 있는 지석묘이다. 개석은 두 개로 갈라져 있었으며 장축방향은 능선과 나란한 동서방향이었다. 크기는 3.3m×1.9m×40㎝이다. 하부 지석은 4매 모두 남아 있었으며, 석실의 내부는 1.4m×40㎝이다. 지석의 크기는 남북지석이 길이 2.2m, 높이 1.3m, 두께 25㎝로 비슷하며, 동지석은 높이 1.5m, 폭 62㎝, 두께 20㎝이고, 서지석은 높이 1.75m, 폭 60㎝, 두께 25㎝이다. 석실내부 조사시 지표하 약 50㎝에서 扁平單刃石斧 한점이 발견되었다. 편평단인석부는 片岩제로 길이 7.3㎝, 편폭 4.3㎝, 두께 1㎝의 것으로 刃部보다 頭部의 폭이 좁다.

B2호 지석묘는 B1호의 동쪽 2m 떨어져 있던 것으로 도괴되어 개석만이 나타나 있던 것이다. 장축은 동서방향이었으며, 개석의 크기는 2.05m×1.6m×30㎝이다. 지석은 3매가 남아 있었는데, 석실의 장축방향은 동서방향이었다. 지석의 크기는 남북 2매는 각각 길이 1.5m와 1.4m, 높이 1.05m, 두께 15㎝ 내외로 비슷하며, 동지석은 50㎝×98㎝×13㎝이고 서지석은 없어졌다. 석실의 크기는 내경이 1m×50㎝ 가량이다. 유물은 석실내부에서 석도편 1점이 출토되었다. 석도편은 雲母片岩제로 중앙의 작은 구멍이 있는 곳에서 절단된 것이다. 잔존길이 7㎝, 폭 4.9㎝, 두께 0.7㎝이다.

B3호 지석묘는 B1호로부터 약 80m 떨어진 B지점 지석묘의 남단에 위치한다. 개석은 3편으로 파괴되어 있었으며, 장축방향은 구릉 사면을 따라 남북방향이었다. 석실은 근래에 도굴되었는지 내부 바닥까지 비워져 있었다. 석실내부는 크기는 1m×50㎝ 정도이고, 깊이는 약 90㎝로 매우 작은 규모였다. 장벽을 이루는 동서 2매의 지석의 기초주변에는 B1호 지석묘와 마찬가지로 기초를 보강하기 위한 작은 석괴들을 채웠다.

B4호 지석묘는 B3호 북쪽으로 10m가량 떨어져 있는 지석묘로 장축방향은 남북방향이다. 완전히 도괴되어 개석 상면과 지석의 일단만이 드러나 있었다. B4호 지석묘 역시 크기가 작은 편으로, 개석의 크기는 2.3m×1.2m×35㎝이다. 지석의 크기는

서지석이 길이 1.4m, 높이 1.05m, 두께 15㎝, 남지석은 폭 35㎝, 높이 93㎝, 두께 13㎝ 가량이고 석실의 넓이는 90㎝×40㎝ 정도로 추정된다. 유물은 주변 표토층에서 B3호 지석묘에서와 같은 토기편들이 약간 발견되었다.

B5호 지석묘는 B4호에서 서쪽으로 약 10m 떨어져 있는 경사면에 위치하며, 장축방향은 남북방향이다. 개석의 크기는 1.9m×1.6m×25㎝이다. 지석 4매는 모두 비슷한 두께의 석재를 사용하였는데, 그 중 동서지석은 각각 길이 1.05m, 높이 약 80㎝이고 남북지석 중 하나는 폭 55㎝, 높이 1m이고 또 하나는 폭 48㎝, 높이 80㎝이다. 석실의 크기는 70㎝×50㎝ 정도로 추정되어 B지역 지석묘중에서 가장 작은 규모이다. 지석묘 주변 표토에서 완형의 마제석부 1개와 소형지석 편 1개가 발견되었다. 마제석부는 花崗巖제의 兩刃石斧이다. 길이 16.5㎝, 폭 6.9㎝, 두께 4.4㎝이다. 지석은 班岩제의 장방형으로 중간에서 절단된 것이다. 잔존길이 7㎝, 두께 1.5㎝이며 3면을 사용하고 있다.

한편 수혈주거지는 B1호 지석묘의 하부에서 발견되었는데, 이 주거지의 규모는 동서 길이 15.7m, 남북 너비 3.7m의 매우 길쭉한 평면을 이루고 있는 점이 특징이며 깊이는 40~90㎝이다. 이러한 긴 장방형의 주거지는 서울 역삼동 유적, 파주 교하리 유적 등에서도 보인다. 이 주거지는 화재로 소실되어 수혈의 지하벽면이 붉게 타 있었다. 수혈의 윤곽은 4벽면이 모두 직각을 이루는 장방형을 이루고 있으며 그 모습이 정연하여 4면의 벽석에 따라 돌아가면서 바닥에 小柱孔이 배열되어 있었으며 가운데에서는 주공의 흔적이 없었다. 소주공은 작은 것이 직경 7~8㎝, 중간이 11~12㎝, 큰 것이 15㎝ 정도 였다. 구멍의 깊이는 15~20㎝가 보통이지만 25㎝에 이르는 것도 있다. 간격은 일정하지는 않았으나 대개 30㎝의 좁은 간격이었다. 이 주공열은 벽면을 따라 이어져 있으며 특별히 끊어진 곳이 없어 따로 출입구 시설의 흔적이 없었으며, 따라서 수혈주거지로의 출입은 사다리나 발판을 사용하였을 것으로 추정된다. 주거지 바닥은 평탄하였으며 상면에는 진흙을 얇게 깔았다. 노지는 중앙보다 동편에 치우쳐 2개소가 만들어져 있었는데, 노지는 특별한 시설은 없었고 바닥을 약간 움푹하게 파 놓았으며 바닥면이 짙은 적색으로 되어 있었다. 크기는 60㎝×40㎝의 타원형이며 깊이는 10㎝에 불과하다. 내부는 모두 재로 메워져 있었다. 이 주거지가 燒失된 후 지석묘(B1호)가 세워졌을 때는 그 내부는 모두 토사로 매몰되어 있었다. 지석묘는 주거지의 서남모서리에 해당하는 위치에 있었으나 지석묘로 인해 주거지가 파괴되지는 않아 그 때이미 주거지가 매몰되어 상당한 두께로 퇴적되어 있었음을 알 수 있다.

수혈주거지에서 출토된 유물은 孔列土器片들과 마제석검, 석촉, 방추차, 지석, 편평단인석부편, 갈돌 등의 석기류가 많았다. 석기 원재료들은 주거지의 동쪽에서 주로 출토되었으며 완성품들은 대부분 서쪽에서 출토되었다.

토기편은 모두 120여편이 출토되었는데, 각각 갈색 또는 적갈색과 안팎 모두 암적색인 두가지로 구분되나, 모두 석영, 장석립 등이 섞인 태토를 사용하고 있어 대체로 같은 토기편으로 보인다. 구연부 편은 구연부 바로 밑을 돌아가면서 같은 간격의 작은 구멍을 뚫은 것으로 이른바 공열토기들이다.

마제석검은 주거지의 동북모서리 바닥에서 출토되었다. 점판암제로 검신의 선단 부분이 약간 파손된 것이다. 잔존길이는 16.8cm, 劍把 頭部의 폭 5.3cm, 두께 1cm이다. 전면이 불에 타서 그을려 있었고 벽면과 나란하게 바닥에 놓여 있어 주거지 내부에서 사용된 것이 확실한 것으로 추정되어 중요하다. 검신의 중앙 좌우에는 2조의 혈구가 있고 검파부는 二段柄式이지만 중앙에 돌린 3개의 凸帶가 특징적이다.

마제석촉은 22개가 출토되었다. 有莖式 14개, 유경식 편이 3개, 扁平三角鏃이 2개, 동편이 2개, 형식이 불명확한 것이 1개이다. 대부분 바닥 잿더미 속에서 출토되었다. 유경식은 모두 촉신 기부에서 경부에 이르는 사이에 단면 육각형의 棒狀部를 만들고 있고 그 밑에 달린 경부는 석촉의 크기와 관계없이 모두 1cm미만이다. 석촉의 크기는 5.6cm~11.1cm이다. 扁平三角鏃은 2개중 1개는 촉신 폭이 넓고 이등변 삼각형에 가까운 형태를 이루고 있으며 길이는 5cm이고, 다른 하나는 5.5cm이다.

방추차는 2개 출토되었는데 하나는 바닥에서 출토되었으며, 크기는 직경 6.5cm 두께 0.7cm의 편평한 원반형이고 중심의 구멍은 한쪽에서 穿孔하였다. 또 하나는 퇴적토에서 나온 것으로 직경 5.9cm의 파손된 것이다. 다두석부는 인부만 남은 작은 편으로 인부 1개의 폭은 4cm가량이며, 半徑은 약 5.5cm이며 두께는 1.3cm이다. 석제석부는 2점이 출토되었는데 單刃石斧이며 하나는 길이 7.1cm, 폭 4.2cm, 두께 1.1cm이다. 지석은 총 9개가 출토되었으며 갈돌이 3개 출토되었다.

B1호 지석묘의 하부에 있는 수혈주거지 내부에서 출토된 목탄편에 대한 C[14]에 의한 연대측정 결과 이 주거지의 연대는 2950±105 B.P. 즉 기원전 7세기의 유적임이 밝혀졌다. 이 연대측정의 결과에 의하여 마제석촉의 연대는 기원전 4세기를 소급할 수 없는 세형동검들의 연대보다 앞서고 있다는 것을 증명할 수 있는 확실한 고고학적 근거를 얻을 수 있게 되었으며, 또한 이 유적의 층위관계에 따라 주거지가 그 위에 있는 지석묘보다 먼저 만들어진 것이므로 이 지석묘의 연대는 기원전 7세기 이후가 되는

것을 알 수 있었다.

참고문헌

金載元 · 尹武炳, 1967, ≪韓國支石墓研究≫, 국립박물관.

경기도, 1997, ≪京畿道文化財大觀≫.

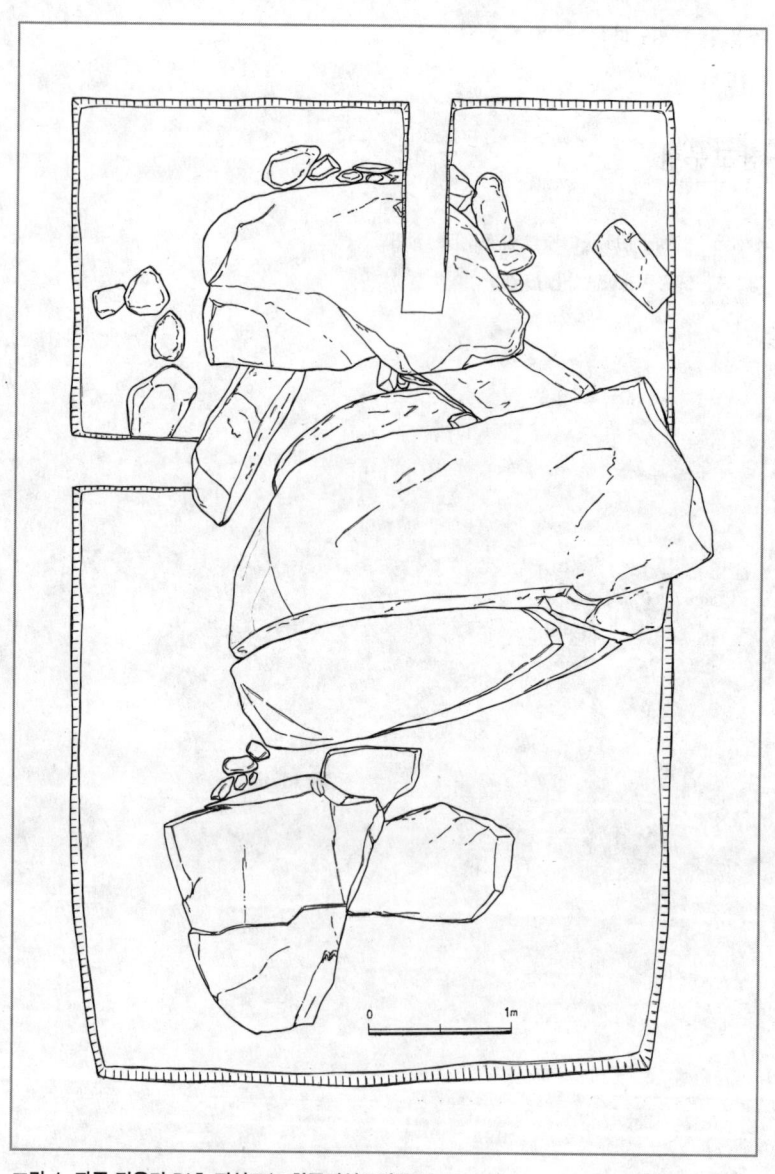

그림 1. 파주 덕은리 BI호 지석묘(≪한국지석묘연구≫)

사진 1. 파주 부근리 주거지 및 지석묘군

사진 2. 파주 부근리 주거지 및 지석묘군

사진 3. 파주 부근리 주거지 및 지석묘군

사진 4. 파주 부근리 주거지 및 지석묘군

사. 화순 지석묘

이 영 문

　화순 지석묘군은 전남 화순군 도곡면 효산리와 춘양면 대신리를 연결하는 보검재 양 계곡 사면에 위치하고 있다. 이 지석묘군은 약 10여km에 걸쳐 나타난다. 이곳은 영 산강 지류인 지석강 주변에 형성된 넓은 평지를 배경으로 하고 있다. 지석묘의 분포는 마을 앞 평지와 마을 내도 있지만 대부분 계곡의 동쪽 산기슭을 따라 군집되어 입지해 있다. 춘양면 대신리 지석묘는 해발 65m에서 125m 사이에 있으며, 도곡 효산리는 45m에서 90m 사이로 평지에서의 상대 높이인 비고(比高)는 각각 60m와 45m이며, 사적 제 410호로 지정되어 있다.

1. 화순 도곡 효산리 지석묘

　화순 도곡 효산리에 분포한 지석묘 수량은 측량에서 드러난 총 980여개의 석재 중 지석 등 하부가 드러난 것 25기, 상석으로 보이는 것 133기 등 총 158기가 지석묘 로 추정되며, 현재 상석의 하부가 매몰되어 있거나 도괴된 것 중 상석의 형태를 보이는 석재가 119기 이상이다. 효산리 지석묘는 노출되어 확실한 지석묘이거나 지석묘를 축 조하기 위해 채석하여 옮겨온 것을 포함하면 적어도 250여 기 이상이었을 것으로 추 정된다.

　효산리 지석묘군은 산에서 흘러내린 조그마한 계곡을 경계로 하여 형성된 구릉 상 기슭으로 구분하였는데, 모두 7개군으로 나누어진다. 각 지석묘군의 동쪽 산에는 채석이 용이한 암반층이 있고 그 암반에는 깨진 흔적이 남아있다.

가. 가군 지석묘
　이 지석묘군은 효산리 모산마을에 1기, 마을 남쪽 모정과 당산나무 근처에 7기 등 8기가 있다. 지석묘들의 상태는 비교적 잘 보존되어 있지만 하부들은 땅에 밀착되 어 있거나 묻혀진 상태이다. 이 중 가장 큰 지석묘는 장축 길이가 400m, 폭이 330m,

두께가 70m로 평면이 장타원형이다.

마을의 남동쪽 구릉상에는 상석이 파괴된 석실 1기가 노출되어 있다. 석실의 파괴 상태가 심하나 규모는 알 수 있다. 규모는 남북 길이 280cm, 폭 180cm, 최대 높이 100cm이다. 석실의 현황은 북쪽 벽석 2매와 동쪽 1매 등 2매만 완전한 상태이며, 나머지는 넘어져 있거나 파괴되어 있다. 원래의 석실은 각 벽석을 2매씩으로 조합한 석실이었을 것으로 추정된다. 현 상태로 보면 소위 지상석실형 지석묘에 속하여 변형된 탁자식에 해당된다.

나. 나군 지석묘

나군 지석묘군은 산경사면의 능선상에 있는데, 상석의 형태를 띤 석재는 110개이다. 지석묘로 보인 상석들은 8기 정도로 170cm에서 300cm의 길이를 가지고 있으나 상석으로 추정된 석재는 수십기이다. 이 지석묘 중에는 지석이 고인 것이 1기 뿐이다. 이 지석묘는 남북장축으로 길이 210cm, 폭 130cm, 두께 110cm이다.

다. 다군 지석묘

다군 지석묘군은 나군과 계곡을 사이에 두고 있다. 이 지석묘군은 대형 지석묘를 중심으로 등고선을 따라 분포하고 있다. 지석묘 상석으로 보이는 석재는 27기이나 상당수가 도괴되었거나 묻혀진 상태이어서 지석묘로 판단되는 것은 5기에 불과하다. 이 지석묘들은 200cm에서 530cm에 이르는 크기를 가지고 있으나 300cm이상이 주를 이룬다. 이 지석묘 중에서 돋보이는 것은 길이가 530cm, 폭 360cm, 두께 300cm인 초대형 상석이다. 이 지석묘는 해발 65m에 위치해 있어 멀리서도 한눈에 바라다 보이며, 평지를 내려다 보이는 곳이 있다. 또 상석하에는 잡석이 쌓여있지만 지석 4개 이상이 고이고 있는 전형적인 기반식(바둑판식, 남방식) 지석묘이다. 다른 지석묘에서는 성혈과 채석흔이 뚜렷하게 남아있는 것도 있다.

라. 라군 지석묘

라군 지석묘는 다군과는 같은 산기슭으로 연결되고 있지만 거리상 100m 사이에 석재들이 없어 구분하였다. 라군 지석묘도 밭 개간과 경작으로 상당수가 파괴된 상태이며, 이곳에서 조사된 석재는 140여 개다. 이중 지석이 고인 지석묘는 2기뿐이고, 지석묘로 보이는 것이 18기이다. 이를 보면 길이 320cm, 폭 230cm, 두께 110cm의 상석하에 지석 1개가 고인 것과 길이 170cm, 폭 100cm, 두께 40cm의 상석하에 지석 1개가 있는 기반식 지석묘이다. 이 두 지석묘에 나타난 지석은 모두 산기슭의 아랫쪽에서만 확인되고 있어 다른 지석묘도 하부가 드러나면 지석이 노출될 것으로 보인다.

마. 마군 지석묘

마군 지석묘는 라군과 계곡으로 경계를 이루는데, 개간으로 상당수 지석묘가 밭둑이 매몰되어 있거나 한쪽으로 밀려난 상태이다. 이곳에서는 모두 160개의 석재를 조사하였는데, 지석이 있는 것은 5기뿐이며, 지석묘로 보이는 것이 39기이다. 이 지석묘군에서는 소형 지석묘들이 주를 이루는데, 100~200cm가 18기나 된다. 300m 이상이 7기이고 400cm이상이 2기이다. 가장 큰 상석은 길이가 450cm, 폭 390cm, 두께 170cm로 괴석형 상석을 하고 있으나 하부가 땅에 밀착되어 있어 지석의 유무를 확인할 수 없다. 지석이 있는 것 중에 길이가 150cm, 170cm의 소형 상석을 가진 것도 있는데, 밭둑에 걸쳐 삭토된 부분에서 확인되고 있다.

바. 바군 지석묘

바군 지석묘도 마군과 분포상에서 구분되는데, 가장 많고 대형 지석묘들이 군집되어 있어 효산리 지석묘군에서 대표적인 곳이다. 이 지석묘군도 개간으로 상당수가 인멸된 것으로 보이며, 둑에 밀어놓은 지석묘도 있다. 이곳에서는 149개의 석재를 조사하여 지석이 있는 것이 10기, 상석으로 추정된 것 58기 등 지석묘가 70여기를 확인하였는데, 주변의 석재들이 산재되어 있는 석재가 81기나 되어 더많은 지석묘가 분포한 것으로 생각된다. 지석묘중에서 길이가 400cm가 넘은 대형이 16기이며, 하부가 드러난 6기에서는 모두 지석이 고이고 있어 나머지들도 지석이 있는 기반식 지석묘로 추정된다. 특히 해발 85m 선을 따라 5m이상의 지석묘 7기가 일열로 배치되어 있다. 가장 큰 지석묘는 길이가 600cm, 폭 420cm, 두께 130cm로 초대형에 해당되며, 다른 것은 길이가 530cm, 폭 440cm, 두께 360cm로 입방체형 상석을 하고 있다. 이 지석묘들의 산쪽에는 채석장으로 보이는 암벽들이 도러나 있다.

사. 사군 지석묘

바군과 400m 거리에 있는 사군 지석묘는 해발 80~95m에 위치한다. 대형지석묘를 중심으로 열을 지어있고, 대부분 장축방향이 동서이다. 실측된 지석묘 상석형태는 41기이나 지석이 있는 것은 6기이고, 지석묘로 측정되는 것 34기 등 40기이다. 가장 큰 지석묘는 길이가 556cm, 폭 369cm, 두께 198cm이며 상석 아래쪽에 지석 6개가 고이고 있다. 이 지석묘군이 위치한 산기슭에는 많은 석재들이 산재되어 있고 보검재쪽으로도 연이어 나타나고 있으나 땅에 묻혀진 상태이고 일정한 규칙성이 없다.

2. 화순 춘양 대신리 지석묘

화순 춘양 대신리에 분포한 지석묘는 측량에 나타난 총 3,543개의 석재 중 지석 등 하부가 드러난 것 22기, 상석으로 보이는 것 105기 등 127기가 지석묘로 추정되며, 하부가 묻혀진 석재나 상석의 형태를 보이는 것이 적어도 200여기 이상이어서 원래 지석묘이거나 지석묘 상석으로 사용하기 위한 것은 300여 기 이상이었을 것으로 생각된다. 조사된 지석묘 중 지석이 있는 기반식 지석묘는 22기이다.

대신리 지석묘는 세장한 계곡평지 끝부분부터 계곡중턱에 이르는 약 1km에 걸쳐 분포하고 있다. 모두 8개군으로 구분되나 지석묘로 확인된 곳은 6곳이다. 구분은 석재의 군집이나 산계곡을 따라 나누었다.

가. 가군 지석묘

가군 지석묘는 대신리 지동마을 앞 동쪽에 분포되어 있는 지석묘군이다. 이 지석묘군은 마을에서 400m 떨어진 산기슭의 길가에 1기가 있고, 마을앞 논가운데 16기 등이다. 지석이 있는 것은 2기이며, 가장 큰 지석묘는 길이가 400cm, 폭 360cm, 두께 50cm와 길이 330cm, 폭 280cm, 두께 150cm가 있다. 모두 하부가 땅에 묻혀진 상태여서 지석의 유무를 확인할 수 없다. 이 지석묘군은 농지정리사업 때 상석의 일부를 한 곳으로 모아놓았다. 현 상태로 보아 하부의 일부는 남아있을 것으로 추정된다.

나. 나군 지석묘

나군지석묘는 마을내에 있는 지석묘로 모두 25개의 석재를 조사하였다. 이중 지석이 있는 것이 1기이다. 지석묘는 해발 70m 내외를 따라 마을 뒤 산기슭과 대밭, 민가 등에 산재되어 있다. 이중 마을의 동쪽에 인접한 지석묘는 길이가 460cm, 폭 250cm, 두께 90cm로 대형의 상석하에 길이가 90cm 정도의 큰 지석 2개가 고이고 있다. 이 지석의 위치는 산기슭의 아랫쪽으로 삭토된 부분에 해당하나 뒤쪽은 땅에 밀착되어 있다.

다. 다군 지석묘

다군 지석묘는 마을의 서쪽 계곡 입구에 해당되는 곳으로 가장 많은 석재가 널려 있는 곳이다. 조사한 석재는 873개이며, 이중 지석이 있는 지석묘 8기, 상석으로 보이는 것 29기, 상석이 없이 드러난 석실 2기, 채석장 3곳 등이 있다. 이외에 파악할 수 없는 석재 중에는 상당수가 지석묘이거나 지석묘를 축조하기 위한 것으로 보인다. 이 지석묘군은 춘양 대신리 지석묘군을 대표하는 곳이다. 지석묘 중 400m가 넘은 것들에서는 지석이 모두 고이고 있는 기반식 지석묘들이다. 가장 큰 것은 길이 450cm, 폭 290cm, 두께 110cm의 상석하에 길이 35~80cm되는 지석 4개가 받치고 있다. 또 상석하에 석실이 노출된 지석묘도 확인되었는데, 상석 크기가 450cm, 폭 310cm, 두께 70cm이며, 밑에 있는 석실은 길이가 130cm, 폭이 50cm, 깊이가 40cm이다. 상석이 없이 노출된 석실은 판석 5매로 조합한 것인데 일부가 파괴되어 있다. 하지만 석실의 형태나 규모는 추정할 수 있다. 석실의 크기는 길이가 160cm, 폭이 60cm, 깊이가 50cm이며, 석실 벽석은 동벽만 2매이고 나머지벽은 1매씩이다.

이 지석묘에서 북쪽으로 약 150m 떨어진 산등성이에 암반이 드러나 있고 그 주변에 채석한 상석들이 산재되어 있다. 이 암벽은 길이 6m, 높이 2.5m 정도가 드러나 있는데, 암벽에는 두께 60cm 내외로 돌결이 나있어 채석하기에 용이한 석질을 가지고 있다. 석질은 지석묘와 같은 화산암계통의 응회암이다. 이 암벽 위에는 괴석형 상석을 채석한 채 있고, 주변에 채석하여 쌓아놓은 것처럼 보이는 석재들이 있다. 이와같은 현황은 이곳에서 상석을 채석하여 바로 아래로 옮겨가서 지석묘를 축조하였다고 추정된다. 또 아래에는 지석이 있는 기반식 지석묘, 거대한 상석하에 석실이 드러난 개석식 지석묘, 상석이 없지만 탁자식의 영향을 받은 지상석관형 석실 등 각 형식들이 축조되어 있다. 즉 이곳은 지석묘의 축조과정을 보여주는 산 교육장이다.

라. 라군 지석묘

라군 지석묘에서 조사한 석재는 386개이나 지석묘는 36기 정도이다. 일부가 도로에 묻혀있거나 한쪽으로 밀려난 것이 있다. 지석이 있는 2기는 길이가 180cm 정도로 소형의 상석하에 길이 40cm크기의 활석을 고이고 있는데, 이도 삭토된 면에서만 확인되고 있다.

마. 마군 지석묘

마군 지석묘군에서 조사한 석재는 561개이나 지석묘는 45기이다. 하지만 도로나 밭둑에 묻혀진 것도 상당수이어서 원래는 이보다 훨씬 많았을 것으로 보인다. 이곳의 지형은 경사가 급하게 형성되는 곳이어서 지석묘들은 산기슭하의 평탄면에 주로 자리하고 있다. 이 지석묘군에서 가장 큰 지석묘는 길이가 650cm, 폭이 440cm, 두께가 110cm로 초대형급에 속하며, 밑에는 길이 110cm의 대형 지석 등 3개가 고이고 있는 기반식 지석묘이다. 이 지석묘옆의 길이 220cm, 폭 170cm, 두께 40cm 크기의 상석 하에 지석 3개가 괸 지석묘가 있다.

바. 바군 지석묘

바군 지석묘에서 조사한 석재는 586개이나 지석묘로 보이는 것은 52기 정도이다. 이 지석묘 중에는 길이 730cm, 폭 500cm, 두께 400cm나 되는 초대형 상석이 있다. 이 상석의 하단은 다듬은 흔적이 뚜렷하고, 그 밑에는 지석들이 돌려진 것이 보인다. 상석하에는 할석들로 차있는데, 일정한 공간이 마련되어 있다. 상석 측면의 한쪽에 여흥민씨세장산 이라는 비문이 음각되어 있다.

3. 화순 지석묘의 특징

가. 최대 밀집분포권을 이루고 있다.

화순 지석묘군을 중심으로 한 반경 4km 주변 일대에 50개 군 400여기가 밀집분포하고 있으며, 인근 지석묘군을 포함하면 적어도 700기 이상으로 영산강유역에서 가장 밀집된 상태를 보인다. 화순군에는 203개군에 1,682기가 분포하여(영산강유역 1,062기, 보성강유역 620기) 전남 내륙지역에서 최대의 분포 수를 보인다.

나. 초대형 상석이 분포되어 있다.

국내 최대 규모(무게)익 상석이 위치해 있다 춘양 대신리에 길이 7.3m, 폭 5.0m, 두께 4.0m의 지석묘는 200여톤에 이르는 상석을 가지고 있으며, 도곡 효산리에 길이 5.3m, 폭 3.6m, 두께 3.0m로 약 100톤 이상의 상석 규모이다. 주변에도 초대형 지석묘가 분포하고 있는데, 도곡 대곡리에 길이 7.1m, 폭 3.9m, 두께 3.7m와

도암 도장리에 길이 6.1m, 폭 5.2m, 두께 3.9m인 지석묘가 있다.

　다. 지석묘군 인근에 채석장이 있다.

　채석장 아래에 석실과 상석하에 노출된 석실 등이 있는 지석묘군이 있어 지석묘의 축조과정을 추정할 수 있다. 이는 지석묘의 상석 채석과정 보여줄 뿐 아니라 채석장 아래에 지석이 고인 기반식 지석묘, 석실이 노출된 지석묘, 상석이 없는 석실 등이 존재하고 있기 때문에 지석묘의 축조과정을 한 곳에 보여주고 있다.

　라. 주변 중요 유적이 산재되어 있다.

　화순 지석묘군에서 2km 떨어진 곳에 국보 제 143호인 청동기 일괄유물이 출토된 화순 대곡리 적석목관묘 유적이 있다.

참고문헌

李榮文 · 金承根, 1999, ≪和順 支石墓群≫, 木浦大學校 博物館 · 全羅南道.

〈그림 1〉 화순군 춘양면 대신리(춘F-007) 지석묘

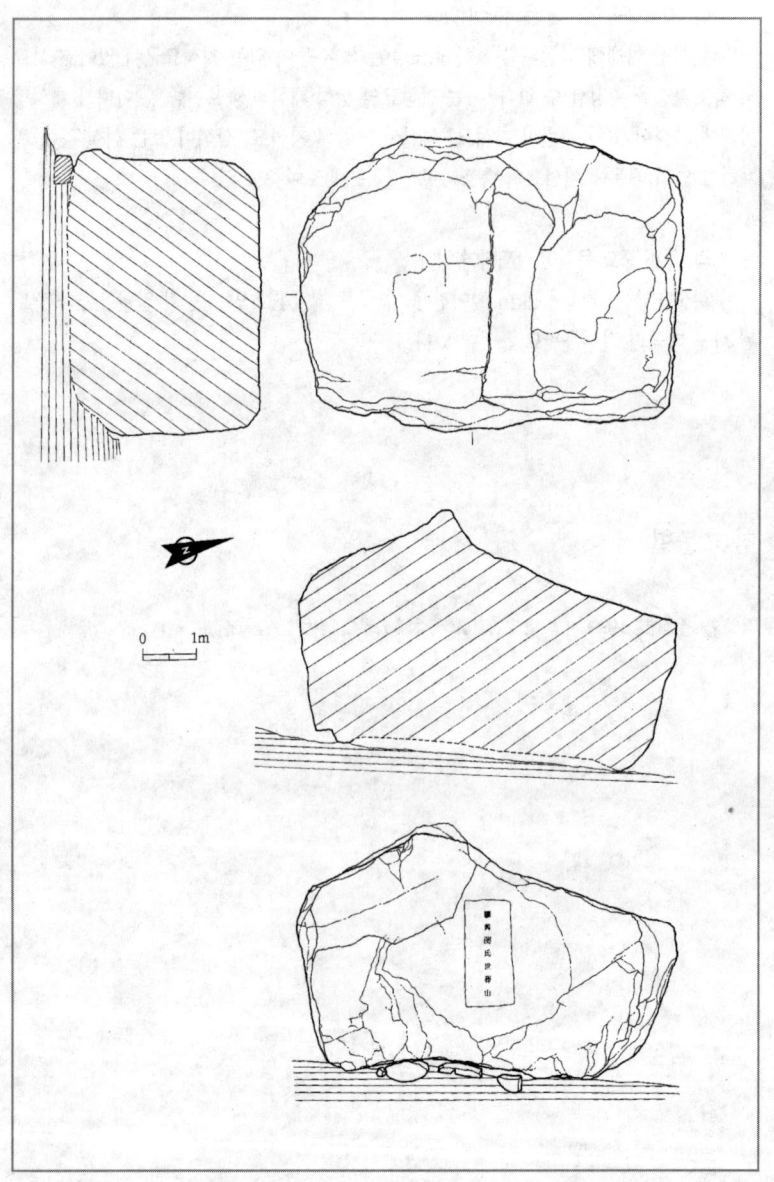

사진 1. 화순군 도곡면 효산리 지석묘

사진 2. 화순군 춘양면 대신리 지석묘

부　　록

부록

가. 지석묘 지정문화재 목록

김선우

1. 支石墓(고인돌)

사적

연번	시/도	지정번호	명 칭	수량 면적(m²)	소유자	소 재 지	관리단체 관리의무자	지정일	출 전
1	전라북도	103	扶安龜巖里支石墓群	3,322		전라북도 부안군 하서면 석상리 707	부안군	58/05/22	文化財管理局, 1998 《指定文化財目錄》
2	인천광역시	137	江華支石墓	598	사유	인천광역시 강화군 하점면 부근리 317	강화군	64/07/11	"
3	경기도	148	坡州 德隱里 住居址 및 支石墓群	1기 12,906	국유 및 사유	경기도 파주시 월롱면 덕은리 산46		66/03/22	"
4	전라북도	391	高敞支石墓群	81,763	국유·공유·사유	전라북도 고창군 고창읍 죽림리 산63 외	고창군	94/12/21	"
5	전라남도	410	和順孝山里 및 大薪里 支石墓群	2,191.767	김선기 외	전라남도 화순군 도곡면 효산리 산68-1 외, 춘양면 대신리		98/09/17	

시·도기념물

연번	시/도	지정번호	명 칭	수량 면적(m²)	소유자	소 재 지	관리단체 관리의무자	지정일	출 전
1	인천광역시	16	內可支石墓	1기	국유	강화군 내가면 오상리 산125	강화군	95/03/01	文化財管理局, 1998 《指定文化財目錄》
2	"	31	江華大山里 支石墓	"	"	강화군 강화읍 대산리 1189	"	"	"
3	"	32	江華富近里 점골支石墓	"	"	강화군 하점면 부근리 743-4	"	"	"
4	"	33	黔丹大谷里支石墓群	일원	서구청	서구 대곡동 산23	서구청	95/11/14	"
5	"	34	鶴翼支石墓	1기	인천광역시	연수구 옥련동 925(시립박물관)	시립박물관	"	"
6	"	26	신삼리 支石墓	1기		강화군 하점면 신삼리 69		86/04/01	"
7	"	44	부근리 支石墓群	16기		강화군 하점면 부근리 산8		99/04/26	"

시·도기념물

연번	시/도	지정번호	명 칭	수량 면적(m²)	소유자	소 재 지	관리단체 관리의무자	지정일	출 전
8	인천광역시	45	삼거리支石墓群	9기		강화군 하점면 삼거리 산120		99/04/26	
9	"	46	고천리支石墓群	18기		강화군 내가면 고천리 산115		"	
10	"	47	오상리支石墓群	12기		강화군 내가면 오상리 산123		"	
11	"	48	교산리支石墓群	11기		강화군 양사면 교산리 산137		"	
12	대구광역시	9	沙月洞支石墓群	4기	순주호	수성구 사월동 469	순주호	92/09/08	文化財管理局, 1999 《文化財管理年報》
13	대전광역시	3	內洞里支石墓	4기	충남방직 주식회사	유성구 원내동 1	충남방직 주식회사	98/03/18	"
14	"	33	飛來洞고인돌	2기	한국도로공사	대덕구 비래동 419,420	한국도로공사	97/11/07	"
15	울산광역시	2	彦陽文支石墓	1기	울산광역시	울주군 언양읍 서부리 232-1	울주군	97/10/09	"
16	"	21	銀片里支石墓	3기		울주군 두동면 은평리 923		98/10/19	"
17	"	22	香山里支石墓	1기		울주군 상북면 향산리 286		"	"
18	"	23	池內里支石墓	1기		울주군 상북면 지내리 22		"	"
19	경기도	22	慕賢支石墓	1기	국유	용인시 모현면 황산리 498	용인시	74/09/26	"
20	"	91	高亭里支石墓	1기	"	김포군 통진면 고정리 산28-3	김포군	86/09/07	"
21	"	103	鳥南里支石墓	1기	"	시흥군 조남동 408-4	시흥시	87/02/12	"
22	"	112	烏山錦巖里支石墓群	일원	"	오산시 금암동 선53	오산시		"
23	"	125	水原市八達山 支石墓群	4기	"	수원시 권선구 교동 선3-1	수원시	91/04/12	"
24	"	129	坡州多栗里 支石墓群	6기	원춘재	파주시 교하면 다율리, 당하리	파주시	92/06/05	"
25	"	158	漣川鶴谷里고인돌	1기	원준문재 여주공파 종중	연천군 백학면 허리리 273-3	연천군	96/01/18	"
26	강원도	4	泉田里支石墓群	일곽 1,454	국유	춘천시 신북읍 천전리 685-7	춘천시	71/12/16	"
27	"	9	高岱里支石墓群	일곽	국유	양구군 양구읍 고대리	양구군	"	"
28	"	22	鐵原支石墓群	7기	철원군	철원군 갈말읍 토성리 821-1	동림조씨 종중	76/06/17	"
29	"	56	洪川君業里支石墓群	16기	국유	홍천군 화촌면 군업리 608-1	홍천군	86/05/23	"

Ⅶ·도기념물

연번	시/도	지정번호	명 칭	수량 면적(m²)	소유자	소 재 지	관리단체 관리의무자	지정일	출 전
30	충청남도	28	洪城石墓	4기	사유	홍성군 구항면 태봉리 17-1외 3필	홍성군	82/08/03	文化財管理局, 1998 《指定文化財目錄》
31	"	40	扶蘇山直里支石墓	4,876	부여군	부여군 초촌면 산직리 562	지채석	82/12/31	"
32	"	63	瑞山屯堂里支石墓	1기	사유	서산시 인지면 둔당리 189	유정호	86/11/19	"
33	전라북도	49	道山里支石墓	5기 1,272	국유	고창군 고창읍 도산리 536	고창군	81/04/01	"
34	전라남도	66	康津松公里支石墓群	25기	"	강진군 칠량면 송정리 696	강진군	85/02/15	"
35	"	82	靈巖庵古里支石墓群	18기	"	영암군 서호면 엄길리 320-2	영암군	86/02/07	"
36	"	115	海南方山里支石墓群	53기	공유	해남군 화산면 방축리 702	해남군	87/09/18	"
37	"	123	靈光城山里支石墓群	일원(41기)	국유	영광군 홍농읍 성산리 산103-2	영광군	88/12/21	"
38	"	124	和順鎭松里支石墓群	일원(20기)	"	화순군 남면 벽송리 200	"	"	"
39	"	134	長興松村里支石墓群	일원(90기)	"	장흥군 관산읍 방촌리 588-1	장흥군	90/12/05	"
40	"	135	羅州新浦里支石墓群	일원(304기)		나주시 다시면 복암리 878-17외	나주시	"	"
41	"	149	求禮鳳西里支石墓群	12기	구례군	구례군 구례읍 봉서리 1144-1	구례군	94/01/31	"
42	"	150	麗水五林洞支石墓群	6기	여수시	여수 오림동 130-5	여수시	"	"
43	"	158	咸平龍月里支石墓群	16기 (3,000)	함평군	함평군 월야면 월봉리 367-2	함평군	95/12/26	"
44	"	159	高興油屯里덕암支石墓群	660	고흥군	고흥군 동강면 유둔리103-1	고흥군	"	"
45	"	160	高興中山里支石墓群	1,569	"	고흥군 남양면 중산리 산142 외	"	"	"
46	"	161	高興過髻里珉縄支石墓群	400	"	고흥군 과역면 과역리 산37	"	"	"
47	"	165	海南潭井里支石墓群	48기 2,052	해남군	해남군 화산면 연정리 73-1 외	해남군	97/05/15	"
48	경상북도	24	休川里 支石 및 立石	5,412	국유	영주시 휴천동 226-5외 2필	영주시	77/07/15	"
49	"	99	清道凡谷里支石墓群	6,774	"	청도군 화양읍 범곡리 507-5외 13필	청도군	94/09/29	"

시·도기념물

연번	시/도	지정번호	명 칭	수량 면적(m²)	소유자	소 재 지	관리단체 관리의무자	지정일	출 전
50	경상남도	2	昌寧支石墓	일원	국유	창녕군 장마면 유리 산9	창녕군	74/02/16	文化財管理局, 1998 《指定文化財目錄》
51	〃	4	西上洞支石墓	〃	〃	김해시 서상동 6-7	김해시	〃	〃
52	〃	5	昌原外洞支石墓	〃	〃	창원시 외동 257-13	창원시	〃	〃
53	〃	36	梧芳里支石墓	8기	고성군	고성군 하일면 오방리	고성군	77/12/28	〃
54	〃	37	鶴林里支石墓	5기	〃	고성군 하일면 학림리	〃	〃	〃
55	〃	38	石芝里支石墓	5기	〃	고성군 하이면 석지리			〃
56	〃	39	新碧洞支石墓	5기	사천시	사천시 신벽동 494	사천시	77/12/28	〃
57	〃	48	南田里支石墓群	30기	밀양시	밀양시 하남읍 남전리	밀양시	79/12/31	〃
58	〃	49	德谷里支石墓群	15기	사천시	사천시 용현면 덕곡리 135	사천시	〃	〃
59	〃	62	남해 다정리 지석묘	11기		남해군 이동면 다정리 911		83/08/06	〃
60	〃	65	居昌內吾里支石墓	1기	거창군	거창군 주상면 내오리	거창군	87/08/06	文化財管理局, 1999 《文化財管理年報》
61	〃	97	內洞支石墓	1기	김해시	김해시 내동 469	김해시	90/12/20	〃
62	〃	103	梁山新基里支石墓	1기	양산시 외 3명	양산시 신기동 447-1	양산시		〃
63	〃	107	鳳平洞支石墓	2기	김기덕 외 3명	통영시 봉평동 67-2	김기덕 외 3명	91/12/23	〃
64	〃	151	茂溪里支石墓	1기	김해시	김해시 장유면 무계리 366-1	김해시	96/03/11	〃
65	〃	163	山淸特里支石墓群	35기	산청군	산청군 금서면 특리 291외 14필지	산청군	97/01/30	〃
66	〃	183	咸安都北里支石墓群	32기	함안군	함안군 군북면 동촌리 656-4 외 21필	함안군	97/12/31	〃
67	〃	191	宜寧修藏里支石墓群	4기 160	의령군	의령군 가례면 수성리 274-5 외 2필	의령군	〃	〃
68	〃	193	宜寧上井里支石墓群	7기 300	〃	의령군 화정면 상정리 738-2 외 4필	의령군	〃	〃
69	〃	207	知世浦里支石墓	2기	거제시	거제시 일운면 지세포리 650	거제시	98/11/13	〃
70	〃	208	鶴山里支石墓	4기	거제시	거제시 둔덕면 하산리 540-5			〃
71	제주도	2		24기	제주대사대부속 고등학교	제주시 용담2동 581	제주시	71/08/26	文化財管理局, 1999
72	〃	2-(1)	龍潭支石墓 1號	1기	김병출	제주시 용담2동 581	제주시	71/08/26	《文化財管理年報》
73	〃	2-(2)	龍潭支石墓 2號	〃	〃	제주시 용담2동 588	〃	〃	〃

시·도기념물

연번	시/도	지정번호	명 칭	수량 면적(m²)	소유자	소 재 지	관리단체 관리위무자	지정일	출 전
74	제주도	2-(3)	龍潭支石墓 3號	1기	건설교통부	제주시 용담2동 2002	제주시	71/08/26	文化財管理局, 1998 《指定文化財目錄》
75	″	2-(4)	龍潭支石墓 4號	″	오정해	제주시 용담2동 2002	″	″	″
76	″	2-(5)	龍潭支石墓 5號	″	성창훈 외 5명	제주시 용담2동 2704-1	″	″	″
77	″	2-(6)	龍潭支石墓 6號	″	국유	제주시 용담2동 2623-1	″	″	″
78	″	2-(7)	吾輝支石墓 1號	″	김인택	제주시 오라2동 2191	″	″	″
79	″	2-(8)	道連支石墓 1號	″	신수연	제주시 도련동 526	″	″	″
80	″	2-(9)	道連支石墓 2號	″	장규찬	제주시 도련2동 529	″	″	″
81	″	2-(10)	三陽支石墓 1號	″	이광민 외 1명	제주시 삼양동 2252	″	″	″
82	″	2-(11)	外都支石墓 1號	″	이광민	제주시 외도1동 20-1	″	″	″
83	″	2-(12)	外都支石墓 2號	″	강복임 외 3명	제주시 외도1동 20-3	″	″	″
84	″	2-(13)	外都支石墓 3號	″	이윤민 외 4명	제주시 외도1동 23	″	″	″
85	″	2-(14)	外都支石墓 4號	″	양창훈 외 2명	제주시 외도1동 28	″	″	″
86	″	2-(15)	外都支石墓 5號	″	김동율	제주시 외도1동 29	북제주군	″	″
87	″	2-(16)	光令支石墓 1號	″	고창기	북제주군 애월읍 광령리 1609-1	″	″	″
88	″	2-(17)	光令支石墓 2號	″	김병호 외 1명	북제주군 애월읍 광령리 1611-1	″	″	″
89	″	2-(18)	光令支石墓 3號	″	고치훈	북제주군 애월읍 광령리 1664	″	″	″
90	″	2-(19)	光令支石墓 4號	″	이창보 외 3명	북제주군 애월읍 광령리 1674	″	″	″
91	″	2-(20)	光令支石墓 5號	″	김봉구	북제주군 애월읍 광령리 1677	″	″	″
92	″	2-(21)	光令支石墓 6號	″	김리종	북제주군 애월읍 광령리 1835	″	″	″
93	″	2-(22)	下貴支石墓 2號	″	북제주군	북제주군 애월읍 하귀리 1312-1	″	″	″
94	″	2-(23)	下貴支石墓 1號	″	국유 및 김평보 외 1명	북제주군 애월읍 하귀리 1908-2	″	″	″
95	″	2-(24)	倉川支石墓 1號	″		남제주군 안덕면 창천리 966-1		″	
96	″	4	삼사석	″		제주시 화북동 1380		″	

문화재자료

연번	시/도	지정번호	명 칭	수량 면적(m²)	소유자	소 재 지	관리단체 관리의무자	지정일	출 전
1	광주광역시	6	龍頭洞支石墓	14기	광주광역시	서구 운 두릉 25	광주광역시	84/02/29	文化財管理局, 1998 《指定文化財目錄》
2	"	17	三岳洞고인돌	43기	사유	광산구 삼거동 산50번지외	평택 임씨 문중	90/11/15	"
3	대전광역시	32	七星堂支石墓群	7기	학교법인 동아학원	유성구 교촌동 산7-1	학교법인 동아학원	92/07/22	"
4	"	33	비래동고인돌	2기	"	대덕구 비래동 419, 420	동아학원	97/11/07	"
5	경기도	47	抱川金峴里支石墓	1기	이성묵	포천군 가산면 금현리 304-10	이성묵	83/09/19	文化財管理局, 1999 《指定文化財目錄》
6	"	49	龍仁慕北里支石墓	1기	허남훈	용인시 양지면 주북리 825	허남훈	83/09/19	"
7	"	52	漣川通峴里支石墓	1기	연천군	연천군 연천읍 통현리 339-1	연천군	85/06/28	"
8	"	58	鷹鶴洞支石墓	1기	국유	광명시 가학동 산104	광명시	85/09/20	"
9	"	68	龍仁孟里支石墓	1기	"	용인시 원삼면 맹리 235	용인시	90/09/06	"
10	"	80	加瑞洞支石墓	1기	"	남양주시 가운동 산17-2	남양주시	84/06/02	"
11	강원도	46	金谷支石墓	1기	동해시	동해시 부곡동 (동해시청내)	동해시	89/05/01	"
12	"	109	楊口公須里支石墓群	11기	양구군	양구군 양구읍 공수리	양구군	85/07/19	"
13	"	110	楊口高岱里支石墓群	2기	"	양구군 양구읍 고대리	"	95/03/06	"
14	충청남도	278	論山茅里支石墓	15기	논산시	논산시 양촌면 신기리	논산시	84/02/29	"
15	"	335	錦山川內里고인돌	12기	금산군	금산군 제원면 천내리 407-5	금산군	84/02/29	"
16	"	336	錦山龍化里支石墓群	3기	"	금산군 제원면 용화리 502-1	"	87/06/01	"
17	전라남도	116	邑里支石墓	1기	국유	완도군 청산면 읍리 809-1	청산면	90/12/05	"
18	"	117	万月里支石墓	1기	"	신안군 안좌면 방월리 186-3	안좌면	94/01/31	"
19	"	154	住巖댐竹里支石墓群	99기	"	순천시 송광면 우산리 476외	송광면	95/12/26	"
20	"	182	求禮竹麻里支石墓群	일원(25기)	사유	구례군 문척면 죽마리 501-1	문척면	90/12/05	"
21	"	194	新安黑山鎮里支石墓群	6기	신안군	신안군 흑산면 진리 102-2	신안군	94/01/31	"
22	"	197	高興道川里支石墓	50기 1,375	고흥군	고흥군 과역면 도천리 산21외	고흥군	95/12/26	"
23	경상남도	88	菁谷里支石墓	3기	거제시	거제시 사등면 청곡리 20-3	거제시	83/12/20	"

유형문화재

연번	시/도	지정번호	명 칭	수량 면적(m²)	소유자	소 재 지	관리단체 관리의무자	지정일	출 전
1	충청북도	10	沃川支石墓	1기	국유	옥천군 동이면 석탄리 204-17	옥천군	75/08/20	文化財管理局, 1998 《指定文化財目錄》

2. 立石(선돌)

사적

연번	시/도	지정번호	명 칭	수량 면적(m²)	소유자	소 재 지	관리단체 관리의무자	지정일	출 전
1	대구광역시	411	大邱辰洞立石	4,072	달서구청	달서구 진천동 47-38 외	달서구청	98/12/23	文化財管理局, 1998 《指定文化財目錄》

시도기념물

연번	시/도	지정번호	명 칭	수량 면적(m²)	소유자	소 재 지	관리단체 관리의무자	지정일	출 전
1	경기도	132	驪州郡石隅里선돌	1기	국 유	여주군 북내면 석우리 260	여주군	92/12/31	文化財管理局, 1998 《指定文化財目錄》
2	"	133	驪州郡鰧鰧里선돌	"	"	여주군 점동면 처리 선647-3	"	"	"
3	경상북도	29	新洞立石	1기 897	국유	철곡군 지천면 창평리 선103	신동초등학교	72/12/29	"
4	경상남도	192	宜寧新浦里立石群	8기 190	의령군	의령군 칠곡면 신포리 349-7 외 4필	의령군	97/12/13	"

문화재자료

연번	시/도	지정번호	명 칭	수량 면적(m²)	소유자	소 재 지	관리단체 관리의무자	지정일	출 전
1	경기도	61	龍仁南面商里선돌	1구	부락공유	용인시 남사면 창리 487	용인시	85/06/28	文化財管理局, 1998 《指定文化財目錄》
2	"	89	楊州玉井里선돌	2기	은홍로	양주군 희천읍 옥정리 627-1, 선94-1	은홍로	95/08/07	"
3	전라남도	114	月田里立石	1기	국유	구례군 문척면 월전리 354	문척면	84/02/29	"
4	"	115	九山里立石	"	"	구례군 토지면 구산리 170	토지면	"	"
5	경상북도	184	仁洞立石	2기 116	"	구미시 진평동 627-4	구미시	87/05/13	"
6	경상남도	177	晉陽郡大川里立石	2기	대천리 주민	진주시 이반성면 대천리 242, 254-6	대천리 주민	90/12/20	"

유형문화재

연번	시/도	지정번호	명 칭	수량 면적(m²)	소유자	소 재 지	관리단체 관리의무자	지정일	출 전
1	충청북도	156	沃州石灘里立石	1기	국유	옥천군 동이면 석탄리 206-1	옥천군	87/03/31	文化財管理局, 1998 《指定文化財目錄》

민속자료

연번	시/도	지정번호	명 칭	수량 면적(m²)	소유자	소 재 지	관리단체 관리의무자	지정일	출 전
1	광주광역시	5	立石마을 立石	1기	오형열	광산구 본양출장소 선수동 225	오형열	89/03/20	文化財管理局, 1998 《指定文化財目錄》
2	전라북도	3	無蓉里立石	1점	임석마을	완주군 봉동읍 제내리 363-2	임석마을	73/06/23	〃
3	〃	6	保安立石	1기	국유	부안군 보안면 상림석리 산35	부안군	74/09/27	〃
4	〃	7	月村立石	〃	국유	김제시 입석동 417-1	김제시	〃	〃
5	경상북도	115	榮州青丘里立石	3기	청구2리 주민	영주시 순흥면 청구2리 48	청구2리 주민	97/09/29	〃

352

나. 지석묘관계 문헌목록

김선우

國內

姜奉遠, 1995, 〈국가와 군장사회 사이의 중간 단계에 대한 고찰〉, 《한국고고학보》 33.

姜奉遠, 1998, 〈한국 고대 복합사회 연구에 있어서 신진화론의 적용 문제 및 '국가' 단계 사회 파
　　악을 위한 고고학적 방법론〉, 《한국상고사학보》 28.

江原大學校博物館, 1984, 《중도고인돌발굴조사보고》.

江原大學校博物館 · 양구군, 1993, 《양구 고인돌》.

姜仁求, 1971, 〈昭陽江流域의 支石墓 및 佛蹟-昭陽江댐 水沒地域內 遺蹟〉, 《文化財》 5,
　　文化財管理局.

姜仁求, 1980, 〈論山 新基里의 支石墓〉, 《考古美術》 148, 한국미술사학회.

姜仁求, 1980, 〈達城 辰泉洞의 支石墓-複式石棺과 屈身葬의 新例〉, 《韓國史研究》 28, 한국사연
　　구회.

강진문화원, 1994, 《康津의 고인돌》.

慶北大學校博物館, 1990, 〈大邱 梨泉洞 支石墓 發掘成果 報告〉, 《嶺南考古學》 7, 영남고고학회.

慶尚南道 · 남강유적발굴조사단, 1998, 《남강 선사유적》.

慶尚南道 釜山廣域市立博物館 福泉分館, 1998, 《晉州貴谷洞 대촌遺蹟》 南江댐水沒地區
　　遺蹟發掘調查報告書 第17冊.

慶州文化財研究所 편, 1994, 〈경주 다산리 · 영일 달전리 지석묘〉, 경주문화재연구소 · 국립
　　경주박물관 · 경주군.

啓明大學校博物館, 1989, 〈安東 知禮里 支石墓 發掘調查〉, 《嶺南考古學》 6, 영남고고학회.

考古美術同人會 編輯室, 1963, 〈金浦郡內 支石墓〉, 《考古美術》 4-8(37), 고고미술동인회.

高東淳, 1994, 〈영동지방의 지석묘에 대한 고찰〉, 關東大學校 碩士學位論文.

高東淳, 1995, 〈영동지방의 지석묘에 대한 고찰〉, 《韓國上古史學報》 18, 韓國上古史學會.

고수길, 1994, ≪慶州 다산리 支石墓≫, 慶州文化財研究所·國立慶州博物館·慶州郡.

고수길, 1994, ≪迎日 達田里 支石墓≫, 慶州文化財研究所·國立慶州博物館·慶州郡.

고창군, 1999, ≪고창 고인돌유적≫.

고창군·사단법인 지역발전연구소, 1995, ≪고창 고인돌유적 - 보존과 활용방안의 연구≫.

고창군·전주대학교 박물관, 1999, ≪고창지석묘군 상석채굴지 지표로사 보고서≫.

國立光州博物館, 1983, 〈康津 七良·大口面 一帶 支石墓 地表調査〉, ≪康津 永福里 支石墓 發掘調査 報告書≫.

國立光州博物館, 1984, ≪高興 長水堤 支石墓 調査〉, 國立光州博物館.

國立光州博物館·全羅南道 麗川市, 1992, 〈麗川 月內洞 고인돌〉, ≪國立光州博物館 學術叢書≫ 23.

國立文化財研究所, 1995, ≪先史遺蹟 發掘調査 報告書-山清 江樓里·淸原 內秀里≫.

國立全州博物館, 1989, ≪안천면 삼락리 수라동 고인돌군≫.

군산대학교 박물관, 1985, ≪옥구지방의 문화유적≫.

군산대학교 박물관, 1995, ≪군산시의 문화유적≫.

國立昌原文化財研究所·昌原市, 1999, ≪昌原上南支石墓群≫ 學術調査報告 第6輯.

길경택, 1991, 〈中原地方의 靑銅器文化槪觀〉, ≪蘂城文化≫ 12, 예성동호회.

김경칠, 1992, 〈문화재 발굴 및 이전복원의 일사례-승주 고인돌공원을 중심으로-〉, ≪전남문화재≫ 5, 전라남도.

金光億, 1985, 〈國家形成에 관한 人類學的 理論과 韓國古代史〉, ≪韓國文化人類學≫ 17.

金基雄, 1968, 〈韓國 支石墓小考-友石大學校 區內保存 支石墓 略報告 包含〉, ≪友石史學≫ 1, 우석대학교 사학회.

金吉植, 1998, 〈扶餘 松菊里 無文土器時代墓〉, ≪考古學誌≫ 9, 韓國考古美術研究所.

金武龍, 1961, 〈京畿道 始興郡內 支石墓〉, ≪考古美術≫ 2-11(16), 考古美術同人會.

金武龍, 1961, 〈龍仁 慕賢面 支石墓〉, ≪考古美術≫ 2-9(14), 고고미술동인회.

金武龍, 1961, 〈忠南 大德郡 杞城面의 支石墓〉, ≪考古美術≫ 3-8(25), 고고미술동인회.

金武龍, 1961, 〈坡州 交河面의 支石墓群〉, ≪考古美術≫ 2-1(6), 고고미술동인회.

金武龍, 1962, 〈扶餘郡 草村里의 支石墓〉, ≪考古美術≫ 3-9(26), 고고미술동인회.

金武龍, 1991, 〈連川郡 連川面 支石墓群〉, ≪考古美術≫ 2-5(10), 고고미술동인회.

金秉模, 1980, 〈자바島의 巨石文化-인도네시아 巨石文化의 研究(1)〉, ≪韓國考古學報≫ 8, 한국고고학연구회.

金秉模, 1981, 〈韓國 巨石文化 源流에 관한 研究(I)〉, ≪韓國考古學報≫ 10·11合輯, 한국고고학

연구회.

金秉模, 1985, ≪韓國人의 발자취≫.

金秉模 外, 1999, ≪始興市 桂樹洞 支石墓≫, 한양대 박물관 · 시흥시.

金秉模 · 吳泰煥, 1965, 〈江華島 支石墓의 硏究〉, ≪卒業論文集≫, 서울대학교 고고인류학과.

金秉模 · 崔虎林, 1985, ≪光明市 鐵山洞 支石墓≫, 漢陽大學校博物館.

金秉模 · 李鮮馥, 1988, 〈月山里 반월 지석묘〉, ≪住岩댐 水沒地域 文化遺蹟發掘調査報告書
      (II)≫, 全南大學校博物館.

金秉模 · 李海日, 1988, 〈節山里 장선 지석묘〉, ≪住岩댐 水沒地域 文化遺蹟發掘調査報告書
      (IV)≫, 全南大學校博物館.

金秉模 · 배기동 · 김 승 · 유태용, 1999, ≪始興市 鳥南洞 支石墓≫, 한양대 박물관 · 시흥시.

金善基, 1995, 〈全北地方 支石墓의 傳播經路 - 湖南地方 支石墓分布를 中心으로〉, ≪考古歷史學
      志≫ 10, 東亞大學校 博物館.

金善基, 1998, 〈湖南地方 支石墓遺蹟 地名表〉, ≪考古歷史學志≫ 13 · 14, 東亞大學校 博物館.

金仙宇, 1994, 〈韓國 磨製石劍의 性格〉, 이화여자대학교 석사학위 논문.

＿＿＿, 1994, 〈한국 마제석검의 연구 현황〉, ≪韓國上古史學報≫ 16.

金承玉, 1999, 〈진안 용담댐 지석묘 발굴조사〉, ≪제42회 전국역사학대회 발표요지≫.

金若秀, 1984, 〈琴湖江流域의 支石墓硏究〉, 嶺南大學校 碩士學位論文.

金若秀, 1986, 〈琴湖江流域의 支石墓硏究〉, ≪人類學硏究≫ 3, 영남대학교 문화인류학연구회.

金良美, 1998, 〈진주 대평리 옥방1지구 무문토기시대 환호취락〉, ≪南江댐 水沒地區의 發掘成果≫,
      第 7回 嶺南考古學會 學術發表會.

金鎔佑, 1989, 〈迎日灣 주변의 고인돌문화에 대한 연구-홍환리 고인돌문화를 중심으로〉, 고려대
      학교 석사학위논문.

김용우 · 하역찬, 1990, 〈칠포리地域 고인돌 文化〉, ≪浦項硏究≫ 4.

金元龍, 1960, 〈慶南地方의 支石墓 數例〉, ≪考古美術≫ 1-1(1), 고고미술동인회.

金元龍, 1960, 〈論山 陽村面의 支石墓郡〉, ≪考古美術≫ 1-3(3), 고고미술동인회.

金元龍, 1960, 〈永同 楡田里 支石墓의 特異 構造와 副葬品〉, ≪歷史學報≫ 12, 역사학회.

金元龍, 1961, 〈求禮 金內里의 立石 · 支石墓〉, ≪考古美術≫ 2-3(8), 고고미술동인회.

金元龍, 1961, 〈金海土器片을 내는 潭陽 文學里의 一支石墓〉, ≪美術資料≫ 3, 國立中央 博物館.

金元龍, 1961, 〈龍仁 慕賢面 支石墓〉, ≪考古美術≫ 2-9.

金元龍, 1961, 〈春川 泉田里의 支石墓 · 積石塚〉, ≪美術資料≫ 4, 국립중앙박물관.

金元龍, 1962,〈南式 支石墓의 發生〉,《考古美術》 3-1(18), 고고미술동인회.

金元龍, 1963,〈金海 茂溪里 支石墓의 出土品- 靑銅器를 半出하는 新例〉,《東亞文化》 1, 서울大學校 文理科大學 東亞文化硏究所.

金元龍, 1965.《韓國史前遺蹟遺物地名表》, 서울대학교 출판부.

金元龍, 1968,〈서평 - 한국 지석묘 연구(김재원 · 윤무병 저)〉,《역사학보》 37.

金元龍, 1974,《韓國의 古墳》, 세종대왕 기념사업회.

金元龍 外, 1977,〈靑銅器時代와 그 文化〉,《韓國史大討論》 2, 三星文化文庫 89.

金在灌, 1981,〈巨石遺蹟 스톤헨지의 秘密〉,《技術人力》 21.

金載元, 1963,〈南韓의 支石墓〉,《業績報告書 1961-1962, 東亞文化硏究委員會.

金載元 · 尹武炳, 1967,《韓國 支石墓 硏究》, 國立中央博物館 古蹟調査報告 6, 국립중앙박물관.

金正基, 1961,〈慶南 桂城面 所在支石墓〉,《考古美術》 2-2(7), 고고미술동인회.

金貞培, 1970,〈韓國에 있어서의 南方文化論〉,《白山學報》 9.

金貞培, 1986,《韓國古代의 國家起源과 形成》, 高麗大學校 出版部.

金廷鶴, 1983,〈金海 內洞 支石墓 調査槪報〉,《釜山 堂甘洞 古墳群》, 부산대학교박물관.

金貞姬, 1988,〈東北아시아 支石墓의 硏究〉,《崇實史學》 5, 崇實大學校 史學會.

金貞姬, 1988,〈中國東北地方 支石墓硏究의 最近動向〉,《伽倻通信》 17, 가야통신편집부.

金哲埈, 1959,〈濟州道 支石墓 調査報告〉,《論文集(人文 · 社會科學)》 9, 서울대학교.

김포시 · 한양대학교박물관, 1999,《김포시의 역사와 문화유적》 한양대학교박물관 총서 제32집.

金學輝, 1985,〈住岩댐 發掘을 通해 본 全南地方의 支石墓文化〉,《全南古文化의 現況과 展望-考古學을 中心으로〉,《第2回 全南古文化 심포지움》, 全羅南道.

金學輝, 1989,〈全南地方에 分布된 支石墓 · 甕棺墓 造成集團勢力의 史的 意味〉,《향토문화》 10, 향토문화개발협의회.

盧爀眞, 1986,〈積石附加支石墓의 形式과 分布〉,《論文集(人文 · 社會科學篇)》 4, 한림대학교.

盧爀眞, 1997,〈청동기시대의 사회와 문화〉,《한국사》 3: 청동기문화와 철기문화, 국사편찬위원회편, 탐구당.

盧爀眞 · 崔恩珠, 1982,〈中島 支石墓 發掘報告〉,《中島發掘調査報告書》, 江原大學校博物館 .

檀國大學校 中央博物館, 1993,《정선 덕천리 소골遺蹟(1)-고인돌 發掘報告-》, 古蹟調査報告 第 17冊.

都東烈 · 河仁秀, 1990,〈慶南地方의 支石墓에 對한 一考察〉,《論文集》16, 東義工業專門 大學校

都東烈・河仁秀, 1992,〈嶺南地方 支石墓의 分類와 編年〉,《東義工專論文集》18.

都東烈・河仁秀, 1992,〈嶺南地方 支石墓의 型式과 構造〉,《伽倻考古學論叢》1, 가야문화연구소.

東亞大學校博物館, 1990,《의령 석곡리 지석묘 발굴조사보고서》.

明知大學校博物館, 1991,《(安山 仙府洞)支石墓 發掘調査報告書》.

木浦大學校博物館, 1984,《靈岩 靑龍里・長川里 支石墓群》.

木浦大學校博物館, 1993,《昇州 牛山里 고인돌》.

木浦大學校博物館, 1994,〈영암 망산리・채지리고인돌 발굴조사 약보고〉,《박물관연보》3.

목포대학교박물관・순천대학교박물관・국립광주박물관, 1998,《국도 27호선(고흥—벌교구간) 발굴조사 개요》

木浦大學校博物館・麗川市・靈巖郡, 1993,《靈巖 山湖里・麗川 上巖里 고인돌》學術叢書 29.

木浦大學校博物館・全羅南道 務安郡, 1992,《務安 月巖里 支石墓》木浦大學校博物館 學術叢書 24.

文化財管理局 文化財研究所(편), 1996,《東아시아의 靑銅器文化: 묘제와 주거》.

文化財管理局, 1998,《指定文化財目錄》.

朴敬源, 1958,〈昌原郡 鎭東面 城門里 支石墓調査 略報告〉,《歷史學報》10, 역사학회.

朴普鉉・金奭周, 1998,〈상촌리 9호-13호 지석묘와 주변유적(2차조사)〉,《南江댐 水沒地區의 發掘成果》第7回 嶺南考古學會 學術發表會.

朴商憲, 1966,〈釜山市 甘川面 支石墓〉,《考古美術》7-1(66), 고고미술동인회.

박순발, 1997,〈한강유역지석묘〉.《韓國考古學報》36.

박현수, 1996,〈全北地方의 支石墓研究〉, 全州大學校 碩士學位論文.

박희현, 984,〈韓國의 고인돌 文化에 對한 한 考察-그 上限年代를 中心으로〉,《韓國史研究》46, 한국사학회.

方善柱, 1968,〈韓國 巨石制의 諸問題〉,《史學研究》20, 한국사학회.

裵勇一・金鎔佑, 1992,〈鶴溪里地域 고인돌文化〉,《西岩趙恒來教授華甲紀念韓國史學論叢》, 서암 조항래 교수 화갑기념 한국사학논총 간행위원회, 亞世亞文化社.

白種伍, 1996,〈天安地域 支石墓에 대한 小考〉,《博物館誌》5, 忠淸專門大學 博物館.

白弘基, 1982,〈江原道 東海岸地方의 支石墓〉,《考古美術》156, 韓國美術史學會.

부안군, 1991,《부안군지》.

扶餘文化財研究所・扶餘郡, 1993,《扶餘 山直里 고인돌》, 學術研究叢書 6.

357

사이언스社, 1984, 〈켈트족의 巨石遺物「스톤헨지」〉, ≪사이언스≫ 24.

Service, E. R., 신형식 옮김, 1986, ≪원시시대의 사회조직≫, 三知院.

徐聲勳·成洛俊, 1984, ≪高興郡 長水堤 支石墓調査≫ 國立光州博物館 學術叢書 6, 國立光州博物館.

徐聲勳·李榮文, 1983, ≪康津 永福里 支石墓 發掘調査 報告書≫, 國立光州博物館.

世宗大學校博物館·河南市, 1998, ≪河南市 廣岩洞 支石墓≫ 世宗大學校 博物館 研究報告書 第5冊.

孫秉憲·李一容, 1988, 〈월산리 사비 지석묘〉, ≪住岩댐 水沒地域文化遺蹟發掘調査報告書 (II)≫, 全南大學校博物館.

孫秉憲·韓鳳奎, 1988, 〈竹山里 '나'群 支石墓〉, ≪住岩댐 水沒地域文化遺蹟發掘調査 報告書 (III)≫, 全南大學校博物館.

孫晉泰, 1932, 〈朝鮮「돌멘」에 關한 調査研究〉, ≪民俗學≫ 5, 민속학회, (再) 1948, ≪朝鮮民族文化의 研究≫, 을유문화사.

孫晉泰, 1933, 〈朝鮮 Dolmen考追補〉, ≪民俗學≫ 5-9.

孫晉泰, 1934, 〈朝鮮 Dolmen考〉, ≪開闢≫ 1, 개벽사.

孫晉泰, 1948, 〈朝鮮 Dolmen에 關한 調査研究〉, ≪朝鮮民族文化의 研究≫, 乙酉文化社.

宋錫範, 1964, 〈고인돌 小考〉, ≪濟州道≫ 13, 濟州道廳.

宋錫範, 1964, 〈濟州道의 고인돌 小考〉, ≪濟州道≫ 13, 제주도청.

宋錫範, 1966, 〈濟州道의 Dolmen, A地區의 支石墓〉, ≪연수≫ 55, 濟州道教研.

宋錫範, 1969, 〈고인돌의 文化財的 價値性〉, ≪濟州道≫ 39, 濟州道廳.

宋承容, 1975 〈長興郡 一帶의 支石墓考〉, ≪錦湖高 敎師 論文集≫ 1.

宋正炫·李榮文, 1988, 〈牛山里 내우 支石墓〉, ≪住岩댐 水沒地域 文化遺蹟發掘調査報告書 (II)≫, 全南大學校博物館.

宋正炫·李榮文, 1988, 〈竹山里 '다'群 支石墓〉, ≪住岩댐 水沒地域 文化遺蹟發掘調査 報告書 (III)≫, 全南大學校博物館.

宋正炫·李榮文, 1988, 〈牛山里 내우·사수리 사수 立石〉, ≪住岩댐 水沒地域 文化遺蹟 發掘調査 報告書(V)≫, 全南大學校博物館.

宋鎬晸, 1991, 〈遼東地域 青銅器文化와 美松里型土器에 관한 考察〉, ≪韓國史論≫24:22쪽.

宋鎬晸, 1999, ≪古朝鮮 國家形成 過程 研究≫, 서울大學校 國史學科 博士學位 請求論文.

順天大學校博物館·順天市, 1997, ≪순천 龍堂洞 竹林 支石墓≫ 順天大博物館 地方文化叢書 第12.

358

順天大學校博物館 · 麗水市, 1998, ≪麗水 美坪洞 죽림 支石墓≫ 順天大博物館 地方文化叢書 第17.

順天大學校博物館 · 麗水市, 1998, ≪全南東部地域의 文化 文化遺蹟과 遺物≫ 順天大博物館 地方文化叢書 第18.

申福淳, 1988, 〈고대리 北方式 支石墓의 調査報告〉, ≪第12回 韓國考古學 全國大會 發表要旨≫, 韓國考古學會.

신종환, 1999, 〈上洞支石墓 發掘調査 成果〉, ≪제42회 전국역사학대회 발표요지≫.

申千湜 · 嚴翼成, 1991, ≪安山 仙府洞 支石墓 發掘調査 報告書≫ 明知大學校博物館叢書 7, 명지대학교박물관 · 京畿道.

沈奉謹, 1979, 〈日本 支石墓의 一考察〉, ≪釜山史學≫ 3, 부산사학회.

沈奉謹, 1981, 〈韓 · 日支石墓의 關係 - 形式 및 年代論을 中心으로-〉, ≪韓國考古學報≫ 10 · 11合.

沈奉謹, 1983, 〈墓制(I) - 支石墓〉, ≪韓國史論≫ 13, 國史編纂委員會.

沈奉謹, 1990, ≪宜寧 石谷里 支石墓群≫ 古蹟調査報告書 17, 東亞大學校博物館.

沈奉謹, 1990, 〈宜寧 石谷里 支石墓群〉, ≪考古歷史學誌≫ 5 · 6, 동아대학교박물관.

沈奉謹, 1990, ≪韓國靑銅器時代 文化의 理解≫, 東亞大學校出版部.

沈奉謹, 1999, ≪韓國에서 본 日本彌生文化의 展開≫, 學硏文化社.

심상욱, 1998, 〈고창 지석묘의 개발과 보존〉, ≪전주사학≫ 6, 전주대학교 부설 역사문화연구소.

安志敏, 1995, 〈中國 東南部의 支石墓〉, ≪제38회 전국역사학대회발표요지≫, 제38회 전국역사학대회준비위원회.

梁種烈, 1994, 〈제주도 지석묘에 대한 일고찰〉, 嶺南大學校 碩士學位論文.

영광향토문화연구회, 1992, 〈영광지방의 고인돌〉, ≪鄕脈≫ 5.

영남고고학회, 1998, ≪南江댐 水沒地區의 發掘成果≫, 第7回 嶺南考古學會 學術發表會.

靈巖文化院, 1992, 〈靈巖 奄吉里 支石墓〉, ≪全南文化≫ 5, 韓國文化院聯合會.

迎日文化院, 1994, ≪迎日灣지역 고인돌문화 연구≫.

吳江原, 1998, 〈保寧平羅里 발견 異形石棺墓(圍牆石棺墓) 유적에 관한 考察 - 古墳의 系統과 同形式의 忠南지역 轉入問題 등을 중심으로 -〉, ≪自山學報≫ 50 特輯號, 自山學會.

吳相卓, 1986, 〈韓國 支石墓의 一考察 - 出土遺物과 年代를 中心으로-〉, 嶺南大學校 大學院碩士學位論文.

吳相卓, 1986, 〈韓國 支石墓의 形式 및 葬法에 關한 硏究〉, 영남대학교 석사학위논문.

禹長文, 1986, 〈韓半島 고인돌文化에 對한 考察-黃石里 고인돌 文化를 中心으로〉, 고려대학교 석

359

사학위논문.

禹長文, 1987, 〈提原 黃石里 고인돌文化의 考察〉, ≪白山學報≫ 34, 백산학회.

禹長文, 1998, 〈수원의 고인돌 문화〉, ≪水原文化史硏究≫ 創刊號, 水原文化史硏會.

우종윤, 1983, 〈南漢江流域의 先史文化硏究- 提原 黃石里 고인돌 遺蹟을 中心으로〉, 忠北大學校
    碩士學位論文.

有光敎一·차문섭 외역, 〈韓半島의 支石墓〉, ≪第2回 東洋學 學術講演會抄≫ 2.

兪在恩, 1991, 〈韓國 西北地方 支石墓 硏究〉, 檀國大學校 大學院 碩士學位論文.

尹乃鉉, 1987, 〈韓國 上古史 體系의 復元〉, ≪東洋學≫ 17.

尹德香, 1988, 〈梧峰里 '다' 群 支石墓〉, ≪住岩댐 水沒地域 文化遺蹟發掘調查報告書(I)≫, 全南
    大學校博物館.

尹德香, 1988, 〈德峙里 신기 支石墓〉, ≪住岩댐 水沒地域 文化遺蹟發掘調查報告書(III)≫, 全南大
    學校博物館.

尹武炳, 1988, 〈鳳甲里 고수월 支石墓〉, ≪住岩댐 水沒地域 文化遺蹟發掘調查報告書(III)≫,
    全南大學校博物館.

尹容鎭, 1974, 〈安東郡 道谷洞 支石墓 發掘調查 報告書〉, ≪1973年度 安東水沒地區發掘調查 報
    告≫, 文化財管理局.

尹容鎭, 1977, 〈大邱 七星洞 支石墓調查-俗稱 七星岩 調查〉, ≪大邱史學≫ 12·13合, 대구사학회.

尹容鎭, 1978, ≪永川 龍山洞 支石墓 發掘調查 報告書≫, 永川郡.

尹容鎭 外, 1991, ≪大邱 大鳳洞 支石墓-再發掘調查 報告≫, 慶北大學校博物館.

윤호필, 1999, 〈사천 이금동유적 발굴조사 개요〉, ≪제42회 전국역사학대회 발표요지≫.

李揆山, 1977, 〈先史墳墓〉, ≪考古學≫ 4, 韓國考古學會.

李基東, 1989, 〈韓國 古代國家形成史 硏究의 現況과 課題〉, ≪汕耘史學≫ 3.

李南奭, 1985, 〈青銅器時代 韓半島 社會發展段階問題〉, ≪百濟文化≫ 弟16輯.

李南奭, 1987, 〈忠南 西海岸 고인돌 二例〉, ≪百濟文化≫ 17, 公州師範大學校 百濟文化硏究所.

이명희·신상효, 1989, 〈영광지방의 고인돌 지표조사〉, ≪住嚴댐 水沒地域內 고인돌 移轉
    復元 報告書≫, 國立光州博物館.

李丙燾, 1956, 〈慶州 彦州面 支石墓를 探査하고〉, ≪斗溪雜筆≫, 一潮閣.

李炳稙, 1992, 〈장성지방의 지석묘〉, ≪全南文化≫ 5, 韓國文化院聯合會.

이병직·靈岩文化院, 1992, 〈全南의 支石墓-長城郡·靈岩郡篇-〉, ≪全南文化≫ 5, 韓國文化院聯
    合會 全羅南道支部.

李相吉, 1994,〈支石墓의 葬送儀禮〉,《古文化》第 45輯.

李相吉, 1994,〈昌原 德川里遺蹟 發掘調查報告〉,《九州考古學會·嶺南考古學會 第1回 合同考古學會 發表要旨》

李相吉, 1996,〈청동기시대 무덤에 대한 일시각〉,《碩晤尹容鎭教授停年退任記念論叢》.

李松來, 1989,〈국가의 정의와 고고학적 판단기준〉,《韓國上古史》(韓國上古史學會 編) 所收, 民音社.

李榮文a, 1987〈全南地方 支石墓의 研究〉, 檀國大學校 碩士學位論文.

李榮文b, 1987,〈全南地方 支石墓의 性格 - 分布 및 構造를 中心으로〉,《韓國考古學報》20, 한국고고학회.

李榮文, 1988,〈全南地方 支石墓 出土遺物〉,《第12回 韓國考古學 全國大會 發表要旨》, 한국고고학회.

李榮文, 1989,〈寶城江流域의 支石墓文化-全南地方 支石墓를 中心으로〉,《全南古文化의 研究成果와 展望》, 第4回 全南古文化 심포지움, 全羅南道.

李榮文, 1989,〈昇州 牛山里 內牛支石墓 發掘調查 報告〉,《第36回 全國歷史學大會發表要旨》

李榮文, 1989,〈麗川市 支石墓 發掘調查〉,《第13回 韓國考古學 全國大會 發表要旨》, 한국고고학회.

李榮文, 1989,〈全南地方의 支石墓文化〉,《全南文化財》2, 全羅南道.

李榮文, 1990a,《麗川市 鳳溪洞 支石墓》, 全南大學校博物館·麗川市.

李榮文, 1990b,〈遺物相으로 본 湖南地方의 支石墓〉,《韓國支石墓의 諸問題》第14回 韓國 考古學 全國大會 發表要旨, 한국고고학회.

李榮文, 1990c,〈湖南地方의 支石墓 出土遺物에 대한 考察〉,《韓國考古學報》25.

李榮文, 1992,〈全南地方 支石墓分布에 대한 分析的 考察〉,《全南文化財》5.

李榮文, 1993a,〈全南地方 支石墓社會의 研究〉, 韓國教員大學校 博士學位論文.

李榮文, 1993b,〈全南地方 支石墓社會의 領域圈과 構造에 關한 檢討〉,《先史와 古代》5, 고대연구회.

李榮文, 1994,〈支石墓의 機能的 性格에 대한 檢討-全南地方 支石墓의 形式과 立地를 中心으로-〉,《裵鍾茂總長退任紀念史學論叢》, 배종무총장퇴임기념사학논총간행위원회.

李榮文, 1997,〈印度의 巨石文化〉,《文化史學》6·7.

李榮文, 1998,〈韓國 琵琶形銅劍 文化에 대한 考察〉,《韓國上古史學報》38, 韓國上古史學會.

李榮文, 1999a,〈전남지석묘의 특징과 보존 활용방안〉,《문화재 보존 워크샵 발표요지》, 유네

스코 한국위원회 · 전라남도.

李榮文, 1999b, 〈湖南地域 靑銅器時代 墓制 硏究의 諸問題〉, ≪호남지역의 청동기문화≫ 第7回 湖南 考古學會 學術大會 發表要旨.

李榮文 外, 1993, ≪麗川 積良洞 상적 支石墓≫, 全南大學校 博物館.

李榮文 · 金承根, 1999, ≪和順支石墓群≫, 木浦大學校博物館 · 全羅南道.

李榮文 · 鄭基鎭, 1992, ≪麗水 五林洞 支石墓≫, 全南大學校博物館 · 麗水市.

李榮文 · 鄭基鎭, 1993, ≪麗川 積良洞 상적 支石墓≫, 全南大學校博物館.

李榮文 · 曺根佑, 1996, ≪전남의 지석묘≫, 학연문화사.

李榮文 · 趙現鐘 編著, 1998, ≪全南 埋葬文化財 目錄≫, 전라남도.

李榮文 · 崔仁善 · 鄭基鎭, 1993, ≪麗川 平呂洞 산본 支石墓≫, 全南大學校博物館.

李瑢學, 1991, 〈論山地域의 支石墓와 百濟古墳〉, ≪鄕土硏究會誌≫ 5.

李隆助, 1975, 〈楊平 仰德里 고인돌 發掘報告〉, ≪韓國史硏究≫ 11, 한국사연구회.

李隆助, 1980, 〈忠南의 先史文化-대청댐 고인돌 社會와 그 儀式을 中心으로〉, ≪開新≫ 20, 충북 대학교 학도호국단.

李隆助, 1980, 〈韓國 고인돌社會와 그 儀式-發掘結果를 通한 復元解釋의 한 試圖〉, ≪東方學志≫ 23 · 24, 연세대학교 국학연구원.

李隆助 外, 1988, 〈竹山里 곡천 고인돌〉, ≪住岩댐 水沒地域 文化遺蹟發掘調査報告書 (Ⅱ)≫, 全南大學校博物館.

李隆助 外, 1988, 〈中原地方에서 새로이 찾은 고인돌 遺蹟(Ⅰ)〉, ≪湖西文化硏究≫ 7, 충북 대학교 호서문화연구소.

이융조 · 우종윤, 1988, 〈黃石里 고인돌 文化의 묻기方法에 關한 一考察, ≪博物館紀要≫ 4, 단국 대학교박물관.

이융조 · 이윤석, 1991a. 〈堤原 明道里 고인돌 發掘調査報告〉, ≪中央高速道路文化遺蹟發掘 調査 報告書(忠北地域)≫, 충북대학교 박물관.

이융조 · 이윤석, 1991b. 〈堤原 鶴山里 고인돌 發掘調査報告〉, ≪中央高速道路文化遺蹟發掘 調査 報告書(忠北地域)≫, 충북대학교 박물관, 충북대학교 박물관.이융조 · 하문식 · 윤용현, 1988 〈중원지방에서 새로이 찾은 고인돌유적(Ⅰ)〉, ≪湖西文化硏究≫ 7, 충북대학교 호서문화연구소.

이융조 · 신숙정 · 우종윤, 1984. 〈堤原 黃石里 B地區遺蹟 發掘調査報告〉, ≪忠州댐 綜合報告書 (Ⅰ)≫, 충북대학교 박물관.

이융조 · 하문식 · 윤용현, 1988, 〈중원지방에서 새로이 찾은 고인돌유적(Ⅰ)〉, ≪湖西文化硏究≫ 7, 충북대학교 호서문화연구소.

李隆助 · 河文植 · 趙祥紀, 1988, 〈泗洙里 대전 고인돌〉, ≪住岩댐 水沒地域 文化遺蹟發掘 調査 報告書(Ⅳ)≫, 全南大學校博物館.

李隆助 · 河文植, 1989, 〈韓國 고인돌의 다른 類型에 關한 硏究-「祭壇 고인돌」形式을 中心으로〉, ≪東方學志≫ 63, 연세대학교 국학연구원.

李隆助 · 河文植, 1990, 〈保寧地方의 고인돌文化 硏究(Ⅰ) -새로이 찾은 遺蹟을 中心으로〉, ≪考古美術史論≫ 1, 忠北大學校 考古美術史學科.

李隆助 · 河文植, 1990, ≪和順 大田 先史文化-고인돌文化-≫, 韓國民俗村 · 忠北大學校 考古美術史學科.

李隆助 · 河文植, 1991, 〈保寧地方의 고인돌文化 硏究(Ⅰ) -새로이 찾은 遺蹟을 中心으로〉, ≪考古美術史論≫ 2, 忠北大學校 考古美術史學科.

李殷昌, 1963, 〈湖南地方의 先史遺蹟 調査〉, ≪考古美術≫ 4-8(37), 고고미술동인회.

李殷昌, 1964, 〈瑞山 仁旨面 先史遺蹟 調査報告-특히 支石墓를 中心으로〉, ≪古文化≫ 3, 韓國大學博物館協會.

李殷昌, 1966, 〈錦江地方의 支石墓 調査〉, ≪고고미술≫ 7-8(73), 고고미술동인회.

李殷昌, 1967, 〈洪城 大坪里 支石墓 調査〉, ≪考古美術≫ 8-12(89), 고고미술동인회.

李殷昌, 1968, 〈扶餘恩山 桂谷里 兄弟岩 支石墓調査-人字形 一支石式 特異構造를 中心으로〉, ≪考古美術≫ 9-2(21), 고고미술동인회.

李殷昌, 1971, 〈湖西地方의 支石墓 調査(1)〉, ≪月刊文化財≫ 1, 월간문화재사.

李殷昌, 1971, 〈湖西地方의 支石墓 調査-保寧郡 珠山面 支石墓를 中心으로-〉, ≪月刊文化財≫ 2, 월간문화재사.

李殷昌, 1972, 〈湖西地方의 支石墓 硏究(2) - 大德郡 鎭嶺面의 支石墓를 中心으로-〉, ≪月刊文化財≫ 2, 월간문화재사.

李殷昌, 1972, 〈湖西地方의 支石墓 調査(3) - 大德郡 杞城面의 支石墓를 中心으로-〉, ≪月刊文化財≫ 4, 월간문화재사.

이종욱, 1999, 〈한국 초기국가 형성 · 발전 단계론의 인류학 이론 수용과 그에 대한 비판의 문제〉, ≪韓國上古史學報≫ 29.

李淸圭, 1985, 〈濟州道 支石墓 硏究 1- 北濟州郡 涯月邑 光令里 支石墓群-〉, ≪耽羅文化≫ 4, 제주대학교 탐라문화연구소.

李淸圭, 1987,〈大光里 신기고인돌〉,《住岩댐 水沒地域 文化遺蹟發掘調査報告書》, 全南大學校 博物館.

李淸圭, 1988,〈광복 후 남북한 청동기시대의 연구 성과〉,《韓國考古學報》 21, 韓國考古學會.

李淸圭, 1988,〈柳坪里 유천 고인돌〉,《住岩댐 水沒地域 文化遺蹟發掘調査報告書(IV)》, 全南大 學校博物館.

李淸圭, 1995,《제주도고고학연구》, 학연문화사.

李淸圭 外, 1991,《濟州 고인돌 調査報告》, 濟州市.

李憲載, 1992,〈支石墓雜記(I · II · III)〉,《慶南文化》 23-25, 경남문화사.

李炫石, 1991,〈咸平郡의 고인돌과 古墳研究 - 榮山江水系의 古代文化 규명을 위한-〉,《全南 文化財》 3, 전라남도

이현혜, 1991,〈신진화론의 적용 과정에서 나타난 몇 가지 문제〉,《현대 한국사학과 사 관》, 일 조각.

李亨求, 1986,〈漢江流域 서울 院趾洞 支石墓 調査研究〉,《韓國史學》 8, 한국정신문화연구원.

李亨求, 1987,〈渤海沿岸地區 遼東半島의 고인돌무덤 研究〉,《精神文化研究》 32, 한국정신문 화연구원.

李亨求, 1992,《江華島 고인돌무덤(支石墓) 調査研究》, 韓國精神文化研究院.

李亨求 엮음, 1999,《단군과 고조선》, 살림터.

李弘植, 1956,〈支石墓社會의 歷史的 考察〉,《考試界》 1-2, 국가고시학회.

李弘稙, 1960,〈湖南地方의 支石墓〉,《讀史餘滴》, 一潮閣.

林寛道, 1962,〈韓國 Dolmen에 關한 研究〉,《論文集》 1, 공주사범대학교.

林炳泰, 1964,〈韓國 支石墓 研究 - 支石墓 調査 報告〉, 高麗大學校 碩士學位論文.

林炳泰, 1966,〈朝鮮支石墓의 型式 및 年代問題〉,《史叢》 제9집.

林炳泰, 1995,〈後期支石墓社會의 性格〉,《東아시아의 青銅器文化-묘제와 주거》 제4회 문화재연구 국제학술대회 발표 논문집.

林炳泰, 1996,《韓國 青銅器文化의 研究》, 학연문화사.

林炳泰 · 崔恩珠, 1987,〈新坪里 금평 支石墓〉,《住岩댐 水沒地域 文化遺蹟發掘調査報告書 (I)》, 全南大學校博物館.

任世權, 1975,〈韓半島 고인돌에 對한 一考察〉, 고려대학교 석사학위논문.

任世權, 1976,〈韓半島 고인돌의 綜合的 檢討〉,《白山學報》 20, 백산학회.

林永珍, 1991,《昇州 大峙里 支石墓群》, 全南大學校博物館 · 昇州郡.

林永珍, 1993, ≪和順 萬淵里 支石墓群≫, 全南大學校博物館.

임영진, 1993, 〈 승주 고인돌공원 조사보고 〉, ≪승주 고인돌공원 조사보고≫, 전남대학교박물관.

임영진, 1993, 〈 승주 고인돌공원 조성방향에 대한 건의 〉, ≪승주 고인돌공원 조사보고≫, 전남대
　　　학교박물관.

林永珍 · 崔仁善, 1991, ≪光陽 元月里 支石墓群≫, 全南大學校博物館.

임영진 · 천득염, 1993, 〈 승주 고인돌공원 주거지와 묘제의 복원 설계 〉, ≪승주 고인돌공원
　　　조사보고≫, 전남대학교박물관.

任孝宰, 1967, 〈 箕佐島 支石墓郡 〉, ≪韓國考古≫ 1, 韓國考古學會.

任孝宰, 1967, 〈 順天地區의 支石墓群 〉, ≪韓國考古≫ 2, 한국고고학회.

林孝澤, 1987, 〈 居昌 大也, 武陵, 月坪里, 陜川 역평리 支石墓 發掘調査 槪報 〉, ≪嶺南考古學≫3,
　　　영남고고학회.

林孝澤, 1987, 〈 陜川댐 水沒地區內 居昌 · 陜川 支石墓 發掘調査 〉, ≪第30回 全國歷史學大會 發表要旨≫.

林孝澤 외, 1987, ≪居昌 · 陜川 큰돌무덤≫, 東義大學校博物館.

林孝澤 · 河仁秀, 1991, 〈 金海 內洞 第2號 큰돌무덤 〉, ≪年報≫ 13, 釜山市立博物館,

　　　　　　　　, 1992, (再)≪博物館硏究論集≫ 1, 부산시립박물관,

林孝澤 · 河仁秀, 1993, 〈 金海內洞 第2號 큰돌무덤 〉, ≪박물관연구논집≫ 1, 부산시립박물관.

장수군, 1990, ≪장수군지≫.

장철수, 1995, ≪옛무덤의 사회사≫.

장호수, 1994, 〈 한국 고고학에서의 외국 이론의 수용- 족장사회(Chiefdom)에 대한 일고찰 〉, ≪韓
　　　國上古史學報≫ 15.

전경수, 1988, 〈 신진화론과 국가형성론 -인류학이론의 올바른 적용을 위하여- 〉, ≪한국사론≫19.

全吉姬, 1959, 〈 龍仁郡 駒城面 所在 Dolmen 調査 報告 〉, ≪梨大史苑≫ 1, 梨花女子大學校史
　　　學會.

全南大學校博物館, 1978, ≪光州 忠孝洞 支石墓 發掘調査 報告書≫

全南大學校博物館, 1979, ≪光州 松岩洞 住居址 · 忠孝洞 支石墓 發掘報告書≫

全南大學校博物館, 1987, ≪住岩댐 水沒地區 文化遺蹟發掘調査報告書≫ '86 支石墓 1.

全南大學校博物館, 1988, ≪住岩댐 水沒地區 文化遺蹟發掘調査報告書≫ '86 支石墓 2.

全南大學校博物館, 1988, ≪住岩댐 水沒地區 文化遺蹟發掘調査報告書≫ '87 支石墓 1.

全南大學校博物館, 1988, ≪住岩댐 水沒地區 文化遺蹟發掘調査報告書≫ '87 支石墓 2.

全南大學校博物館, 1990, ≪麗川市 鳳溪洞 支石墓≫, 全南大學校博物館 · 麗川市.

全南大學校博物館, 1993, ≪昇州 고인돌公園 調査報告≫

全南大學校博物館, 1993, ≪麗川 積良洞 상적 支石墓≫ 全南大學校博物館・麗川市.

全南大學校博物館, 1993, ≪和順 萬淵里 支石墓群≫

全南大學校博物館, 1993, ≪麗川 평여동 산본 支石墓≫

全南大學校博物館・이리지방국토관리청, 1994, ≪昇州 廣川里 支石墓群≫

全南大學校博物館・광양군, 1994, 〈光陽 元月里 支石墓郡〉.

全南道廳, 1997, ≪全南의 古代墓制≫.

全羅南道・木浦大學校博物館, 1996, ≪全南의 古代墓制≫ 木浦大學校博物館 學術叢書 第四十三冊.

全羅北道, 1989, ≪全羅北道誌≫ (第1卷).

全北大學校 博物館, 1984, ≪고창지방 문화재 지표조사보고서≫.

全北大學校 博物館, 1985, ≪김제지방 문화재 지표조사보고서≫.

全北大學校 博物館, 1987, ≪남원지방 문화재 지표조사보고서≫.

全北大學校 博物館, 1998, ≪진안 용담댐 수몰지구 내 2차 문화유적 발굴 조사≫.

전북 향토문화연구회, 1989, ≪순창군 문화유적지표조사서≫.

全榮來, 1969, 〈扶安龜岩里 支石墓群〉, ≪全羅北道誌(上)≫, 全羅北道.

全榮來, 1979, 〈장수, 삼봉리 북방식 지석묘〉, ≪全北遺蹟調査報告≫ 10.

全榮來, 1983a, 〈高敞・牙山地區 支石墓發掘調査略報〉, ≪全北遺蹟調査報告≫ 14.

全榮來, 1983b, 〈高敞地文의 北方式支石墓 3例〉, ≪全北遺蹟調査報告≫ 14.

全榮來, 1984, ≪高敞・牙山 地區 支石墓 發掘 調査報告書≫, 全州市立博物館.

全榮來, 1992, ≪高敞 竹林里 一帶 支石墓群≫, 馬韓百濟文化研究所.

全榮來, 1993, ≪高敞 竹林里 支石墓群 發掘 報告書≫, 高敞郡・圓光大學校 馬韓百濟文化研究所.

全榮來, 1999, ≪高敞 支石墓의 學術的 位置≫, 韓西古代學研究所.

全州市立博物館, 1984, ≪高敞・雅山地區 支石墓發掘 報告書≫

鄭官模, 1967, 〈先史時代 巨石記念物의 研究〉, 弘益大學校 博士學位論文.

鄭永鎬, 1987, 〈大谷里 도롱 支石墓〉, ≪住岩댐 水沒地域 文化遺蹟發掘調査報告書(I)≫, 全南大
學校博物館.

鄭永鎬, 1988, ≪昇州 大谷里・和順 福矯里 支石墓 發掘調査 報告書≫, 學術調査報告.
第2輯, 韓國教員大學校 博物館.

정영화, 1977, 〈제주도의 고고학조사-신발견 유적을 중심으로〉, ≪한국문화인류학≫ 9.

鄭義道, 1992, 〈France 南部 Quercy 地方의 megalithisme에 對하여〉, ≪考古歷史學志≫ 8, 동

아대학교박물관.

鄭義道, 1999, 〈 진주대평리 옥방7지구선사유적 〉, 《남강선사문화세미나요지》.

鄭漢德, 1989, 〈 美松里型 土器の 生成 〉, 《最近 東北アジアの 考古學》, 天池.

鄭漢德, 1993, 〈 紀元前 2千年期 後期 및 1千年期初 遼寧東部地方의 考古學 〉, 《先史와 考古》 5, 古代硏究會.

濟州大學校博物館, 1999, 《濟州三陽洞遺蹟》.

조동걸, 1970, 〈 北漢江流域의 고인돌-無塊石 고인돌에 對하여 〉, 《論文集》 8-2, 春川教育大學校.

趙鏞先, 1997, 〈 支石墓의 立地와 長軸方向選定에 대한 考察 〉, 《湖南考古學報》 6, 湖南考古學會.

池健吉, 1977, 〈 大德 內洞里 支石墓遺蹟 發掘槪報 〉, 《百濟硏究》 8, 忠南大學校 百濟硏究所.

池健吉, 1978, 〈 論山 圓峰里 支石墓와 出土遺物 〉, 《考古美術》136 · 137合, 樹默秦弘燮博士華甲紀念論文集, 韓國美術史學會.

池健吉, 1982, 〈 東北아시아 支石墓의 型式學的 考察 〉, 《韓國考古學報》 12, 한국고고학연구회.

池健吉, 1983, 〈 中島 支石墓 發掘調査 槪報 〉, 《博物館新聞》 146 · 147, 국립중앙박물관.

池健吉, 1983, 〈 支石墓社會의 復元에 관한 考察-築造技術과 葬制를 中心으로 〉, 《梨花史學硏究》13 · 14合, 梨花史學硏究所.

池健吉, 1987, 〈 巨石文化의 東과 西 〉, 《三佛金元龍教授停年退任紀念論叢(I)》, 一志社.

池健吉, 1990, 〈 湖南地方 고인돌의 型式과 構造 〉, 《제14회 한국 고고학 전국대회 발표요지》, (再) 《韓國考古學報》 25, 한국고고학회.

池健吉, 1992, 《麗川 月內洞 고인돌》, 국립광주박물관.

池健吉, 1997, 〈 청동기시대의 유적과 유물: 무덤 〉, 《한국사》 3:청동기문화와 철기문화. 국사편찬위원회 편, 탐구당.

池東植 · 朴鍾國, 1987, 〈梧峰里 '라' 群 支石墓 〉, 《住岩댐 水沒地域 文化遺蹟發掘調査報告書(I)》, 全南大學校博物館.

池東植 · 朴鍾國, 1988, 〈 德山里 죽산 支石墓 〉, 《住岩댐 水沒地域 文化遺蹟發掘調査報告書(III)》, 全南大學校博物館.

秦弘燮 · 崔淑卿, 1974, 〈 楊平郡 上紫浦里 支石墓 發掘調査 報告 〉, 《八堂 · 昭陽댐 水沒地區 遺蹟報告》, 文化財管理局.

昌原文化財硏究所, 1999, 《昌原上南支石墓群》, 國立昌原文化財硏究所.

崔根泳 · 李昊榮崔夢龍 · 池炳穆, 1997, 〈 堤川 寒水面 松界里 先史遺蹟 調査 報告 〉, 《史學硏究》 54, 韓國史學會.

367

崔南善, 1927, 〈巖石崇拜로서 巨石文化에까지〉, ≪東光≫ 9, 동광사.

崔南善, 1941, 〈世界文化圈內의 큰 存在인 朝鮮南方地方의 돌멘〉, ≪春秋≫ 2-10, 朝鮮春秋社.

崔夢龍, 1967a, 〈郭支里 支石墓 調査報告〉, ≪文理大學報≫ 22, 서울大學校.

崔夢龍, 1967b, 〈全羅北道 海岸一帶의 先史遺蹟〉, ≪考古美術≫ 8권 4호(통권81호), 韓國美術史學會.

崔夢龍, 1973, 〈原始採石 問題에 對한 小考〉, ≪考古美術≫ 119, 고고미술동인회.

崔夢龍, 1974, 〈榮山江 Dam 工事로 因한 水沒地區의 先史遺蹟〉, ≪湖南文化研究≫ 6, 영남대학교 호암문화연구소.

崔夢龍, 1975, ≪全南 考古學 地名表≫, 全南每日出版局.

崔夢龍, 1976, 〈康津 琶山里出土의 磨製石器類〉, ≪韓國考古≫ 3, 韓國考古學研究會.

崔夢龍, 1977, 〈羅州 寶山里 支石墓 發掘調査 報告書〉, ≪韓國文化人類學≫ 9, 한국문화인류학회.

崔夢龍, 1978, 〈全南地方 所在 支石墓의 型式과 分類〉, ≪歷史學報≫ 78, 역사학회.

崔夢龍, 1979a, 〈光州 松岩洞 住居址·忠孝洞 支石墓〉, ≪韓國考古學報≫ 4, 韓國考古學會.

崔夢龍, 1979b, 〈珍島의 先史文化〉, ≪湖南文化研究≫ 10·11合, 전남대학교 호남문화연구소.

崔夢龍, 1981, 〈全南地方 支石墓社會와 階級의 發生〉, ≪韓國史研究≫ 35, 한국사연구회.

崔夢龍, 1982a, 〈荏子島의 先史遺蹟·全南 西南海岸一帶의 考古學的 研究〉, ≪古文化≫ 20.

崔夢龍, 1982b, 〈全南地方 支石墓社會의 編年 : 出土遺物을 中心으로 하여〉, ≪震檀學報≫ 53·54合.

崔夢龍, 1983, 〈韓國古代國家形成에 대한 一考察〉, ≪金哲埈博士 華甲紀念論叢≫, 知識産業社.

崔夢龍, 1985, 〈春川 中島와 義城 塔里 出土 人骨〉, ≪閔錫泓 博士 華甲紀念 史學 論叢≫, 三英社.

崔夢龍, 1986a, 〈全南地方의 고인돌과 독무덤-全南 古文化의 性格과 課題〉, ≪第1回 全南古文化 심포지움 發表要旨≫, 光州博物館會·如曲文化財團.

崔夢龍, 1986b, 〈全南地方의 支石墓와 甕棺墓〉, ≪自由≫ 154, 자유사.

崔夢龍, 1990, 〈湖南地方의 支石墓 社會〉, ≪제14회 한국 고고학 전국대회 발표요지≫, (再) ≪韓國考古學報≫ 25, 한국고고학회.

崔夢龍, 1993, ≪한국문화의 원류를 찾아서≫, 학연문화사.

崔夢龍, 1997, 〈청동기와 철기문화〉, ≪한국사≫ 3, 국사편찬위원회.

崔夢龍, 1997, 〈湖南地方의 支石墓社會〉, ≪韓國古代國家形成論≫, 서울대학교출판부.

崔夢龍, 1999, 〈제주도 철기시대전기에 있어서 계급사회의 발생〉, ≪탐라국의 여명을 찾아서≫ 제 2회 제주사정립 학술대회.

崔夢龍 譯, 1989, ≪원시국가의 진화≫, 민음사.

崔夢龍 外, 1982, 〈同福댐 水沒地區 支石墓 發掘調查 報告書〉, 全南大學校 博物館·光州市.

崔夢龍·崔盛洛, 1997, ≪韓國古代國家形成論: 考古學上으로 본 國家≫, 서울大學校 出版部.

崔夢龍·李盛周·李根旭, 1987, 〈梧峰里 '아' 群 支石墓〉, ≪住岩댐 水沒地域 文化遺蹟發掘 調查報告書(I)≫, 全南大學校博物館.

崔夢龍·李榮文·趙現鍾, 1982, ≪同福댐 水沒地區 支石墓發掘調查報告書≫, 全南大學校博物館.

최몽룡·이희준·박양진, 1984, 〈堤原 陽平里 D地區遺蹟發掘調查報告書〉, ≪忠州댐綜合報告書 (I)≫, 충북대학교 박물관.

崔夢龍·李淸圭·李榮文·李盛主 編著, 1999, ≪한국 지석묘(고인돌)유적 종합조사·연구≫, 문화 재청·서울대학교박물관.

崔夢龍·申叔靜·金庚澤·金仙宇·金範哲, 1999, ≪德積群島의 考古學的 調查研究≫, 서울대학교 박물관.

崔夢龍·申叔靜·李東瑛·李盛周·金庚澤·金泰植, 1998, ≪鬱陵島-考古學的 調查研究-≫, 서울대학교박물관.

崔茂藏, 1988, 〈詩川里 살치 '가' 群 고인돌〉, ≪住岩댐 水沒地域 文化遺蹟發掘調查報告書 (IV)≫, 全南大學校博物館.

崔福奎 外, 1983, 〈春川 中島 先史遺蹟 發掘調查 研究-고인돌을 중심으로〉, ≪江原文化研究≫ 3, 강원대학교 강원문화연구소.

崔福奎 외, 1992, 〈양구 고인돌〉, ≪江原大學校博物館 遺蹟調查報告書≫ 11, 양구군·江原大學 校博物館.

崔福奎, 1984, 〈中島 고인돌 發掘調查 報告〉, ≪江原大學校博物館 遺蹟調查報告≫ 2, 강원대학교 박물관.

崔福奎, 1996, 〈최근 강원도에서 새로 조사된 선사유적〉, ≪江源文化史研究≫ 創刊號, 江源鄕土 文化研究會.

崔盛洛, 1984, ≪靈巖 靑龍里·長川里 支石墓群≫, 木浦大學 博物館.

崔盛洛, 1985, 〈靈岩 靑龍里·長川里 支石墓發掘 槪報〉, ≪韓國考古學年報≫ 12, 서울대학교박물관.

崔盛洛, 1988, 〈詩川里 살치 '나' 群 고인돌〉, ≪住岩댐 水沒地域 文化遺蹟發掘調查報告書(IV)≫, 全南大學校博物館.

崔盛洛, 1996, 〈전남지방에서 복합사회의 출현〉, ≪백제논총≫ 5, 백제문화개발연구원.

崔盛洛 外, 1993, ≪승주 우산리 고인돌≫, 木浦大學校博物館.

崔盛洛·韓盛旭, 1989, 〈支石墓復元의 一例〉, ≪全南文化財≫ 2.

崔盛洛·曺根佑·朴喆元, 1992, ≪務安 月巖里 支石墓≫, 木浦大學校博物館.

崔盛洛·李正鎬, 1993,〈麗川 上巖洞 고인돌 發掘調査 報告〉, ≪靈巖 山湖里·麗川 上巖洞 고인돌≫, 木浦大學校博物館.

崔盛洛·李正鎬·李暎澈, 1993,〈靈巖 山湖里 고인돌 發掘調査 報告〉, ≪靈巖 山湖里·麗川 上巖洞 고인돌≫, 木浦大學校博物館.

崔淑卿, 1961,〈高城郡 縣內面 梧垈面의 支石墓〉, ≪考古美術≫ 2-12(17), 고고미술동인회.

崔淑卿, 1966,〈永宗島 雲南里 支石墓-放射性炭素測定結果 高麗年代를 낸 例〉, ≪金愛麻博士梨花 勤績40周年紀念論文集≫, 김애마박사 이화근적40주년기념논문집출판위원회.

崔淑卿, 1966,〈花津浦周邊의 土器 石器 支石墓〉, ≪紀念論文集(社會科學編)≫ 10, 梨花女大.

崔永禧·盧爛眞, 1986, ≪新梅里 支石墓 住居址發掘 報告書≫, 翰林大學校博物館.

崔槇芯, 1994,〈신진화론과 한국상고사 해설의 비판에 대한 재검토〉, ≪韓國 上古史學報≫ 16.

_____, 1997,〈韓國 上古史와 族長社會〉, ≪韓國 古代國家形成論≫, 서울대 출판부.

_____, 1997,〈韓國上古史와 族長社會〉, ≪先史와 古代≫ 8.

충북대학교 박물관, 1980. ≪忠州댐 水沒地區 文化財地表調査報告書≫.

충북대학교 박물관, 1983. ≪中原文化圈遺蹟精密調査報告書-淸原郡≫.

충북대학교 박물관, 1984a. ≪忠州댐 水沒地區 文化遺蹟發掘調査綜合報告書≫.

충북대학교 박물관, 1984b. ≪中原文化圈遺蹟精密調査報告書-報恩郡·永同郡≫.

충북대학교 박물관, 1996. ≪堤川 旺岩地方産業團地 文化遺蹟 地表調査報告書≫.

충북대학교 박물관, 1998. ≪文化遺蹟分布地圖-淸州市≫.

忠北大學校 先史文化硏究所, 1992, ≪和順 大田 舊石器時代집터 復元-고인돌 公園 先史 住居址 復元≫.

忠北大學校 先史文化硏究所, 1992, ≪和順 大田 舊石器時代 집터 復元-고인돌 公園 先史住居地 복원≫

충북대학교 중원문화연구소, 1998, ≪文化遺蹟分布地圖 - 忠州市≫.

河文植, 1985,〈우리나라 고인돌 文化의 硏究- 錦江과 南漢江流域을 中心으로〉, 延世大學校碩士 學位論文.

河文植, 1988,〈錦江과 南漢江流域의 고인돌文化 比較硏究〉, ≪孫寶基博士停年紀念考古人類學論 叢≫, 知識産業社.

河文植, 1990,〈韓國 靑銅器時代 墓制에 關한 硏究-고인돌과 돌간무덤을 中心으로〉, ≪博物館紀 要≫ 6, 단국대학교박물관.

河文植, 1992,〈中國 東北地域 고인돌硏究의 成果와 現況〉, ≪白山學報≫ 39, 백산학회.

河文植, 1994.〈靑銅器時代의 中原文化〉, ≪先史文化≫ 2, 충북대학교 선사문화연구소.

河文植, 1997, 〈東北亞細亞 고인돌文化의 硏究-中國 東北地方과 西北韓地域을 中心으로〉, 崇實大學校大學院 博士學位論文.

河文植, 1998, 〈고인돌의 장제에 대한 연구(1)-화장(火葬)을 중심으로〉, ≪백산학보≫ 51, 백산학회.

河文植, 1998, 〈북한지역 고인돌의 특이 구조에 대한 연구〉, ≪先史와 古代≫10, 韓國古代學會.

河文植, 1999, ≪古朝鮮地域의 고인돌 硏究≫, 백산자료원.

河仁秀, 1987, 〈支石墓의 形式과 構造〉, ≪陜川苧浦里E地區遺蹟≫, 釜山大學校博物館.

河仁秀, 1988, 〈居昌 內吾里 支石墓 地表調査 報告〉, ≪伽倻通信≫18, 伽倻通信編輯部.

河仁秀, 1992, 〈嶺南地方支石墓의 型式과 構造〉, ≪伽倻考古學論叢≫ 1.

河仁秀, 1998, 〈晉州 貴谷洞 대촌 遺蹟 豫報〉, ≪南江댐 水沒地區의 發掘成果≫, 第7回 嶺南考古學會 學術發表會.

韓國考古學會, 1990, ≪韓國支石墓의 諸問題≫, 第14回韓國考古學全國大會發表要旨.

韓炳三, 1973, 〈墓制〉, ≪한국사≫ 1, 한국의 선사문화(국사편찬위원회편) 所收.

漢陽大學校 文化人類學科・韓國先史文化硏究所, 1991, ≪多栗里・堂下里 支石墓 및 住居址≫, 學硏文化社.

한창균・신숙정・장호수, 1995, ≪북한의 선사문화 연구≫, 백산자료원.

韓興洙, 1935, 〈朝鮮의 巨石文化 硏究〉, ≪震檀學報≫ 3, 진단학회.

湖南考古學會, 1997, ≪湖南地域 古墳의 內部構造-제 5회 호남고고학회 학술대회 발표요지≫, 호남고고학회.

홍형우, 1994, 〈한국 고고학에서의 외국 이론의 수용-족장사회(chiefdom)에 대한 일고찰〉, ≪韓國上古史學報≫ 15.

黃龍渾, 1972, 〈楊州 琴南里 支石墓調査 報告〉, ≪慶熙史學≫ 3, 경희대학교사학회.

黃龍渾, 1978, 〈楊上里・月陂里遺蹟 發掘調査 報告〉, ≪半月地區 遺蹟發掘 報告書≫, 반월지구유적발굴조사단, (再) 1979, ≪韓國考古學報≫ 7, 한국고고학연구회.

黃龍渾, 1984, 〈堤原 鷄山里地區 支石墓 發掘調査報告〉, ≪忠州댐 綜合報告書(I)≫, 충북대학교박물관.

黃龍渾, 1988, 〈竹山里 '가' 群 고인돌〉, ≪住岩댐 水沒地域 文化遺蹟發掘調査報告書(III)≫, 全南大學校博物館.

Heine-Geldern, R・이광규 옮김, 1969, 〈메가릿트 問題〉, ≪文化財≫ 4, 文化財管理局.

北韓

김기웅, 1963, 〈 평안남도 개천군 묵방리 고인돌 발굴중간 보고 〉, ≪고고학자료집(각지유적 정리 보고)≫ 3, 과학원출판사.

김동일, 1988, 〈 사리원시 광성동 고인돌 발굴에 대하여 〉, ≪조선고고연구≫ 4, 사회과학출판사.

김동일, 1995, 〈 증산군 룡덕리 고인돌떼에 대하여 〉, ≪고고연구≫ 95-4.

김동일, 1996, 〈 별자리가 새겨진 고인돌 무덤에 대하여 〉, ≪고고연구≫ 96-3.

김동일, 1997, 〈 증산군 룡덕리 10호 고인돌무덤의 별자리에 대하여 〉, ≪고고연구≫ 97-3.

김창현, 1996a, 〈 남부조선 고인돌 무덤의 특성 〉, ≪고고연구≫ 96-2.

김창현, 1996b, 〈 전라남도일대의 고인돌무덤에 대하여 〉, ≪고고연구≫ 96-4.

도유호, 1959, 〈 조선 거석문화 연구 〉, ≪문화유산≫ 2, 과학원출판사.

라명관, 1988, 〈 약사동 고인돌 발굴보고 〉, ≪고고연구≫ 88-2.

리정남, 1985, 〈 묵방리 고인돌에 관한 몇가지 고찰 〉, ≪력사과학≫ 1, 과학 · 백과사전출판사.

리정남, 1991, 〈 묵방리 고인돌 발굴보고 〉, ≪고고연구≫ 91-1.

리주현, 1997, 〈 새로 발굴조사된 오산리 고인돌무덤들에 대하여 〉, ≪고고연구≫ 97-3.

박진욱, 1988, ≪조선 고고학 전서 - 고대편 -≫.

박진욱, 1995, 〈 고조선의 비파형 단검문화에 대한 재검토 〉, ≪고고연구≫ 95-2.

박진욱, 1996, 〈 고조선의 좁은놋단검문화에 대한 재고찰 〉, ≪고고연구≫ 96-2.

석광준, 1973, 〈 북창유적의 돌상자무덤과 고인돌에 대하여 〉, ≪고고민속론문집≫ 5, 사회과학출 판사.

석광준, 1974, 〈 오덕리 고인돌 발굴보고 〉, ≪고고학자료집≫ 4, 사회과학출판사.

석광준, 1979a, 〈 우리나라 서북지방 고인돌에 관한 연구 〉, ≪고고민속론문집≫ 7, 과학 · 백과사전출판사.

석광준, 1979b, 〈 우리나라 서북지방 고인돌의 변천에 대하여 〉, ≪력사과학≫ 1, 과학 · 백과사전 출판사.

석광준, 1990, 〈 평곡고인돌 발굴보고 〉, ≪고고연구≫ 90-2.

석광준, 1991, 〈 문흥리고인돌에 대하여 〉, ≪고고연구≫ 91-4.

석광준, 1993, 〈 로암리고인돌에 대하여 〉, ≪고고연구≫ 93-1.

석광준, 1995, 〈 평양일대에서 새로발굴된 고인돌과 돌관무덤에 대하여 〉, ≪고고연구≫ 95-1.

석광준, 1996, 〈 평양일대 고인돌무덤의 변천에 대하여 〉, ≪고고연구≫ 96-3.

석광준, 1999, 〈 고조선의 고인돌 무덤과 돌관무덤에 대하여 〉, ≪단군과 고조선≫, 살림터.

석광준 · 리일남, 1993, 〈 석암일대 고인돌에 대하여 〉, ≪고고연구≫ 93-3.

윤춘호, 1994, 〈 원암리 고인돌에 대하여 〉, ≪고고연구≫ 94-4.

장철만, 1996, 〈 장리고인돌무덤에 대하여 〉, ≪고고연구≫ 96-4.

전수복, 1961, 〈 함경북도 김책군 덕인리 〈 고인돌 〉정리 간략보고 〉, ≪문화유산≫ 3, 과학원출판사.

전주농, 1963, 〈 평안남도 룡강군 석천산(石泉山)동록의 고인돌 〉, ≪고고학자료집(각지 유적정리
　　　　보고)≫ 3, 과학원출판사.

정백운, 1957, 〈 조선고대무덤의 연구(1) 〉, ≪문화유산≫ 57-2.

조선유적유물편찬위원회, 1990, ≪조선유적유물도감 1 · 2≫ 동광.

차달만, 1996, 〈 상원군 귀일리 2호 고인돌 무덤에 대하여 〉, ≪고고연구≫ 96-3.

최상준, 1966, 〈 우리나라 원시시대 및 고대의 쇠붙이 유물분석 〉, ≪고고민속≫ 3.

최응선, 1996, 〈 상원군 장리 고인돌 무덤을 통해 본 고조선 초기의 사회문화상에 대하여 〉, ≪고고
　　　　연구≫ 96-3.

황기덕, 1961, 〈 황해북도 황주군 긴동 고인돌 발굴보고(I) 〉, ≪문화유산≫ 3, 과학원출판사.

황기덕, 1963, 〈 황해북도 황주군 심촌리 긴동 고인돌 〉, ≪고고학자료집(각지 유적 정리보고)≫
　　　　3, 과학원출판사.

황기덕, 1965, 〈 무덤을 통하여 본 우리나라 청동기시대의 사회관계 〉, ≪고고민속≫ 65-4.

황기덕, 1984, ≪조선의 청동기시대≫, 사회과학 출판사.

황기덕, 1987, 〈 우리나라 청동기시대의 사회관계에 대하여(1,2) 〉, ≪고고연구≫ 87-2,4.

황기덕 · 리원근, 1966, 〈 황주군 심촌리 청동기시대 유적 발굴보고 〉, ≪고고민속≫ 66-3.

日本 · 中國

甲元眞之, 1973a, 〈 西朝鮮の支石墓(上)-沈村里支石墓群の檢討- 〉, ≪古代文化≫ 25-9, 古代學
　　　　協會.

甲元眞之, 1973b, 〈 西朝鮮の支石墓(下) 〉, ≪古代文化≫ 25-12, 古代學協會.

甲元眞之, 1973c, 〈 朝鮮支石墓の編年 〉, ≪朝鮮學報≫ 66.

甲元眞之, 1980, 〈 朝鮮支石墓の再檢討 〉, ≪鏡山猛先生古稀記念古文化論考≫.

甲元眞之, 1982,〈中國東北地方の支石墓〉,≪森貞次郎先生古稀記念 古文化論集≫ 上卷.

甲元眞之, 1996,〈東北アジアの支石墓〉,≪福岡から東アジアへ4≫ -彌生文化の二つの道-, 西日本文化史.

甲元眞之, 1997,〈朝鮮半島の支石墓〉,≪東アジアにおける支石墓の綜合的研究≫, 九州大學 文學部 考古學研究室.

江坂輝彌, 1979,〈東北アジアの支石墓研究〉,≪考古學 ジヤ-ナル≫ 161, ニュ-サイエンス社.

江坂輝彌, 1979,〈朝鮮半島の支石墓〉,≪考古學 ジヤ-ナル≫ 161, ニュ-サイエンス社.

江坂輝彌, 1982,〈韓國慶尚南道宜寧郡七谷面所在の支石墓〉,≪考古學 ジヤ-ナル≫ 207, ニュ-サイエンス社.

曲傳麟, 1982,〈遼東半島石棚性質初探〉,≪遼寧師範學報≫ 1.

郭大順, 1995,〈遼東地區青銅器文化新認識〉,≪東北アジア考古學研究≫〔日中共同研究報告〕.

光岡雅彦, 1979,≪支石墓の謎≫, 學生社

宮本一夫, 1997,〈中國東北地方の支石墓〉,≪東アジアにおける支石墓の綜合的研究≫, 九州大學 文學部 考古學研究室.

靳楓毅, 1982,〈論中國東北地區含曲刃青銅短劍的文化遺存〉,≪考古學報≫ 82-4:404.

金廷鶴, 1976,〈金海內洞支石墓群調查豫報〉,≪考古學ジヤ-ナル≫ 128, ニュ-サイエンス社.

大貫靜夫, 1998,≪東北アジアの考古學≫, 同成社.

陶炎, 1981,〈遼東半島的 巨石文化〉,≪理論與實踐≫ 1.

桐原健, 1981,〈古代信濃における巨石祭祀〉,≪東アジアの古代文化≫ 28(81), 大和書房.

童恩正, 1978,〈四川西南 地區 大石墓族屬試探〉,≪考古≫ 2.

藤田亮策, 1936,〈大邱大鳳町支石墓調查〉,≪昭和11年度古蹟調查報告≫, 朝鮮總督府.

藤田亮策, 1940,〈大邱大鳳町支石墓調查〉,≪昭和13年度古蹟調查報告≫, 朝鮮總督府.

藤田亮策, 1943,〈大邱の支石墓〉,≪大邱府史≫.

藤田亮策, 1949,〈ドルメンの分布について〉,≪歷史≫ 1, 東北亞世亞史.

藤田亮策, 1952,〈支石墓雜記〉,≪考古學雜誌≫ 38-4, 日本考古學會.

藤田亮策, 1956,〈朝鮮滿洲のドルメン〉,≪志登支石墓群調查報告≫.

凌純聲, 1968,〈臺灣與東亞及西南太平洋的石棚文化〉,≪中央研究院 民俗學研究所專刊之十≫.

梅原末治, 1937,〈大邱大鳳洞支石墓調查〉,≪1936年度古蹟調查報告≫, 朝鮮總督府.

梅原末治, 1940,〈日鮮滿史前末期の墓制に就いて〉,≪東洋史研究≫ 5-5.

梅原末治, 1947,≪朝鮮古代の 墓制≫.

毛昭晰, 1997, 〈浙江支石墓的 形制與朝鮮半島支石墓的比較〉, ≪中國江南社會與中韓文化交流≫.

武家昌, 1994, 〈遼東半島石棚初探〉, ≪北方文物≫ 4.

武家昌, 1997, 〈撫順山龍石棚與積石墓〉, ≪遼海文物學刊≫ 1.

符松子, 1956, 〈遼寧新發現兩座石棚〉, ≪考古通訊≫ 2.

榧本龜次郎, 1937, 〈大邱に於けるドルメンの調査〉, ≪歷史公論≫ 6-8.

榧本杜人, 1952, 〈大邱大鳳町支石墓群について〉, ≪考古學雜誌≫ 38-4, 日本考古學會.

三上次男, 1953, 〈朝鮮半島に於ける支石墓の實存狀態に對いて〉, ≪史學雜誌≫ 62-4, 東京大史學會.

三上次男, 1954, 〈大邱の支石墓群と古代南鮮社會〉, ≪東方學論集≫ 2.

三上次男, 1954, 〈滿洲地區における支石墓社會の推移と高句麗政權の成立〉, ≪古代文化≫ 1, ≪東京大敎養學部人文科學紀要≫ 2.

三上次男, 1956, 〈滿鮮古代に於ける支石墓社會の成立〉, ≪史學雜誌≫ 66-10.

三上次男, 1961a, 〈滿鮮地方における支石墓の研究〉, ≪滿鮮原始墳墓の研究≫ 第 1編.

三上次男, 1961b, 〈朝鮮半島における支石墓〉, ≪滿鮮原始墳墓の研究≫ 第 1編.

三上次男, 1961c, 〈朝鮮半島における支石墓の存ら方について-支石墓資料の檢討・定理と 支石墓集成表の作成〉, ≪滿鮮原始墳墓の研究≫, 吉川弘文館.

三上次男, 1979, 〈中國東北地方の 支石墓〉, ≪月刊考古學 ぢヤーナル≫ 161.

森貞次郎, 1969, 〈日本における初期の支石墓〉, ≪金載元博士回甲紀念論業≫, 乙酉文化史.

三宅俊彦, 1997, 〈對吉林省騷達溝山頂大棺の認識-兼論支石墓的産生〉, ≪考古學文化論集≫ 4.

榧本杜人, 1957, 〈朝鮮先史墳墓の變化過程とその編年〉, ≪考古學雜誌≫ 43-2.

徐家國, 1990, 〈遼寧省撫順市運河流域石棚調査〉, ≪考古≫ 10.

西谷 正, 1997, ≪東アジアにおける支石墓の綜合的研究≫, 九州大學文學部考古學研究室.

徐知良, 1958, 〈中國的 巨石文化與石棺墓 紹介〉, ≪人文朶志≫ 2.

西村眞次, 1922, 〈白鳥博士に與へて巨石文化特にドルメンお論す〉, ≪中央史壇≫ 4-5, 國史講習會.

石光瀋・甲元眞之 譯, 1981, 〈朝鮮西北地方支石墓の變遷について〉, ≪文學部論叢≫ 5.

小田省吾, 1924, 〈平南龍岡郡石泉山ドルメンに就いて〉, ≪朝鮮≫ 1-4, 朝鮮總督府.

小泉顯夫, 1936, 〈朝鮮のドルメン〉, ≪朝鮮學報≫ 48.

孫福海・靳維勤, 1995, 〈石棚考略〉, ≪考古≫ 7.

松尾禎作, 1957, ≪北九州支石墓の研究≫, 松尾禎作先生 還曆紀念事業會.

松本翠耕, 1981,〈六甲巨石文化〉,≪東アジアの古代文化≫ 28(81), 大和書房.

宋錫範, 1979,〈濟州道の支石墓〉,≪考古學 ジヤーナル≫ 161, ニューサイエンス社.

宋延英, 1987,〈遼東半島的 石棚文化-析木城石棚-〉,≪社會科學輯刊≫ 52.

沈奉謹, 1979,〈支石墓の形式分類と編年について〉,≪福岡考古懇話會會報≫ 10.

岩村清, 1979,〈東北アジアの支石墓研究入門〉,≪考古學 ジヤーナル≫ 161, ニューサイエンス社.

旅順博物館, 1984,〈遼寧大連新金縣碧流河大石蓋墓〉,≪考古≫84-8:709-711.

吳銘生, 1954,〈湖南省文物管理委員會調查零陵黃田浦石棚建築〉,≪文物參考資料≫ 11.

王洪峰, 1993,〈吉林南部石棚及相關問題〉,≪遼海文物學刊≫ 2.

王洪峰, 1993,〈石棚墓葬研究〉,≪青果集≫.

遼寧省文物考古研究所(許玉林), 1994,≪遼東半島石棚≫, 遼寧科學技術出版社.

遼寧省博物館, 1962,〈金縣亮甲店石棚〉,≪遼寧史蹟資料≫ 1.

遼寧省博物館, 1985,〈遼東半島石棚的新發現〉,≪考古≫ 2.

有光教一, 1953,〈朝鮮石器時代のドルメン〉,≪史林≫ 35-4.

有光教一, 1968,〈朝鮮支石墓研究を讀んで〉,≪朝鮮學報≫ 48, 朝鮮學會.

有光教一, 1968,〈韓國支石墓研究を讀んで〉,≪朝鮮學報≫ 48, 朝鮮學會.

有光教一, 1969,〈朝鮮支石墓の系譜に關ける一考察〉,≪古代學≫ 16-2・3, 古代學協會.

有光教一, 1973,〈韓半島의 支石墓〉,≪東洋學≫, 檀國大學校.

有光教一, 1974,〈韓半島の支石墓-韓國佛教の原點探究-〉,≪アジア公論≫ 3, 9.

林炳泰 外, 1979,〈(講座)朝鮮半島石器時代の墓制-支石墓おめぐつて〉,
　　　≪考古學 ジヤーナル≫ 161, ニューサイエンス社.

立命館大學古代史探險部巨石班, 1981,〈巨石ラインの謎〉,≪東アジアの古代文化≫ 28(81),
　　　大和書房.

張維緒・鄭淑艶, 1991,〈古代建築奇觀-世界最大的石棚〉,≪歷史學習≫ 2.

全榮來, 1991,〈韓半島支石墓の 型式學的展開〉,≪九州考古學≫ 66, 九州考古學會.

田村晃一, 1985,〈その後の支石墓研究(1)-朝鮮民主主義人民共和國の場合〉,≪三上次男博士喜壽
　　　紀念論文集≫.

田村晃一, 1996,〈遼東石棚考〉,≪東北アジアの考古學≫ 2.

齊藤忠, 1996,≪北朝鮮 考古學の 新發見≫(雄山閣).

鳥居龍藏, 1907,≪南滿洲調查報告≫.

鳥居龍藏, 1918,〈平安道黃海道古蹟調查報告〉,≪朝鮮總督府大正五年度古蹟調查報告書≫.

鳥居龍藏, 1923,〈朝鮮慶尙南道金海に存するドルメン〉,≪人類學雜誌≫ 39-1, 東京帝大 人類學會.

鳥居龍藏, 1942,〈中國石棚之研究〉,≪燕京學報≫ 31.

陳大爲, 1991,〈試論遼寧"石棚"的性質及其演變〉,≪遼海文物學刊≫ 1.

陳明達, 1953,〈海域縣的巨石建築〉,≪文物參考資料≫ 10.

陳元甫, 1996,〈中國浙江省南部 지역의 石棚〉,≪先史와 古代≫ 7.

辰巳雅之, 1981,〈山と巨石と太陽祭祀〉,≪東アジアの古代文化≫ 28(81), 大和書房.

肖兵, 1980,〈示與"大石文化"〉,≪遼寧大學學報≫ 2.

村川行弘, 1997,≪5000年前の東アジア≫, 大阪經濟法科大學出版社.

萩島敎雄, 1935,〈方位石とドルメン群發見の動機〉,≪ドルメン≫ 4-5.

太母山傳, 1975,〈韓國の支石墓紹介(1)(2)〉,≪どるめん≫ 5-6.

太母山傳, 1979,〈韓國支石墓踏査記(1)(2)(3)〉,≪東アジアの古代文化≫ 18·19·20, 大和書房.

八木壯三郎, 1924,≪滿洲舊蹟志≫.

八幡一郎·田村晃一編, 1990,≪アジアの巨石文化-ドルメン·支石墓考-≫, 六興出版.

韓國國立博物館刊, 1974,〈韓國の支石墓(Ⅰ·Ⅱ)〉,≪韓≫ 3-1·4, 東京韓國研究院.

許玉林, 1985,〈遼東半島石棚的新發見〉,≪考古≫85-2.

_____, 1985,〈遼東半島石棚之研究〉,≪北方文物≫ 第3期.

_____, 1991,〈遼東半島石棚と大蓋石墓槪論〉,≪九州考古學≫ 66.

_____, 1993,〈遼寧蓋縣 家窩堡石棚發掘簡報〉,≪考古≫ 9.

_____ (遼寧省文物考古研究所 編), 1993,≪遼東半島石棚≫, 遼寧科學技術出版社.

_____, 1995,〈遼寧省岫岩縣太老墳石棚發掘簡報〉,≪北方文物≫ 第 3期.

許玉林·許明綱, 1980,〈新金雙房石棚和石蓋石棺墓〉,≪遼寧文物≫ 1.

許玉林·許明綱, 1981,〈遼東半島石棚綜述〉,≪遼寧大學學報≫ 1.

許玉林·許明綱, 1983,〈新金雙房石棚和石蓋石棺墓〉,≪文物參考資料≫ 7.

歐美

ApSimon, A., 1977, L'architecture du dolmen de Tregiffian a Saint-Burgan(Cornwall) et la question des relations mégalithques entre l'ouest de la France et la Grande-Bretagne. In *L'architecture megalithique*, pp. 15-29. Vannes: Societe Polymathique du Morbihan.

Aubrey, B., 1979, *Prehistoric Avebury* . Yale University Press.

Barnes, G., 1993, *China, Korea and Japan: The Rise of Civilization in East Asia*. Thames and Hudson, London.

Bealz, E., 1910, Dlomen und alte Köigsgröber in Korea. *Zeitschrift für Ethnologie* 42.

Becker, C. J., 1969, Problems of the megalithic "mortuary houses" in Denmark. In G. E. Daniel and P. Kjaerum (ed.), *Megalithic graves and ritual* : papers presented at the III Atlantic Colloquium, Moesgard, pp. 75-9. Copenhagen: Jutland Archaeological Society, 1973. (Jutland Archaeological Society Publications 11).

Bouidoret, E., 1902, Note les Dolmens de la Corée. *Sociétéd' Anthropologie de Lyon Bulletin*.

Chantre, E., 1885-7, Monument megalithiques. In E. Chantre, *Researches Anthropologiques dans le Caucase*, Paris.

Chapman, R. W., 1979, Transhumance and megalithic tombs in Iberia. *Antiquity*, vol. 53.

Choi, M. L., 1983, A Study of the Yŏngsan River Valley Culture: The Rise of Chiefdom Society and State in Ancient Korea. Ph.D. dissertation, Harvard University. University Microfilms, Ann Arbor.

Choi, M. L., 1999, Origin and Diffusion of Korean Dolmens. 《韓國 上古史學報》 30, 韓國上古史學會.

Christie, A. H., 1979, The Megalithic Problem in South East Asia. In *Early South East Asia*, edited by R. B. Smith and W. Watson, Oxford University Press, New York.

Christopher, C., 1983, *Stoneherge Complete*.

Clark, J. G. D., 1977, The economic context of dolmens and passage graves in Sweden. In V. Markotic(ed.), *Ancient Europe and the Mediterranean*, pp. 35-49. Warminster: Arisand Phillips.

Cordier, G., 1963, Inventaire des mégalithes de la France, vol. 1, Indre-er-Loire. *1st supplement to Gallia-Prehistoire*. Paris: CNRS.

Daniel, G., 1962, *The Megalith Builders of Western Europe*, Praeger Pub.

Daniel, G., 1980, Megalithic Monuments. *Sientific American* 243-1.

David, D. Z., 1979, *The Ancient Stones Speak.*

De Laet, S., 1981, Megalithic graves in Belgium - a Status Questionis. In J. D. Evans, B. Cunliffe and C. Renfrew (ed.), *Antiquity and man : essays in honour of Glyn Daniel,* pp. 155-61. London: Thames & Hudson.

De Saint-Blanquat, H., 1975, Les megalithes. *Sciences et Avenir,* no. 342:754-69.

Erasmus, C.F., 1977, Monument Building-Some Field Experiments. *Experimental Archaeology,* Columbia University Press.

Fleming, M. E., 1963, Obsrevation on the Megalithic Problem in Eastern Asia. *Bulletin of the Institute of Ethnology* 15.

Geoffrey B., 1973, The Big Stones. *Horizon Spring* Vol. 15, No. 2.

Ghosh, A.K., 1969, The Dying Custom of Megalithic Burial in India. *Bulletin International Committee on Urgent Anthropological and Ethnological Research* 11.

Gowland, W.1895, Note on the Dolmen and other Antiquies of Korea. *Journal of the Anthropological Institute of Great Britain and Irland* Vol. 24.

Gowland, W., 1897, The dolmens and burial mounds in Japan. Archaeologia, vol 55.

Harrisson, T., 1958, A Living Megalith in Upland Borneo. *The Sarawak Museum Journal* Vol. 8:694-702.

Harrisson, T. and S. J. O'Connor, 1970, *God and Megalithic Activity in Prehistoric and Recent West Borneo.* Southeast Asian Program Department of Asian Studies, Cornell University, Ithaca.

Hawkins, G. S., 1965, *Stonehenge Decoded.* A Delta Book.

Jazdzewski, K., 1969, The relations between Kujavian barrows in Poland and megalithic tombs in northern Germany, Denmark and western European countries. In G. E. Daniel and P. Kjaerum (ed.), *Megalithic graves and ritual: papers presented at the III Atlantic Colloquium,* Moesgard, pp 63-74. Copenhagen: Jutland, Archaeoolgical Society, 1973. (Jutland Archaeological Society Publications 11)

Joussaume, R., 1988, *Dolmens for the Dead: Megalithic-Building Throughout the World.* B. T. Batsford Ltd., London.

Kaelas, L., 1966-7, The megalithic tombs in south Scandinavia - migrtion or cultural influence? *Palaeohistoria*, vol. 12: 287-321.

Kang, B. W., 1990, A Megalithic Tomb Society in Korea: A Social Reconstruction. Unpublished M. A. thesis, Department of Anthropology, Arizona State University, Tempe, Arizona.

Kang, B. W., 1991, A Megalithic Tomb Society in Korea ; A Social Reconstruction. ≪韓國上古史學報≫ 7, 韓國上古史學會.

Kim, B. M., 1978, Aspects of Brick and Stone Tomb Construction in China and South Korea-Ch'in to Silla Period. Ph. Dissertation in Oriental Studies, Oxford University.

Kim, B. M.(editor), 1982, *Megalithic Cultures in Asia*. Hanyang University, Seoul.

Kim, B. M., 1983, Koreans Stone Images. *Korea Journal* 23-3.

Kim, C. W., 1967, Studies of Dolmens in Korea. *Report of Research and of Antiquities of the National Museum of Korea*.

Kim, W. Y., 1962, Dolmens in Korea. *Journal of Social Siences and Humanities* 16.

Kinnes, I. A., 1982, Les Fouaillages and megalithic origins. *Antiquity* 56: 24-30.

Komoto, M., 1981, Megalithic monuments in ancient Japan. *International symposium of the comparative study of the megalithic culture in Asia*. Seoul.

L' Helgouach, J., 1969, Les megalithes de l'ouest de la France: evolution et chronologie. In G. E. Daniel and P. Kjaaerum (ed.), *Megalithic graves and ritual: papers presented at the III Atlantic Colloquium*, Moesgard, pp.203-219. Copenhagen: Jutland Archaeological Society, 1973. (Jutland Archaeological Society Publications 11)

Lynch, F., 1969, The megalithic tombs of north Wales. In T. G. E. Powell (ed.), *Megalithic enquiries in the west of Britain*, pp. 107-48. Liverpool: Loverpool University Press.

Mackie, E., 1977, *The megalith builders*, oxford : Phaidon

Markovin, V. I., 1978, *Dolmeny Zapadnogo Kavkaza*, Moskva.

Mehta, R. N. and K. M George, 1978, Megaliths at Machad and Pazhayannur, Talppally Taluka, Trichur District, Kerala State M. S. University, *Archaeology Series* No. 15.

Michael, J. W., 1983, Laying a mega-myth : dolmens and drovers in prehistoric Spain. *World Archaeology* 15-1.

Migami, T., 1962, Dolmens et cistes en Mandchourie et en Coree. *Antiquites Nationales et Internationales*, nos. 11-12: 70-76.

Migami, T., 1977, *Les dolmens et les coffres de la Mandchourie et de Coree.* Tokyo.

Mohen, J. P., 1980, La construction des dolmens et menhirs au Neolithique. *Dossiers de L'archeologie*, no. 46.

Mohen, J. P., 1990, *The World of Megaliths.* Facts on File.

Nelson, S. M., 1983, The Past Decade in Korean Archaeology: A View from Outside. ≪한국고고학연보≫ 10.

O'Kelly, M. J., 1981, The megalithic tombs of Ireland. In J. D. Evqans, B. Cunliffe and A. C. Renfrew (ed.), *Antiquity and man: essays in honour of Glyn Daniel*, pp. 177-190. London: Thames & Hudson.

Peacock, J. L., 1962, Pasemah megaliths: historical, functional and coneptual interpretations. *Bulletin of the Institute of Ethnology Academic Sinica* 13: 53-61, Taipei.

Pearson, R., 1979, Lolang and the Rise of Korean States and Chiefdoms. *Journal of the Hong Kong Archaeological Society* Ⅶ:77-90.

Renfrew, C.(ed.), 1973, *Before Civilization: The Radiocarbon Revolution and Prehistoric Europe*, Penguin Books, Harmondsworth,Middlesex, England.

Renfrew, C., 1976, Megaliths, territories and populations. In de Laet, S. J.(ed) *Aculturation and Continuity in Atlantic Europe*, Dissertationes Archaeologicae Gandenses ⅩⅥ: 298-320.

Renfrew, C., 1981 Introduction: The megalith builders of Western Europe. In Renfrew, C. (ed) *The Megalithic Monuments of Western Europe*, London: Thames and Hudson.

Renfrew, C., 1983, The Social Archaeology of Megalithic Monuments. *Scientific American* 249-5.

Service, E. R., 1971, *Primitive Social Organization: An Evolutionary Perspective.* 2nd ed., Random House, N. Y.

Service, A. and J. Bradbery, 1979, *Megalithic and Their Mysteries.* MacMillan Publishing Co., New York.

Sherratt, A., 1990, The genesis of megaliths : monumentality, ethnicity and social complexity in Neolithic north-west Europe. *World Archaeology* 22-2.

Sundara, A. K., 1975, *Megalithic architecture in southern India.* Columbia (Missouri): University of Missouri.

Thom, A., 1966, Megalithic and Mathematics. *Antiquity* 40.

Thomas, J., 1990, Monuments from the inside : the case of the Irish megalithic tombs. *World Archaeology* 22-2.

Tori, R., 1926, Les Dolmens de la Corée. *Memoirs of the Research Department of the Toyo Bunko* No 1.

Twohig, E. S., 1981, *The megalithic art of western Europe.* Oxford: Clarendon.

Wernick, R., 1973, The Monument Builders. *Time-Life Books*, N.W.

Wheeler, M., 1959, *Early India and Pakistan.* Frederick A. Prager, N.Y.

Yu, T.Y., 1998, The Dolmen Builders: The Emergence of Elite in Prehistoric Korea. Wichita State University MA thesis.

〈 立石 〉

國內

김연자 · 차은숙, 1980, 〈 青原 마원리 선돌에 對한 考察 〉, 《月刊忠淸》 121.

金永培, 1962, 〈 公州 上華里 立石 〉, 《考古美術》 3-9(26), 考古美術同人會.

金元龍, 1960, 〈 멘힐(立石)雜記 〉, 《考古美術》 1-5(5), 고고미술동인회.

金元龍, 1961, 〈 求禮 金內里의 立石 · 支石墓 〉, 《考古美術》 2-3(8), 고고미술동인회.

金學輝, 1985, 〈 全南地方 所在 立石 調査 〉, 《全南開發》 6, 全南地域開發協議會.

文甲洙, 1963, 〈 有銘立石의 一例(資料) 〉, 《考古美術》 4-5(34), 고고미술동인회.

박정규, 1994, 〈 沃川 안터마을 선돌의 올바른 理解 〉, 《文化硏究》 創刊號, 우리佛敎硏究所.

宋正炫 · 李榮文, 1988, 〈 牛山里 내우 · 泗洙里 사수 立石-發掘調査 〉, 《住岩댐 水沒地區 文化遺蹟 發掘調査報告書(V)》, 全南大學校博物館.

李隆助, 1985, 〈 韓國 先史文化에서의 선돌의 性格-忠淸道地方의 몇 例를 中心으로 〉, 《東方學志》

46 · 47 · 48 合, 延世大學校 國學研究院.

李殷昌, 1962, 〈忠南의 立石數例〉, ≪美術資料≫ 5, 국립중앙박물관.

李殷昌, 1973, 〈선돌〉, ≪民學≫ 2, 民學會.

李鍾哲, 1989, 〈忠南의 立石數例〉, ≪美術資料≫ 3, 국립중앙박물관.

한규량, 1982, 〈韓國 巨石文化의 한 研究-忠淸道地方 선돌을 中心으로-〉, ≪淸大春秋≫ 26

한규량, 1982, 〈韓國 선돌文化 分析研究-忠淸道地域 선돌을 中心으로-〉, 濟州大學校 碩士 學位
論文.

한규량, 1984, 〈韓國 선돌의 機能變遷에 對한 研究-忠淸道地域 선돌을 中心으로-〉, ≪白山學報≫
28, 백산학회.

日本 · 中國

江坂輝彌, 1982, 〈韓國慶尙南道宜寧郡七谷面所在のメンヒル發見學記〉, ≪考古學 ジヤーナル≫
207, ニューサイエンス社.

鳥居龍藏, 1922, 〈全南順天郡立石里のにメンヒルについて〉, ≪人類學雜誌≫ 37-10, 東京帝大人
類學會.

韓奎良, 1986, 〈韓國立石の機能變遷たいらする研究(上)〉, ≪アジア公論≫ 165, 韓國弘報協會.

韓奎良, 1986, 〈韓國立石の機能變遷たいらする研究(下)〉, ≪アジア公論≫ 166, 韓國弘報協會.

필자소개(집필순)

최 몽 룡

학력 : 서울대학교 고고인류학과 졸업. 동 대학원 고고학과(석사)

　　　미국 하버드대학교 대학원 인류학과(박사)

현재 : 서울대학교 고고미술사학과 교수 겸 문화재위원

저서 : ≪인류의 선사시대≫, ≪고고학에의 접근≫, ≪한국 문화의 원류를 찾아서≫, ≪러시아의 고고학≫,

　　　≪원시국가의 진화≫, ≪백제를 다시 본다≫, ≪문명의 발생≫, ≪도시·문명·국가≫, ≪한국 지석

　　　묘(고인돌)유적 종합 조사·연구≫ 외 다수

강 봉 원

학력 : 경희대학교 사학과 졸업. 동대학원 사학과(석사).

　　　미국 아리조나 주립대학교 대학원 인류학과(석사). 미국 오레곤 주립대학교 대학원 인류학과

　　　(박사)

현재 : 경희대학교 수원 Campus 교수.

저서 : ≪역사학 연구법과 실천≫

논문 : 〈한국 고대 복합사회 연구에 있어서 신진화론적 적용 문제 및 '국가' 단계 사회 파악을 위한

　　　고고학적 방법론〉, 〈원거리 무역의 이론과 방법론〉 외 다수

김 경 택

학력 : 서울대학교 고고미술사학과 졸업.

　　　미국 오레곤 주립대학 대학원 인류학과 (석사·박사과정 수료)

보고서 : ≪울릉도≫, ≪덕적군도의 고고학적 조사연구≫

논문 : 〈A Critical Review of Korean Archaeological and Historical Literature on Socio-

　　　Political Development in Ancient Korea〉

이 성 주

학력 : 경북대학교 사학과 졸업. 서울대학교 대학원 고고학과(석사·박사)

현재 : 창원대학교 강사

385

저서 : ≪한국 선사고고학사≫, ≪한국 지석묘(고인돌)유적 종합 조사 · 연구≫, ≪울릉도≫
논문 : 〈신라 · 가야사회의 정치 · 경제적 기원과 성장〉(박사학위 논문), 〈三國時代 前期土器의 研究-嶺
南地文 出土 土器를 中心으로〉, 〈靑銅器時代 東아시아 世界體系와 韓半島의 文化變動〉외 다수

유 태 용

학력 : 한양대학교 문화인류학과 졸업. 미국 오클라호마시티 대학교 인문학과(석사). 미국 위치타
주립대학교 인류학과(석사). 한양대학교 대학원 사학과(박사과정)
현재 : 한양대학교 박물관 연구원 · 문화인류학과 강사
저서 : ≪인류의 문화를 찾아서≫, ≪문화란 무엇인가≫, ≪시흥시 조남동 지석묘≫, ≪시흥시 계수동
지석묘≫
논문 : 〈 Dolmen Builders: The Emergence of Elite in Prehistoric Korea 〉

송 호 정

학력 : 서울대학교 국사학과 졸업. 동 대학원 국사학과(석사 · 박사)
현재 : 서울대 강사, 한신대학교 박물관 특별연구원
논문 : 〈북한학계의 전근대 시기구분〉, 〈요동~서북한 지역에서 고조선의 국가형성〉, 〈고고학 자료
를 통해 본 부여의 기원〉, 〈고조선 국가형성과정 연구〉외 다수

홍 형 우

학력 : 서울대학교 고고미술사학과 졸업. 동 대학원 고고학사(석사)
현재 : 국립문화재연구소 유적조사연구실 학예연구사
논문 : 〈 장도 청해진의 고고학적 고찰 〉(석사학위 논문), 〈 한국 고고학에서의 외국외론의 수용-족
장사회(Chiefdom)에 대한 일고찰 〉, 〈 고고학에 있어서 인골의 연구성과와 방향 〉외 다수

지 현 병

학력 : 단국대학교 역사학과 졸업. 동 대학교 대학원 사학과(석사 · 박사 수료)
현재 : 강릉대학교 박물관 학예연구사
보고서 : ≪양양 동해신묘≫, ≪강릉 교향리 주거지≫, ≪강릉 문화유적 발굴조사 보고서≫외 다수
논문 : 〈 初期 新羅土器에 관한 一考察 〉(석사학위 논문), 〈 강원 영동지방의 초기 철기시대 -집자
리 유적을중심으로-〉〈 강릉 영동지방의 선사시대주거지 〉, 〈 강릉 강문동 주거지 〉외 다수

이 영 문

학력 : 전남대학교 국사교육과 졸업. 단국대학교 사학과(석사). 한국교원대학교 역사교육학과(박사)

현재 : 목포대학교 역사문화학부 교수

저서 : ≪전남의 지석묘≫, ≪화순 지석묘군≫, ≪한국 지석묘(고인돌)유적 종합 조사 · 연구≫ 외 다수

논문 : 〈 전남지방 지석묘 연구 〉(박사학위 논문), 〈 전남지방 지석묘사회의 연구 〉, 〈 한국 비파형
      동검 문화에 대한 고찰 〉 외 다수

김 선 우

학력 : 이화여자대학교 사학과 졸업. 동 대학원 사학과(석사)

      서울대학교 대학원 고고미술사학과(박사과정 수료)

보고서 : ≪덕적군도의 고고학적 조사연구≫

논문 : 〈 한국마제석검의 성격 〉(석사학위 논문), 〈 한국마제석검의 연구 현황 〉

韓國 支石墓 研究 理論과 方法
- 階級社會의 發生 -

지 은 이   최몽룡 · 김선우 편저
펴 낸 이   최병식
펴 낸 곳   도서출판 주류성

인 쇄 일   2000년 2월 11일
발 행 일   2000년 2월 14일
등 록 일   1992년 3월 19일 제21-325호
주   소   서울특별시 서초구 서초동 1305-5
전   화   3481-1024
팩시밀리   3482-0656
홈페이지   http://www.JULUESUNG.co.kr